영작 중심의 무역영어

◉ SRI총서 제3권

영작 중심의 무역영어

황해두 지음

율곡출판사

들어가는 글

여행을 하거나 은행구좌를 개설할 때는 생활영어를 구사할 수 있어야 한다. 기업영어가 생활영어와 다른 점은 계속되는 기업으로서 경영 전반에 관계되는 영어를 뜻한다는 점이다. 따라서 기업영어를 이해하기 위해서는 먼저 요구되는 조건(prerequisite condition)은 "금강산도 식후경" 이라는 속담과 같이 생활영어가 되어야 기업영어가 가능해진다. 기업영어를 이해하자면 어느 정도의 경영학, 경제학, 정치학, 국제관계, 예술, 문화에 대한 이해가 있어야 한다.

동북아 국가 간에 얘기되는 무역영어를 영어로 표현한다면 "English for International Trade" 또는 "Business English Focused on International Trade"가 된다. 전자의 경우에는 무역 측면을 강조하고, 후자의 경우에는 국제경영 분야에서 무역 측면을 강조한다고 할 수 있다. 어떻게 해석을 하든지 무역영어와 무역실무는 불가분의 관계에 있고, 무역실무와 국제경영 간의 관계도 전보다는 가까워졌다고 할 수 있다. 무역영어를 줄여서 그대로 직역하면 "Trade English" 라고 할 수도 있다. 그러나 영국과 미국에서는 이 같은 표현을 전혀 사용하지 않기 때문에 "Commercial English" 라고 하는 것이 무난하다고 생각된다. 다른 이유로는 저자가 Jane Austin 같이 많은 글을 쓰면서 명성을 떨친 작가라면 "Trade English" 라고 하겠는데, 듣는 사람이 영화 ET에 나오는 다른 우주에서 온 사람같이 모르는 언어로 얘기한다고 여길 것 같아서 공자님의 중용을 고려하여 책 이름을 "Commercial English focused on English Composition" 으로 하였다.

무역영어를 기업영어와 구분하여 강의하는 국가는 우리나라, 일본, 중국이고, 이 세 국가를 제외한 대부분의 국가에서는 무역영어를 국제경영 또는 해외시장진출 전략의 한 부분으로 강의하고 있다. 1960년대 초반에 수입대체 공업화전략에서 수출지향적 공업화전략으로 정책을 전환한 이후에 수출과 수입이 확대되면서 국제무역에 대한 전문적 지식이 요구되었다. 따라서 시기적으로 보면 1960년대 후반 또는 1970년대 중반의 기간에 이 같은 수요가 제일 컸었던 것 같았고, 영어를 구사하고 경제 및 경영을 알면서 국제무역에 대한 업무를 취급하는 대학 졸업생들이 종합무역상사 또는 한국외환은행으로 진출하였다. 저자도 이 같은 시기에 한국외국어대학교 무역학과를 졸업하고, 한국외환은행에서 일하면서, 서울대학교 대학원 경영학과를 야간으로 다녔었다. 그 후에는 경제학에 집중하면서 일본의 상지(上智)대학교 국제학부에 학사 편입하여 경제학사를, 영국의 Warwick대학교에서 경제학 석사예비과정을, Sussex대학교에서 경제학석사, 경제학박사를 획득하였다.

저자는 대부분의 연구를 무역정책, 경제통합, 산업정책, 경제발전론 분야로 하면서 기업영어와 무역영어를 이따금 강의를 해왔다. 기업영어와 무역영어는 영어실력을 증가시키면서, 동시에 학문적 지식도 전해 주기 위한 범위의 경제(economies of scope)를 실현할 수 있다고 판단하여 강의하는 과정에서 『영작 중심의 기업영어』를 출판하였다. 교과서를 쓴다는 것은 독자적인 자신의 견해를 전개하기보다는 기존의 연구결과를 산뜻하게 전달하면서 강조점을 달리하는 제품차별화 과정이라고 할 수도 있다. 기업영어의 틈새시장(niche market)은 외국 교재는 연습(drilling) 위주로 되어 있고, 국내 교재는 기업영어를 취급하는데, 기업영어와 국제경제, 국제경영, 국제통상규범, 국제관계론, 문화 및 대중매체와의 관계를 설명하지 않기 때문에 기업영어의 틈새시장을 향한 보완작업을 하면서 『영작 중심의 기업영어』를 완성하였다.

그 후에 무역영어를 강의하면서 무언가 내용(content)을 알차게 전달하고자 시도를 하였으나 시행착오(trial and error)를 겪을 수밖에 없었다. 무역영어를 강의하면서 기존의 교과서로부터 느낀 점은 무역영어의 강의범위가 상당히 제한되어 있다는 점이었다. 무역과 관련된 내용과 전문용어도 중요하지만, 영어기반을 다지면서 이 같은 내용을 전달할 수도 있다는 개선방안을 모색하게 되었다. 그리고 우연히 외국서적을 접하면서 느낀 점은 무역영어를 강의하면서 적어도 국제경제, 국제경영, 국제통상법과 중복되는 부분은 간결하게 설명하는 것이 전체적 무역흐름과 현실적 경제 및 경영상황을 이해하는 데 도움이 될 수 있다는 점이었다.

저자가 이 책을 집필하는 과정에서 부딪히는 어려움은 영어구사능력이 좋다고 무역영어를 잘하는 것이 아니고, 그리고 무역영어를 잘한다고 영어구사능력이 좋은 것이 아님을 깨닫고, 영어 숙달과 무역영어 숙달 간에 황금분할을 하기가 어려움을 알게 되었다. 처음에는 무역실무와 다른 학문 간의 영역을 확대하면서 무역영어 숙달을 시도하고자 하였으나, 이 같은 시도는 일종의 발전모형의 전환(paradigm shift)에 해당되기 때문에 점진적으로 시도하는 것이 낫다고 판단되어서, 영어 숙달과 무역영어 숙달을 주된 목적(prime objective)으로 하고, 관련되는 학문분야에 대한 설명을 부차적 목적(secondary objective)으로 하게 되었다. 기존의 무역영어 교과서가 무역실무와 무역영어를 수출입절차에 대응되게 설명하고 있어서 갑자기 이 틀에서 벗어나기는 무리라고 생각되어서 기존의 틀에서 추가적 보완작업을 하고, 관련되는 분야를 기본에 충실하면서 쉽게 설명하도록 노력하였다.

이 책이 나오기까지 도움과 격려를 아끼지 않은 어머님과 아내에게 감사한 마음을 전한다. 이 책을 집필할 것을 권유하고 이 책이 나오기까지 인내로써 안내해 주신 율곡출판사 박기남 사장님과 신재혁 과장께도 심심한 사의를 전한다. 학문적으로는 건국대학교 김용복 명예교수, 서강대학교 박대위 명예교수, 군산대학교 김기선 교수와 대화 및 서적을 통하여 도움을 많이 받았다. 그리고 이 책을 집필하는 과정에서 같이 공부하면서 도와준 Silk Road Study Group의 방성철 강사, 표옥연 강사, 신현주 강사와 강동윤, 김성열, 백청아, 박철화, 박준근, 이정희 회원께도 감사의 뜻을 전한다. SRSG에서 같이 공부하다가 국가의 경제발전과 무역의 활성화를 위하여 바쁘게 일하면서 궁금한 점을 도와준 하나은행의 이상원 차장, 국회예산정책처의 이진우 박사, 수출입은행의 조용민 부부장, 무역보험공사의 양상균 팀장과 현대자동차의 하성룡 과장, 나이스디앤비의 강민재 과장께도 감사드린다. 그리고 인도와 중국과 무역을 하면서 이 책에 현실감을 실어준 대화상사의 윤태준 사장께도 감사한다.

2013년 2월

상허연구관 연구실에서

책의 구성 및 사용방법

제1부에서는 영작문 기초, 제2부에서는 무역계약과 대금결제, 제3부에서는 국제운송과 해상보험, 그리고 제4부에서는 수출입절차, 무역금융과 무역보험, 클레임과 중재, 전자무역을 설명한다. 그리고 부록에서는 중급단어와 숙어, 경제통합과 세계화, 국제통상법, 시사문제와 대중매체, 무역실무 보완, 영문독해 및 영작문 연습을 부차적으로 설명한다.

영어 기초가 단단한 경우에는 제1부는 가볍게 읽어나가고, 아닌 경우에는 다소 열심히 공부하는 것이 영어실력의 저변강화에 도움이 될 수 있기 때문에 제1부를 기초체력 강화 입장에서 읽어 나가면 무난하다. 제2부는 무역실무의 내용 중에서 중요한 부분을 설명하는데 제4장은 국제경제와 무역실무, 제5장은 국제경영 또는 글로벌 마케팅과 무역실무, 제6장은 무역계약과 국제통상법 및 국제통상관련 사법을 설명한다. 제7장은 대금결제 중에서 신용장 방식에 의한 결제를 중점적으로 설명하면서 다른 형태의 결제방식도 설명한다. 제8장은 이동하는 무역업자(mobile exporter) 역할을 하는 해외직접투자와 경쟁우위를 강화하기 위한 무역정책, 산업정책, 기업전략을 설명한다. 제3부에서 제9장은 국제운송, 제10장은 해상보험을 설명한다. 제4부에서 제11장은 수출입절차, 제12장은 무역금융과 무역보험, 제13장은 클레임과 중재, 제14장은 전자무역을 설명한다. 무역실무에서 자주 인용되는 신용장과 선화증권, 상업송장 등과 같은 문서양식은 지면제약상 생략하고, 중요한 내용은 설명에 포함하였다.

이 책의 내용이 심오하고 생활의 지혜를 제공하는 것은 아니지만, 독자 여러분이 작은 것을 귀중히 여기고, 자신의 약점도 인정하면서 미소를 지을 수 있는 자세(grace of losing)를 가지고 공부해 가면 여러분 자신의 핵심역량(core competency)을 증가시킬 수 있다고 확신한다. 이 책은 무역영어뿐만 아니라, 무역실무에 대한 이해, 무역실무와 관련된 국제경제, 국제경영, 국제통상법, 시사문제를 입체적으로 설명한다는 점에서 취업과 유학 준비에도 도움이 될 수 있다고 사료된다.

차 례

03장 영어독해 및 영작문

Ⅱ부 무역계약과 대금결제

04장 무역의 역할과 무역영어의 특징

05장 해외시장 진출방안

06장 무역계약

07장 신용장과 대금결제

08장 해외직접투자와 경쟁우위의 변화에 따른 무역

III부 국제운송과 해상보험

09장 국제운송

10장 해상보험

IV부 수출입절차, 무역금융과 무역보험, 클레임과 중재, 전자무역

11장 수출입절차

12장 무역금융과 무역보험

13장 클레임과 중재

14장 전자무역

1장 생활영어 ● 2장 단어 및 숙어 ● 3장 영어독해 및 영작문

생활영어 향상을 위한 영작문

Part

I

Chapter

01

생활 영어

생활영어는 일상생활에서 구사하는 영어이고, 기업영어 또는 무역영어는 특수한 분야에서 구사하는 영어라고 할 수 있다. 그렇다고 서로 별개가 아니다. 생활영어는 기업영어와 무역영어에 기본이 된다. 기본적인 영어독해, 영작문, 영어회화를 잘하면 무역영어의 특수성을 이해하기가 상대적으로 쉽다고 할 수 있다. 더 나아가 무역의 발생 메커니즘, 국제경영과 기업전략의 중요성, 무역절차 및 무역관련 국제규범을 이해하고 응용한다면 무역영어 구사능력도 비례하여 증가하게 된다. 제1장에서는 독자가 부담 느끼지 않고 생활에서 자주 사용할 수 있는 영어를 설명하고자 한다.

1.1 Proverbs

01 용감한 사람만이 미녀를 얻을 수 있다.

None but the brave deserves the fair.

02 어려울 때 친구가 진정한 친구이다.

A friend in need is a friend indeed.

03 로마는 하루아침에 이루어지지 않았다.

Rome was not built in a day.

04 (좋은 일이든 나쁜 일이든) 많은 일들이 한꺼번에 겹친다.

It never rains but it pours.

Re Good or bad things tend to happen in clusters.

E cluster는 뭉쳐 있는 현상을 뜻하고, 경영학에서 사용된다. 경제학에서는 industrial agglomeration(산업집적)이라고 한다.

05 쉽게 얻은 것은 쉽게 잃는다.

Easy come, easy go.

06 빠를수록 좋다.

The sooner, the better.

07 시간과 시기는 사람을 기다리지 않는다.

Time and tide is waiting for no man.

08 사람은 그가 사귀는 친구들을 보면 알 수 있다.

A man is known by the company he keeps.

Re Birds of a feather flock together.
깃이 비슷한 새들끼리 서로 모인다.

09 시작은 언제나 어렵다.

The first step is always the hardest.

10 필요는 발명의 어머니이다.

Necessity is the mother of invention.

11 펜(문필)은 칼(무력)보다 강하다.

The pen is mightier than the sword.

12 아름다움은 아름다움을 감상할 줄 아는 사람만이 즐길 수 있다.

Beauty is in the eye of the beholder.

13 같은 미끼에 두 번 걸리는 물고기는 어리석다.

It is a foolish fish that is caught by the same bait.

Voca caught의 모음(vowel)과 발음이 동일한 단어 : haunted, thought, August

14 뿌린 대로 거둔다.

You reap what you sow.

E 이와 비슷한 속담으로는 "하늘은 스스로 돕는 사람을 돕는다"와 "뜻이 있으면 길이 있다" 등이 있다.

Re1 Heaven helps those who help themselves.

Re2 Where there is a will, there is a way.

15 빛나는 것이라고 다 금은 아니다.

All that glitters is not gold.

16 어려운 가운데서도 희망은 있다.

Every cloud has a silver lining.

17 양보는 미덕이다.

Concession is a virtue.

Voca virtue. ㉥ vice. vicious circles of poverty : 빈곤의 악순환 | concede ㉧

18 우리는 어려울 때를 위하여 저축한다.

We do savings for a rainy day.

19 우리의 성공을 기원해 주세요.

Keep your fingers crossed for our success.

1.2 Greetings and Weather

01 May I have your name?

당신 이름은 무엇입니까?

02 How are you these days? = How is it getting with you?

요사이 어떻게 지내십니까?

03 How do you find your life here?

이곳에서의 생활이 어떻습니까?

04 You are not in a good shape.

너는 좋은 상태가 아니구나.

05 We haven' t seen each other for ages.

우리는 오랫동안 보지 못했다.

06 Have a nice day! Same to you.

즐거운 하루가 되세요. 당신도요.

07 Where do you come from? = Where are you coming from?

당신은 어디에서 왔습니까?

08 What time will you visit me this evening?

오늘 저녁 몇 시쯤 내 집에 오겠니?

09 It' s a gorgeous weather.

기막히게 좋은 날씨이다.

10 I took my umbrella with me to shield myself from the rain.

나는 비 맞지 않으려고 우산을 가지고 나갔다.

Voca shield = insulate

11 We are all alone on a rainy day.

우리는 비가 오는 날에 모두 외롭습니다.

12 What a dreadful weather we' ve been having!

얼마나 나쁜 날씨가 지속되는가!

1.3 Communication for Help and Emotional Expression

01 Do you need any hand?

도움이 필요한가요?

E 상대방이 물리적으로 무거운 짐을 들고 갈 때 지나가면서 하는 표현이다.

02 What can I do for you?

당신을 위해 무엇을 할까요?

How can I help you?

어떻게 도와드릴까요?

03 Can you fix it for me?

나를 위해 그것을 고쳐줄 수 있습니까?

04 I am grateful for your kind consideration.

당신의 친절한 배려에 감사한다.

05 We are very fond of you.

우리는 너를 좋아한다(아낀다).

06 Leave me alone.

혼자 있게 해주세요.

Re I want to be left alone.

07 We are very proud of you.

우리는 너를 자랑스럽게 여긴다. 네가 대견스럽구나.

08 Mind your own business.

네 일이나 해라.

Re It is none of your business.

09 Don' t pull my legs. Are you kidding?

놀리지 마라. 너 농담하는구나.

10 What the hell are you talking about?

너는 도대체 무슨 얘기를 하는 것이니?

11 Could you tell me how to get to the bus station?

어떻게 버스 정거장에 갈 수 있는지 얘기해 주시겠습니까?

Re Could you kindly show me the way to the bus station?

1.4 Food, Beverage, and Cousins

01 This dish is delicious.

이 음식은 맛있습니다.

02 Cheers!

건배도 되고, 헤어지면서 잘 지내라는 뜻으로 사용된다.

03 I like the cheese cake of the “Seven Bells”.

나는 세븐 벨즈(pub 이름)의 치즈 케익을 좋아한다.

04 Keep the change with you.

잔돈은 됐습니다. (팁을 주면서 하는 말)

05 This is my turn. = I would like to treat you this time.

이번에는 내가 살 차례이다.

06 Have you ever tried any of these dishes?

당신은 이런 음식을 먹어본 적이 있습니까?

07 Is there any butter in the refrigerator?

냉장고에 버터가 (조금이라도) 있습니까?

08 I would like to have the menu, please. There you go, sir.

나는 메뉴를 보고 싶습니다. 여기 있습니다.

E 가수들이 노래를 시작할 때 아래와 같은 표현을 한다.

Here we go.

09 Would you like to have a rare, medium, or well-done?

안 익힌 것, 중간 정도로 익힌 것, 완전히 익힌 것 중에서 어떤 것을 원하십니까?

Re How would you like to have your stake?

10 I' d like to have a French onion soup.

프랑스 양파 수프를 먹고 싶습니다.

11 Would you like to have tea or coffee?

당신은 차와 커피 중에서 어떤 것을 원하십니까?

12 Would you like to have some more salad?

샐러드를 더 드시겠습니까?

1.5 Social Meetings and Activities

01 I want you just the way you are.

나는 당신 그대로의 모습을 좋아합니다.

Voca want = take = love

02 Do you still love me?

당신은 여전히 나를 사랑합니까?

Voca 여기서 still은 강조의 의미로 사용된다.

03 There is something in the air.

나는 좋은 일이 있을 것만 같이 느껴진다.

E 파티장소에서는 누군가 좋은 사람을 만날 것 같다는 얘기가 되고, 경기가 불황인 상황에서는 고용자들이 해고를 당할 느낌이 든다는 뜻으로 사용된다.

04 Shall we dance? It sounds great.

춤을 출까요? 대단히 좋은 생각이다.

Voca great = marvellous

05 She looks cool this evening.

그 여자는 오늘 저녁 정말 멋있어 보인다.

06 I would love to take you there tonight.

나는 오늘 밤에 너와 같이 거기에 가기를 원한다.

07 For its enthusiasts, conversation is an art, as one of the great pleasures of life, even the basis of civilized society.

대화에 열렬한 사람들에게 대화는 문화사회의 기준으로 볼 때에도 인생의 가장 큰 기쁨을 주는 예술이다.

1.6 Travel, Accommodation, and Transport

01 Could you put me through Susan Jokes?

수잔 조크와 통화하고 싶습니다.

02 Which time suits you for an appointment?

어느 시간이 당신과 약속하기에 적당합니까?

03 I would like to have a collect call to Seoul, Korea.

저는 한국 서울로 수신자 부담 전화를 하고 싶습니다.

Voca collect = reverse

04 Could I have your phone number?

당신의 전화번호를 알 수 있을까요?

05 I am afraid you got the wrong number.

당신이 전화를 잘못 건 것 같습니다.

06 Two return tickets to Brighton, please.

브라이튼으로 가는 왕복표 두 장 주세요.

Voca return = round

07 Don' t leave your luggage in the train.

기차에 당신의 짐을 두고 내리지 마세요.

Re Keep your luggage (or personal belongings) with you.

08 Could you get me to the Gatwick Airport?

개트윅 공항으로 저를 데려다 주실 수 있으세요?

Re I would like to go to the Gatwick Airport.

09 Could you tell me where can I find the railway station?

기차역이 어디에 있는지 알려주시겠어요?

E 윗글은 구어식이고, 문어 형태로 전환하면 아래와 같다.

Re Could you tell me where I can find the railway station?

10 My family have rented a condominium.

우리 가족은 아파트를 임대하고 있습니다.

11 Are you here on vacation?

여기에 휴가 오셨나요?

Voca vacation = holidays

12 No, we aren' t. We' re here on business.

아닙니다. 사업차 여기 왔어요.

13 I would like some information about the trains.

그 기차에 대한 정보를 얻기 원합니다.

14 Did you have any problem on the trip into space?

당신은 우주여행을 하는 데 무슨 문제가 있었습니까?

15 Can you give me a wake-up call tomorrow?

내일 기상을 위한 전화를 해줄 수 있습니까?

1.7 Arts, Sports, and Films

01 This is my kind of music.

이것은 내 취향의 음악이다.

02 How about to play tennis this afternoon?

오늘 오후에 테니스 치시겠습니까?

Re Would you like to play tennis this afternoon?

03 Keep a certain distance from the ball.

공으로부터 일정한 거리를 유지해라.

04 They used to play hide-and-seek.

그들은 술래잡기를 하곤 했다.

E 과거의 규칙적인 습관을 나타낸다. 불규칙적인 경우에는 'would'가 된다.

05 Touch your toes without bending your knees!

무릎을 구부리지 말고 발끝에 손을 닿게 해라!

06 Do you know where you are going to?

당신은 당신이 어디로 가시는지 아는지요?

E 영화 'Mahogany'의 주제곡에 나오는 가사이다.

07 I fell in love with you watching Casablanca.

나는 카사블랑카를 보면서 당신과 사랑에 빠졌습니다.

E 스페인 바로 아래 북아프리카에 위치한 모로코의 카사블랑카는 서반아어로 white house를 뜻한다.

08 A sudden rain began, but it may never end.

갑자기 비가 오기 시작하였다. 그러나 이 비는 언제 그칠지 모른다.

09 I' ve got the world.

세계는 내 것이다. (몬테크리스토 백작이 지도를 갖고 감옥을 탈주한 후에 한 말)

Re The world is mine.

10 Will you go away, will you go away? Will you vanish from my mind?

당신은 떠나려 하십니까? (강조를 위하여 반복) 내 마음에서 사라지려고 하십니까? (영화 'Valley of Dolls'의 주제곡 '첫 발자국'과 같이 자주 연주되는 노래임)

Voca vanish : 사라지다. banish : 추방하다.

11 How much is that doggy on the window?

전시장에 있는 저 개는 얼마입니까?

12 You have made my life complete.

당신은 내 인생을 완전하게 만들었습니다.

13 I don' t know where do I have to begin with.

나는 어디서부터 시작해야 할지 모르겠군요.

E 여기서 'do'는 강조하기 위하여 사용된다.

14 Those were the days, my friend.

친구여, 그때가 좋은 때였어. (Mary Hopkins의 노래)

15 Lonely rivers flow to the sea to the sea.

외로운 강은 바다를 향해 흐른다.

Voca 돌아오지 않는 강 : A river of no return

16 Which is your most favorite film?

당신이 가장 좋아하는 영화는 무엇입니까?

17 Do you want to see a movie tonight?

당신은 오늘 밤 영화 보러 가고 싶습니까?

1.8 Life Style, Shopping, Banking, and Hospital

01 He does not play a game.

그는 거짓말을 하지 않는다.

Re1 He is the last person to tell a lie.

Re2 He has a straightforward character.

02 There is a snag in this affair.

이 일에는 속임수가 있다

Voca snag (영) = string (미)

03 I am a vegetarian.

나는 채식주의자이다.

04 The rose has wilted. Did you see it?

장미가 시들었다. 너는 그것을 알았니?

05 Cherry blossoms are at their best.

벚꽃이 만발하였다.

06 I would like to open a current (checking) account?

나는 당좌계좌를 개설하고 싶습니다.

07 I would like to transfer 700 pounds from my savings account to current one.

나는 저축계좌에서 700파운드를 경상계좌로 이체하고 싶습니다.

08 Do they drive on the left or right side in Australia?

호주에서 사람들은 왼쪽에서 운전하니, 아니면 오른쪽에서 운전하니?

09 I have been having pains in the backbones.

나는 등뼈가 계속해서 아프다.

10 Do you constantly feel exhausted?

너는 계속 지친 상태이니?

11 I have caught a flu.

나는 감기에 걸렸다.

Re I fall a victim of flu.

연습문제 Exercise

[1] Fill up the blank with suitable words.

1 비가 와서 우리는 실내에 있었다.
As it was raining, we stay ( ).

2 너는 네 자신을 부끄러워해야 한다.
You ought to be ( ) of yourself.

3 전화를 잘못 거셨습니다.
I am afraid you got the ( ) number.

4 삶은 자전거를 타는 것과 같다. 균형을 잡기 위하여 우리는 움직여야만 한다.
Life is like riding a bicycle. To keep your ( ), you have to keep moving.

5 이 여자는 시력장애에 대해서는 거의 아는 바가 없지만 그녀는 맹인으로 하여금 더 독립적인 생활을 즐길 수 있도록 돕고 있다.
This woman knows little about sight disability but she' s helping ( ) people to enjoy a more independent life.

Answer
1 indoors 2 ashamed 3 wrong 4 balance 5 blind

[2] Fill up the blanks with suitable words.

1 People crammed into rush hour buses and the trains, or sitting at the wheels of their cars in traffic ( ).

2 A calculated love is not (   ) and felt so by the recipient.
계산된 사랑은 순수하지 않고 받는 사람도 그렇게 느낀다.

3 It is better to have loved and (   ) than to have not loved at all.
사랑을 해보고 잃어버리는 것이 전혀 사랑을 해보지 않은 것보다 낫다.

4 One cannot always make oneself (   ) one wishes to be.
사람은 언제나 자신이 원하는 방향으로 자신을 만들 수 없다.

5 What kind of (   ) would you like to have? Coffee, tea, and coke is available.

6 Do like the (   ) in Rome.

7 Make hay while the (   ) shines. = Strike the iron while it is (   ).

Answer

1 congestion or jam 2 genuine 3 lost 4 what 5 beverage 6 Romans 7 sun, hot
E 7은 만사에 적절한 시기가 있음을 시사한다.

[3] Translate the following sentences into Korean.

1 The three men who won in lottery ticket divided into it.

2 I have a two-week vacation.

3 He is crazy for brand new models of sports car.

4 They were haunted by ghosts.

5 There is an affinity between snow and sleet.

6 Have you got a pen on you?

7 I am dying to hear all about it.

Answer

1 복권 당첨금액은 세 사람에게 나누어졌다.
2 나는 2주간의 휴가를 얻었다.
3 그는 새로운 모형의 스포츠카에 미쳐 있다.
4 그들은 귀신에게 홀렸다.
5 눈과 우박은 공통점이 있다.
6 너는 펜을 가지고 있니?
7 나는 그것에 대하여 매우 알고 싶다.
E 2의 경우에는 복수(plural)가 아닌 단수(singular)를 사용한다.

[4] English Composition

1 나는 저녁식사 예약을 하고 싶습니다.

2 수영을 갔다와서 기분이 좋습니다.

3 피아노는 내가 좋아하는 악기입니다.

4 우리는 가져갈 짐이 많지 않습니다.

5 나는 거의 내 눈을 믿을 수 없었다.

6 차 문을 잠글까요, 아니면 내버려 둘까요?

7 샐러드에 어떤 드레싱을 하고 싶습니까?

8 나는 그것을 내 신용카드로 지불하고 싶습니다.

9 어디서 내릴 수 있습니까?

10 그 물건들은 결함이 있는 것으로 발견되었다.

11 열심히 노력했는데 수포로 돌아갔다.

12 헬기 조종사는 떠 있는 뗏목을 재빨리 발견하였다.

13 그 여자는 당신의 제안을 아마도 거절할지도 모른다.

14 당신은 나를 괴롭히는 것을 즐긴다.

Answer

1 I'd like to reserve a table tonight.
2 I feel great after going for a swim.
3 The piano is my favorite musical instrument.
4 We don't have much luggage to carry.
5 I could hardly believe my eyes.
6 Shall I lock the car or leave it unlocked?
7 Which dressing would you like with your salad?
8 I would like to put it on my credit card.
9 Where can I get off?
10 The goods were found to be defective.
11 I have attempted it in vain.
12 The helicopter pilot spotted the raft immediately.
13 She may well refuse your proposal.
14 You take delight in vexing me.
Voca 1에서 reserve = book

[5] Translate the following sentences into Korean and rewrite them into another style.

1 May I speak to Professor Lesley Cook, please?

2 I'm sorry she is not available for the moment.

3 This telephone is out of order.

4 I like skiing than skating.

5 There was a sort of kinship between them, an affinity.

Answer

1 레슬리 쿡 교수와 통화하고 싶습니다.
Re I would like to speak to Professor Lesley Cook.

2 미안하지만 그분은 잠시 나가셨습니다.
Re I am sorry she is not available for the time being.

3 전화가 고장이 났습니다.
Re This telephone is not working.

4 나는 스케이트보다 스키를 좋아한다.
Re I prefer skiing to skating.

5 그들 간에는 같은 부류라는 일종의 친척 같은 느낌이 있었다.
Re There was an amicable climate of sharing a kind of kinship between them.
Voca sort = kind

Chapter
02

단어 및 숙어

언어의 기본적인 기능인 의사전달 과정에서 정확한 단어를 선택하여 표현하지 않는다면 본인이 의도하는 의미를 제대로 전달할 수 없게 된다. 더 나아가 정확한 단어를 구사할 수 있는 능력은 사물을 이해하고, 다른 사람이나 다른 창조물에게 자신의 감정과 사고를 전달하기 위해서도 필요하다. 제2장에서는 단어(vocabulary)를 문장과 함께 설명하면서, 유사어와 반대어, 단어의 변화형, 어원에 따른 단어의 분류를 설명한다. 이 중에서 어렵다고 판단되는 부분은 [부록 A.1]로 미루었다. 단어는 문장이나 문구에 따라서 다른 의미로 사용되기 때문에 단어를 독립적으로 외우기보다는 문맥에 따라서 이해하거나 사용할 필요가 있다.

2.1 유사어와 반대어

2.1.1 유사어(synonym)

01 sheer : pure, 완전한

"I am so glad," she said, in sheer perplexity.
그녀는 아주 당황한 표정으로 "매우 기쁘다"라고 얘기하였다.

Cf 순이윤이라고 할 때는 net profit라고 한다.

Voca net profit : 순이익. 반 gross profit : 총이윤

02 jolly good : pretty good

We had a jolly time with the family.
우리는 가족과 아주 즐거운 시간을 가졌다.

Voca jolly : very pleasant and enjoyable

03 친구나 동료로 사용되는 단어

peers : 국회의원, 동료 국가 | **colleague :** 동료 교수 | **comrade :** 혁명동지 | **old friend :** 오래된 친구 | **buddy :** 아주 가까운 친구

Voca peer pressure : 동료 또는 국가 간의 압력. peer review : 동료평가

04 serene : calm, 맑게 갠, 청명한, 고귀하신 Queen. 고어에서 여왕이나 주님 앞에 붙여서 사용되었다.

05 consummate : ⓢ culminate, 정점에 달하다. ⓗ 완전한, 더 할 나위 없는

06 challenge : 도전하다

I challenge you a game of chess.
challenge and response : 도전과 반응

Voca defy : 도전하다. defiant crowds : 도전적인 군중들

07 foreign, exotic, alien : 외국의

foreign language : 외국어 | exotic flavor : 이국적 향취 | alien registration : 외국인등록증

08 shade : 그늘, 그림자, 전등 갓 | **shadow :** 그림자

maple shades : 단풍나무 그늘 | shadow of your smile : 당신 미소의 어두운 그림자

2.1.2 반대어(antonym)

01 abridged : 요약된. ㉥ **unabridged :** 요약되지 않은

unabridged dictionary

02 accept : 받아들이다. ㉥ **reject :** decline, 거절하다

03 chronic hepatitis : 만성간염. ㉥ **hepatitis acute :** 급성간염

04 clumsiness : 조잡함. ㉥ **dexterity :** 훌륭함

05 continuous function : 연속함수. ㉥ **discrete function :** 불연속함수

Voca discreet : 사려가 깊은

06 ebb and flow : 썰물과 밀물

Voca ebb or low tide : 썰물. flow or high tide : 밀물

07 encode : 코드로 만들다. ㉥ **decode :** 코드를 풀다

08 feasible approach : 가능한 접근방법. ㉥ **infeasible approach**

Voca possible은 물리적 제약만 고려한 경우이고, feasible은 사회적 및 기타 제약을 고려한 경우이다.

09 head and tail : 앞면과 뒷면

10 nutrition : 영양. ㉥ **malnutrition :** 영양실조

11 organic chemistry : 유기화학. ㉥ **inorganic chemistry :** 무기화학

12 original copy : 원본. ㉥ **duplicate :** 사본

13 solar : 태양의. 반 **lunar** : 달의

solar system : 태양계 | lunar calendar : 음력

Voca 월광곡은 moonlight sonata라고 하고, lunatic은 '정신이 나간' 이라는 의미로 사용된다.

14 tailor-made approach : 개별적인 접근방법.

반 **unified approach or blanket one** : 획일화된 접근방법

15 transient : transitory, 일시적인. 반 **permanent** : enduring, 지속적인

Voca permanent income hypothesis : 항상소득가설

16 voluntary : 자발적인. 반 **involuntary** : 비자발적인

Voca involuntary unemployment : 취업할 의사가 있음에도 불구하고 취업이 안 되는 비자발적 실업.

Cf compulsory : 강제적인

2.1.3 주의를 요하는 단어

01 accommodation : 단수, 복수 구분 없이 사용됨

02 compliments : 칭찬

complement : 보완

with compliments : 안부를 전하는 인사말
complementary goods : 보완재

03 conceited approach : 자만심에 찬 분석

E Paul Krugman이 *Foreign Affairs*에 기고한 "Myth of Asian Miracle"은 conceited approach의 전형적인 예라고 할 수 있다.

04 **contemptible** : worthy of scorn

contemptuous : expressing scorn

05 **crew** : 승무원

clue : 증거, a fact or idea that gives a guide to the solution of a problem

06 **incredible** : too extraordinary to be believed

incredulous : inclined not to believe

07 **ingenious** : 재능이 있는, clever and inventive

ingenuous : 순진한

The ingenious Thomas Edison had procured hundreds of patents through his active inventions.
재능 있는 토마스 에디슨은 그의 활발한 발명들을 통해 수백 개의 특허권을 확보하였다.

08 **moral** : lesson, maxim

morale : a cheerful

What is the moral of Thurber's fable?
서버의 우화에서의 교훈은 무엇인가?
Has the morale of the team improved?
팀의 사기는 향상되었는가?

09 **palm** : 손바닥, 종려, 야자나무(승리의 상징), triumph(승리)

psalm : 구약성서 시편, 찬송가, hymn

Cf psalm [sa:m]

10 **personal** : 개인의

personnel : 인적관리의

Voca human resource management : 인적자원관리

I avoid using computer for personal letters.
나는 개인적인 편지를 쓰는 데 컴퓨터를 이용하는 것을 피한다.
It's a personal matter with which I don't want to be entangled.
그것은 내가 얽매이고 싶지 않은 개인적인 문제이다.
Who's the personnel manager in this company?
이 회사의 인사관리담당 매니저는 누구인가?

11 **plot** : 구성, 음모
intrigue : 음모, secret conspiracy

Civil service departments are full of intrigue.
중앙인사기관은 음모로 가득 차 있다.
His argument is rather intriguing in that he has not provided enough evidence of his alternative explanation on the payoff matrix.
그의 논쟁은 그가 보수행렬에 대한 그의 대안적인 설명의 근거를 충분히 제공하고 있지 못하고 있다는 점에서 음모가 있는 듯이 보인다.

12 **snobbish** : too proud of their social status, intelligence, and tastes; 잘난 척하는

The British are somehow snobbish.
영국인들은 어떻게든 잘난 척한다.

13 **stationary** : not moving
stationery : writing materials, 문방구

2.1.4 같이 사용되는 단어

01 **The tortoise and the hare** : 거북이와 토끼

02 **Beauty and Beast** : 미녀와 야수

03 **cultural heritage** : 문화적 유산

04 theme park : 동물, 생물과 같은 주제로 통일된 공원

05 shopping mall : 상가

06 traffic signal, traffic flow, traffic congestion or jam : 교통신호, 흐름, 혼잡
incessant flow : 끊임없는 흐름

07 credit rationing : 신용할당

08 head of protocol : 의전실장

09 paragdigm of development : 발전모형
paradigm shift : 발전모형의 전환

10 code of conduct : 행동규범

11 a la mode : fashionable (clothes, ideas), 최근에 유행하는 의상, 사고

12 first-aid kit : 구급용 상자

13 win-win strategy : 상호간에 유리한 전략

Voca positive-sum game, synergistic effect와 동일한 의미로 사용된다.

2.2 단어의 뜻과 사용사례 : A to G

01 abate : 환급하다, 감소하다

A tax abatement is a reduction in taxes.
세금환급이란 세금감면을 뜻한다.

02 abhor : to hate very much, to detest; 미워하다

03 adjourn : suspend a meeting to resume at a future time; 연기하다

04 altitude : height, elevation; 높이

> Cf latitude : 위도

05 bemused : confused, bewildered; 혼동되는, 당황되는

> They stood bemused in the middle of the parking lot at Greenland.
> 그들은 그린랜드 주차장에서 혼동된 표정으로 서 있었다.

06 benefactor : 베풀어 주는 사람
beneficiary : 수혜자

> To give benefits is to be a benefactor whereas to receive benefits is to be a beneficiary.
> 혜택을 주는 사람은 혜택 제공자인 반면에 혜택을 받는 사람은 수혜자이다.

07 benign : gentle; 부드러운

> Diana has a benign personality; she is not at all unpleasant to be with.
> 다이애나는 부드러운 성격을 지니고 있다; 그녀는 같이 있는 데 전혀 불쾌하지 않다.

08 bug : defect, annoy; 결함, 도청하다, 화나게 하다

> The new car had a few bugs.
> 그 새로운 차에는 약간의 결함들이 있다.

09 caricature : 성격을 과장한 풍자하는 만화

> A caricature uses exaggeration to bring out the hidden characters of its subjects.
> 성격을 과장한 풍자적 만화는 그 대상의 숨겨진 성격을 부각시키기 위하여 과장된 표현을 사용한다.

Re One of the salient features of a caricature may be stemmed from its revelation on the hidden traits of its subjects by exaggeration.

10 **chronicle** : a record of events in order; 연대기

11 **cognitive** : dealing with how we know the world around us through our senses; 인지되는, 지각력 있는

12 **conducive** : promoting

The gorgeous weather was conducive to have our garden party.
너무나 좋은 날씨가 우리로 하여금 정원모임을 가지게 유도하였다.

13 **consummate** : supremely skillful, complete; 완벽한

A consummate violinist is an superbly good one.
완벽한 바이올린 연주자는 가장 훌륭한 연주자 중의 한 사람이다.

14 **convene** : meet or come together in a group

convener : 회의 진행자

E convener는 convenor로도 쓴다.

15 **converge** : 수렴하다. 반 diverge : 확산하다

Voca convergence. 반 divergence = discrepancy = wedge : 벌어진 간격

16 **corollary** : something that follows, a natural consequence; 당연한 귀결

17 **crony** : intimate friend, chum

E crony capitalism : 아시아 외환위기 이후 동아시아의 경제적 의사결정이 합리성보다는 인간관계에 의하여 결정됨을 비아냥거리는 표현

18 coup : a brilliant victory or accomplishment, the violent, overthrow of a government by a small internal group; 쿠데타

19 dauntless : fearless, very brave, valiant; 용감한

20 decadent : decaying or decayed, especially in terms of morals; 도덕적으로 약화되는

> Carousing in local bars instead of attending to class is decadent.
> 수업을 듣는 대신에 선술집에서 술을 마시는 것은 도덕에 어긋난다.

21 delude : to deceive; 속이다

> He suffered from the delusion that he was a very great poet.
> 그는 그 자신이 위대한 시인이라는 허상으로 고통을 받고 있다.

22 demise : 지우는 것, 삭제

> demise of Keynes : 케인즈의 소멸

23 dictum : a maxim, a proverb; 격언

24 dire : horrible, terrible, dreadful; 끔찍한

25 disdain : contempt, arrogantly scorn; 무시하다, 경멸하다

26 disinterested : 관심이 없는

27 docile : obedient; 잘 길들여진. ㊔ docility

28 dowry : money, property, etc., that a bride brings to her husband; 결혼지참금

> **Cf** hefty dowry : 회사를 인수할 때 필요 이상으로 많은 구매비용을 지불할 경우에도 사용된다.

29 eclectic : choosing the best from many sources

E 취사선택하여 종합적으로 구성, 예를 들어 해외직접투자이론을 설명할 때 비교우위와 투자를 유치하는 국가의 투자유인정책을 종합하여 설명한 Dunnig의 절충이론을 eclectic theory라고 한다.

30 egalitarian : believing in the social and economic equality of all people; 평등주의

E 가로축과 세로축에 각각 X재와 Y재를 나타내고 두 재화가 서로 대체 가능하다면 동일한 만족을 주는 무차별곡선은 직선이 되고, 왼손 장갑과 오른손 장갑과 같이 전혀 대체가 불가능한 경우에는 무차별곡선은 L자형이 된다. 동일한 논리로(By the same analogy) 가로축과 세로축에 두 사람의 후생함수를 나타낼 경우에 완전한 대체가 가능하다고 주장하는 Bentham적 utilitarian은 직선이 되고, 완전한 대체가 불가능하고 가난한 사람에게 가중치를 더 주는 Rawls적 egalitarian은 L자형이 된다. 벤담과 롤즈는 공리주의과 평등주의를 나타낼 때 대명사 같이 자주 인용되는 인물이다.

31 elicit : to bring out, draw forth, draw out; 문제를 제기하다

32 emancipate : 해방시키다

emancipation of mankind : 인류의 해방

33 enigma : a mystery, riddle; 신비, 불가사의

34 equivocal : ambiguous, intentionally confusing; 분명치 않은, 고의로 혼동시키는

35 espouse : to support, to advocate; 지지하다

36 exalt : to raise high, to glorify; 높이다, 찬미하다

37 expedite : to speed up; 촉진시키다, 절차를 앞당기다

Voca facilitate는 마찰을 줄이고 '촉진하다' 라는 뜻으로, expedite는 '시간을 앞당기다' 라는 뜻으로 사용된다.

38 **extrapolate** : to deduce from something known; 알려진 사실로부터 현상을 유추하다

> A linear projection based on the extrapolation of past decades may be misleading if one takes into account such a rapid pace of change empowered by the globalism and regionalism.
> 만약 세계화와 지역화에 의해 조성된 빠른 속도의 변화를 고려한다면 과거 수십 년간의 추정에 근거한 직선투영법은 그릇될 수도 있다.

Voca empowered = engendered

39 **extrovert** : an outgoing person; 외향적 성격의 사람

40 **exult** : to rejoice, to celebrate; 크게 기뻐하다.

41 **facile** : fluent, skillful in a superficial way; 유창한, 손쉬운

42 **felicity** : happiness, especially at expressing things; 행복, (표현, 방법 등의) 적절함

43 **fraternal** : like brothers, brotherhood; 형제의, 형제다운

44 **freelance** : 자유롭게 활동하는 사람

2.3 단어의 뜻과 사용사례 : H to N

01 **haggle** : talk to someone about a price; 값이나 조건에 대하여 흥정하다

> There is less haggling for the applied system of integrated circuit compared with the dynamic random access.
> DRAM에 비하여 주문자집적회로(ASIC)는 가격흥정이 상대적으로 적다.
> **E** 세계화가 진행됨에 따라서 아웃소싱(outsourcing)이 확대되고 초특화(hyper-

specialization)가 발달함에 따라서 단순한 규모경제(economies of scale)를 활용하는 산업의 수입(revenure)은 감소하고, 제품차별화와 설계능력을 강화시키는 산업의 수입은 증가하게 된다. DRAM(Dynamic Random Access Memory)은 규모경제, ASIC(Applied Systmen of Integrated Circuit)는 제품차별화, CPU(Central Process Unit)는 설계능력의 대표적인 상품이라고 할 수 있다. 후자에 가까울수록 시장지배력(market power) 또는 독점력이 증가하기 때문에 초과이윤도 증가하게 된다.

02 **hedonism** : 향락을 추구하는 생활태도
hedonistic : 향락적인

03 **hegemony** : leadership among nations; 지도력

04 **heyday** : golden age; 전성기

The early nineteenth century was the heyday of English romantic poetry.
19세기 초기는 영국 낭만주의 시의 전성기였다.

05 **hierarchy** : 수직적 지배관계
hierarchical ranking : 수직적 순서

06 **icons** : symbols; 모니터 화면의 간추린 표시

07 **idiosyncrasy** : peculiarity; 개별적으로 다른 속성. 형 idiosyncratic

E 비교우위가 개별기업의 특성을 나타낼 수 없다고 할 때 사용되기도 한다.

08 **idol** : an image of God, an object to be worshipped; 우상

09 **immaculate** : absolutely clean, without a stain; 결함이 없는

This car is in an immaculate condition.
이 차는 아주 양호한 상태이다.

10 **impartial** : fair, just; 공정한

11 **impeccable** : flawless; 결함이 없는

> His essays on the social justice is impeccable in terms of logical sequence as well as aesthetics.
> 사회정의에 대한 그의 수필들은 논리적 배열에서뿐만 아니라 심미적 측면에서도 결함이 없다.

12 **imperial** : 황제의
empire : 제국
emperor : 황제

> imperial palace : 황궁. Roman empire : 로마제국. The Last Emperor : 마지막 황제.

13 **inaugurate** : to begin officially; 공식적으로 시작하다

14 **incumbent** : imposed as a duty, obligatory; 집권하고 있는, 기존의, 의무적인

15 **indigenous** : native; 토착적인

16 **inept** : incompetent, clumsy; 무능한, 조잡한

17 **ingenuous = frank** : 솔직한, 속이지 않는

18 **innate** : inherent, intrinsic; 타고난

19 **instigate** : to provoke; 선동하다

20 **intrinsic** : 본질적인. 반 superficial : 피상적인

21 **itinerant** : moving from place to place; 이동하는
itinerary : 이정표

22 **intoxicate** : 취하게 하다, 도취시키다

23 **jeopardy** : danger, peril, jeopardized zone; 위험한 지역

24 **judicious** : 판단력이 건전한

> The judge was far from judicious.
> 그 판사는 건전한 판단력과는 거리가 멀다.

25 **lavish** : too free in giving, using, or spending

26 **legacy** : 과거부터 전해오는 물건 또는 이야기

27 **limb** : 사지, 팔다리

28 **lime** : 석회, 레몬과 비슷한 과일
limelight : getting a lot of attention

> The prime minister is used to the limelight.
> 국무총리는 언제나 관심을 많이 끄는 일에 익숙해 있다.

29 **litigate** : to engage in legal proceedings; 법적 절차를 밟다

> There is no point to litigate the case, but the client wants to litigate it by all means.
> 그 사건을 고소하는 것은 아무런 의미가 없지만 그 고객은 기어코 법적 절차를 밟고 싶어 한다.

Voca litigation : lawsuit

30 **magnate** : rich, powerful; 풍요한

> an oil magnate : 석유 왕

31 **malleable** : easy to shape or bend putty–putty clay; 쉽게 형태를 바꾸는

E 노동과 자본 간에 대체가 자유롭게 발생한다는 신고전학파의 성장이론에서 대체가 가능하다는 것을 보여주기 위하여 사용된다. reversible보다 강한 의미이고, 더 강하게 표현할 경우에는 putty-putty clay를 사용한다.

32 mandate : 어떤 일을 수행할 수 있는 명령 또는 권한. ㊖ mandatory : required or obligatory

Our mandate from the executive committee was to find the answer to the problem as quickly as possible.
이사회로부터 유추되는 우리의 임무는 그 문제에 대한 답을 가능한 한 신속하게 발견하는 것이다.

33 marshal : to coordinate together for the purpose of doing something; 어떤 일을 위하여 종합적으로 조정하다

34 martial : 전쟁의, 군인다운, 호전적인(warlike)

martial art : 무도, 무술

35 maverick : unconventional person whose behaviour does not conform, someone who is wild, reckless, out of control; 통상적인 방법이 아닌 태도를 가진 사람

E 미국에서 선거구를 자신에게 유리하게 조정한 경우를 게리맨더링이라고 하는데, 이 같은 행동을 maverick이라고 한다.

36 mediocre : indifferent, apathetic; 무관심한

37 mentor : teacher, tutor, counselor; 선생, 가정교사, 상담자

38 mercenary : a hired soldier, someone who will do anything for money; 용병

39 milieu : environment, surroundings; 환경

40 **myopia** : nearsightedness; 어떤 좋지 않은 일에 열광하는 사람

> To suffer myopia is to be myopic.
> 어떤 일에 부당할 정도로 몰입하는 것은 광적인 병이라고 할 수 있다.
> **Re** If someone is unduly indulged in myopia, he may be regarded as a myopic.

41 **nihilism** : the belief that there are no values or morals in the universe; 허무주의

42 **nostalgia** : sentimental longing for the past, home-sickness; 고향을 그리워하는

2.4 단어의 뜻과 사용사례 : O to R

01 **oblivion** : total forgetfulness; 망각

02 **opulent** : luxurious; 부유한, 풍부한

03 **ostensible** : apparent (but misleading); 명백하게 보이지만 그릇된. ㊌ ostensibly : 외견상으로는

04 **pacify** : to calm someone down, alleviate; 진정시키다

05 **paradigm** : a model or example; 좋은 복합적인 사례

> paradigm of development : 전형적으로 바람직한 발전 형태의 예

06 **paternal** : 아버지의

paternalistic goods = merit goods : 공원이나 교육시설의 개선과 같이 국가가 가부장적 입장에서 공급하는 재화

E 어른도 어린이가 자라난 것에 지나지 않기 때문에 국가가 가부장적 입장에서 지도해야 할 필요가 있다는 경우에 paternalistic goods라는 용어를 사용한다.
Adults are just grown-up children.
어른들은 그저 다 자란 아이들에 불과하다.

07 **paucity** : scarcity, smallness of number or quantity; 부족, 결핍

08 **pedantic** : boringly scholarly or academic; 현학적인

Voca pedagogic device : 가르치기 위한 교안 또는 도구

The IS-LM model is a good pedagogic device for explaining the Keynesian Revolution, but it definitely lacks in reflecting the inherent uncertainties on consumption, investment, and demand for money.
IS-LM 모델은 케인즈 혁명을 설명하는 데 있어 좋은 교육적 도구가 되지만 그것은 소비, 투자, 그리고 화폐에 대한 수요에 대한 내재적 불확실성을 반영함에 있어 분명히 부족하다.
E 여기서 내재적은 심리적(psychological)으로 해석해도 무방하다.

09 **penitent** : repentant; 뉘우치는

10 **pensive** : thoughtful and sad; 수심에 잠긴

pensive mood

11 **permeate** : to spread or seep through, to penetrate; 퍼지다, 침투하다

12 **pertinent** : relevant; 적절한. ㉫ irrelevant

13 **pervade** : to spread throughout; 온통 퍼지다. ㉬ pervasive

14 **pious** : reverent or devout; 독실한, 경건한

filial piety : 효도

15 **plight** : state or condition, usually unfavorable or bad

16 **portal** : door, entrance

17 **postulate** : (증명이 없는) 가정

18 **pragmatic** : 실용적인

19 **precedent** : an earlier example; 선례
precedented : 전례가 있는. 반 unprecedented : 전례가 없는

20 **preeminent** : better than anyone else, outstanding; 탁월한, 걸출한

21 **preempt** : to seize something by prior right; 선취하다

22 **premise** : an assumption; 전제

23 **prestige** : good name, standing; 명성. 형 prestigious

24 **prevail** : to triumph; 우세하다, 승리하다. 형 prevalent

25 **proficient** : thoroughly competent; 능숙한

proficiency test

26 **profound** : deep; 심오한

27 **proletariat** : the industrial working class; 노동계급. 반 bourgeoise

28 **proliferate** : to spread or grow rapidly; 증식하다

29 **propensity** : 경향, 성질

> marginal propensity to consume : 한계소비성향

30 **proponent** : 제안자, 지지자

31 **provident** : 선견지명이 있는, 신중한

providence : 섭리

> The provident parents had long ago set aside money for the further education of their children.
> 선견지명이 있는 부모는 오래 전부터 그들의 자식들의 교육을 더 높은 단계로 시키기 위하여 저축을 해왔다.

32 **provincial** : narrow-minded or unsophisticated; 지방의, 편협한

> 'Provincial' means the connected region which is encapsuled by the parts of country outside the capital.
> 프로빈스란 수도 외곽의 지방의 부분에 둘러싸인 연결된 지역을 뜻한다.

33 **provisional** : conditional, tentative; 조건부의, 일시적인

34 **proximity** : nearness; 근접

35 **prudent** : careful, having foresight; 조심성이 있는, 사려가 깊은

36 **reciprocal** : mutual, shared; 상호의

37 **reckon** : informally guess, think

38 **reconcile** : cause to be friendly again

39 **relent** : become less harsh; 누그러지다

40 **relentless** : 가차 없는, 계속적으로 잔인한

41 **remuneration** : payment for work done

Voca fringe benefit = perks : 부차적 수입, 사회적 지위

42 **repercussion** : an indirect effect; 반향, 반동

43 **requisite** : required, necessary; 필요한, 필수의

prerequisite course : 먼저 들어야 하는 선수과목

44 **resolute** : determined, firm; 단호한, 확고한

45 **resort** : 의존하다, 휴양지

summer resort : 여름 휴양지

46 **rhetoric** : the art of formal speaking or writing; 수사학, 작문법

47 **rigorous** : harsh, severe; 엄격한, 엄한

48 **robust** : strong and healthy; 건장한

49 **rudimentary** : basic, crude; 기본의

2.5 단어의 뜻과 사용사례 : S to Z

01 **salient** : sticking out, conspicuous; 눈에 띄는, 낙천적인

Voca salient features : 괄목할 만한 특징. features = facets

02 **sanguine** : cheerful, optimistic; 쾌활한, 낙천적인

03 seclude : confine in a place hard to reach

> secluded area : 은둔한 장소

04 scrutinize : to examine very carefully; 면밀히 검사하다

05 secular : 세속적인, 비종교적인

06 shoplifting : stealing an article from a shop

07 singular : unique; 색다른, 훌륭한. 반 plural

08 souvenir : 기념품

09 stagnation : motionlessness, inactivity; 정체

10 stamina : vigour, strength; 활력

> financial stamina

11 static : stationary; 정지하고 있는, 정적인. 반 dynamic

12 stigma : a mark of shame; 오명, 치욕

13 stipulate : 계약조건으로 명시하다. 형 stipulated : 명시된

14 stringent : strict, restrictive; 엄격한

15 subordinate : secondary; 부수적인

16 subtle : not obvious; 희미한

subtle taste : 절묘한 맛

17 subversive : overthrowing, undermining, insurgent; 전복시키는

18 subrogate : 대위하다, 변제하다

Voca 위부와 대위 : abandonment and subrogation

19 succinct : concise, expressed briefly and clearly; 간결한

20 surmount : conquer, overcome; 정복하다, 극복하다

21 surrogate : substitute; 대신의, 대리의

A surrogate mother is a woman who bears a child for someone else.
대리모는 다른 누군가의 아이를 낳는 여자이다.

22 synthesis : the combining of parts to form a whole; 종합, 합성
synthetic fiber : artificial fiber, artificial wig; 가발

23 tacit : 무언의, 묵시적인

tacit agreement

24 tangible : touchable, palpable; 유형의, 명백한. 반 intangible asset

25 tautological : circular; 동의어를 반복하는, 순회의

A tautology is a needless repetition of words, or saying the same thing using different words.
유의어 반복은 단어의 불필요한 반복이나 같은 것을 다른 단어를 이용해 말하는 것을 뜻한다.

E One of demerits of the general equilibrium analysis may be stemmed from its

inherent attribute of tautology.
일반균형분석의 단점 중 하나는 아마도 그것의 내재된 유의어 반복의 속성으로부터 기인된다.

26 **tenet** : a shared principle or belief; 신조, 주의, 교의

27 **tentative** : temporary, uncertain; 임시의, 시험적인

28 **theology** : the study of God; 신학

29 **thesis** : dissertation; 논문

30 **transient** : temporary; 일시의

31 **typhoon** : a violent hurricane

32 **uniform** : consistent, unchanging; 변함없는

33 **utilitarian** : 실리의, 실용적인

34 **utopia** : an ideal society; 이상적 사회

35 **vacant** : not occupied, vacancy; 빈자리

36 **velocity** : speed, rapidity; 속도

Voca speedometer : 속도계

37 **versatile** : capable of doing many things well; 다재다능한, 여러 형태로 사용될 수 있는

She is remarkably versatile. She is a painter, sculptor, architect, musician, engineer, and scientist.

그녀는 상당히 다재다능하다. 그녀는 화가, 조각가, 건축가, 음악가, 기술자, 그리고 과학자이다.

38 veer : shift; 방향이 바뀌다

Intelligent she was not. In fact, she veered in the opposite direction.
그 여자는 현명하지 않았다. 사실 그 여자는 반대 방향으로 이동하였다.

Voca veer and haul : 밧줄을 늦추었다 당겼다 하다

39 veterinary : 수의학의, 수의사

veterinary hospital : 가축병원

40 viable : workable; 생활력이 있는. ㉥반 sterilize : 불태화시키다

41 vindicate : to justify; 정당화하다

42 vindictive : seeking revenge; 보복적인

43 vocation : an occupation; 직업, 업무

44 volatile : quick to evaporate; 증발하기 쉬운. ㉥명 volatility : 불안정성, 변동성

volatility of exchange rate : 환율의 변동성

45 zealous : enthusiastically devoted to something; 열광적인

46 zest : 풍미를 더 하는 것, 열정

2.6 숙어

01 by accident, by design : 사고로(우연히), 고의로(의도적으로)

E 법적으로는 선의, 악의가 된다. 후자는 의도적으로 한 경우

02 at arms' length : at a distance

at arms' length control : 멀리서 조정하다

03 bail out : 구하다, 긴급히 구조하다

04 black ice : a layer of ice on the road which is invisible and therefore very dangerous; 보이지 않는 얼음

05 blow up : inflate, explode

The bomb exploded without warning.
그 폭탄은 경고없이 폭발하였다.

06 bread-winner : the wage earner who supports the family; 가족을 위해 돈을 버는 사람

E bread-earner라고도 한다.

07 call off : cancel; 취소하다

When the fog getting thicker, the search for the missing crews called off.
안개가 점점 더 심해졌을 때, 실종된 선원들을 찾는 수색은 취소되었다.

08 capitalize on : take advantage of

09 the other side of the coin : the opposite standpoint, showing the disadvantages as against the advantages

10 cut off : disconnect, discontinue supply (usually of gas, water, etc.)

11 **at the crossroads :** 갈림길에 서 있다

12 **meet a deadline :** have a story ready for publication by a specified date

13 **dispense with :** do without, get along without; 없이 지내다

14 **dole out :** 나누어 주다

15 **due to :** result of; 때문에

> The love affair was due to his carelessness.
> 그 정사는 그의 부주의한 결과였다.

16 **at one's finger tips :** to be an expert; 전문가이다

> He has the academic management at his finger tips.
> 그는 학문적 경영분야의 전문가이다.

17 **have the guts to :** have the courage to

18 **give up :** abandon, surrender

19 **grey area :** indeterminate area between two branches of realms; 분명하지 않은 영역

20 **hand in :** submit

21 **hands off :** do not interfere; 간섭하지 않다, 개입하지 않다

22 **hand out :** distribute

> He was standing at the door of the city hall handing out leaflets.
> 그는 시청 문에서 전단지들을 나눠주며 서 있었다.

23 hinge on : depend on; ~에 달려 있다

24 kick off : start

25 lame duck : a person who is incompetent and in need of financial assistance; 힘이 빠진 오리, 정권 말기의 누수현상

26 by leaps and bounds : with great rapidity

27 look out : be watchful, beware

28 a loophole in the law : a way of avoiding the effect of the law without breaking it

29 pay lip service : respect a principle in theory but to ignore it in practice

30 pick someone up : collect someone

> What time shall I collect her?
> 내가 몇 시에 그녀를 데리러 가면 될까요?

31 nothing but : only

> Do you swear to tell the truth, the whole truth, and nothing but truth?
> 너는 오로지 사실만을 얘기할 것을 맹세하는가?

32 once and for all : for the last time; 연속 평정이 아닌 1회에 걸친 시험으로 진로를 결정하는 경우

33 owing to : because of

> Owing to his carelessness, we had an accident.
> 그가 부주의하였기 때문에 우리는 교통사고를 당했다.

34 a pilot scheme : an experiment to test the demand for a product without incurring heavy expenditure on its production and sales

> E 시험적으로 하는 계획, 예를 들어 어떤 여객기를 제조하고자 할 때 보다 작게 만들어서 그 기능을 시험해 보는 경우를 뜻한다.
> A pilot is a guide who steers ships into and out of harbour.
> 조종사는 항구로 들어가고 나오는 배들을 운전하는 안내인이다.

35 poke one's nose into someone else's business : 다른 사람의 일에 간섭하다.

36 put off : postpone

37 put up with : endure, tolerate; 참다

> This is the sort of English which I will not put up with.
> 이것은 내가 수용하기 어려운 표현이다.

38 red tape : bureaucratic delay; 관료적 지체

39 Silver Jubilee : celebration of twenty-fifth anniversary of an important event; 25주년 기념식

Gold Jubilee : 50주년 기념식

40 soap opera : an inferior or comic play in serial form on radio or television

41 take place : happen

42 user-friendly : easy for users to operate

43 worth while to : ~할 가치가 있는

> The long drive up to the Scotland was worthwhile.

스코틀랜드로 가는 장시간 운전은 가치가 있다.
It was really worthwhile to visit the museum.
그 박물관을 방문하는 것은 정말 가치가 있었다.

44 wipe out : cancel, destroy completely

The whole battalion was wiped out.
전 대대는 전멸당하였다.

45 work out : find, by calculation or by study, the solution to some problem or a method of dealing with it.

We want the committee to work out the details.
우리는 위원회에서 세부적인 일들을 해결해 주기 바란다.

2.7 어원에 따른 단어파악

01 am, amor : love, liking

amateur. 반 professional | **amicable** : 친근한 | **amorous** : 사랑스러운

02 ante : before

antecedents = ancestor | **ante meridian** (a.m.) : before noon

03 ant, anti : against, opponent

antagonist : 반대자. 반 protagonist | **antonym** 반 synonym | **antibiotic** : 항생제 | **antidote** : 해독제 | **antiseptic** : substance that prevents infection

04 aster, astro : star

astronaut : 우주인 | **disaster** : contrary star, calamity

05 auto : self

automation : 자동화 | **autobiography** : 자서전 | **autonomy** : 자율성

06 bene : good, well

benevolent : 관대한

07 bi : 두 개의

bicycle | **bilingual** : 두 가지 언어를 하는 | **bilateral** : 쌍무적인. 반 unilateral : 일방적인

08 chron, chrono : time

chronicle : 연대기 | **synchronize** : make simultaneous movement, operate at the same rate and simultaneously

09 chrys : 황색의, 금의

chrysanthemum : 국화

10 con, co, col : together, with

collaborate : work together | **collusion** : 담합 | **concord** : harmony | **convene** : assemble

11 de : down

demolish : destroy | **despise** : look down on, scorn

12 dem, demo : people

democratic : 민주주의의 | **demographic** : 인구분포의 | **epidemic** : 사람들 가운데, 전염병의

13 deter : discourage, hinder, keep back

deterrent = impediment | **detergent** : 표백제

14 dis : apart

dissect : cut apart

15 e, ex : out, from, away

emigrate : 이민가다 | **expel** : 추방하다

16 extra : outside

extra-curricula : 교과과정 밖의 | **extravagant** : 과다한, 낭비하는

17 fin : end, boundary

affinity : near the boundary, kinship | **final** : 마지막 장 | **finale** : 최후의 막, 대단원

18 flu : flow

fluent : 유창한 | **fluid** : changing easily

19 fore : beforehand; 미리, 사전에

foresee | **foresight** | **forefront** : front part of the front

20 gen, gener : birth, kind

engender : give birth to | **generate**

21 greg : gather, flock

aggregation : assemblage | **congregation** : 신도의 모임

22 here : stick

adhere : hold fast, be attached | **coherence** : consistency, inherent

23 hyper : over

hyperinflation : 격심한 인플레이션 | **hypercritical** : overcritical

24 in, im : in, into, against

inclusive : 포함하는 | **inhibit** : 금지하는

25 inter : between

intercept : 가로채다 | **intermission** : 휴식

26 in, il, im, ir : not, un

illegible : 읽을 수 없는 | **irrelevant** : 관계없는 | **incessant** : not ceasing, 끊임없는 | **irrevocable** : not revocable, 취소불능의 | **irrevocable letter of credit** : 취소불능신용장

27 im : 불가능한

impossible : 불가능한 | **impotent** : 무능력한

28 inter : 상호간의

intercontinental : 대륙간 | **intercrew** : 자동차, 선박, 비행기를 운전하는 기사

29 lateral : side

collateral : additional but subordinate, ㊔ 부저당물 | **lateral** : 측면의 | **multilateral** | **unilateral** | **bilateral**

30 mal, male : evil, ill, bad

malice : ill will | **maltreat** : abuse, 학대하다 | **maldistribution** | **malfunction** | **malnutrition** : 영양실조

31 manu : 손의

manufacturing : 제조업 | **manuscript** : 원고 | **mandate** : 명령, 위임통치, command | **manual** : handbook

32 mono : 독점의

monopoly : 독점

33 multi : 여러 가지의

multilateral : 다자간 | **multinational enterprise** : 다국적기업

34 non, nem : management, distribution

astronomy : distribution of stars | **astronomical** : 천문학의 | **economics** : household management, 경제학

35 omni : 전능한

omnibus | **omnipotent**

36 ortho : straight, correct

orthodox : 정통의 | **orthography** : correct spelling

37 out : beyond, more than

outlook : prospect for the future | **outspoken** : not reserved

38 over : too, excessively

overdose : 과다복용 | **overshadow** : outweigh

39 ped : child

pediatrics : 소아과

40 pend, pens : hang

appendix : 부록 | **impending** : overhanging | **pendant** : hanging ornament
pending issues : 해결되지 않은 문제들 | **suspense** : condition of being left "hanging" or in doubt

41 per : through, thorough

perplex : confuse thoroughly | **pertinent** : 직접 관계되는 | **proper** : 적절한

42 pre : before

beforehand | **precede** : go before | **preface** : foreword | **presume** : take for granted

43 post : after

postdated cheque | **postgraduate** | **post meridian** | **post doctoral**

44 prot, proto : first

protagonist : 주연자. 반 antagonist | **protocol** : 접속, 의전 | **prototype** : first or original model of anything

45 se : apart

seclude | **segregate**

46 semi : half

semiannual | **semidetached**

47 simil, simul : similar, like, same

assimilate : 동화하는 | **simile** : 직유법 | **simultaneous** = concurrent

48 tele : 멀리 있는

telephone | **telescope** | **television**

49 thesis, thet : set, place, put

antithesis : 반대논문 | **hypothesis** : 가설 | **synthesis** : 합성 | **synthetic** : artificially made

50 trans : 넘어서, 가로질러, 초월하여

trans-act : 거래하다 | **translation** : 번역하다 | **transatlantic** : 대서양 건너편의

51 tri : 셋의

piano trio | **trilateral conference** : 삼각회의

52 un : not, lack of

unbiased : 편견이 없는 | **unabridged** : not abridged, not made shorter

53 under : beneath, lower

underdeveloped | **underprivileged**

54 up : up, upward

update | **upgrade** | **upturn** : 반등하다

55 with : back, away, against

withdraw : draw back or away | **withhold** : hold back

연습문제 Exercise

[1] Fill the blanks with suitable words.

1. Front garden and (　　) garden.
   앞 정원과 뒤의 정원

2. (　　) committee.
   발기위원회

3. Signaling and (　　).
   자격통지와 심사

4. (　　) signal.
   잘못된 신호

5. I think it is a (　　) matter for us.
   gravity의 변화형

6. I evaluate that this conference is rather (　　).
   보상받는

7. We are the (　　) agent of the Johnson & Johnson in this country.
   독점적 대리인

8. The opposite of secondary data is (　　) ones.

9. The delivery note is (　　) that we' ve taken delivery of the goods.
   prove의 변화형

Answer

1 Rear 2 Steering 3 screening 4 false 5 grave 6 rewarding 7 exclusive
8 raw or primary 9 proof

[2] Replace the underlined words with synonyms.

1 to <u>run</u> a test.

2 <u>reach</u> the standardized phase.

3 Such a distribution network <u>facilitates</u> market access.

4 Our main competitive <u>advantages</u> are our range of products.

5 This contract is still <u>valid</u>.

6 We just <u>dispatched</u> the last consignment.

7 I would like to know our <u>inventory</u> levels.

Answer

1 operate 2 accomplish 3 lubricates 4 edge 5 effective 6 forwarded 7 stock

[3] Fill up the blanks with suitable words and translate the following sentences into Korean.

1 Italy is famous for the affluent North and (   ) South.

2 SWOT stands for strength, weakness, potential (   ) and potential threat.

3 If you feel (   ), you feel sleepy.

4 The primary sector includes industries involved in mining, fishing, and farming. The secondary sector includes all manufacturing industry. The (   ) sector includes all service industries.

5 She is remarkably (   ). She is a painter, sculptor, architect, musician, engineer, and scientist.

6 Textile jobs, the Dragon' s share: As quotas end, Spanish firm hastens its (   ) migration to China.

7 Conspicuous non-consumption: The (   ) are losing their fondness for being seen in a Rolls or its like.

Answer

1 impoverished. 이탈리아는 풍요로운 북부와 가난한 남부로 유명하다.
2 opportunity. SWOT는 강점, 약점, 잠재적 기회, 잠재적 위협을 나타낸다.
3 drowsy. 당신이 'drowsy'라고 느끼면 졸린 상태이다.
4 tertiary. 1차산업은 광업, 어업, 농업을 포함한다. 2차산업은 모든 제조업을 포함한다. 3차산업은 모든 서비스산업을 포함한다.
E 3차산업 또는 서비스산업이기에 tertiary가 된다.
5 versatile. 그 여자는 상당히 다재다능하다. 그 여자는 화가, 조각가, 건축가, 음악인, 기술자, 과학자이다.
6 industrial. 면방직, 드래곤(중국)의 몫 : 할당이 끝남에 따라 스페인 회사는 중국으로 회사의 산업 이주를 서두르고 있다.
Voca migratory bird : 철새. migration : 이민
7 rich. 비현시적 소비 : 부자들은 더 이상 롤스로이스 또는 이와 비슷한 고급제품에 대한 그들의 선호도를 상실하고 있다.

[4] Choose the correct words and translate them into Korean.

1 A skilled dancer greases the wheels of a social occasion. By flattering patrons, she makes each one feel (general, special).

2 Extraordinary insights often come from (common, uncommon) perspectives.

3. Is there a particular theme in "The Secret Sharer" that (resonates, reflects) with senior executives?

4. If it (has, had) wings, Mercedes' SL 65 AMG could be a jet fighter.

5. Changes in the global economy are creating growing (parities, disparities) in income and employment across the U.S. economy.

Answer

1. special. 능수능란한 무용수는 특별한 사회행사를 원활하게 진행한다. 그녀는 단골고객으로 하여금 각자가 특별한 고객이라고 느끼게끔 유도한다.
   Voca greases = lubricates 마찰비용을 줄인다는 뜻으로 사용되었다.
   E 특별한 경우를 something special이라고 표현한다.
2. uncommon. 특별한 통찰력은 자주 평범하지 않은 관점에서 도출된다.
3. resonates. "비밀 공유자"에 고급이사들의 공감을 가져오게 할 만한 특별한 주제가 있는가?
   Voca resonate는 "공명하다"라는 동사이고, 형용사는 resonant이다. 강조한다면 흉금을 울리게 한다는 뜻이다.
4. had. 날개만 있다면, 메르세데스 벤츠는 제트기가 될 수도 있다.
   E 현재 사실과 반대되는 가정법 과거이기 때문에 had
5. disparities = gap, differential. 세계경제의 변화들은 전 미국에 걸쳐서 소득과 고용에서 불평등의 증가를 가져왔다.

[5] Fill up the blanks with suitable words.

1. Slow and (   ) wins the race.
   = It may be sensible for you to steering the right direction while keeping stability.

2. I saw Jennie with the (   ) brown hair.
   The opposite meaning of dark brown.

3. Be alert the (   ) ice.

4 The whale is in danger of becoming extinct.

= The whale can be classified as ( ) species.

5 The personal distribution of income has been exacerbated.

= The personal income has been ( ).

6 ( ) is known about the side effect of this drug.

= The side effect of this drug is hardly known to the world.

7 A ( ) stone gathers no moss.

= Be still and know.

Answer

1 steady 2 light 3 black 4 endangered 5 polarized 6 Little 7 rolling

[6] Change the given words into appropriate usage.

1 It is a foolish fish that is ( ) by the same bait. [catch]

2 I' ll send all my love everyday in a letter ( ) with a kiss. [seal]

3 It is totally at your ( ). [dispose]

4 The is no obligation for reporters to disclose ( ) sources. [confidence]

5 Rain and cold hinder Iran quake ( ). [relieve]

6 Summers' ( ) style may push his lofty goals out of reach. [provoke]

7 China' s red tape ( ): New legislation should help the licensing process run more smoothly. [tangle]

Answer

1 caught 2 sealed 3 disposal 4 confidential 5 relief 6 provocative 7 untangles
E 3의 표현을 세련되게 할 경우에는 discretion or prudence를 사용하기도 한다.

[7] Choose the synonyms of the underlined words.

1 The tuition and accommodation fee are fully <u>reimbursed</u> if a receipt is returned.

① shared ② paid back ③ asked for ④ charged

2 The children in the garden have become <u>boisterous</u>.

① sleepy ② quite ③ tired ④ noisy

3 Mary is an <u>avid</u> reader of love stories.

① average ② enthusiastic ③ indifferent ④ marginal

4 Our brains are not designed to <u>retain</u> random bits of information.

① discharge ② call ③ preserve ④ lose

5 The U.S. Justice Department is cracking down on <u>predatory</u> pricing.

① generous ② mark-up ③ collusive ④ rapacious

6 Do your best to be more <u>succinct</u> in your remarks.

① concise ② interesting ③ mixed up ④ witty

7 Why is Diana so <u>conceited</u>?

① angry ② sad ③ sincere ④ vain

8 We got <u>drenched</u> when we returned to our school.

① frozen ② sunburned ③ quite wet ④ quite dry

9 She looked at the other guests disdainfully.

① in a friendly way ② in a contemptuous way
③ in an embarrassed way ④ in a cool look

10 What was the gist of chairperson' s speech this morning?

① title ② subject ③ main point ④ subtitle

11 You can expect to receive a stipend.

① salary ② meal ③ fiat ④ gift

Answer

1 ② 2 ④ 3 ② 4 ③ 5 ④ 6 ① 7 ④ 8 ③ 9 ② 10 ② 11 ①

[8] Fill up the blanks with suitable words.

1 Nice to meet you.
(　　) as well.

2 Have a nice day!
(　　) to you.

3 Thank you.
You are most (　　). = Not at all.

4 (　　) your own business.
= It is none of your business.

5 I' d like to have a stake.
Would you like to have a rare, (　　), or well-done?

6 I would like to have a (   ) call to Seoul, Korea. = reverse

= My friend in Seoul is willing to pay the telephone charge

7 Are you here on vacation?

No, we aren' t. We' re here on (   ) for finalizing our contract.

8 He does not play a (   )

= He is the last person to tell a lie.

9 I would like to (   ) 700 pounds from my savings account to current one.

10 Don' t pulling my legs.

= Are you (   )?

11 This is my (   ) of music.

= This is one of my favorite music.

12 We are all (   ) on a rainy day.

= We feel lonely on a rainy day.

13 He has studied the intermediate accounting whose stage is located between introductory and (   ) levels.

14 The goods were found to be (   ).

= They are not in good conditions.

15 I have attempted it in (   ).

= I have done my best, but the outcome is virtually nothing.

= I have failed to achieve my original aim.

16 I am sorry to tell you that he (　　) away at the hospital.
= I am sorry to let you know that he was expired.

17 Because it was (　　), I took my umbrella with me.

18 Could you tell me how to get to the bus station?
= Could you kindly show me the (　　) to the bus station?

19 This is my (　　).
= I would like to treat you this time.

20 We do savings for a (　　) day.

Answer

1 Me 2 same 3 welcome 4 Mind 5 medium 6 collect 7 business 8 game
9 transfer 10 kidding 11 kind 12 alone 13 advanced 14 defective 15 vain
16 passed 17 raining 18 way 19 turn 20 rainy
E 16에서 'expired'는 병원에서 사용되는 용어이다.

Chapter
03
영어독해 및 영작문

3.1 Reading Comprehension | 3.2 Translation into Korean | 3.3 Novels | 3.4 Essays
3.5 Communication Letters | 3.6 English Composition Ⅰ | 3.7 English Composition Ⅱ

영어공부를 단어 또는 문법 위주로만 하게 되면 영어를 구사하는 폭이 좁아진다. 독해와 작문, 청취에도 중점을 두고 공부해야 활용범위를 넓힐 수 있다. 특히 영작문은 자유롭게 표현하는 능력을 배양하는 점에서 중요하다. 제3장에서는 영어독해와 영작문을 숙달하면서 기초단계에서 응용단계로 서서히 나아가고자 한다.

3.1 Reading Comprehension

01 If a child lives with encouragement, he learns to be confident.

아이가 격려를 받으며 살고 있다면, 그는 자신감을 배운다.

02 If you live with serenity, your child will live with peace of mind.

당신이 평온하게 살고 있다면, 당신의 아이는 마음의 평화를 가지고 살게 된다.

03 If you have a positive attitude and constantly strive to give your best effort, eventually you will overcome your immediate problems and find you are ready for greater challenge. (Pat Reily)

만약 네가 긍정적 자세를 가지고 최선의 노력을 다하도록 끊임없이 노력한다면, 마침내, 너는 시급한 문제들을 해결하고 더 큰 도전을 할 준비가 되어 있는 자신을 발견할 것이다.

04 A happy person is not a person in a certain set of circumstances, but rather a person with a certain set of attitudes. (Hugh Downs)

행복한 사람은 확실한 여건을 가진 자가 아니라, 자신의 성격에 부합하는 일관된 자세를 가진 자이다.

Re The most important attribute of a happy person may be a coherent attitude which may be shaped by his own personality. A certain set of circumstances may be the secondary importance.

05 For success, attitude is equally important as ability.

성공을 위해서는 자세가 능력만큼이나 중요하다.

Re An ability may be a necessary condition for success, but it cannot be a sufficient condition if a positive way of thinking or a positive stance does not go hand in hand with an ability.

06 we are actively commissioning new titles and are always pleased to consider and advise on new idea and proposals at an early stage.

우리는 활발하게 새로운 제목을 모색하는 중이며 초기단계에서 새로운 아이디어와 제안에 기꺼이 충고하고 고려하는 것을 항상 좋아한다.

07 Love me, love my dog. Dogs and their owners really do resemble one another.

나를 사랑하면 내 개도 사랑해 주시오. 개들과 그 주인들은 정말로 서로 닮아간다.

3.2 Translation into Korean

01 Innovation is not something you can simply invoke or turn on or off.

기술혁신은 당신이 단순히 실시하거나, 켜고 끌 수 있는 것이 아니다.

E 기술혁신은 연속적인 과정(trajectory)이어서 갑자기 이루어질 수 없음을 지적하는 글이다.

02 Maybe, this evidence could explain how a race moved from the base in Africa to other places in the world.

이 증거는 그 종족이 어떻게 아프리카 원래의 땅에서 세계의 다른 지역으로 이동하였는가에 대하여 밝힐 수도 있을 것이다.

03 After having had an enough rest, Felicity is as fresh as daisy.

충분한 휴식을 취한 후에 필리시티는 초원같이 신선하다.

04 A moat is a deep, wide ditch dug round a hill or castle for protection.

호(壕)는 보호를 위한 언덕이나 성 주위에 파내진 깊고 넓은 도랑이다.

Voca moat : 호(壕)

05 They are really friendly dogs. But if you make them angry, they might turn on to you.

그 개들은 아주 온순하다. 하지만 만일 여러분들이 개들을 화나게 하면 여러분에게 대들 수도 있다.

06 He used to have a dream of becoming a freelance and decided to cross the Rubicon by giving up his present post.

그는 프리랜서가 되는 꿈을 가지고 있었고, 현재의 위치를 포기함으로써 그렇게 하기로 결정하였다.

Voca cross the Rubicon : to do something which commits one to a particular course of actions(시저가 한 말이다). The die is cast : 주사위는 던져졌다.

3.3 Novels

01 During the decade when Napoleon was transforming Europe, Jane Austen wrote this novel in which the main events are that a man changes his manners and a young lady her mind. The thrust of her contention is that the truly civilized being maintains a proper balance between reason and energy.

나폴레옹이 유럽의 판도를 뒤바꾸었던 10년 동안에 제인 오스틴은 남자 주인공이 그의 태도를 바꾸고, 여자 주인공이 그녀의 마음을 바꾸는 주제의 소설을 썼다. 그녀가 강하게 주장하는 본질은 진실로 문명화된 인간은 이성과 감정 간에 적절한 균형을 유지한다는 것이다.

Voca thrust = nub = gist (핵심), 이 글에서 change는 공통분모와 같이 향유할 수 있는 부분을 증가시키는 mutual interaction이 긍정적으로 개선됨을 나타낸다. *Pride and Prejudice*의 글이다.

02 *Persuasion* is a delightful social satire of England' s landed gentry and a moving tale of lovers separated by class distinction.

『설득』은 영국의 지주계층의 즐거운 사회풍자로서 계급 구분 때문에 헤어지는 애인들에 대한 감동적인 이야기이다.

E The landed gentry are people of high social status.

Voca bear with = tolerate

03 *Black Beauty* tells the moving story of a handsome horse who, from a happy early life, goes on to endure hard times and ill treatment before finding a good home at last.

『검은 미녀』는 행복한 어린 시절을 지낸 잘생긴 말이 어려운 시기와 나쁜 대접을 이겨내면서 지내다가 결국 좋은 집을 발견하게 된다는 감동적인 줄거리를 가지고 있다.

E Anna Sewell lived the rest of her life as a semi invalid.
(저자인) 안나 시월은 그 여자의 남은 생을 반 불구자로 살았다.

3.4 Essays

01 Montaigne accepted the double truth; the sphere of faith and the sphere of reason were to him entirely separate.

몬테인은 두 가지 진실을 수용하였다; 그에게 신앙의 영역과 이성의 영역은 전적으로 분리된 것이었다.

E 몬테인의 *Essays*는 회의적(skeptical) 표현을 지닌 점에서 확신적(convincing) 표현을 지닌 St. Augustin의 *Confession*과 정반대라고 할 수 있다.

Voca sphere = realm = scope

02 My sole aim is to reveal myself; and I may be different tomorrow if some new lesson changes me.

나의 유일한 목적은 나 자신을 밝히는 것이다; 어떤 새로운 가르침이 나를 변화시키면 나의 내일은 달라질 수 있다.

Voca sole = single | aim = objective = goal | Revelation : 요한계시록. revealed preference theory : 현시선호이론

3.5 Communication Letters

01 I enclose a specimen copy of the journal requested for your examination and approval. Should you wish to become a regular subscriber to this title we will be pleased to process your order on return of this letter together with your remittance.

당신의 검토와 동의에 필요한 학술지의 견본을 동봉합니다. 만일 당신이 정기구독자가 되기를 원한다면 송금과 함께 답장을 하는 조건으로 당신의 주문을 기꺼이 진행하겠습니다.

02 아래 글은 투고문에 대한 편집자의 편지와 그에 대한 답장이다.

Dear Dr. Hwang,
We appreciate the submission of your paper "Microfinance and Economic Development" to Journal of International Relations and Development. Unfortunately we will not be able to consider your article for Journal of International Relations and Development as it is outside the scope of this journal. JIRD considers submissions related to theoretical debates in international relations. We wish you success with submission elsewhere.

Best wishes,

Jozef Batora, coordinating editor

황 박사님께
박사님의 논문인 "미시금융과 경제 발전"을 Journal of International Relations and Development에 투고해 주셔서 감사드립니다. 안타깝게도 박사님 논문의 내용이 Journal of International Relations and Development가 다루는 범위를 벗어난 관계로 수록하지 못하게 되었습니다. JIRD는 국제관계의 이론적 논쟁에 관한 제출물을 고려합니다. 다른 곳에 제출하여 성공하시길 기원합니다.
행운을 빕니다.
조세프 바토라, 조정 편집장

Dear Jozef Batora,
I fully understand the current situation of my article. I appreciate your decision letter which arrived in a due time.

With Kind Regards,

Hae-du Hwang, Konkuk University

조세프 바토라 씨께
제 논문의 투고 결과에 대해 충분히 이해하였습니다. 결과내용을 적시에 답해 주셔서 감사합니다.
안부를 전하며 이만 줄입니다.
건국대학교 황해두

Voca Current English : 시사영어. current : 전류, 강물의 흐름

03 It is essential that we receive an honest and objective assessment of the applicant. Please complete all sections on the reverse side.

우리는 지원자의 정직하고 객관적인 평가를 받는 것이 필요하다. 뒷면의 모든 부분도 기입해 주십시오.

3.6 English Composition I

01 그 차는 주인이 세 번 바뀌었다.

The car has changed hand three times.

02 나는 그녀의 자필을 전혀 읽을 수 없다; 대단히 읽기가 어렵다.

I can't read her handwriting at all; it's quite illegible.

03 가능한 한 아주 쉽게 풀어서 설명할 수 있겠니?

Can you make it plain as much as possible?

04 그것에 대하여 좀 더 자세하게 설명해 줄 수 있겠니?

Could you kindly elaborate it a little bit more?

05 연사의 발표는 어떠했는가?

How was the speaker?

06 그의 발표는 아주 훌륭하였다.

His exposition was rather superb.

07 당신의 훌륭한 시험결과를 축하합니다.

Congratulations on your splendid exam results.

08 당신은 지나치게 비관적입니다.

You are unduly pessimistic.

09 나는 그의 글이 전혀 논리체계가 없는 것으로 판단된다.

I think his paper seems to be a sweeping argument.

E 논리의 일관성을 consistency or coherence로 표현하는데, sweeping argument는 아무것도 모르면서 장황하게 쓴 글이거나, 앞의 분석이 없으면서 결론부분을 과장하는 경우에 사용된다.

10 당신은 상상력이 풍부합니다.

You are full of imagination.

11 엄청난 양의 일은 정말로 우리를 놀라게 한다.

The sheer volume of work really astounds us.

12 나는 그녀를 사랑했지만 지금은 그녀의 배짱을 혐오한다.

I used to love her but I hate her guts now.

Voca gut : 배짱

3.7 English Composition Ⅱ

01 고래는 멸종위기에 처해 있다.

The whale is in danger of becoming extinct.

Voca hazard light : 비상등 | endangered species : 멸종위기의 종족들 | jeopardized zone : 위험한 지대 | extinction : 멸종

02 내가 수필을 제출하기 전에 내 수필을 한 번 간단히 읽어주겠니?

Would you mind having a glance at my essay before I hand it in?

03 각 장은 일주일 분량의 과제를 가지고 있다.

Each chapter accommodates a week's work.

04 김 선생은 최근에 우리 교수진에 왔습니다.

Mr. Kim is a new blood to our faculty member.

Voca blood = breed. awkward breed : 이상한 사람들

05 어떤 호버크라프트가 오늘 오후에 거친 바다에서 정지하였다.

A hovercraft was halted in rough seas this afternoon.

06 지휘관의 자신에 찬 안색은 대대의 사기를 상승시켜서 목표된 산을 점령하게 하였다.

The confident countenance of commander boosted the courage of the battalion to conquer the targeted mountain.

E 걸음걸이, 안색, 눈동자는 면접시험뿐만 아니라 생활에서도 중요하다. gait, countenance, pupil이라고 한다.

Voca 사령관은 commander-in-chief라고 한다.

07 허리케인이 지나가면서 통과지역에 놓여 있던 모든 것을 파괴하였다.

The hurricane destroyed everything that lay in its path.

Re The Hurricane has left a trail of destruction behind it.

08 당신은 어려운 일에 직면해 있습니다.

You've got a hot potato in your hand.

E 감자를 전기 또는 가스 오븐에다 익히기 때문에 감자를 꺼낼 때에는 두꺼운 장갑을 끼고 꺼내서 나누어 준다. 그런데 이 같이 뜨거운 감자가 손에 있다면 어려운 상황을 뜻하게 된다.

09 우리가 뉴오리언즈를 재건할 때 자연을 거스르지 않고 자연과 함께 일함으로써 뉴오리언즈를 보호할 수 있다.

As we rebuild New Orleans, we can protect it—by working with nature, not against it.

연습문제 Exercise

[1] Translate the following sentences into Korean.

1 She stretched herself up on tiptoe, and peeped over the edge of the mushroom, and her eyes immediately met those of blue caterpillar, that was sitting of the top with its arms folded. (*Alice in the Wonderland*)

2 Work out which mistakes you make most often and concentrate on getting rid of them. Draw up a chart of what you need to improve, and how you could practise. Cross items off when you feel you have improved them.

Answer

1 그녀는 발끝을 들고 서서 버섯의 가장자리를 잠시 힐끗 보았다. 그러자 그녀의 눈이 곧 버섯의 꼭대기에서 팔을 접고 앉아 있는 푸른 애벌레의 눈과 마주쳤다.

2 여러분이 가장 빈번히 실수하는 것이 어떤 것인지 고르고, 그것을 제거하는 데 집중하세요. 여러분이 개선할 필요가 있는 것을 도표로 작성하고, 어떻게 연습할 것인지 작성하세요. 여러분이 개선되었다고 느낄 때, 그 항목들을 지우세요.

E 영어교과서의 내용인데 공부할 범위를 파악하고 단계적으로 공부한 부분은 지워가면서 남은 부분을 공부할 우선순위를 세울 필요가 있음을 알려주는 글이다.

[2] Translate the following sentences on economic and daily events into Korean.

1 Now, the floor is open for discussion.

2 We are running behind the schedule.

3 We' ll now recess for a coffee break and resume our discussion at 3:20 p.m.

4 I will elaborate these points in greater depth later.

5 I' ve never really thought about it.

6 Don' t worry if you don' t finish your work tonight. Tomorrow is another day.

7 Statistical models reveal broad tendencies and recurring pattern, but in an ever-changing world, they cannot make reliable predictions.

Answer

1 청중석도 토론을 위해 열려 있습니다.
2 우리는 예정보다 늦게 진행하고 있습니다.
3 우리는 오후 3시 20분에 우리의 토론을 재개하기 위하여 커피 휴식을 갖겠습니다.
4 나는 조금 있다가 이 점들을 아주 심도있게 설명하겠습니다.
5 그 문제에 대하여 정말로 생각해 본 적이 없다.
6 네가 오늘 밤에 일을 마칠 수 있을지 없을지 그리 걱정하지 마라. 내일하면 되니까.
7 통계적 모형들은 일반적인 추세와 반복되는 형태를 보여주지만, 늘 변화하는 세상에서는 신뢰할 만한 예측을 할 수 없다.

[3] English Composition Exercise I

1 나는 디자이너나 건축가가 되기로 결심했다.

2 나는 이 아름다운 꽃병을 우편으로 샀다.

3 나는 낸시의 동의 없이는 너에게 말해 줄 수 없다.

4 그는 새로운 모형의 스포츠카에 미쳐 있다.

5 수잔은 양파 수프를 어떻게 만드는지 처음부터 알고 있다.

6 그녀는 귀족 혈통을 가졌다고 알려져 있다.

7 그 여자는 수술 후에 침체된 분위기였다.

8 그는 중급회계학을 철저하게 공부해 왔다.

9 나는 어떤 수단을 사용해서라도 그녀와 결혼할 것이다.

10 가난과 범죄는 같이 간다.

Answer

1 I have decided to become a designer or an architect.
2 I bought this beautiful vase through the mail.
3 I can't tell you without Nancy's consent.
4 He is crazy for brand new models of sports car.
5 Sue learned how to make onion soup from scratch.
Voca from scratch : 처음부터 | Susan을 줄여서 Sue라고 한다.
6 It is said that she got blue blood in her vein.
Voca blue blood : royal or aristocratic birth or ancestry.
7 She was at a low ebb after the operation.
8 He has studied intermediate accounting from A to Z.
Voca A to Z : very throughly and completely | 초급은 introductory, 고급은 advanced 라고 한다.
9 I'll get her to marry me, by hook or by crook.
Voca by hook or by crook : in any way possible
10 Poverty and crime go hand in hand.
Voca go hand : to be found always in close connection with

[4] English Composition Exercise II

1 가까운 미래에 당신의 친절에 보답할 기회를 갖고 싶다.

2 토끼가 작년 여름에 우리 정원의 채소를 먹었다.

3 죄송하지만 그는 타계하였습니다.

4 그의 글은 지식기반경제 분야에 새로운 장을 열었다.

5 나는 이 책이 완성될 때까지 나의 가족이 보여준 인내에 감사한다.

6 첨단산업과 굴뚝산업의 균형을 잡는 것은 매우 중요하다.

7 상승하는 밀물은 모든 보트를 들어올린다.

Answer

1 I would like to have an opportunity to reciprocate your kindness in the near future.
2 The rabbit appropriated the vegetables of our garden last summer.
3 I am sorry that he had passed away.
4 His paper blazed a trail in the field of knowledge-based economy.
Voca blaze a trail : to show the way something new
E 이 같은 글을 seminal paper라고 한다.
5 I am grateful for the patience of my family until this book is shaped.
6 It may be critically important for us to hit (or strike) a balance between click and mortar.
Voca click은 첨단산업, mortar은 굴뚝산업을 나타낸다.
7 A rising tide lifts all boats.

[5] Translate the following sentences into English.

1 우리는 주장이 반대인 두 그룹 간에 균형을 잡기 위하여 애써야 합니다.

2 우리는 그렇게 감상적인 분위기를 즐길 만한 형편이 아니다.

3 우리 회사는 좋은 평판을 가지고 있습니다.

4 나는 우리 회사가 약 30년에 걸쳐서 가장 높은 평판을 향유하는 기업의 하나라는 것에 대하여 자랑스럽게 여긴다.

5 영화 제작자들은 영사기와 무거운 필름의 스풀(reel)없이 일하기를 열망하였다. 마침내, 디지털 기술이 가능한 해결책을 제공했다.

6 출판업자들은 독자들에게 더 많은 기회를 주는 온라인 시스템을 구축하고 있다.

Answer

1 We have to endeavor to strike a balance between the two groups with conflicting contentions.

Re It may be worthwhile for us to hit a balance between these two parties with polarized versions.

2 We can't afford to be so sentimental.

Re It may be sensible for us to make a real progress as a means of getting out of this tunnel.

3 Our company has enjoyed a good reputation.

Re Our company has procured a prestigious position among business circles.

Voca enjoyed = procured

4 I am so proud that our company has maintained one of the highest reputations for nearly three decades.

Re I reckon our company has enjoyed such a prestigious status of maintaining one of the highest ranks for its brand-equity for more than three decades.

5 Cinema owners would love to do without projectors and heavy reels of film. At last, digital technology has provided a feasible solution.

6 Publishers are building an online system that will give readers more choices.

[6] Translate the following sentences into Korean and rewrite them into English with another style.

1 The priest, Padre Plenta, handed him this note one morning: Remember this, Roberto. One's words must glide across the page like a swan moving across the waters. One must be conscious of the movement without a thought of what is causing it to move.

2 I fully admit that I still have a long way to go to be a matured person.

3 Do interrupt me if you've got any questions or comments during my presentation.

4 As seals disappear, questions remain: Scientists are tracking the drastic decline in the number of Northern fur seals in Alaska.

5 Uneducated people have most exuberance of invention and the greatest freedom from prejudice. Shakespeare' s was evidently an uneducated mind, both in the freshness of his imagination and in the variety of his views; as Milton' s was scholastic, in the texture both of his thoughts and feelings.

Answer

1 어느 날 아침, 성직자인 파드레 플렌타는 그에게 이 요점을 건네주었다: 로페브트야, 이것을 기억해라. 사람의 말(생각)은 물을 가로지르는 백조처럼 지면을 (부드럽게) 흘러가듯 해야 한다. 사람들은 무엇이 그들이 가진 생각의 움직임을 가져왔는가를 인식하지 말고 (자연스럽게) 그 움직임을 알아야 한다.

Re I would like to suggest you to vacant your mind when you put down your ideas on a paper. Otherwise you may lose your own pace to transcend your inherent attribute into literary patterns. Put it another way, the procedure of encoding and decoding your ideas should be derived from your subconsciousness without any kind of manipulation on it.

2 나는 성숙한 인간이 되기 위하여 여전히 먼 길을 가야 한다고 생각합니다.

Voca mature = ripe. 반 immature

Re I reckon it may be indispensible for me to make a relentless improvement to be a matured person.

3 내가 발표하는 동안 질문 또는 논평할 것이 있다면 알려주기 바랍니다.

Re Don' t hesitate to raise any questions while I get along my presentation.

4 물개가 없어지자, 질문이 남게 된다. 과학자들은 알라스카에서 북쪽 털 물개 수의 급격한 감소를 추적하고 있다.

Re Scientists are tracing out what has been a major factor of such a drastic decline in the number of Northern fur seals in Alaska.

5 교육받지 못한 사람들이 아주 풍부한 창작의 재능을 갖고 있고 선입견으로부터 가장 자유로울 수 있다. 셰익스피어의 작품은 분명히 교육받지 않은 정신이 풍부한 상상력과 다양한 시각 안에서 동시에 있는 반면에 밀턴의 작품은 생각과 감정의 조직 속에서 현학적이다. 인간의 재능의 힘을 알고 싶다면 셰익스피어의 작품을 읽어보고, 인간의 학문이 무의미한 것을 알고 싶다면 셰익스피어의 작품에 대한 논평을 읽어봐라.

Re Uneducated people are free from unduly biased stances, thus, are relatively easier to extend their horizons of inventive and imaginative ideas. Shakespeare had such an uneducated mind to perceive in a natural situation without any pretension whereas Milton had kept a certain distance from the genuine stance in that he was a great pretender to manipulate his perceptions in a pedantic way.

교육을 받지 않은 사람들은 지나친 선입견으로부터 자유롭다. 그러므로 교육을 받지 않은 사람들은 비교적 쉽게 그들의 독창적이고 창의적인 생각의 범위를 확장시킬 수 있다. 셰익스피어는 자연적인 현상을 어떠한 가식도 없이 받아들이는 훈련되지 않은 마음을 가지고 있었다. 반면 밀턴은 현학적인 방법으로 그의 인식을 조정하기 위해 진실한 자세로부터 확실한 거리를 유지했다는 점에서 상당한 정도로 자신의 진실을 가장한 가식자라고 할 수 있다.

Voca 순수한 사랑을 하지 않는 자를 pop song에서 묘사할 때 You are great pretender. Paper roses라고도 한다. 위선자는 hypocrite이다. 마지막 번역은 의미를 바르게 전달하기 위하여 약간 의역하였다.

[7] Translate the following paragraphs quoted from the *Republic* of Plato into Korean

1 Education had three principal subdivisions: reading and writing, physical education, and what we may call secondary or literary education. This last consisted mainly in a study of the works of the poets, which were learnt to be recited and, where necessary, sung to the lyre, so that it included a knowledge of music; it corresponded, broadly, to the secondary stage of our own system, and was followed by two year' s military training which began at eighteen.

2 The State which we have founded must possess the four 'cardinal virtues' of wisdom, courage, discipline, and justice. (Plato does not call them 'virtues' , and the translation therefore uses the more neutral term 'qualities' .) It will have wisdom because of the knowledge possessed by the Rulers, courage because of the courage of the Auxiliaries, and self-discipline because of the harmony between all three Classes and their common agreement 'about who ought to rule' . Finally, justice is the principle which has in fact been followed throughout, the principle of one man one job, of 'minding one' s own business' , in the sense of doing the job for which one is naturally fitted and not interfering with other people.

Answer

1 교육은 중요한 3가지 세분화된 영역으로 구성된다. 읽기와 쓰기, 체육, 그리고 우리가 이차적 또는 문학적 교육이라고 부르는 교육이다. 이것의 마지막 세분화에 해당되는 교육은 필요하다면 서정시에 따라서 노래부르기 위하여 암송이 필요하기 때문에 음악의 지식에 포함되는 시인들의 작품에 대한 공부로 구성된다. (그리고) 이 과정은 18세에 시작되는 2년의 군사훈련 후에 실시하게 되는 우리 자체의 교육체계의 2단계에 해당된다.

E Plato가 유럽의 문명에 미친 영향이 크기 때문에 소개한 글이다. 그는 교육을 사회범죄 예방 차원에서 평가할 정도로 광범위한 글을 썼다.

Voca lyric은 서정시, epic은 서사시이다.

2 우리가 수립한 국가는 반드시 지혜, 용기, 훈련과 정의의 4가지 '기본 덕목'을 지녀야만 한다. (플라토는 그것들을 '덕목'이라고 부르지 않았기 때문에 이 용어는 보다 중립적 성격을 지닌 자격이라고 번역된다. 국가는 통치자가 소유한 지식 때문에 현명함을 가지고, 통치자를 보조하는 행정관들에 의하여 용기를 가지고, 3가지 계층간에 조화와 누가 통치해야 한다는 점에 대한 공통되는 합의에 의하여 자제력을 가지게 된다. 마지막으로 정의는 어떤 사람의 직업이 그에게 자연스럽게 어울리고 다른 사람들을 방해하지 않는 일을 한다는 의미에서 자신에게 주어진 업무에만 집중하자는 한 개인이 한 직업을 가지는 원칙에 의하여 준수되어온 원칙이다.

Voca 헬리콥터가 바다 위를 비행할 경우에는 주된 엔진(main engine) 외에 보조엔진(auxiliary engine)을 장착하게 된다. 이 글에서는 지도자를 도와주는 행정, 입법, 사법관료를 의미한다.

[8] Fill the blanks with suitable words and translate them in Korean.

1 How to get the en suite that suits your taste and (   ).

2 My (   ) debts to those who have contributed to the shaping of this book are too heavy to enumerate in full.

3 "Why should we have to ask America' s permission to do business in Iran?" We are a (   ) country.

4 The flow of (   ) to the United States has become prey to organized criminal gangs. That is a problem for Mexico as well as for its neighbors.

5 Chinese steel maker gets approval for plant. The government wants to replace (   ) products with Chinese steel.

6 The consumer sovereignty may still holds in Russia as well in that the (   ) have a wide range of choices in accordance with their income brackets.

7 Which nation will go forth and multiply? Declines in (   ) have spread

every corner of the globe.

Answer

1 budget. 당신의 기호와 예산에 적합한 여러 기능을 갖춘 객실을 얻는 방법.

2 intellectual. 이 책을 편찬하는 데 도움을 준 사람들에 대한 나의 마음의 빚은 너무 커서 말로 다 할 수가 없다.

3 sovereign. "우리가 이란에서 사업을 하는 데 왜 미국의 허락을 얻어야 하는가?" 우리는 주권을 가진 국가이다.

4 migrants. 미국으로 들어오는 이민자의 흐름은 조직범죄자들의 희생물이 되어 왔다. 이 같은 문제는 멕시코와 그 주위 국가들이 직면한 문제이다.

5 foreign. 중국의 철강제조업자들은 공장을 짓는 허가를 얻고 있다. 정부는 외국제품을 중국제품으로 대체하기를 원하고 있다.

6 rich. 부자들은 그들의 소득에 따라서 광범위한 선택을 가지고 있기 때문에 소비자 주권은 러시아에서도 여전히 유효하게 작동하고 있다.

7 fertility. 어떤 국가들이 앞장서서 출산율을 증가시킬 것인가? 출산율의 감소는 세계의 모든 구석까지 확산되고 있다.

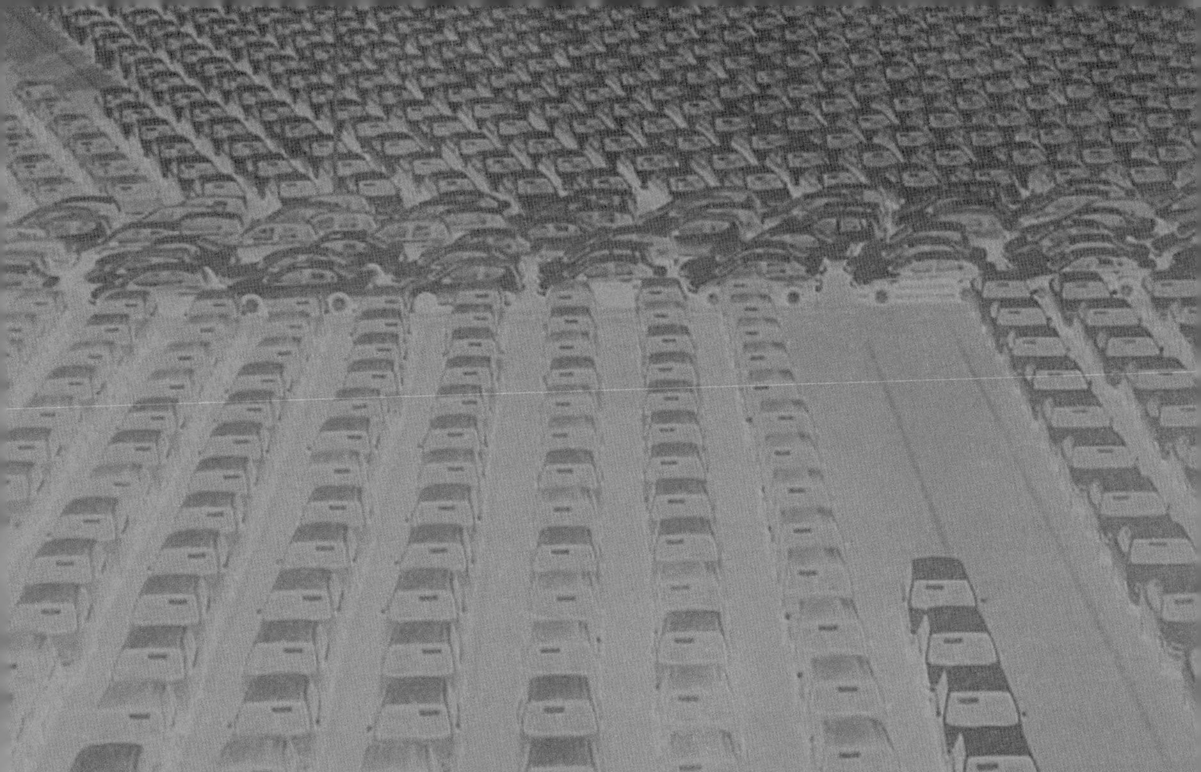

4장 무역의 역할과 무역영어의 특징 ● 5장 해외시장 진출방안 ● 6장 무역계약
7장 신용장과 대금결제 ● 8장 해외직접투자와 경쟁우위의 변화에 따른 무역

무역계약과 대금결제

Part
II

Chapter
04

무역의 역할과 무역영어의 특징

무역영어를 효과적으로 구사하기 위해서는 제1편에서 공부한 영작문을 무역의 역할과 무역실무와 연관시켜서 응용할 필요가 있다. 제4장에서는 무역의 역할과 관련된 영어를 소개한다.

4.1 근대적 무역의 대두 및 국가의 개입

우리가 무역이라는 용어를 사용하는 데 있어 이를 시기적으로 구분할 필요가 있다. 실크로드 무역이라든가, 지중해 연안의 무역은 희귀한 물자를 확보하는 데 중점을 두면서 실행되었다. 고기가 변하는 것을 막는 후추(pepper)를 발견하였다고 자랑하는 네덜란드인은 아마도 무역이 역사적으로 작은 규모로 실시되다가, 산업혁명 이후 대량으로 실시하게 된 분기점에서 바다를 지배한 적이 있었다.[1] 다르게 표현하면 무역이 대규모로 이루어지게 된 것은 18세기 중엽의 산업혁명 이후라고 할 수 있고, 이 당시는 영국이 세계무역을 주도한 시기이다. 당시의 수출액과 수입액을 국민총생산으로 나눈 비율인 무역의존도로 볼 때에도 100여 년 전의 영국의 무역의존도는 현재의 무역의존도보다 높았다. 무역이 대량으로 이루어짐에 따라서 상선선단(commercial fleet)과 해군함대(naval fleet)의 중요성도 비례하여 증가하였다. 인도에서 영국까지 향해하는 데 3개월이 소요되어서 선물거래를 할 경우에 March, June, September, December

1. 지중해를 벗어나 대서양을 지배한 국가는 포르투갈, 스페인, 네덜란드, 영국이다. 네덜란드 Rotterdam에 위치한 Rembrandt 미술관에 가면 영란해전의 그림들을 볼 수 있다. 네덜란드인은 뉴질랜드를 비자없이 방문할 수 있다. 영국의 쿡(Cook) 선장이 발견하기 전에 네덜란드인이 뉴질랜드를 발견하였는데 식인종을 보고 도주하였다고 한다.

Gold가 사용되고, 영국에서 이사할 때 짐을 운반하는 상자로 많이 사용하는 Tea Chest는 홍차(tea)를 운반하고 남은 포장임을 볼 때 영국이 국제무역을 주도하였음을 할 수 있다.[2]

대부분의 국가에서는 수출물량이 증가하는 만큼 공장이 더 가동되고, 물건을 더 팔 수 있게 되어 기업의 수입(revenue)이 증가하기 때문에 수출을 장려하기 위하여 자국의 통화를 평가절하(devaluation)하는 경쟁을 인근궁핍화 정책(beggar-thy-neighbor policy)이라고 한다. 무역과 환율을 시장의 기능에 위임해야 한다는 경제학의 기조(basic tenet)에도 불구하고,[3] 대부분의 국가들은 다양한 형태로 개입하고 있다. 따라서 우리가 살고 있는 현실은 공정무역(fair trade)과 다자주의를 추구하는 세계무역기구(World Trade Organization)가 있음에도 불구하고, 자유무역협정(Free Trade Agreement)을 포함한 다양한 형태의 지역무역협정(Regional Trade Agreement)과 간헐적인 정부개입(sporadic government intervention)이 동시에 존재하는 중층주의(multi-track trad policy)에서 살고 있다. 따라서 어떤 이론이 타당하다고 하는 주장은 수용할 수 있어도 맹목적으로 맹신할 필요는 없다고 판단된다. 현실 문제를 바르게 평가하고 동시에 어느 정도의 균형감각을 갖추면서도 지루하지 않고 흥미진진하게 공부하기 위하여 이론보다는 대중매체(mass media)에서 자주 보거나 듣게 되는 내용을 소개한다.

01 유럽연합(European Union ; EU)의 Airbus 수출촉진 정책

Last month's hat-off debut of the giant aircraft in Toulouse was an improbable political success for United Europe. But the path to financial success could be a bit bumpier. (*Fortune* Feb. 7)

> 툴루즈에서 지난달에 있었던 모자를 벗어던지는 대형 항공기의 최초 등장 기념행사는 통일된 유럽에게 거의 불가능한 정치적 성공이었다. 그러나 재무적 성공으로의 길은 약간 험난할 수도 있다.
>
> **E** 유럽연합의 Airbus가 미국의 보잉과 경쟁을 할 처지가 됨을 강조하는 글이다.

---

2. 중국은 나라가 커서 국제무역과 국내무역으로 구분하기도 한다.
3. 여기서 경제학은 신고전학파 또는 신고전학파 합성을 뜻한다.

02 China Strikes Back Dumping: At first glance, it looks like a typical case of tit-for-tat. On June 18, Washington set anti-dumping margins of up to 198% on a slew of Chinese manufactures for allegedly selling bedroom furniture in the U.S. at least than the cost of production. That same day, China' s Commerce Ministry announced a preliminary finding of its own—against Corning Inc.—assessing 16% penalty on its sales of fiber-optic cables. (*BW* July 5, 2004)

중국이 덤핑으로 다시 공격한다. 얼핏 보기에는 그것은 전형적인 상호간의 대등한 보복인 것 같이 보인다. 6월 18일에 워싱턴은 확실한 증거는 없지만 미국에서 침실 가구를 생산원가 이하로 팔고자 하는 것으로 추정되는 여러 중국 제조회사에 대하여 198%의 반덤핑 마진을 설정하였다. 같은 날 중국 상공부는 광섬유 케이블을 판매하는 미국 코닝회사에 대하여 16%의 반덤핑 관세를 부과할 수 있다는 사전평가를 발표하였다.

Voca set = levy = impose | tit-for-tat : 눈에는 눈, 이에는 이로 하는 보복

4.2 무역이론과 무역정책

무역이론은 왜 무역이 발생하게 되는가와 무역으로부터의 이익이 무엇인가를 설명하고, 무역정책은 어떤 이유에서 대부분의 국가들이 관세와 비관세 장벽과 같은 무역정책을 실시하고, 이 같은 정책이 가져오는 후생효과를 분석한다.

무역이론은 무역의존도가 큰 국가일수록 중요하고, 무역의존도가 상대적으로 높은 북유럽 국가들은 국제경제학이 개별 국가의 안보에도 큰 영향을 미치게 됨을 보여준다. 한국의 경우 1960년대 중반 이후 수출지향적 공업화 정책을 실시하였고, 자유무역협정에 적극적 자세로 대처해 왔기 때문에 국제무역과 국제금융의 중요성이 다른 국가에 비하여 큰 편이다.

01 What are fundamental differences between the absolute advantage theory and the comparative advantage one which are introduced by Adam Smith and David Ricardo respectively?

아담 스미스의 절대우위론과 데이비드 리카도의 비교우위를 비교 · 설명하시오.

Answer Smith explains that England has an absolute advantage for producing textiles whereas Portugal has an absolute advantage for producing wine. His version can be interpreted as an extension of division of labor between two nations. But Smith maintains that there will be no trade at all if England has absolute advantage on producing both goods. Nonetheless, Ricardo resolves this impasse by demonstrating that there still exists maneuvering range for accruing trade benefit if each country specializes in producing the relatively more efficient item. If England can produce textiles five times cheaper and can produce wine just one-third cheaper than Portugal, England is equipped with a comparative advantage in producing textiles.

스미스는 영국은 직물 생산에 절대우위를 가진 반면, 포르투갈은 와인 생산에 절대우위를 가진다고 설명한다. 그의 견해는 두 국가 간에 분업의 확장으로 해석될 수 있다. 그러나 스미스는 만일 영국이 두 재화 생산에 절대우위를 가지고 있다면 무역은 발생하지 않게 된다고 주장한다. 그럼에도 불구하고 리카도는 만약 각 국가가 상대적으로 더 효율적인 재화 생산에 특화한다면, 무역으로부터의 이익을 얻기 위한 선택의 폭이 존재한다고 지적함으로써 이 같은 어려움을 해결하였다. 만약 영국이 포르투갈과 비교하여 직물을 다섯 배 더 싸게 생산할 수 있고, 포르투갈에 비하여 와인을 1/3 더 저렴하게 생산할 수 있는 경우, 영국은 직물 생산에 비교우위를 갖고, 포르투갈은 이와 반대로 포도주 생산에 비교우위를 갖게 된다.

Voca impasse = deadlock, 장애물. impasse for industrialization

02 What is Heckscher-Ohlin theorem?

Answer Given the assumptions of the model, a country will export the commodity that intensively uses its relatively abundant factor. It can be divided into factor endowment theorem and factor price equalization one.

모형의 가정에 따르면, 국가는 상대적으로 풍부하게 부여받은 생산요소를 집약적으로 사용하는 상품을 수출하게 된다. 이 이론은 요소부존도 이론과 요소가격균등화이론으로 나눌 수 있다.

03 What is the main contention of technology gap theory?

기술격차이론의 주된 주장은 무엇인가?

Answer It emphasizes the critically important role of research intensity in determining the comparative advantage of synthetic fiber between the leading firms of the Untied States and their counterparts in the Western European countries.

기술격차이론은 합성섬유산업에서 미국의 선두기업들과 서유럽국가의 경쟁기업 간의 비교우위의 결정에 있어서 연구집약도가 결정적으로 중요한 역할을 함을 강조한다.

E 연구집약도는 R&D 지출비용을 총매출액으로 나눈 비율이다. 미국기업의 연구집약도가 유럽기업의 연구집약도보다 높기 때문에 미국이 유럽으로 나일론을 수출하게 된다고 주장한다.

04 What are the original contributions of Vernon and Wells, who introduced the product life cycle theory, on trade theory?

제품수명주기설을 소개한 버논과 웰즈가 무역이론에 기여한 내용은 무엇인가?

Answer Vernon and Wells of Harvard Business School simply added the concept of product life cycle and foreign direct investment to the original version of technological gap theory introduced by Posner and Hufbaur.

하버드 경영대학의 버논과 웰즈는 포즈너와 후프바우어가 소개한 원래의 기술격차이론에 제품수명주기설과 외국인직접투자이론을 단순히 첨가시켰을 뿐이다.

05 What is the policy implication of trade policy compared with trade theory?

무역이론과 비교할 때 무역정책의 시사점은 무엇인가?

Answer Trade theory is concerned with why trade happens and what are the gains from trade. Trade policy is concerned with on what grounds most governments levy trade barriers and what are the welfare implications of such government interventions. Put this another way, the former aims at achieving the global Pareto efficiency whereas the latter aims at analyzing the causes of market failures between countries and providing policy prescriptions to resolve such foreign and domestic distortions.

무역이론은 무역이 왜 발생하는가, 또 무역으로부터의 이익이 무엇인가에 관심을 갖는다. 무역정책은 대부분의 정부가 관세를 통해 무역장벽을 설치하는 이유와, 그러한 정부개입이 사회후생에 미치는 영향에 대하여 연구한다. 다르게 표현하면, 전자는 국제적 파레토 효율 달성이 목적인 반면에, 후자는 국가 간 시장실패의 원인을 분석하고, 해외와 국내 간의 불균형에 대한 처방을 내리는 데에 그 목적이 있다.

06 What are the main contentions of infant industry argument in terms of market failure?

시장실패의 측면에서 본 유치산업보호론의 주된 주장은 무엇인가?

Answer German economists had worrisome stances that their country might be flooded with imports of manufactures from England which was the first-comer to the industrial revolution. List argued that it was imperative for Germany to protect infant industries temporarily with tariff barriers until they become mature enough to compete with their counterparts of England. List did not deny the comparative advantage theory of Ricardo. He pointed out that it might be sensible to interpret it in a dynamic context instead of a static one. His argument can be classified into the realm of positive technological externalities.

독일의 경제학자들은 산업혁명의 선발주자였던 영국으로부터의 수입제품이 독일에 홍수처럼 범람할 수도 있다고 걱정하였다. 리스트는 독일의 유치산업이 영국의 경쟁사들에 대하여 충분한 경쟁력을 갖출 만큼 성숙할 때까지 독일의 유치산업을 일시적으로 관세장벽을 사용하여 보호하는 것이 긴급하다고 주장하였다. 리스트는 리카도의 비교우위이론을 부정한 것은 아니다. 그는 정태적인 맥락 대신 동태적인 맥락으로 비교우위이론을 해석하는 것이 타당하다고 주장하였다. 그의 주장은 플러스의 기술적인 외부효과의 범주로 분류될 수도 있다.

E 자원의 최적배분을 목표로 하는 미시경제학에서 중요한 것은 상대가격의 비율(relative price ratio)이다. 외부효과란 어떤 경제행동의 편익과 비용이 상대가격비율에 포함되지 않는 경우이다. 따라서 공해와 같은 마이너스의 외부효과는 사회 적정량(social optimum quantity)보다 과다하게 생산되는 시장의 실패를 가져오게 된다. And this will be vice versa for the positive externalities. (플러스의 외부효과인 경우에는 사회 적정량보다 적게 생산되기 때문에 보조금을 제공하게 된다.)

4.3 국제금융

물물교환의 형태인 counter trade가 거의 없기 때문에 무역대금을 결제할 경우에는 외환을 사용하게 된다. 따라서 무역의 흐름과 경쟁우위의 변화를 이해하기 위해서는 환율의 결정과 거주자와 비거주자 간의 무역과 자본이동을 체계적으로 기록하는 국제수지표(balance of payments account)에 대한 이해가 필요하다.

01 What is balance of payments account?

Answer Balance of payments (B/P) account refers to a systematic record of transactions between residents and non-residents of a country based on a double-entry bookkeeping over a certain time period. Before the currency crisis of 1997, the Bank of Korea classified the B/P into current, capital and monetary accounts. If the payment and receipts are not identical amounts, the errors and omissions section is used as residual to make both ends meet.

국제수지표는 복식부기에 기초하여 일정 기간 동안 한 국가의 거주자와 비거주자 간의 거래를 체계적으로 기록한 표이다. 1997년 외환위기 이전에 한국은행은 국지수지표를 경상, 자본, 금융계정으로 분류하였다. 지출과 수입 금액이 동일하지 않을 경우에는, 지출과 수입을 동일하게 만들기 위하여 '오차 및 누락' 항이 잔여적(residual)으로 사용되었다.

02 What is the mechanism of determining foreign exchange rates?

Answer Let' s assume that there exists only current account in the balance of payment for an easy explanation. If we denote the price and quantity of foreign exchange rate on the vertical axis and the horizontal axis respectively in the [Figure 4－1], the supply curve will be upward sloping because the export amount will be increased in parallel with the extent of devaluation. By the same token, the demand curve will be downward sloping because import amount will be increased if domestic currency is appreciated.

그림 4－1

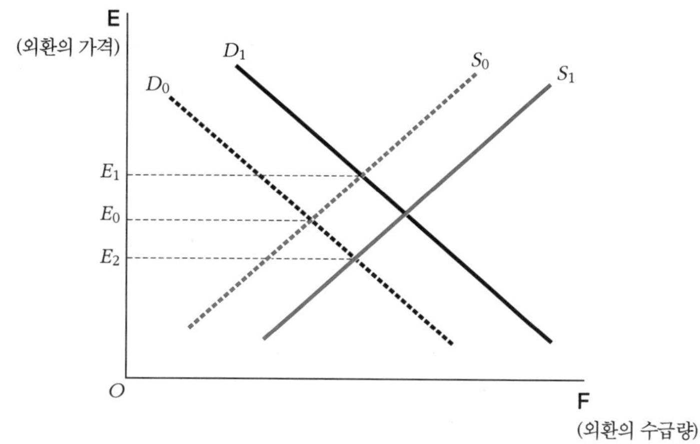

설명을 쉽게 하기 위하여 국제수지가 경상계정으로만 구성되었다고 가정하자. 만약 우리가 외환의 가격과 수량을 수직축과 수평축에 각각 나타낸다면, [그림 4－1]에서 수출량은 평가절하의 정도와 평행하여 증가하기 때문에 외환의 공급곡선은 우상향할 것이다. 동일한 맥락에서, 국내통화가 평가절상되면, 수입업자는 수입량을 증가시키기 때문에 외화에 대한 수요곡선은 우하향하게 된다.

The denoted price of Korean exports with foreign currency will be declined if won is devalued. By the same analogy, the denoted price of Korean imports will be reduced if won is appreciated. The equilibrium price and quantity of foreign exchange are determined at the intersection point of the demand and supply curves.

원화가 평가절하되면 외국통화로 표시된 한국의 수출가격은 하락하게 된다. 동일한 이유로, 원화가 평가절상되면 외국통화로 표시된 한국의 수입가격은 하락하게 된다. 외환에 대한 균형가격과 균형수급량은 수요곡선과 공급곡선이 교차하는 점에서 결정된다.

E 평가절하는 1달러가 1,000원에서 2,000원으로 되는 경우이고, 이 같은 경우에 달러로 표

시한 수출가격은 반으로 감소하여 수출이 증가하게 된다. 수입업자 입장에서는 1달러가 2,000원에서 1,000원으로 평가절상되면 수입가격이 하락하기 때문에 수입량을 증가시키게 된다. 만일 수입업자가 몇 달 뒤에 수입대금을 지불하는 Deferred Payment 방식으로 계약을 체결하였는데 수입할 당시에는 환율이 1달러당 800원이었는데, 몇 달 뒤에 환율이 2,000원이 되었다면 이 수입업자는 파산으로 치닫게 된다.

The supply of foreign exchange consists in service exports, transfer incomes, and capital inflows if we expand other transactions. By the same token, the demand for foreign exchange consists in service imports, transfer payment, and capital outflows.

우리가 다른 거래까지 확대하게 되면 외환공급은 서비스수출, 이전수입 그리고 자금유입으로 구성된다. 같은 맥락에서, 외환에 대한 수요는 보이지 않는 서비스수입, 이전경비, 그리고 자금유출로 구성된다.

03 What are the typical exogenous variables in the above process?

위의 외환결정과정에서 외생적 변수는 무엇인가?

Answer Changes in exogenous variables bring forth the shifts of such curves whereas those in endogenous ones result in the movements along the demand or supply curves. The demand curve for foreign exchange will shift upward direction if there emerges a brisk demand for foreign exchange caused by the sudden increase in petroleum prices. The equilibrium exchange rate will be increased to E_1 in [Figure 4-1]. The supply curve of foreign exchange will shift downward direction if foreign investors increase their investments to Korea. The equilibrim exchange rate falls to E_2.

내생적 변수의 변화는 외환에 대한 수요곡선과 공급곡선상에서의 이동을 가져오는 반면에, 외생적 변수의 변화는 외환에 대한 수요곡선과 공급곡선의 이동을 가져오게 된다. 만일 유가의 갑작스런 상승에 의한 외화의 수요가 크게 증가하게 되면 외화에 대한 수요곡선이 상방으로 이동하게 된다. 따라서 균형환율은 E_1으로 상승하게 된다. 외국인 투자가가 한국에 대한 투자를 증가시키게 되면 외환의 공급곡선은 하방으로 이동하게 된다. 그 결과 균형환율은 E_2로 하락하게 된다.

Voca boosted = stimulated

4.4 국제경제기구

국제경제기구는 경제문제와 관련된 국가 간의 협력을 도모하는 기구라고 할 수 있다. 제2차 세계대전 이후에 세계대전의 발발 원인 중의 하나를 국가 간에 경제협력이 부족한 것으로 인식하였기 때문에 자유무역을 촉진하기 위한 GATT, 국제유동성을 확보하고 단기간의 국제수지조정문제를 해결하기 위한 IMF, 그리고 개발도상국의 경제발전을 돕기 위한 세계은행을 설립하게 되었다. 1995년에 공정무역을 도모하기 위하여 출범한 세계무역기구(World Trade Organization)는 GATT1994와 우루과이라운드를 결합한 형태라고 볼 수 있다. 선진국 중심의 무역관행에서 벗어나고자 1964년에 출범한 UNCTAD는 남북무역[4]을 중점적으로 취급하고 있다.

01 Most international economic organizations have been launched since the end of the Second World War. Explain two basic tenets or grounds for establishing the Bretton Woods System?

대부분의 국제경제기구들은 제2차 세계대전 후에 발족하였다. 브레튼우즈 체제를 형성한 두 가지 기본적인 특징 또는 이유를 설명하시오.

Answer Two basic tenets of launching international economic organizations are the prevention or deterrence on another world war by establishing corresponding institutes to cope with the provision of international liquidity and free trade. The launch of IMF and GATT may be the natural outcomes of such attempts or endeavors of the allied forces which had been initiated by the United States and Great Britain. The representatives of 44 countries reached a consensus on the Bretton Woods Agreement in New Hampshire of the U.S.A in 1944 in order to deter the repetitive implementation of competitive devaluations and excessive protective measure.

4. 부자 국가와 가난한 국가 간의 무역을 남북무역이라고 한다. 지구 북반부(Northern Hemisphere)에 선진공업국이 위치해 있고, 남반부에 개발도상국이 위치해서 생긴 용어이다.

국제경제기구들이 창설되도록 한 기본적 특징 두 가지는 국제유동성의 공급과 자유무역을 실현하기 위하여 이 같은 취지에 부합되는 기구들을 창설함으로 또 다른 세계대전을 막기 위한 것이다. IMF와 GATT의 창설은 미국과 영국에 의하여 주도된 연합국의 이 같은 시도 또는 노력의 자연스런 결과라고 할 수 있다. 44개국의 대표들은 경쟁적인 평가절하와 과도한 보호주의정책이 반복되는 악순환을 저지하기 위하여 1944년 미국의 뉴햄프셔에서 브레튼우즈 협정의 합의에 도달하였다.

Answer Another reason for launching the international economic organizations may be stemmed from the renewed recognition of the First World to deter the possible paradigm shift from the Third World to the Second World. The International Bank for Reconstruction and Development is the outcome of such an attempt to provide soft loans to developing countries for installing social overhead capital such as highways, harbours and airports together with the provision of educational system for shaping human capital.

국제경제기구를 창설하게 된 다른 이유로는 제3세계가 제2세계로 체제가 전환될 가능성을 저지할 필요가 있다는 제1세계의 재인식을 들 수 있다. 재건과 개발을 위한 국제은행은 개발도상국에 대하여 인적자본을 형성하기 위한 교육체계의 제공과 더불어 고속도로와 항구, 비행장을 제공하기 위한 소프트 론의 제공은 이 같은 의도의 결과라고 볼 수 있다.

E 제1세계는 서방국가들, 제2세계는 공산주의국가들, 제3세계는 개발도상국들을 뜻한다.

02 What are the two main roles of International Monetary Fund? Elaborate a little bit more on the adjustable fixed exchange rate system as well as key currencies.

국제통화기금의 두 개의 주된 역할은 무엇인가? 조정가능 고정환율제도뿐만 아니라 기축통화에 대해서도 부연 설명하시오.

Answer Two main roles of IMF are the stabilization of exchange rates and restoring the international payment system. Put it another way, it extends short-term loans for the adjustment of balance of payments and also provides the optimum international liquidity for clearing international trade. The IMF is based on the adjustable fixed exchange rate system.

국제통화기금의 두 개의 주된 역할은 환율안정과 국제결제시스템의 회복이다. 다르게 표현하면, 국제수지의 조정을 위하여 단기부채를 제공해 주고 국제무역 결제를 위하여 최적의 국제유동성을 제공한다. 국제통화기금은 조정가능 고정환율제도에 기반을 두고 있다.

Answer The US Dollar and Sterling Pound have been denominated as key currencies which can be officially convertible into gold. The IMF also makes it public to its member countries that the devaluation over 10 percent requires its permission in advance when the relevant country undergoes through the special circumstances of fundamental disequilibrium of balance of payments. This adjustable fixed exchange rate system had been maintained until the Kingston Agreement in 1976 which allowed a shift from the conventional adjustable fixed exchange rate system towards the floating one.

미국 달러와 영국 파운드는 공식적으로 금으로 교환이 가능한 기축통화로 지정되어 왔다. 국제통화기금은 더 나아가 국제수지의 근본적인 불균형이라는 특수한 환경을 겪고 있는 관련되는 국가가 10퍼센트 이상의 평가절하를 할 경우에는 사전허가가 필요함을 국제통화기금 회원국가들에게 공지하였다. 이러한 조정가능 고정환율제도는 정통적 고정환율제도로부터 변동환율제도로의 전환을 허가했던 1976년 킹스턴협정까지 유지되었다.

03 Explain the most-favored-nations (MFN) clause and national treatment one of the GATT1994/WTO.

GATT와 WTO 조항 중 하나인 최혜국 대우와 내국민 대우에 대하여 설명하시오.

Two pillars of GATT are the MFN clause and national treatment one. The former makes it explicit that the favor provided to its trading counterpart should be extended to the rest of member nations of GATT. The latter is concerned with the discrimination against foreign products compared with domestic items. The accusations on the high tariff rates levied on the imported whisky from the EU and on the high tariff and tax rates on imported luxury motorcars from the US well exemplify such violations on the national treatment clause.

GATT의 두 가지 축은 최혜국 대우와 내국민 대우이다. 최혜국 대우는 무역대상국에 대한 특혜가 GATT의 다른 조약국에도 확장되어야 한다고 명백하게 규정한다. 내국민 대우는 국내제품과 외국제품에 대한 차별을 우려한다. EU에서 수입되는 위스키의 높은 관세율과 미국에서 수입되는 고급 자동차에 대한 높은 관세와 세율에 대한 비난은 이러한 내국민 대우 위반에 대한 좋은 예시가 될 수 있다.

4.5 기업영어의 특징

기업영어는 동료, 생산자, 고객, 금융기관들과 같은 거래 상대방과 간단하면서도 간결한 방법으로 영어를 사용함으로써 경영활동에 사용되는 영어의 특별한 분야이다.

Business English is a special realm of English which is used for business activities by commanding English in a simple and succinct way with colleagues and/or business counterparts such as producers, customers, and financial institutions.

기업영어를 구사하기 위한 능력을 증가시키기 위해서는 영어뿐만 아니라 기업영어와 관계되는 경영학, 경제학, 정치, 국제관계론과 같은 영역도 공부하는 것이 필요불가결하다.

It may be rather indispensible to study not only English but also the related spheres such as business administration, economics, politics, and international relations if one would develop his capability on Business English.

4.6 기업영어의 예문

01 여보세요, 알리슨입니다. 그곳의 사정은 어떻습니까?

Hello, This is Alison. How are things?

02 쉽지 않습니다. 시장의 회복이 늦은 편입니다.

It's not easy. The market is very slow (for a recovery).

03 우리의 영업상태가 어떤지를 얘기해 주기 바랍니다.

Could you tell me our present position?

Re I want you to tell me where we stand.

04 계산용지는 여러분의 계정을 균형잡기(계산하기) 위하여 마련된 것이다.

This worksheet is provided to help you balance your account.

05 언제 돈이 입금되리라고 기대했습니까?

When did you expect the money to be credited?

06 만일 당신이 이 거래를 정해진 시간에 청산할 수 없는 입장이라면 우리는 이같이 불리한 상황이 얼마나 지속될는지 알고 싶습니다.

We just wonder how long this adverse situation will last if you cannot settle down this transaction on time.

07 이 제조비용은 완전가동 하에서의 생산수치에 근거한 것인가?

Is this manufacturing cost based on production figures at full capacity?

E 정상조업시간이 8시간이라면 8시간 가동한 경우의 제조원가인지, 아니면 4시간 가동한 경우의 제조원가인지 확인하는 질문이다. 후자의 경우에는 전자의 경우에 비하여 고정비용이 덜 나누어지기 때문에 총비용 또는 총원가가 더 크게 된다.

08 그 여자는 청구서가 적절한 시기에 지급될 것이라는 확신을 주었다.

She gave me an assurance that the bill will be paid out in a due time.

09 당신은 얼마나 많은 사람을 고용하고 있습니까?

How many people do you employ?

10 우리는 현재 170명을 고용하고 있습니다.

Currently we have 170 employees

Voca currently = at present

11 우리가 내부에서 임명한다면, 직원들의 사기를 향상시키게 된다.

If we appoint internally, it will help staff morale.

12 불황으로 인하여 우리들은 고용을 증가시킬 수 없게 되었다.

The recession prevented us from increasing the workforce.

13 우리는 근무 중이다.

We are on duty.

Voca on duty. 반 off duty

14 우리는 직업으로 일하는 중이다.

We are on business.

Re We are professionals, not amateurs. Don't bother us any more.
우리는 취미가 아니고 직업으로 일하고 있다. 더 이상 귀찮게 하지 말아다오.

15 수표로 계산해도 될까요?

Shall I give you a check?

16 나는 당신이 현금으로 지불했으면 합니다.

I'd rather you paid (in) cash.

17 그는 나에게 계속해서 알려달라고 하였다.

He asked me to keep informed.

18 나는 그의 동료에 대한 태도를 부정적으로 평가한다.

I take a dim view of his attitude to his colleagues.

Voca take a dim view of : disapprove of | dim light : 약간 어두운 조명

19 당신은 나에게 당신 은행계좌번호와 계좌이름을 알려주시겠습니까?

Could you give me your account number and account name please?

Re I would like to have your account number and account name.

4.7 무역영어의 특징

무역영어는 기업영어를 무역실무에 적용하는 특수한 경우라고 볼 수 있기 때문에, 무역영어를 무역실무 위주로 설명하고, 필요한 범위 내에서 그 영역을 국제경제, 국제경영, 국제통상규범, 무역과 관련된 시사문제로 점차적으로 확대하면서 전개하고자 한다.

4.7.1 수출입절차

국제무역의 당사자로는 수출업자, 수입업자, 신용장 발행은행, 신용장 매입은행, 세관 등이 있다. 국제무역은 해외시장조사, 거래처 선정, 거래제의, 상품조회, 조회회답, 신용조회, 확정청약과 주문, 반대청약, 승낙과 주문승낙, 매약서/매입서, 무역계약 체결을 거쳐서 진행된다.

무역거래의 절차는 ① 수출업자와 수입업자 간의 거래교섭 및 계약의 성립과정(negotiation), ② 수출업자의 거래대상물품 인도과정(delivery), ③ 수출업자의 화물선적 후 수입업자의 대금결제과정(payment) 등 크게 3가지 범주로 구분될 수 있으며, 통

관, 관세환급 등의 보다 실무적인 내용이 포함된다. 일반적인 무역거래의 절차는 [그림 4-2]와 같다.

그림 4-2 **무역거래의 절차**

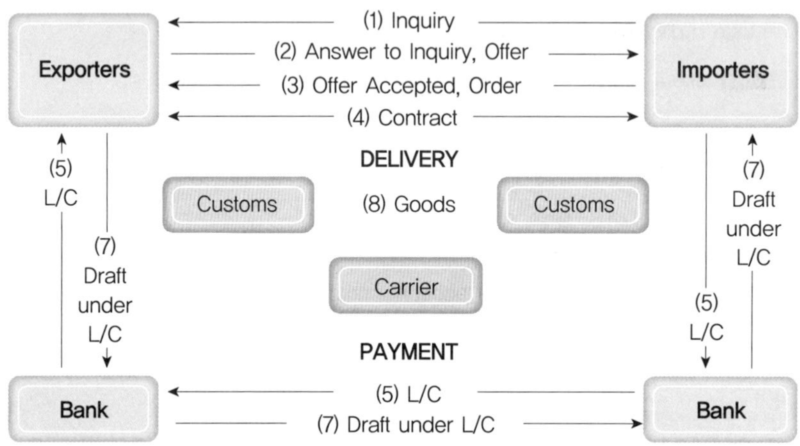

자료 : 한국무역협회(2009), 『무역영어』, 한국무역협회 무역아카데미

4.7.2 무역서신의 작성원칙

무역영어는 무역거래를 하기 위한 기업영어의 연장이라고 할 수 있다. 무역영어서신을 작성하는 비결은 첫 글자가 모두 C이어서 5C라고도 한다. 5가지 요인으로는 간결성, 명료성, 정확성, 완전성, 예의를 갖추어야 한다.

Basic Principles of Writing Business Letters for Trade

Trade English is an extension of business English for dealing with trade transactions. The basic principles of writing business letters are said 5Cs because the initials of these principles are Cs. They consists in conciseness, clearness, correctness, completeness, and courtesy.

Voca courtesy stroke : 테니스 칠 때 상대방에게 공을 공손하게 건네주는 타법

4.7.3 무역서신의 구성요소

기업서신의 특수한 경우에 해당되는 무역서신은 일정한 형식과 형태를 갖고 있다. 경우에 따라서는 일정한 형식을 지키지 않으면 의사소통에 장애가 발생할 수도 있기 때문에 바르게 배치되어야 한다. 무역서신의 구성요소는 반드시 갖추어야 하는 기본 구성요소와 원만한 의사소통 형식을 갖추는 데 사용되는 보조 구성요소로 구분할 수 있다. 그러나 e-mail로 서신이 교환되면서 비공식적 표현이 증가하고, 서신이 신속하고 자주 교환됨에 따라서 이 같은 서식의 중요성이 상대적으로 감소하고 있다.

표 4-1 무역영어 서신의 구성요소

기본 구성요소	보조 구성요소
1. Letterhead : 서두	8. Reference Number : 참조번호
2. Date : 발신일자	9. Particular Address/Attention Line : 특정 수신인
3. Inside Address : 수신자명 및 주소	10. Letter Subject/Subject Line : 서신 제목
4. Salutation : 서두 인사	11. Identification Marks : 관련자 약호
5. Body of Letter : 본문	12. Enclosure Directions : 동봉물 표시
6. Complimentary Close : 결미 인사	13. Carbon Copy Notations : 사본 발송처
7. Signature : 서명	14. Postscripts : 추신

4.7.4 무역활성화를 위한 내용

무역을 활성화시키기 위하여 무역서신의 내용에 주의환기(Attracting Attention), 흥미유발(Holding Interest), 욕구창출(Creating a Desire), 구매행동의 실행(Stimulating Action)이 들어가야 한다는 설명도 있다. Attention, Interest, Desire, Action의 첫 글자를 따서 AIDA의 원칙이라고 하기도 한다.[5]

5. Verdi의 Opera에 나오는 "청아한 AIDA"와 혼동하지 말기를 바라면서 …….

4.8 무역영어 예문

01 We are writing you for opening an account with you.

귀사와 거래를 개설하고자 이 서신을 전달합니다.

02 Your name has been refered to us by our main supplier as one of the leading companies in the stationary items in Korea.

귀사명은 우리의 주된 공급자로부터 한국에서 문방구류를 취급하는 선도기업들 중의 하나라고 소개받았습니다.

03 We would like to offer you the sole agency if you are interested in dealing with our items.

만일 귀사가 우리 제품을 취급하는 데 관심이 있다면 귀사에 독점적 대리인의 역할을 제공할 수 있습니다.

Re We are pleased to appoint you as our exclusive agent in your region if you are ready to dealing with our items.

04 We look forward to developing our relationship with you to realize the latent potentials of mutual benefits.

자사는 잠재적 상호이익을 실현하기 위하여 귀사와의 관계를 발전시키기를 기대하고 있습니다.

Re We would like to build up our relationship with you as a means of procuring synergistic effect on mutual benefits.

05 If this proposal is acceptable to you, let us know your response as soon as possible for further developing minute details.

만일 귀사가 이 제안을 수용한다면 더 자세한 사항을 발전시키기 위하여 귀사의 반응을 신속하게 알려주기 바랍니다.

Re We'll be grateful if you kindly inform us your reaction on our proposal which may be required for further pioneering more specific realms.

06 We are interested in supplying our high quality products to you on good terms as a means of diversifying our product range in your market.

자사는 귀사의 시장에서 자사의 제품범위를 다양화하기 위하여 양호한 조건으로 귀사에 고급 제품을 공급하는 데 관심이 있습니다.

Re We are keen to deliver our high quality items to you on most favorable terms in order to widening our product ranges in your market.

07 We are pleased in sending you a full selection of our latest best selling products.

당사는 최근에 가장 잘 팔리는 상품을 모두 담은 상품소개서를 보내드리겠습니다.

Re It is a pleasure for us to forward a complete selection of our best selling products.

08 We have quoted the price with the following firm offer on your inquiry of July 20.

자사는 귀사의 7월 20일자 문의에 대하여 확정오퍼로 가격을 제시하였습니다.

Re We have informed you with the price quotation on your inquiry on the basis of the following firm offer.

09 We are very pleased to receive your regular order which can be met with our inventories.

자사는 자사의 재고로 조달할 수 있는 귀사의 주문을 수주하여서 매우 기쁩니다.

Re We are delighted to accommodate your order on a regular basis which can be dispatched with our stocks.

10 As the market is slow and prices are generally low, we reckon that you are very fortunate to purchase our items at this time.

> 시장회복이 느리고 가격이 일반적으로 낮기 때문에 귀사가 자사의 제품을 이 같은 시기에 구매하는 것은 매우 운이 좋은 경우라고 생각됩니다.
>
> **Re** We believe that you are in such a lucky position of purchasing our products at cheaper prices in the circumstances of prevalent low prices due to the sluggish pace of market recovery.

11 Please do not hesitate to let us know for your further inquiry.

> 귀사의 추가적 문의가 있을 경우에 우리에게 알리는 것을 주저하지 마시기 바랍니다.
>
> **Re** We are ready to reply your further inquiry immediately.

12 Please quote us your lowest prices for the items listed as follows.

> 아래에 기재된 상품에 대한 귀사의 가장 저렴한 가격을 알려주기 바랍니다.
>
> **Re** We would like to have the largest discounting rates of your price quotations on the following items.

13 We are sending our current price list and catalog No. LS-3256 in accordance with your request.

> 귀사의 요청에 따라 가격표와 No. LS-3256호의 목록을 보내드립니다.
>
> **Re** We are pleased to dispatch you our current price list and catalog to cater for your request.

14 We are pleased to receive your letter of May 10 and advise you the shipment of your requested products.

> 자사는 귀사의 5월 10일자 편지를 받고 귀사가 요청한 상품을 선적한 것을 통지하게 되어서 기쁩니다.
>
> **Re** It is a pleasure for us to notify you the shipment of your reqeusted items in accordance with your letter dated May 10.

15 We will be pleased to place a regular order if you guarantee the quality equivalent to the previous shipment.

> 귀사가 이전에 선적한 상품과 동일한 품질을 보증한다면 정기적으로 발주할 수 있습니다.
>
> **Re** We are ready to place a regular orders if you keep the equivalent quality as the previous shipment.

16 We promise you that we will trace out your order with our best attention.

> 우리는 최대한 주의를 기울여 귀사의 주문을 처리할 것을 약속합니다.
>
> **Re** We have a strong commitment to trace out your order with a due care.

17 We are happy for achieving the first contract so promptly with regard to our Purchase Note No. 2003.

> 우리들은 구매계약서 2003과 관련하여 첫 번째 거래가 신속하게 체결되어서 기쁩니다.
>
> **Re** It is our priviledge to reach the first contract related to our Purchase Note No. 2003 with you without any delay.

18 If your prices for the shock–absorbers are competitive and merchandise is suitable for our trade, we are ready to place large orders.

> 만일 충격완화기의 가격이 경쟁력 있고, 제품이 우리의 거래에 적절하다면 대량으로 주문하고자 합니다.
>
> **Re** We would like place a substantial amount of order if you kindly quote us competitive prices of shock–absorbers which meet reliable quality.

연습문제 Exercise

[1] Trade Theory and Trade Policy

1 Could you kindly explain why trade happens by using the production possibility frontiers or marginal rate of transformation?

어떤 이유에서 무역이 발생하게 되는가를 생산가능곡선 또는 한계전환율을 사용하여 설명하시오.

Answer If two countries have identical shapes of production possibility curves, there will be no trade at all because production cost is equal. If the shapes of PPF are different, trade will be carried out until the marginal rate of transformation between two countries will be equalized.

두 국가의 생산가능곡선이 동일하다면, 이것은 그들의 생산비용이 동일하기 때문에 무역이 발생하지 않게 된다. 두 나라의 생산가능곡선이 다른 형태를 가진다면 무역은 두 국가의 한계전환율이 같아질 때까지 발생하게 된다.

E 생산가능곡선은 주어진 노동과 자본을 가지고 최상의 기술을 사용하여 두 재화의 조합을 극대로 생산하는 점들을 연결한 곡선이다. 이 곡선상의 모든 점은 기술적 효율이 있고, 경제적 효율이 있는 점은 두 재화의 가격의 비율에 의하여 결정된다.

2 Two Exceptional Cases

There are two exceptional cases on the above exposition. Trade will be proceeded if both countries are making use of product differentiation and/or exploiting economies of scale even if they are endowed with the identical PPFs.

위의 설명에 두 가지 예외가 있다. 두 국가가 동일한 형태의 생산가능곡선을 가지고 있다고 하더라도 두 국가가 제품차별화와 규모경제를 활용할 경우에는 무역이 발생하게 된다.

3 Show the effect of tariff levy on consumers' surplus, suppliers' revenue, tariff revenue and deadweight loss by using a partial equilibrium analysis?

부분균형분석을 사용하여 관세부과가 소비자잉여와 생산자 수입, 관세수입, 자중손실에 미치는 효과를 보여주시오.

Answer Just denote quantity of cosmetics, such as facial cream foundation, on the horizontal axis and its price on the vertical axis. The demand for it is downward sloping and its supply curve is upward sloping in the [Figure 4-3]. The equilibrium price and quantity are set at the price of 50,000 won with the 100,000 units of foundations.

그림 4-3 **관세부과의 효과**

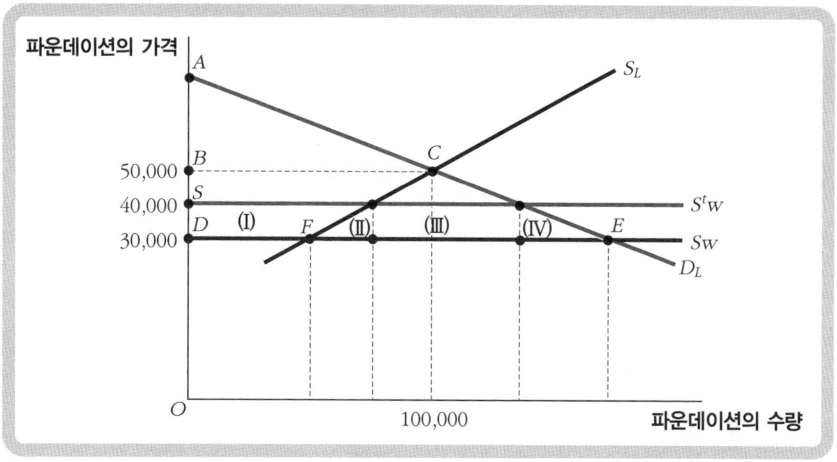

얼굴크림 파운데이션 화장품의 수량을 가로축에 나타내고, 그것의 가격을 세로축에 나타내자. [그림 4-3]에서 수요곡선은 기울기가 우하향하며, 공급곡선은 기울기가 우상향한다. 균형가격과 균형수량은 50,000원과 100,000개의 파운데이션이다.

But one of the leading French cosmetics companies supplies the same kind of foundation at the price of 30,000 won. The consumers' surplus will be increased from △ABC to △ADE under free trade. The Korean government authority, somehow, decides to levy 10,000 won tariff on the imported foundations from France. This will cause an increase of its price up to 40,000 won, thus, domestic consumption will be reduced. The reduced portion of consumers' surplus can be divided into three parts. Two triangles of (I) and (IV) are deadweight losses which are not taken by anyone. The square of (III) between the two triangles is accrued as tariff revenue to the relevant government authority. The remaining part of (I) will be accrued to domestic producers.

그러나 선도적인 프랑스의 화장품회사들 중 하나는 3만원의 가격에 같은 종류의 파운데이션을 공급한다. 소비자잉여는 자유무역 하에서 △ABC에서 △ADE로 증가될 것이다. 한국 정부당국은 어떻게든 프랑스로부터 수입된 파운데이션에 1만원의 관세를 징수하도록 결정한다. 이것은 가격을 4만원으로 증가시키게 됨에 따라서 국내 화장품의 소비는 감소하게 된다. 소비자잉여의 감소된 부분은 3가지 영역으로 나누어질 수 있다. 두 개의 삼각형 부분 (II)와 (IV)는 어느 누구에게도 할당되지 않은 자중손실이다. 두 삼각형 사이의 네모 부분인 (III)은 관련 정부당국의 관세수입으로서 귀속된다. 남아 있는 부분인 사다리 모형 (I)은 국내생산자들에게 귀속된다.

[2] International Finance

1 What are the merits and demerits of fixed exchange rate system and floating one?

고정환율제도와 변동환율제도의 장점과 단점은 무엇인가?

Answer Two merits of fixed exchange rate system are the stable exchange rates and promotion of international trade boosted by reducing the risk and uncertainty factors. Demerits of fixed exchange rate system may be derived from its lack of flexibility in making adjustment to both internal and external economic impulses. There is an amplifying tendency when there emerges a wedge between internal and external equilibrium.

고정환율제의 두 개의 장점은 안정적인 환율을 유지하고 환위험과 불확실성 요소들을 감소시킴으로써 국제무역을 촉진하는 데 기여한다. 고정환율제의 단점은 아마도 내부적 및 외부적 경제충격들에 대응할 수 있는 유연성의 부족으로 인하여 야기된다고 할 수 있다. 이 제도는 내부균형과 외부균형 사이의 괴리가 발생할 경우에 이 같은 괴리를 확대시키는 경향이 있다.

The merits and demerits of floating exchange rate system are opposite to those of fixed ones. One of merits is the automatic adjustment of the internal and external equilibrium by the changes in exchange rates. It enhances efficiency in resource allocation by allowing more frequent adjustments on exchange rates. The demerits of floating exchange rate system mainly stem from the increased risk and uncertainty factors.

변동환율제도의 장점과 단점은 고정환율제도의 장점과 단점의 반대이다. 장점 중의 하나는 환율의 변화에 의하여 내부균형과 외부균형의 자동적 조정이다. 변동환율제도는 환율의 보다 빈번한 조정을 허용함으로써 자원배분의 효율을 제고한다. 변동환율제도의 단점으로는 환위험과 불확실성의 증가를 들 수 있다.

2 In what sense the surplus of B/P may not be an ideal situation for achieving domestic price stability?

국제수지의 흑자가 어떤 이유에서 국내물가안정을 달성하는 데 바람직하지 않을 수 있는가를 설명하시오?

Answer We can make a simple exposition by making use of the statement of financial position of central bank in which the asset is equal to the sum of liability and capital. If the foreign exchange reserves of this country have been increased about 100 units, the money supply will be increased about 200 units if the monetary multiplier is 2. This is because an increase in asset will bring forth the same increase of liability of central bank which is the reserve base of money. The money supply is estimated by multiplying the monetary multiplier to the reserve base.

우리는 자산이 자본과 부채의 합과 같다는 것을 중앙은행의 재무상태표(statement of financial position)를 사용하여 간단하게 설명할 수 있다. 만약 이 나라의 외환보유고가 약 100단위 증가했다면, 통화승수가 2일 경우에 화폐공급은 대략 200단위 증가하게 된다. 이것은 자산의 증가가 중앙은행의 부채인 본원통화의 증가를 초래하기 때문이다. 화폐공급은 통화승수를 본원통화에 곱하여 산출된다.

If there is an imperative need for the governor of the Bank of Korea to reduce the money supply caused by the sudden increase in foreign exchange reserves, he may implement a sterilization policy which purchases Treasury bond in an open market or does not allow converting foreign currencies into domestic currencies for a certain time period.

한국은행 총재가 외환보유고의 급속한 증가로 야기되는 화폐공급을 감소시킬 필요가 있다고 판단되면, 그는 공개시장에서 국채를 사들이는 안정화 정책을 실시하거나, 아니면 일정 기간 동안 외화를 원화로 바꾸는 것을 허용하지 않는 정책을 사용하게 된다.

E 후자와 같은 정책을 불태화정책(sterilization policy)이라고 한다.

[3] International Economic Organization

1 What has been the main cause of liquidity dilemma (or dollar crisis)? And how has the IMF adjusted itself to this problem until Kingston Agreement?

달러 위기 또는 유동성 위기의 주된 원인은 무엇인가? 그리고 IMF는 이러한 문제에 대해 킹스턴 조약까지 어떻게 스스로 적응하였는가?

Answer It refers to the difficulty for the IMF to resolve the increased requirement for the provision of international liquidity. The world trade had been expanding unprecedentedly boosted by the endeavors for promoting free trade by GATT. The real problem arises from its inherent structure of adjustable fixed exchange rate system. Owing to the physical limitation of extracting gold, the only feasible solution to meet the increased demand for international liquidity is the seigniorage of US Dollar and Sterling Pound. But such an attempt is doomed to exacerbate the pace of on-going devaluation. Without reinforcing such a measure of seigniorage of key currencies, it might be highly improbable to clear the international transactions.

달러 위기는 국제 유동성의 공급을 위한 증가된 요구를 해결하기 위해 IMF의 어려움을 뜻한다. 자유무역을 촉진하기 위한 GATT의 노력에 의해 국제무역은 전례없이 폭발적으로 확장되어 왔다. 조정가능 고정환율제도에 내재하는 구조에서 실질적인 문제가 대두되었다. 금 산출량의 물리적인 제한 때문에 증가하는 국제 유동성에 대한 수요를 충족시키는 유일한 해결책은 미국 달러와 영국 파운드의 화폐를 추가 공급하는 것이다. 그러나 이러한 시도는 평가절하되고 있던 달러와 파운드화의 화폐가치를 더 악화시키게 된다. 기축통화의 화폐주조에 대한 조치를 강화시키지 않고서는, 국제거래를 청산하는 것은 거의 불가능한 상황이었다.

An alternative option was to create a fiat money based on the original contributions to the capital formation of IMF. The special drawing right (SDR) belongs to the category of fiat money in that it is a kind of ledger money supported by the IMF authority. The liquidity dilemma had not been fully resolved even if the additional international liquidity had been provided through the SDR. A surcharge was introduced to deter the conversion of US Dollar to gold, but this measure had been also turned out ineffective. The IMF, thus, officially adopted the floating exchange rate system at the Kingston Agreement in 1976. The crawling peg system and the overshooting had been emerged on the adjustment procedures of economic agents around the globe. Since then, the main topics of Plaza Agreement in the mid-1980s and the Davos Forum have been the soft landing of the US Dollar. China has proposed to adopt the SDR as key currencies instead of the incumbent positions of US Dollar and Sterling Pounds. We are now living in a complicated world of global imbalance in which the relative strengths of US Dollar and Chinese Yuan are entangled with incessant conflicts in the realms of economics, international relations, and economic integration.

대안으로는 IMF의 자본형성에 기여한 지분을 기초로 다른 법화를 만드는 것이었다. 특별인출권은 법화의 범주에 속하며, IMF의 허가 하에 보조되는 장부상의 화폐라고 할 수 있다. 특별인출권을 통한 추가적인 국제 유동성이 공급되더라도, 유동성 문제는 완전히 해결되지 않았다. 달러를 금으로 교환할 경우에 추가비용을 부담시키는 할증비용은 미국 달러의 금태환을 멈추게 하기 위해 도입되었으나, 이러한 방법은 효과적이지 못한 것으로 판명되었다. 따라서 IMF는 1976년 킹스턴 조약에서 공식적으로 변동환율제를 채용하였다. crawling peg와 오버슈팅은 전 세계 경제주체들의 적응과정에서 등장하였다. 그 이후로, 1980년대 중반 플라자합의와 다보스포럼의 주된 안건은 미국 달러의 연착륙이었다. 중국은 미국 달러와 스털링 파운드의 현재의 위치 대신 특별인출권을 기축통화로 채택할 것을 제안하고 있다. 우리는 현재 미국 달러와 중국 위안화가 상대적 강세가 경제적, 국제관계, 그리고 경제통합의 영역에서 끊임없는 갈등으로 혼합되어 있는 국제적 불균형의 복잡한 세상에 살고 있다.

2 What is the catch-phrase of UNCTAD? What is its contribution on the North-South Trade? Has the relative weight of development been increased or languished since the wide spread of globalization? And briefly explain the difference between growth and development.

UNCTAD의 구호는 무엇인가? 남북무역에 있어서 UNCTAD는 무슨 역할을 했는가? 광범위한 세계화 이후 발전의 상대적 가중치는 증가하였는가, 아니면 감소하였는가? 그리고 성장과 발전의 차이에 대해 간략히 설명하시오.

Answer It is "trade instead of aid" put forwarded by Raul Prebisch. He argues for the import-substituting industrialization as a means of alleviating the secular deterioration of net barter terms of trade of developing countries. He reckons that the GATT has a tilted stance in favor of industrialized countries, thus, there may arise an imperative need to promote the exports of those labor-intensive items and agricultural goods on which developing countries have comparative advantages. It introduces the New International Economic Order such as the increased provision of soft loans to LDCs, but it has been turned out totally counter-productive in resolving the North-South problems or confrontations. It attempted to launch international commodity agreement by organizing cartels, but the OPEC is the only successful case in this category. The relative importance of development has been dwindled away together with the collapse of cold war and the wide spread of globalization in that such development issues can be tracked down by making use of project financing.

그것은 Raul Prebisch에 의해 표방된 "원조 대신 무역"이다. 그는 개발도상국의 순교역조건의 악화를 완화하기 위하여 수입대체 산업화정책을 주장하였다. 그는 GATT가 산업화된 국가에게 유리한 방향으로 기울어져 있다고 판단하였기 때문에 개발도상국이 비교우위를 가지고 있는 노동집약적 상품과 농업 상품의 수출을 증가시킬 긴박한 필요가 있다고 주장하였다. UNCTAD는 개발도상국에 대하여 이자율이 낮은 차관의 제공과 같은 새로운 국제경제질서를 소개하였다. 그러나 그것은 남북문제 또는 남북대립을 해결하는 데 있어서 전적으로 효과가 없었다. UNCTAD는 카르텔을 형성함으로써 국제상품협약을 출범시키려 했으나, OPEC만이 성공적인 사례이고 다른 국제상품협약은 모두 실패하였다. 냉전의 종식과 광범위한 세계화와 더불어 발전과 관련된 문제의 상당한 부분이 프로젝트 파이낸싱[6]으로 대체됨으로써 경제발전의 상대적 중요성은 감소하고 있다.

[4] Business English Composition

1 감시체제는 우리의 정보경영체제를 운영하는 데 반복해서 발생하는 문제를 해결하는 데 도움이 된다.

2 우리가 다른 부서 간에 직원교환 프로그램을 실시하게 된다면 직원 간의 결속이 강화된다.

3 새로운 직원을 모집할 경우에 외부영입(outsourcing)에 비하여 사내승진(home-grown option) 방안들이 지닌 단점들 중의 하나는 외부환경의 거칠은 경쟁으로부터 우리를 노출할 기회가 거의 없다는 점이다. 다르게 표현하면 새로운 분야로부터의 새로운 도전을 수용하기 위하여 적절한 대응 또는 분위기를 수립할 기회를 상실하기 쉽다.

4 일반거래조건

이 동의서는 한국 서울의 ABC사와, 이후로는 판매자들이라 칭함, 그리고 영국 런던의 Standard가, 이후로는 구매자들이라 칭함, 체결하고 그 내용은 다음과 같다:

Answer

1 The surveillance system is helpful for us in tracking the recurrent problems in operating our IMS.

Voca IMS stands for information management system.

2 The solidarity between employees will be fortified if we implement an exchange program of employees among different departments.

Re I am convinced that an exchange program of employees among different departments will enhance the partnership among themselves.

3 The demerit of choosing the home-grown options instead of choosing competitive outsiders for recruiting new personnel may stem from the fact that it may be highly improbable for us to expose ourselves for the tough competition from external environment. Put this another way, we may lose to capture such opportunities for

6. 프로젝트 파이낸싱에 대해서는 〈부록 D〉 '시사문제와 대중매체'를 참조하기 바람.

formulating reasonable responses or climates as a means of accommodating new challenges from the new frontiers.

E 사내고용의 단점은 우리가 외부로부터의 진정한 경쟁에 대한 경험을 확보하기 어려울 수도 있다는 점이다.

4 General Terms and Conditions of Business

This Agreement entered into between ABC Co. Ltd., Seoul, Korea, hereafter the Sellers and Standard, London, GB, hereinafter referred to as the Buyers witnesses as follows:

Voca Agreement는 계약서(contract)와 동일한 의미로 사용된다.

[5] Translate the following sentences into Korean and rewrite them into another pattern of English.

1 We have imported a wide range of sports shoes from the European Union since 1992.

2 They have no connections of sundry goods traders in your market.

3 We shall be obliged if you kindly introduce some importers of sports goods to us.

4 In reply to your letter dated on August 2, we are pleased to introduce the following exporters of chemical products.

5 We would like to have some relevant information on the financial standing of the recommended company in your letter.

6 You may ask the Head Office of the Korea Exchange Bank in Seoul for our credit standing.

7 Draft is to be drawn at sight under letter of credit.

8 We owe your name and address to the Korean Embassy in Jakarta that you

are one of the leading manufacturers and exporters of lumber furnitures.

9 We are grateful for your inquiry on our items. We are enclosing a copy of illustrated catalogue of Lumber Cabinets. At present we have not such a model which meets with your specification.

10 We cannot open a letter of credit against your proforma invoice because our correspondent bank requests 100 percent of cash deposit equivalent to the L/C for opening L/C.

Answer

1 자사는 1992년 이후 유럽연합으로부터 다양한 운동화를 수입하고 있습니다.

Re We have specialized in importing a wide range of sports shoes from the European Union since 1992.

2 그들은 귀사의 시장에서 잡화를 취급하는 무역업자들과 연결되지 않습니다.

Re They have not established any relationship with Sundry goods traders in your market.

3 귀사가 우리에게 스포츠 용품의 수입업자를 몇 군데 소개해 주면 고맙겠습니다.

Re Could you kindly introduce us several leading sports importers?

4 8월 2일자 서신에 대한 답신으로 화학제품 수출업자를 소개하게 되어서 기쁩니다.

Re We are privileged to have such an opportunity to introduce the following chemical exporters in accordance with your request.

5 우리는 귀사가 편지에서 추천한 회사의 신용상태에 대하여 관련되는 정보를 얻고자 합니다.

Re We will be grateful if you kindly funish us with some relevant information on the financial status of the company you mentioned in your letter.

6 귀사는 우리의 신용상태에 대하여 한국외환은행 본부에 문의해도 좋습니다.

Re It is at your prudence to make a credit inquiry on the Head Office of the Korea Exchange Bank.

7 환어음은 신용장에 의거하여 일람출급 조건으로 발급되어야 한다.

Re We would like to have a draft at sight in conformity with the letter of credit.

8 우리는 귀사가 목재가구를 생산하고 수출하는 선도적 기업 중의 하나라고 자카르타에 위치한 한국대사관으로부터 귀사의 상호와 주소를 알게 되었습니다.

Re We have got your name and address through the recommendation of the Korean Embassy in Jakarta as one of the forerunners of spcializing in manufacturing and exporting lumber furnitures.

9 우리 상품에 대해 질문해 주셔서 감사합니다. 목재 캐비네트에 대하여 자세히 설명된 카탈로그를 동봉합니다. 현재 우리는 귀사의 특별한 요구를 만족시켜줄 모델을 가지고 있지 않습니다.

Re Many thanks on your inquiry on our products. We are forwarding an illustrated catalogue of Lumber Cabinets which does not comprise your specific model.

10 우리의 거래은행이 신용장을 개설하는데 신용장 금액과 일치하는 현금을 예치하라고 요구하기 때문에 우리는 당신의 견적 송장에 대하여 신용장을 개설할 수 없습니다.

Re We are sorry to notify that we are not in such a position to open a letter of credit against your pro forma invoice because our corresponding bank requests us to make a cash deposit equivalent to the amount of L/C.

[6] Translate into Korean and rewrite the following sentences.

1 If you could make one single improvement to the service, what would it be?

2 I' m the only person who can sign for orders.

3 It is not my job to decide company policy.

4 We have a corresponding budget for making our advertisement.

5 Such a distribution network facilitates market access.

Answer

1 당신에게 그 서비스로부터 단 한 가지 개선점을 제안하라고 한다면 그것은 무엇입니까?

Re If you are asked to suggest an improvement measure as regular customer, what would be the most urgent improvement for providing better service to customers?

2 주문에 대한 서명은 나만이 할 수 있다.

Re I am the only eligible person to make a signature for orders.

3 회사정책을 결정하는 것은 제 소관이 아닙니다.

Re1 It is beyond my role to decide company policy.

Re2 I am not eligible at all to take part in the decision-making process of company policy.

Re3 I am not entitled to involve in formulating company policy.

4 우리는 광고활동에 대응되는 예산을 가지고 있다.

Re We have reflected the required expenses for our advertisement to the budget of matching period.

5 이 같은 유통망은 시장접근을 활성화시킨다.

Re Such a distribution network may work as a catalyst for arranging easy market access.

[7] Fill up blanks with suitable words.

1 We would like to (   ) an order on the stationary goods.

2 우리 기업은 이 지역에서 ABB회사의 독점적 대리점 역할을 해왔습니다.
Our firm has resumed the (   ) agent of ABB in this region.

3 By learning to see the (   ) oceans around you, you' ll take your business to a new level and leave your competitors behind.

4 (   ) gap refers to the income difference between man and woman due to the immobility of woman.

5 오늘날 빠르게 변화하는 세계에서는 우리 모두는 우리의 잠재력을 최대한으로 활용하기 위하여 동업자를 필요로 한다.
In today' s fast changing world we all need partners to reach our full (   ).

6 파트너 : 멸종위기에 처한 종족인가? 동업자는 21세기 부흥을 즐길 것인가 아니면 공룡과 같이 멸종될 것인가?
Partners: an (   ) species? Will partnership enjoy a 21st century renaissance or are they heading the way of the dinosaurs?

7 (   ) : middleman who stocks large quantities of goods and sells to retailer.

Answer

1 place 2 exclusive 3 blue 4 Gender 5 potentials 6 endangered
7 Wholesaler

Voca 2에서 exclusive : 배타적 | 5에서 reach = realize

[8] Choose correct answers from the following questions which have been shown in previous exams.

1 다음 중 무역서신 작성의 5C' s에 해당되지 않는 것은?

① conciseness ② correctness ③ concreteness ④ courtesy

2 무역영어 서신을 작성할 때 반드시 포함해야 할 주요 요소가 아닌 것은?

① Letterhead ② Signature ③ Inside Address ④ Postscript

3 일반적으로 무역영서 서신 상부에 발신회사의 회사명, 주소, 전화번호, FAX 번호, 영업종목, 지점 등을 간소하고 매력 있게 인쇄해 두는데 이 부분을 무엇이라 하는가?

① Letterhead ② Inside Address ③ Letter Subject ④ Body of Letter

4 무역영어 서신의 모든 구성요소를 왼쪽 여백선에 맞추어 배열하는 형식은?

① Indented Style ② Block Style ③ Full Block Style ④ Semi-block Style

5 다음 중 Business Letter를 효과적으로 작성하기 위하여 명심하여야 할 사항이 아닌 것은?

① Take the reader's point of view.
② Use simple, straightforward words.
③ Be aggressive in case you respond to offensive letters from the buyers.
④ Be polite.

6 다음 중 무역통신문의 표현으로 가장 적합한 것은?

① We looks forward to your early and favorable reply.
② We assure you of our cooperation at all times.
③ We are high interested in your products.
④ Please let us have full details of your products.

7 Business Inquiry에서 특정인에게 해당 서신이 전달될 수 있도록 서신 본문에 상대방의 직책과 이름을 표기하고자 한다면 다음 중 어느 부분에 표시하여야 하는가?

① Letter Head ② Reference Line ③ Attention Line ④ Salutation

8 다음 중 무역통신문의 문장에 관한 표현으로 가장 적합한 것은?

① You are requested to make a immediate shipment.
② We cannot ship the consignment before the end of this month.
③ We have no choice but to insist on your immediate settlement.
④ Your prompt reply would be highly appreciated.

Answer

1 ③. concrete는 추상성을 나타내는 abstract와 반대이다.
2 ④. 우리말로 추신이라고 하고 줄여서 p.s.라고 표시한다.
3 ①. head는 머리이고, beachhead는 바다와 접한 땅이 바다로 튀어나온 부분을 뜻한다. 대부분 기관은 소속을 명시하기 위하여 Letterhead를 사용한다.
4 ④. 배구할 때 상대방이 spike를 할 때 jump하면서 막는 것을 blocking한다고 한다. 테니스에서 상대방 서비스가 강할 때 full swing을 하지 않고 라켓으로 막는 듯이 받는 것을 blocking이라고 한다. 따라서 block은 square한 상태를 묘사하는 단어이다.
5 ③. 심기를 상하게 하는 서신에 대하여 공격적으로 반응하는 것은 기업인의 자세가 아니다.
6 ②. We look forward, highly는 문법상 오류이고, let us have는 겸손한 표현이 아니다.
7 ③
E 조용히 해달라거나, 내 주의를 들어달라고 할 경우에는 May I have your attention, please?라고 한다.
8 ④. an immediate이고, cannot만 사용하면 공손하지 않고, but은 except와 같은 뜻인데 공격적 표현이다.

Chapter
05
해외시장 진출방안

수출 또는 수입을 하는 과정에서 해외시장 진출방안은 중요한 역할을 한다. 어떻게 보면 첫 단추를 잘 맞추는 역할과 비슷하다고 할 수 있다. 해외시장 진출은 크게 보면 글로벌 마케팅으로 볼 수도 있다. 다만 무역을 하는 관점에서는 수출 또는 수입의 목적지가 더 구체화되고, 재화와 용역이 이동하는 과정을 더 중시한다고 볼 수 있다. 이와 대조적으로 경영학에서는 무역을 크게 보면 해외시장 진입방안 중의 하나로 보고 마케팅 요인에 대한 분석을 더 구체적으로 하면서 다른 관련 경영학 분야도 연관을 지어서 분석한다. 큰 그림을 보고 구체적 해외시장 진출방안을 도출하는 것이 순서인 것 같아서 글로벌 마케팅을 설명하기에 앞서서 경영학원론을 간단히 설명하고, 이어서 국제경영과 경영전략을 설명한다. 제4장에서는 국제경제를 이론적으로 설명하였고, 제5장에서는 다소 부드러운 분위기로 전환하기 위하여 학술지 또는 대중매체에 소개된 경영학을 가벼운 마음으로 설명한다.

5.1 경영학의 구성

01 Business Administration may be divided into five realms. It comprises operations management, organizational behavior, marketing, accounting, and financial management.

> 경영학은 5개 영역으로 구분할 수 있다. 경영학은 생산관리, 조직론, 마케팅, 회계, 그리고 재무관리로 구성된다.

02 It may be required for chief executive officers (CEO) of multinational enterprises to add the international business and corporate strategy to run their businesses around this globe.

다국적기업의 사장들은 전세계적으로 그들의 사업을 운영하기 위하여 국제경영과 기업전략을 추가할 필요가 있다.

5.2 생산관리

01 The managers of business firms constantly have to choose among alternative ways of producing a good or delivering a service. (Mansfield, *Economics*, 10th edition)

기업의 경영자들은 지속적으로 재화를 생산하거나 또는 서비스를 공급하는 대체적인 방법들 중에서 선택을 해야만 한다.

E 경영자의 생산활동을 돕거나, 아니면 마케팅 또는 재무관리와 같은 다른 분야의 경영자들이 의사결정을 하기 위한 분석도구로서 미시경제학의 비용편익분석이 자주 사용됨을 알리는 글이다.

02 Money isn' t everything. But for measuring national success, it has long been pretty much the only thing (other than, of course, sports). The specific metric that has prevailed since World War II is the dollar value of a country' s output, expressed first as gross national product, later as gross domestic product. (*HBR*, Jan.-Feb. 2012, p.80)

돈이 모든 것을 대변하는 것은 아니다. 하지만 국가적인 성공을 측정하는 데 있어서, 돈은 (당연히 스포츠보다 더) 오랫동안 국가성장을 의미하는 유일한 지표이었다. 제2차 세계대전 후에 효과를 거둔 측정방법은 국가 산출량을 달러의 가치로 표현하는 것이었는데 우선적으로 국민총생산으로 시행되었고 후에 국내총생산의 개념으로 시행되었다.

03 Entrepreneur involves risk and innovative behaviour by individuals who attempt to champion their ideas by exploiting new opportunities.

기업가(정신)들은 새로운 기회들을 개발함으로써 그들의 생각을 승리(실시)하기 위해 노력하는 개인들의 위험과 혁신적인 행위를 포함하고 있다.

04 Product Innovation

New-product development involves some art, some science — and some serendipity.

새로운 제품의 개발은 어느 정도의 예술과 과학뿐만 아니라 우연한 기회에 개발한 재능도 포함한다.

05 Innovation has long been the backbone of P&G' s growth. As chairman, president, and CEO Bob McDonal notes, "We know from our history that while promotions may win quarters, innovation wins decades." (*HBR*, June 2011, p. 66)

기술혁신은 오랜 기간에 걸쳐서 P&G의 성장에 중추역할을 해왔다. 회장, 사장, 그리고 CEO로서 보브 맥도날은 "우리의 회사 발전사를 통해 볼 때 판매촉진은 몇 개의 분기별 효과를 가져 온 반면에 기술혁신은 몇십 년의 효과를 가져왔다"고 지적한다.

E 경쟁우위를 확보하는 데 기술혁신의 중요성을 설명하고, 이어서 소비자의 수요변화를 반영한 기술혁신이 중요하다고 강조한다. 다르게 표현하면 생산현장의 생산성과 품질관리도 중요하지만, 마케팅이 되어야 현금흐름을 실현할 수 있고, 더 효과적인 전략은 전사적 기술혁신(Total Innovation)이라고 할 수 있음을 지적하는 글이다.

Re P&G attaches its utmost importance on the total innovation beyond total marketing by inducing technology innovation based on its relatively high research intensity.

06 The Japanese companies, which had enjoyed an earlier NC diffusion in the home market, had built capacity rapidly and priced very aggressively on the bases of an 'experience curve' model approach.

자국시장에서 초기 NC 확산을 누려온 일본기업들은 신속하게 생산설비를 구축하였고, 경험곡선모델 접근에 기초하여 매우 공격적으로 가격을 산정하였다.

E 일본기업들이 단기간에 수출을 확대할 수 있었던 과정은 생산설비의 확대와 학습효과가 중요한 역할을 했음을 보여주는 글이다. NC는 Numerical Control의 약어이다.

5.3 조직론

01 Penrose has said that, "economic organization is basically a collection of management resources or a bundle of resources bound together by a set of administrative skills or capabilities."

> Penrose는 "경제적 조직이란 기본적으로 경영자원의 집합이나 일련의 경영기술 혹은 능력에 의해 함께 묶인 자원의 뭉치이다"라고 설명한다.

02 We' ve harnessed our global expertise and creativity to execute landmark investment banking transactions for our clients. (Merrill Lynch)

> 우리들은 우리 고객에게 커다란 투자금융거래의 실현을 위하여 글로벌 전문가와 창의성을 꾸준히 배양해 왔다.

Voca harness : 풀무하다, 열심히 노력하다

> **Re** We have done our best to increase our capability for global expertise and creativity in order to maintain our posts as the pioneers in the frontiers of investment banking for our regular customers.

03 Italy' s labor market, not its debt, may be the country' s biggest challenge. It' s easier for me to get rid of my wife than to fire an employee. (*BB*, Nov. 2011, p. 17)

> 이탈리아의 가장 큰 도전은 국가부채가 아닌 노동시장이다. 고용주인 나는 내 부인과 헤어지는 것보다 고용인을 해고하는 것이 더 어렵다.

Voca fire = lay off

5.4 마케팅

기업의 입장에서 마케팅은 가진 자원을 활용함으로써 기업의 수입(revenue)을 확

보하는 기회가 된다. 마케팅을 크게 두 단계로 나누면 마케팅 조사와 마케팅 전략이 된다. 수출은 국경선을 넘어서 마케팅하는 기업 활동이라고 볼 수 있다.

01 마케팅 믹스란 마케팅 전략을 수행하기 위하여 필요한 마케팅의 다양한 요인들에 관심을 집중한다.

> Marketing mix focuses attention on the various elements of marketing needed to carry out marketing strategy.
>
> **E** Marketing Mix에는 가격전략, 품질전략, 유통전략, 판매촉진전략이 포함된다.

02 Unleashing the power of marketing

When GE realized that its products would no longer sell themselves, it had to invent a formidable marketing function from scratch. (*HBR*, Oct. 2010, p.90)

> 마케팅 힘의 방출
>
> GE가 자사 제품이 저절로 판매되지 않는다는 것을 인식하고 나서, 아주 기초로부터 가공할 만한 마케팅 기능을 고안할 수밖에 없었다.

03 I look forward to the opportunity to discuss some of our new products and services with you. I am confident that there will be plenty to interest you. I enclose some information which you may like to look at before you come to Barcelona.

> 나는 우리의 새로운 제품과 서비스에 대해 당신과 함께 의논할 기회를 갖기를 기대합니다. 나는 당신이 많은 관심을 가질 것이라 확신합니다. 나는 당신이 바르셀로나에 오기 전에 관심이 있어 할 정보를 동봉합니다.

04 *Principles of Service Marketing and Management* avoids sweeping and often misleading generalizations about services, recognizing explicitly that the differences between specific categories of services may be as important to student understanding as the broader differences between goods marketing and services marketing.

「서비스 마케팅과 경영의 원칙」은 서비스의 특정 범주 간의 차이가 제품 마케팅과 서비스 마케팅 간의 폭넓은 차이만큼 학생들의 이해에 중요하다는 것을 분명히 인지함으로써 논리적 일관성의 결여 또는 서비스에 대한 일반화의 오류를 회피하고자 한다.

Re This book aims at presenting a more clear and vivid overall configuration on the service marketing and management which are often misinterpreted or intermingled due to the lack of coherent generalization on services.
이 책은 서비스에 대한 논리 정연한 일반화의 부족으로 사람들이 종종 잘못 이해하거나 혼동하는 서비스 마케팅과 경영의 전반적인 구성을 더 명확하고 생동감 있게 표현하는 것에 목적이 있다.

The main reason for such a confusion may be stemmed from the devoid of prudential nomenclatures among different scopes of service industries.

이러한 혼동의 주된 이유는 아마도 각기 다른 범주의 서비스 산업에 대한 확고하고도 신중한 개념정립의 부족에서 야기될 수도 있다.

Such a distinction, which does not fully take into account the inherent attributes of services, may render managers plunge themselves into the jeopardized region to the extent of ignoring the basic classification between manufacturing and tertiary sector such as trade in commodities and invisible trade.

각 서비스에 내재되어 있는 속성들을 충분히 고려하지 않아 발생한 이러한 차이는 아마 경영자들에게 유 · 무형 상품무역과 같은 제조업과 3차산업(서비스) 분야에 대한 기본적인 분류가 무시되는 정도의 위험한 수준으로 빠져들게 할 수도 있다.

5.5 회계학

회계란 계속기업으로서 특정 경제실체(economic entity)에서 일어난 경제적 사건을 체계적으로 인식(recognition), 측정(measurement)하여 이를 다양한 이익집단에게 보고하고 이용하게끔 하는 과정이다.

Accounting is a procedure of reporting to a wide range of interest groups as well as allowing them to make use of such reports by recognizing and measuring systematically on the economic events of an economic entity as a going concern.

01 재무보고서는 어떤 특정 기업수준에서 재무상태의 전반적 상태를 파악하기를 갈망하는 경영자와 주주, 이해당사자, 관련된 정부당국, 잠재적 투자자의 의사결정을 위하여 유용한 정보를 제공하는 효과적인 수단으로 작성된다.

Financial reports are formulated as an effective means of providing useful information for decision-making of managers, shareholders, stake-holders, relevant government authorities and potential investors who are desperate to capture an overall configuration on the financial status at firm specific levels.

02 재무보고 수단에는 대표적으로 재무제표가 있는데, 그 종류에는 재무상태표(statement of financial position), 포괄손익계산서(statement of comprehensive income), 자본변동표(statement of changes in equity), 현금흐름표(statement of cash flow) 및 주석(notes)이 있다.

The typical case of measures of financial report is financial statement which comprise statement of financial position, statement of comprehensive income statement, statement of changes in equity, statement of cash flow and notes.

03 연결재무제표는 지배 · 종속 관계에 있는 2개 이상의 회사를 단일 기업집단으로 보아 기업집단의 재정상태를 종합적으로 표시하기 위하여 작성하는 재무제표이다.

A consolidated financial statement is drawn to show a financial status between parent company and its affiliates as a single company.

04 복식부기는 차변과 대변 간에 금액의 일치를 이용하여 과오 또는 실수를 확인하는 편리하고 이상적인 방법이기 때문에 복식부기는 회계실무에서 사용되고 있다.

A double entry bookkeeping system is adopted in accounting practice as it is a convenient and ideal way to check any mistake or error by making use of an equal amount between debit and credit.

05 복식부기시스템에서의 거래의 이중성(duality of transaction)은 기록상의 오류나 누락을 방지하는데 이를 자기검증기능(self-checking function)이라고 한다.

One of the salient features of double entry bookkeeping is a self-checking function by making use of duality of transactions for tracking down the possible errors and omissions.

06 우리나라는 2011년부터 모든 상장기업은 한국채택 국제회계기준(K-IFRS)에 따라 회계처리를 해야 한다. 과거 기업회계기준(K-GAAP)이 규칙주의(rule-based)였다면 한국채택 국제회계기준은 원칙주의(principle-based) 방식을 채택하고 있다.

Our country has adopted the K-IFRS for all enlisted firms since 2011. The previous version of K-GAAP is a rule-based approach whereas the newly adopted K-IFRS is principle-based one.

07 기업회계기준(K-GAAP)은 역사적 원가주의(historical cost principle)를 중시했다면 한국채택 국제회계기준(K-IFRS)은 공정한 시장가치(fair market value)를 중요하게 생각한다.

The K-IFRS attaches priority on the fair market value while the K-GAAP abides by the historical cost principle.

08 발생기준회계(Accrual Basis Accounting)

발생기준회계에서는 현금의 수취나 지급에 상관없이 수익은 수익인식의 원칙(revenue recognition principle)에 따라, 비용(costs)은 수익비용대응의 원칙(matching principle)에 따라 기업의 성과를 인식하여 기간손익(period of profit and loss)을 계산한다. 이 같은 방법은 현금흐름과 전혀 무관하다.

The accrual basis accounting differs from the cash basis one in that it evaluates the performance of firms by recognizing revenue on the basis of revenue recognition principle and costs on the basis of matching principle for estimating profits and losses for a certain time period. Such an approach is totally immune to the cash flows.

5.6 재무관리

01 When we evaluate firms, financial part is one of our measurements.

회사의 성과를 평가할 때 재무적인 일들은 우리의 측정지표들 중의 하나이다.

02 One of the best-documented propositions in the field of finance is that, on average, investors have received higher rates of return on investment securities for bearing greater risk.

재무분야에 있어 가장 잘 정립된 제안들은, 투자자는 더 큰 리스크를 부담하는 유가증권에 대한 투자로부터 더 큰 수익률을 갖는다는 것이다.

03 Portfolio theory begins with the premise that all investors are risk adverse.

포트폴리오 이론은 모든 투자자가 리스크 회피성향을 갖고 있다는 전제 하에 시작한다.

04 The portfolio approach maintains that people in capitalist society have the opportunity to hold their wealth in various forms, of which money is only one form. (Laurence Harris, p.13)

포트폴리오 분석은 자본주의사회의 사람들은 그들의 부를 다양한 형태로 보유하는 기회를 갖게 된다고 주장한다. 화폐는 다만 이 같은 부의 한 가지 형태이다.

05 It takes a lot of money to build a portfolio of inventions, but not an unprecedented amount. VC firms routinely raise billions for a single fund.

발명에 대한 포트폴리오를 구성하는 데 많은 돈이 들어가지만 전례가 없을 정도로 많이 소요되는 것은 아니다. 벤처캐피탈(venture capital) 기업들은 정규적으로 한 건에 수십억 달러씩 투자를 위한 모금을 한다.

E VC는 고수익, 고위험을 추구한다는 점에서 고수익, 저위험을 추구하는 정통적 재무관리와 대조된다.

06 With its long-awaited IPO filing, Facebook has revealed the identity of the partner that will define it for years to come.

기업공개에 대한 오랜 기간의 기다림 속에 페이스북은 수년간 기업공개 작업을 같이 할 파트너의 신원을 공개했다.

Voca IPO : initial public offering

5.7 국제경영

01 International Business

Entrepreneurs may intermingle all the above five different realms in order to carry out their business activities. The salient features of IB may be more complicated business environment on economics, business, international trade law, and international relations compared with those of domestic business. Multinational enterprises (MNEs) have played catalyst roles on the process of globalization as well as regionalization.

기업가들은 그들의 기업 활동을 하기 위하여 위의 다섯 개의 다른 분야를 모두 혼합할 수도 있다. 국내영업에 비하여 IB의 주목할 만한 특징은 경제, 경영, 국제통상법과 국제관계에서 좀 더 복잡한 기업환경이라는 점이다. 다국적기업은 세계화와 지역화 과정에서 촉매역할을 하고 있다.

02 How well international business mangers perform in their undertakings will depend in great measure on their understanding of domestic, international, and foreign environment.

국제 비즈니스 경영자들이 얼마나 사업을 잘 수행할 것인지는 국내, 국제, 그리고 외국의 환경에 대한 그들의 이해력에 크게 달려 있다.

03 The crucial feature of multinational's operation is the pursuit of a global strategy of investment, production, and distribution. This, in turn, leads to many MNCs which derive about 50 percent of their annual sales from

overseas operation. An additional feature of many MNCs is that they operate predominantly in oilgopolistic markets where their technological advantages and financial resources can be used to reinforce the markets' oilgopolistic character. It is this, above all else, which has led in recent years to increasingly widespread criticism on the multinationals' method of operation and to the argument that many MNCs use their power both to limit emerging competition and to influence government policy in their favour.

다국적기업 경영의 중대한 형태는 투자와 생산, 분배의 세계적인 전략의 추구이다. 이러한 형태는 결과적으로 많은 다국적기업으로 하여금 연간 매출액의 약 50%를 해외경영에서 발생하게 유도한다. 많은 다국적기업의 다른 특징으로는 그들의 기술우위와 재정자원들이 시장의 과점적 특징을 보강하기 위해 사용될 수 있는 과점시장에서 활동한다는 점이다. 다른 무엇보다도 이 같은 다국적 기업의 영업형태가 최근에 와서 다국적기업의 활동방식에 대한 비판이 광범위하게 확산되게 하고, 많은 다국적기업들이 새로운 경쟁을 제한하고 그들에게 유리하게 정부정책에 영향을 미친다는 주장을 가져오게 한다.

5.8 기업전략

01 Corporate Strategy

Taking into account the complicated concept of corporate strategy, I reckon it may be reasonable to present the case of competition between Boeing and Airbus. Boeing would like to develop faster airplanes whereas Airbus focused on larger airplanes that accommodate more passengers. Both companies implement different combination on R&D and marketing in order to fortify their product differentiations.

기업전략의 복잡한 개념을 고려하여 Boeing과 Airbus와의 경쟁사례를 들어 설명하고자 한다. Airbus가 더 많은 승객을 수용할 수 있는 더 큰 항공기에 초점을 맞추는 동안, 보잉은 더 빠른 항공기를 제작하는 데 초점을 두었다. 두 회사 모두 그들의 제품차별화를 강화하기 위하여 R&D와 marketing의 다른 조합을 구사하였다.

02 Corporate strategy refers to a broad configuration or long–range planning at a firm specific or a group level to increase the profit of share–holders as well as the gains of stake–holders. The corporate strategies, which attach high priorities on environmental technology like GE and Toyota have allowed these firms to meet not only corporate social responsibility (CSR) but also the enhancement of competitive edges.

> 기업전략은 기업수준이나 또는 그룹 차원에서 주주의 이익뿐만 아니라 이해당사자의 이익을 증가시키기 위한 광범위한 청사진 또는 장기계획이다. GE나 Toyota와 같이 환경기술에 우선순위를 두는 기업전략은 이러한 기업들로 하여금 기업의 사회적 책임뿐만 아니라 경쟁우위의 강화를 충족시키는 것을 가능하게 한다.

03 In other words, the corporate strategy of Toyota may have eclipsed the corresponding one of GM by taking over GM in turnover or global market share in 2005. Two major ingredients of corporate strategy comprise the enhancement of core competencies and implementation of tacit knowledge network, whose structure may be featured by matrix organization, for facilitating effective communication channels.

> 다르게 표현하면 Toyota의 기업전략은 Toyota가 2005년에 총매출액이나 세계시장 점유율에서 GM을 추월함으로써 GM의 대응되는 기업전략을 이겼다고 볼 수 있다. 두 가지 중요한 요소에는 핵심역량의 향상과 효과적인 의사소통을 개선하기 위하여 매트릭스 조직의 특징을 지니는 암묵적 지식 네트워크의 실시가 포함된다.

Voca eclipse는 '일식, 월식, 사라지다' 라는 뜻도 있지만 이 글에서는 상대방의 대응되는 전략을 격파하다는 의미를 지닌다. 문맥상 thwart, outweigh, defeat로 해석해도 좋다.

> **E** Matrix 조직은 ABB 같이 기술집약적인 기업이 운영하는 수평적 조직이라고 할 수 있고, 그 결과 계층(layers)이 거의 극소화된 조직이라고 할 수 있다.

04 We are making a big difference by thinking small. Our design policy for each application is the same: making better use of resources and less impact on the natural environment.

> 우리들은 작게 생각함으로써 큰 차이를 가져오고 있다. 각 이용단계에서 우리의 디자인(설계) 전략은 동일하다: 보다 나은 자원의 사용을 가져오고 자연환경에 충격을 덜 준다.

E 회사가 자연환경을 보호하기 위한 전략에 중점을 두고 있음을 홍보하는 글이다. 친환경적 기업전략이 기업의 사회적 책임수행을 도와줄 뿐만 아니라, 기업의 경쟁력에 긍정적으로 작동하고 있다. 대표적인 예로는 일본의 도요타와 미국의 GE를 들 수 있다.

5.9 해외시장 진입전략과 글로벌 마케팅

해외시장 진입전략 또는 글로벌 마케팅의 주체는 다국적기업이다. 다국적기업은 해외직접투자로 여러 나라에 자회사를 설립하고, 세계적인 생산, 판매 등의 조직망을 펼쳐 본사의 통합관리 하에 세계적인 규모의 사업활동을 영위함으로써 이윤극대화를 도모하는 국제적인 초거대기업이다. 다국적기업은 초기에는 수출을 하다가, 시장규모가 커지게 되면 해외직접투자를 하게 된다. 이 외에도 라이선싱, 기술이전협약, 특허권등록을 이용하기도 한다. 다국적기업은 다음과 같은 특징을 가지고 있다.

첫째, 여러 나라에 자회사를 설립하여 해외생산을 실시하고 있다. 둘째, 생산활동 자체를 해외 이전하여 세계적 관점에서 생산을 통합관리한다. 세계적인 생산체제 하에서는 생산 전체가 본사의 통제 하에서 세계적인 배치와 통합을 수반하면서 전개되기 때문에 기업 내 국제분업체제가 된다. 셋째, 세계적인 규모에서 생산 · 판매활동을 한 결과 얻어진 이윤은 본사의 통제 하에 본사로 집중된다. 이익은 본사로 환류되거나, 조세피난처에 집중되거나, 현지에 재투자되거나, 다른 기업의 매수 및 투기에 이용된다. 이는 한편으로 다국적기업으로 하여금 세계적 규모로 이윤의 극대화, 자본축적의 가속화를 가져오는 동시에 정보관리의 집중 · 독점을 가져온다. 따라서 다국적기업의 경영자는 국내 · 해외 경쟁기업의 성장률이나 기업전략을 비교 · 검토하면서 기업의 재무, 물자조달(sourcing), 마케팅에 대한 의사결정을 보다 전략적 입장에서 하게 된다.

해외시장조사(Foreign Market Research)란 특정 시장에서 어떤 상품의 판매가능성 또는 구매가능성을 조직적으로 하는 작업을 뜻한다. 무역업자는 거래시장의 물색, 거래처의 선정, 거래의 권유와 신용조사, 일반거래조건의 협정, 수출계약의 추진 순서로 진행한다. 수출계약으로는 주문의 권유, 오퍼와 반대오퍼를 통한 매매계약의 확인, 계약상품의 조달과 금융수단의 확보를 들 수 있다. 한국수출입은행은 중장기 수출지원금융을 담당하고 있고, 한국무역보험공사는 수출보험과 수입보험을 제공하고 있다.

01 The long-run economic benefits of extending business activies abroad are a function of factors such as the size of the market (in terms of demographics), the present wealth (purchasing power) of consumers in that market, and the likely future wealth of consumers, which depends upon economic growth rates.

어느 국가에서 사업을 하는 장기적인 경제의 이득은 인구통계 측면에서 시장의 크기, 시장에서 소비자의 구매력을 나타내는 현재의 부(wealth), 경제성장률에 따른 소비자 미래 재산과 같은 그런 요소들의 함수이다.

E purchasing power parity는 구매력평가설이고, parity가 빠지면 구매력이 된다. 부(wealth)를 구분할 때 현재와 미래의 부로 구분한다.

02 If other things being equal, the inverse relationship between benefit–cost–risk is likely to be most favorable in politically stable developed and developing nations that have free market systems. This is because it may be highly improbable for such nations to undergo through dramatic upsurge in either inflation rates or private–sector debt.

다른 조건이 동일하다면, 수익–비용–위험 간의 상쇄관계는 정치적으로 안정적인 자유시장체계를 갖춘 선진국과 개발도상국들이 가장 유리하게 된다. 이 같은 이유로는 이 국가들이 물가 또는 가계부문 부채의 급격한 증가가 있기는 상당히 어렵기 때문이다.

03 Another important factor is the value which can be produced through international business in a foreign market. This magnitude depends on the sustainability of its product competitiveness of multinational enterprises to that market and the nature of indigenous competition. If the multinational enterpises can offer a product that has not been widely available in that market and that satisfies its latent potential need, the business simply offers the same type of product by augmenting a slight improvement on quality on the items available in the local market. Multinational enterprises may charge higher prices and/or to build sales of volume more rapidly by increasing consumer utility. After having implemented a cost-benefit analayis on the maket entry on foreign markets, multinational enterprises can rank countries in terms of their attractiveness and long-run profit potential.

국제무역에서 다른 중요한 요소는 외국시장에서 가져오는 가치이다. 이 가치의 크기는 다국적기업의 제품경쟁력의 지속성과 토착 경쟁자의 상대적 시장입지(market positioning)에 의하여 결정된다. 만일 다국적기업이 해외시장에서 광범위하게 사용되지 않고, 그 시장에서의 잠재적 수요를 충족시킬 수 있다면, 다국적기업은 그 지역의 시장에서 이용 가능한 제품에 품질을 약간 향상시킴으로써 동일한 형태의 제품을 제공할 수 있게 된다. 다국적기업은 소비자의 효용을 증가시킴으로써 높은 가격을 부과할 수 있거나, 빠른 속도로 매출규모를 확장할 수 있게 된다. 외국시장 진입에 대한 비용편익분석을 실시한 후에 다국적기업들은 해외시장의 매력과 장기적 잠재적 이윤 측면에서 해외시장의 우선순위를 정할 수 있다.

04 The essential elements of effective international marketing are the ability to interpret the business environment, recognize foreign market opportunities, and appreciate how the firm' s resources can best be used to match and develop patterns of market demand.

효과적인 국제 마케팅의 본질적 요인들은 기업환경을 (바르게) 이해하고, 외국 시장기회를 인식하고, 어떻게 하면 기업이 가지고 있는 자원을 시장수요에 부합되면서도 시장수요 형태에 맞게 발전시키는가에 있다.

05 The MNE' s contribution to the static, allocative efficiency of the world economy is far less important than its contribution to the rate of innovation within that economy. Through international trade and investment, the MNE quickly spreads new ideas, new products, new production functions, new methods of management and organization, and other innovations on a global scale. (Franklin Root, *International Trade and Investment*, p.593)

다국적기업이 세계경제의 정태적 · 배분적 효율을 증가시키는 것은 자체 내에서의 신속해진 기술혁신의 속도에 비하면 그 중요성이 덜하다. 국제무역과 해외직접투자를 통하여 다국적기업은 전세계적 규모로 신속하게 새로운 사고, 신제품, 경영과 조직에 대한 새로운 방법, 다른 기술혁신을 전달한다.

06 We believe that assessing and tracking the value of global brands is key to understand how companies worldwide are responding to their customers.

글로벌 브랜드들의 가치를 평가하고 추적하는 것은 얼마나 기업들이 전세계적으로 그들의 고객들에게 반응하고 있는지 이해하는 열쇠이다.

E 무형자산으로서 brand equity가 중요함을 강조하는 글이다.

07 V is for versatile. Prius V

Meet the newest member of the Prius Family. With the space of a small SUV. Plus rear seats that slide and recline to accommodate just about anything.

V는 다재다능을 뜻한다. 프리우스 V

최신 프리우스 가족을 만나보라. 소형 SUV의 공간이 있다. 그리고 어떤 물건이라도 적재할 수 있도록 접혀질 수 있고 누울 수 있는 뒷좌석이 있다.

E Toyota가 신형 차를 선전할 때 '다용도'를 강조하는 선전문이다.

08 Global Standardization Strategy

Firms that pursue a global standardization strategy focus on increasing profitability and profit growth by reaping the cost reductions that come from economies of scale, learning effects, and location economies; that is, their strategic goal is to pursue a low-cost strategy on a global scale. The production, marketing, and R&D activities of firms pursuing this strategy are concerned with a few favorable location. (Hill, p.419)

글로벌 표준화 전략

글로벌 표준화 전략을 추구하는 기업들은 규모의 경제, 학습효과, 지역경제에서 발생하는 비용인하를 통하여 수익성과 이윤성장을 증가시키는 데 중점을 둔다. 즉, 기업들의 전략목표는 글로벌 규모에서의 저비용 전략을 추구하는 것이다. 이러한 전략을 추구하는 기업들은 생산과 마케팅 그리고 R&D 활동들을 몇 개 안 되는 유리한 지역에 배치한다.

09 Localization Strategy

A localization strategy focuses on increasing profitability by customizing the firm' s goods and services so that they provide a good match to tastes and preferences in different national markets. Localization is most appropriate when there are substantial differences across nations with regard to consumer tastes and preferences, and where cost pressures are not too intense. By customizing the product offering to local demands, the firm increases the value of that product in the local market. On the downside, because it involves some duplication of functions and smaller production runs, costomization limits the ability of the firm to capture the cost reductions associated with mass-producing a standardized product for global consumption. This strategy may make sense, however, if the added value associated with local customization supports higher pricing, which enables the firm to recoup its higher costs, or if it leads to substantially greater local demand, enabling the firm to reduce costs through the attainment of some scale economies in the local market.

현지화 전략

현지화 전략은 기업의 재화와 용역의 차별화를 통한 이윤증대에 초점을 맞춘다. 그래서 기업들은 다른 국가의 시장의 취향과 선호에 맞춘 제품을 공급한다. 지역화는 국가 간의 소비자 취향과 선호에 실질적인 차이가 있을 때, 그리고 비용압력이 강하지 않은 곳에서 가장 적절하다. 차별화를 통해 지역 수요에 맞춘 제품을 공급함으로써, 그 지역의 시장에서 해당 기업은 제품의 가치를 증가시킬 수 있다. 생산 측면에서서는 기능의 중복과 상대적으로 낮은 조업률로 인하여 고객지향적 생산방식은 글로벌 소비를 위해 비용절감을 하고자 하는 기업의 능력을 제한하게 된다. 만약 지역화와 연관된 부가가치가 높은 비용을 뒷받침할 수 있다면, 기업은 그것의 높은 비용을 보상받을 수 있기 때문에 이 전략은 타당하다. 또는 그것이 상당히 큰 지역의 수요로 연결될 경우, 기업은 지역시장에서 규모의 경제를 통한 비용절감을 도모할 수 있는 경우에도 이 전략은 타당하게 된다.

E 여기서 downside는 마케팅 활동 이전의 생산활동을 뜻한다.

10 Advantages and Disadvantages of Exporting

Many manufacturing firms begin their global expansion as exporters and only later switch another mode for servicing a foreign market. Exporting has two distinct merits. First, it avoids the often substantial costs of establishing manufacturing operations in the host country. Second, exporting may help a firm achieve experience curve and location economies.

수출의 장점과 약점
많은 생산기업들은 수출업자로서 세계적인 확장을 시작하였고, 이후에 외국시장에서 서비스를 제공하기 위하여 다른 방법으로 전환한다. 수출은 두 가지의 분명한 장점을 가지고 있다. 첫째, 수출은 수출대상국에서 생산활동을 위한 설비를 세우는 데 자주 발생하는 막대한 비용을 피할 수 있다. 둘째, 수출은 기업이 경험곡선과 지역경제를 달성하는 데 도움을 줄 수 있다.

But exporting has a number of drawbacks. First, exporting from the firm' s home base may not be appropriate if lower-cost locations for manufacturing the product can be found abroad. Second, high transport costs can make exporting uneconomical. Third, tariff barriers can make exporting uneconomical. A fourth drawback to exporting arises when a firm delegates its marketing, sales, and service in each country where it does business to another company.

그러나 수출은 몇 가지 문제점을 가지고 있다. 첫째, 기업의 수출은 만약 상품을 생산하는 데 소요되는 비용이 더 낮은 지역이 해외에서 발견될 수 있다면 아마도 적절하지 않을 수도 있다. 둘째, 높은 수송비용은 수출을 비경제적으로 만들 수 있다. 셋째, 관세장벽은 수출을 비경제적으로 만들 수 있다. 수출의 네 번째 문제점은 다국적 기업이 다른 회사의 사업도 동시에 수행하는 해외지사에게 마케팅과 판매, 서비스를 위임하였을 때 발생한다.

E 해외직접투자를 하는 국가를 Investing Countries, 받아들이는 국가를 Hosting Countries라고 한다.

연습문제 Exercise

[1] Translate the following sentences on business administration into Korean.

1 The essence of the managerial process is planning, innovation, coordination, administration, and control. If there is a key word to describe management, it is probably coordination.

2 Management must be capable of adapting the organization to dynamic conditions if a firm is to compete effectively in an economy which demands constant innovation and if an organization is to grow effectively.

3 Pay well for prestige and to get the right people, but do not overpay so that we are stuck with the wrong people.

4 Effective advertising has both an informative and persuasive role and it is not really helpful to attempt to make an operational distinction between the two functions, although the normative implications may be quite different. (Pickering, p.214)

5 Asia might be a mixed blessing to Italy.

6 A recent case study by Pfizer shows how quality improvement can actually lead to cost savings in medicine.

Answer

1 경영관리과정의 본질은 계획과 혁신, 조정, 관리, 통제이다. 관리를 표현하기 위한 키워드(핵심어)가 있다면 그것은 아마도 조정이라고 할 수 있다.

Re The core components of managerial process comprise planning, innovation, coordination, administration, and control. If one is asked to choose the most important function among these five realms, it may be coordination without which an organization may be liable to be off-tracked or derailed.

2 끊임없는 혁신을 요구하는 경제에서 어떤 기업이 효과적으로 경쟁하고자 하고, 그리고 어떤 조직이 효과적으로 성장하고자 한다면 경영진은 자신이 이끌어 가는 조직을 계속해서 변화하는 동태적 여건에 적응시켜야만 한다.

Re It may be required for management to maintain a flexible adjustment to cope with the imperative need to induce perpetual movements of materializing innovations. A firm may come across with the crossroad if it fails to achieve growth in the context of 'survival for the fittest' or 'perennial gales of creative destruction' in a contestable market.

3 특권과 제대로 된 인재를 얻기 위해 적절한 대가를 지불하라, 그러나 잘못된 사람을 만날 경우를 피하기 위하여 과다하게 주지는 말라.

4 효과적인 광고는 정보를 제공하고 설득적 역할을 한다. 규범적 시사점은 크게 다르지만 이 두 가지 기능에 대하여 운영상 구분을 하는 것은 별 도움이 되지 못한다.

E 전자는 소비자 주권에 부합하지만, 후자만을 강조할 경우에는 소비자 주권이 조작된 수요(contrived demand)로 바뀌기 쉽다.

5 아시아는 이탈리아에게 혼합된 축복일지도 모른다.

E 범용제품의 생산은 중국이 차지해서 싫지만, 중국의 소득이 증가함에 따른 고급제품에 대한 수요가 증가한 점은 좋아한다는 내용이다. 사랑과 증오가 교차하듯이 기쁨과 걱정이 교차하는 상태를 묘사할 때 'ambivalent'를 사용하기도 한다.

6 Pfizer에 의한 최근의 연구는 의학분야에서 어떻게 품질의 향상이 실제로 비용절감을 가져오는지를 보여준다.

[2] Fill up the blanks with suitable words and translate the sentence into Korean.

1 Without influx of new ( ), Sweden won't be able to recoup its investment.

2 Googles' new advertising service could make the internet an even more valuable ( ) medium.

3 Dassault may be next in line for takeoff. Its luxurious Falcon 7X business jet could catapult it to a bigger ( ) of the market.

4 Now a typical ( )-up for us—the manufacturer—would be around 20 percent.

5 What a rip! A new spin on pay to play: What's the best way to transfer your music collection to your ipod? It depends on what you value most: your ( ), money, and sanity.

Answer

1 order. 새로운 주문이 없다면, 스웨덴은 그들의 투자를 회수할 수 없을 것이다.

E Sweden이 전투기를 개발해서 국내수요를 충족시켰지만, 최소효율규모(Minimum Efficiency Scale; MES)에 미칠 만큼 수출을 하지 못할 경우 투자비용을 회수하지 못하거나, 손실이 발생할 수 있음을 알리는 글이다. 특히 국내시장이 작아서 자연독점(natural monopoly)이 될 경우에 생산을 효율적으로 하기 위해서는 국제 마케팅 또는 수출활동에 정부가 적극적으로 개입할 필요성이 있음을 암시하고 있다. 여기서 개입은 중상주의적(mercantilistic)인 의미로 사용된다. 이 글은 스웨덴이 브라질로 전투기를 수출하기 위하여 프랑스와 경합적인 관계에서 글로벌 마케팅을 하고 있음을 알리는 글이다. Is Sweden's Gripen jet headed for Brazil? 기업이 공장을 확장하여 생산활동을 할 경우에 발생하는 장기평균비용곡선을 그리면 U자형의 곡선이 되고, 이 곡선의 제일 아래 점을 최적규모(optimum scale) 또는 최소효율규모(M.E.S)라고 한다.

Re1 Sweden may fail to reap its investment on the development of new air-fighters unless it makes a breakthrough global marketing. Without a further procurement of foreign orders, the total output may fall short of the minimum efficient scale.

Re2 Sweden may stay in red unless it procures a further foreign order.

2 marketing. 구글의 새로운 광고서비스는 인터넷을 더 가치 있는 마케팅 수단으로 만들 수도 있다.

3 share. 닷소는 도약을 기다리는 다음 순서이다. 닷소의 고급스러운 팔콘 7X 기업 제트기는 시장에서 큰 지분을 (급히 발진시킬 만큼) 증가시킬 수 있다.

E 프랑스 닷소 항공사가 경쟁력 제고에 힘입어 시장지분을 확대하고 있음을 알리는 글이다. Rostow는 도약단계(take-off stage) 다음에 고도대중소비단계(mass consumption stage)가 오게 된다고 주장하였다.

4 mark. 우리들에게 전형적인 할증가격은 제조업에서 약 20%이다.

5 time. 얼마나 재미있는 일인가! 연주에 대한 지불하는 새로운 방법: 여러분들의 ipod에 여러분의 음악전집을 전달하는 가장 좋은 방법은 무엇인가? 이 같은 평가는 여러분이 시간, 돈, 정신적 안정성 중에서 어떤 항목을 가장 크게 평가하는가에 달려 있다.

E 시간의 기회비용도 중요함을 제시하는 글이다. 다른 사정이 동일하다면 소득이 큰 사람일수록 시간의 기회비용이 커지게 된다.

[3] English Composition Exercise

1 대부분 기업의 효용함수에서 가장 간단하면서도 강력한 선택은 화폐적 이윤이다.

2 나는 시장이 장기적으로 효율적이라고 믿지만, 단기적으로는 상당히 효율적이기 어렵다고 본다. 사람들은 이 같은 주식에 도박하고 있다.

3 기업의 자유는 기업이 사회적으로 책임이 있다는 시민들의 믿음에 의지한다.

4 환경문제에 대한 새로운 접근 방법은 기업에 심도(深度)있는 충격을 가져온다.

Answer

1 The simplest and most powerful choice for the utility function of most business firms is money profit.
2 I believe markets are efficient in the long run, but in the short run they're far from efficient. People are really gambling on these stocks.
3 Corporate freedom depends on citizens' belief that business is socially responsible.
4 The new approach to environmental issues has had a profound impact on business.

[4] Translate the following sentences and rewrite them.

1 How do you cut costs without cutting results?

2 The essence of a team is common commitment. Without it, the members of a group perform as individuals; with it they become a powerful unit for collective performance. (Arthur R. Pell)

Answer

1 기업의 성과를 감소시키지 않고 비용을 줄이는 방법에는 어떤 것이 있는가?
Re How do you cut costs without incurring any other negative consequences?
2 팀의 본질은 공통되는 결심이다. 이 같은 공통되는 결심이 없다면 개인적으로 행동하게 된다. 그러나 이 같은 공통되는 결심이 있다면 이 팀은 집단적 행동을 위한 강력한 한 단위로 작동하게 된다.
Re It may be indispensible for a team to capture a pivotal momentum to identify common commitment without which a team may be doomed to end up with failures as members attach utmost importance on individual priorities instead of common priorities or prosperity.

[5] Translate the following sentences on 'specialization and cooperation' into Korean.

1. This wasn' t a cost–cutting exercise—it was a growth initiative. We would redesign everything to build in flexibility. (*HBR*, July–August 2011, p.45)

2. Your aim should be not only to police bad behavior but also to stimulate the kind of innovation that benefits consumers. (p.50)

3. Matrix structures offer a huge competitive advantage precisely because they are so hard to sustain. (p.100)

Answer

1. 이 문제는 비용절감의 실행이 아니고, 성장을 위한 주도였다. 우리는 유연성을 가진 구조를 갖추고자 모든 과정을 재설계하였다.
2. 당신의 목표는 규칙의 준수(부적절한 행동)를 감시하는 것뿐만 아니라 소비자 이익의 극대화를 위한 획기적인 방법의 강구를 촉진하는 데에 있다.
3. 매트릭스 구조는 지속적으로 유지되기가 어렵기 때문에 이 구조는 엄청난 경쟁우위를 가능하게 한다.

   E 매트릭스 구조는 계층이 거의 없는 수평적 구조이고, 분업과 특화 이외에도 협력이 중요하기 때문에 각 구성원이 지속적으로 발전을 도모할 동기와 능력이 부족하면 와해되기 쉽다.

[6] Fill up blanks with suitable words and translate the sentences into Korean.

1. While all brace the idea of continuous improvement, higher performers are the ones who actually practice it, often viewing change itself as a (　　) competency.

2. Employers can and should develop cultures and specific policies to strike a (　　) between the demands of work and the demands of family.

3. Top managers also have to manage a business' s relations with (　　),

suppliers, distributors, bankers, investors, neighboring communities, ( ) authorities, and so forth.

4 They are well trained, well ( ) and also treated with respect.

5 What you said was quite true for the IBM until a few years ago. = What you said was effective. = It was ( ). = It used to ( ).

6 But there emerge conflicts between the equity–holders and ( )–holders. The corporate ( ) responsibility has been introduced to resolve such conflicts and has been further developed into business ( ).

7 Training is also an investment which enhance our brand ( ).

8 Fringe benefits or ( ): Advantages that come with job, apart from wages or salary.

9 Job ( ): Knowing that there is little risk of losing one' s job.

10 The opposite case of bullish market is ( ) market.

11 Accounting follows conventions. The cash basis is shifting to the ( ) basis. The former refers to the cost estimation based on transactions whereas the latter refers to that based on the ( ) cost in economics.

12 Marketing mix refers to the controllable variable for managers such as ( ), price, place, and promotion.

Answer

1 core. 모두가 지속적인 개선의 아이디어만을 강하게 믿고 있는 반면에, 높은 수준의 성과자들은 종종 핵심가치로서 이 같은 아이디어를 변화시키는 것을 그들의 핵심역량으로 간주하면서 실행하

는 사람들이다.

2 balance. 고용인들은 일에 대한 욕구와 가정의 수요 간에 균형을 잡을 수 있는 문화와 특수한 정책을 발전시킬 수 있고, 그렇게 해야만 한다.

3 customers, public. 고위층 경영자들은 고객, 공급업자, 유통업자, 은행, 투자자, 이웃사회, 공공단체 등과의 사업관계들도 원만하게 운영해야 한다.

4 motivated. 그들은 잘 교육되었고 동기부여가 잘 되었으며 또한 존중받으며 대우받았다.

5 valid, hold. 당신이 말한 것은 몇 해 전까지만 해도 IBM에게 매우 타당한 분석이었다. = 당신이 말한 것은 타당하였다.

6 stake, social, ethics. 그러나 주주와 이해당사자들 사이에서의 분쟁은 발생한다. 기업의 사회적 책임은 이러한 갈등들을 해결하기 위하여 도입되었고, 더 나아가 기업윤리로 발전하였다.

7 equity. 훈련은 우리의 브랜드 자산을 강화하는 투자이다.

8 perks. 부가급부 또는 비금전적 혜택 : 임금이나 봉급과 달리, 직위에 따라서 발생하는 수익

Voca perks는 social status 또는 이와 같이 제공되는 혜택을 뜻한다. 여기서 job은 position을 나타낸다.

9 security. 고용의 안정성 : 실직 위험이 거의 없는 것을 인지하는 것.

10 bearish. 호황시장의 반대의 경우는 불황시장이다.

11 accrual, opportunity. 회계는 관습을 따른다. 현금주의는 발생주의로 변화하고 있다. 전자는 거래발생에 기반을 둔 비용측정을 나타내는 반면, 후자는 경제학에서 기회비용에 기반을 둔 비용측정을 나타낸다.

12 product. 마케팅 믹스는 경영자들 입장에서 조종이 가능한 상품, 가격, 장소, 판촉과 같은 변수들을 나타낸다.

Chapter

06

무역 계약

국제무역은 글로벌 마케팅 관점에서 보면 해외직접투자 또는 라이선싱, 기술협력과 같은 해외시장 진입형태의 한 가지로 볼 수 있고, 국제무역을 수행하는 수출업자와 수입업자의 입장에서 보면 재화와 용역을 다른 지역으로 이동시킴으로써 효용의 증가를 가져오는 경제행위로 볼 수 있다. 만일 지역 간의 이동을 중요시한다면 해상운송과 해상보험에 중점을 두게 된다. 그러나 국내거래와 달리 무역흐름과 반대방향으로 외환이 지급되어야 하고, 국제수지표에 변화를 가져오게 된다는 측면을 강조하게 된다면 무역계약에 중점을 두게 된다. 무역계약은 해외원자재 확보를 위한 해외직접투자에 의한 무역 또는 본국의 다국적기업과 해외지사 간에 원・부자재가 이동하는 무역의 경우와 달리 해외시장조사를 통하여 무역이 시작된다고 볼 경우에는 무역계약이 무역거래의 출발점이라고 할 수 있고, 글로벌 마케팅과 관련된 계약부분이 원만하게 진행되어야 대금결제, 국제운송 및 무역보험, 무역분쟁 해결도 원만하게 진행될 수 있다.

제6장에서는 무역계약의 관점을 중시하는 측면에서 국제통상과 관련되는 공법(public law) 및 사법을 간단하게 설명한다. 여기서 공법의 성격을 지닌 것으로는 WTO 규정, 지역무역협정의 통상규범, 개별국가의 대외무역법이고, 사법의 성격을 지닌 것은 신용장 통일규칙과 Incoterms 2020,[1] 국제상품매매협정(CISG)을 들 수 있다. 무역계약서류는 글로벌 마케팅 또는 해외시장조사를 마친 후에 실제로 재화와 용역을 이동하기 전에 수출업자와 수입업자 간에 합의에 도달하였음을 보여주는 서류이다.

최근에 와서 생산활동에서 서비스의 역할이 중요해지고, 국제무역에서도 '무형무역' (invisible trade)의 비중이 증가함에 비례하여 WTO에서도 2001년에 '서비스에 대한 일반협정' 을 발표하였다는 점을 반영하여 해외시장 진출방안에 서비스 무역도 포

1. Incoterms는 'International Commercial Terms' 에서 따온 말이다.

함시켜서 설명한다.[2]

6.1 무역조회와 청약

6.1.1 무역거래자

우리나라는 2000년 1월 1일부터 무역업이 완전 자유화되어 어느 누구라도 사업자 등록증만 있으면 무역거래를 할 수 있다. 지식경제부에서 전산관리체제의 개발과 운영을 위하여 무역거래자별 무역업 고유번호를 부여하고, 이 같은 고유번호를 획득하고자 하는 자는 한국무역협회 회장에게 신청하는 즉시 고유번호를 부여받게 된다. 무역거래자는 크게 무역업자와 무역대리업자[3]로 나눌 수 있다.

6.1.2 무역조회(trade inquiry)와 거래제의

해외의 거래선이 선정되면 거래제의(business proposal)를 하게 된다. 거래제의는 자사의 연혁, 위치, 생산 및 취급품목, 거래실적 등을 소개하고 개괄적인 상품목록(catalogue)과 가격표(price quotations)를 거래선에게 알리는 과정이다. 거래제의서는 통상적으로 우편으로 발송되었으나, 팩스, EDI, 전자메일 등을 활용하기도 한다.

무역조회는 원칙적으로는 수입업자 측에서 수입하려는 상품에 대한 구체적인 매매조건에 관한 문의를 의미하며, 수출업자 측에서 판매권유나 판매조건을 제시하는 서신은 판매권유서한(Sales Letter)이나 거래권유서(Circular Letter)라고 한다. 무역조회의 내용에는 거래상품에 대한 가격 및 수량 조건, 포장방법, 선적시기, 대금결제방법, 보험조건 등이 포함된다. 그러나 보험조건이나 대금결제조건은 "일반거래협정서" 에

2. Invisible trade comprises banking, insurance, transportation, and royalties. 은행, 보험, 수송, 특허수수료는 무형무역(invisible trade)으로 자주 인용된다.

3. 무역대리업자에 해당되는 오퍼상은 해당분야에 대한 전문지식과 정보를 가지고 국내 수입업자가 요구하는 물품에 대하여 해외 수출업자들로부터 거래조건을 받아 가장 유리한 조건으로 수입할 수 있는 경우를 선정하여 이를 수입업자에게 제시하고 일정한 수수료를 받는다.

서 제시되기 때문에 생략되기도 한다.

01 Reply to an Inquiry Letter

우리 상품에 대해 질문해 주셔서 감사합니다. 목재 캐비네트에 대하여 자세하게 설명된 카탈로그를 동봉합니다. 현재 우리는 귀사의 특별한 요구를 만족시켜 줄 모델을 가지고 있지 않습니다.

We appreciate your inquiry on our products for which we are enclosing an illustrated catalogue of Lumber Cabinets. Your requested model is not available for the time being.

02 당신의 특별한 요구를 위해 우리의 제품군을 수정할 가능성을 우리에게 알려주도록 우리 공장의 생산관리자에게 작업지시를 전달했습니다.

We have sent an inquiry to the operation manager of our plant on the feasibility of accommodating your request for another moulding on the existing product line.

03 우리가 operation 매니저에게 답을 듣는 즉시 귀사에게 연락하도록 하겠습니다.

We will inform you the feasibility of modifying those items in accordance with your request as soon as possible.

Yours faithfully,
Alasdair Smith
Section Chief
Global Marketing Network

Voca ASAP : as soon as possible, 가능한 한 신속하게

6.1.3 청약(offer)[4]

청약(offer)이란 거래조회보다 구체적인 거래가 진전된 단계로 청약자(offerer)가 피청약자(offeree)와 일정한 조건으로 계약을 체결하고 싶다는 확정적인 의사표시를

4. 우리나라의 대외무역법상에서는 청약을 '물품매도확약서(offer sheet)'로 지칭하고 있다.

뜻한다. 청약은 확정적이고, 상대방이 승낙할 수 있는 유효기간을 정하여야 하며, 그 유효기간 내에 상대방이 승낙할 경우 그 내용을 준수하겠다는 의사표시를 하여야 한다.

1) 확정오퍼(Firm Offer)

수출업자가 외국의 매수인에 대하여 Offer하는 경우, 매수인의 승낙회답기간, 즉 유효기간(validity period)을 지정하고 유효기간 내에 회답할 것을 조건으로 하는 Offer를 Firm Offer라고 한다.

2) 반대오퍼(Counter Offer)

매도인의 Firm Offer에 대하여 매수인이 그 제공가격 또는 품질에 불만이 있다든가, 수량 또는 선적 등 기타 조건에 대하여 이의가 있을 때에 매수인은 이에 대하여 다른 요구를 제기할 수 있다. 이것을 Counter Offer라고 한다.

3) 청약의 효력발생시기와 유효기간

청약은 일반적으로 청약의 내용이 피청약자에게 도달되어야만 그 효력이 발생한다는 도달주의를 채택하고 있다.[5] 따라서 청약의 내용이 피청약자에게 도달하기 이전에 철회되면 그 청약은 무효가 된다. 청약의 조건으로 승낙기간을 정하고 있는 경우에는 그 기간 내에 승낙이 있어야만 효력이 발생한다. 승낙기간을 정하지 않았을 경우에는 합리적인(reasonable) 기간 내에 승낙하면 계약이 성립되는 것으로 인정하고 있다.

4) 청약의 기재사항

청약에는 ① 품명, ② 품질, ③ 수량, ④ 단가, ⑤ 선적일, ⑥ 원산지, ⑦ 대금결제, ⑧ 보험, ⑨ 포장, ⑩ 발행일자 및 유효기간 등을 기재한다. 청약의 발행은 특별한 형식이나 방식에 의할 필요는 없고 거래대상물품, 거래방식 등에 따라 다양한 형태를 취할 수 있지만, 무역에서는 일정한 형식을 갖춘 청약서(offer sheet)를 사용한다.

5. 청약의 불착 및 연착에 의한 불이익은 청약자가 부담한다.

5) 신제품 오퍼서신

Dear President Smith,

We are pleased to inform you of our new product of Mini-type sensor equipped computer. The new item is developed to resolve the pending problems of our previous version of Mini-type computer, MTC-2284. The new product is the outcome of the relentless endeavors of our research team to pioneer the frontiers of artificial intelligence in this specified realm.

We are enclosing specifications and price list for your choice. We look forward to hearing from you in the near future.

Yours sincerely,
Godon White

> 친애하는 스미스 사장님께
> 당사는 기쁘게도 귀사에게 컴퓨터에 설치되는 소형센서의 신제품을 알려드립니다. 신제품은 소형컴퓨터의 이전 버전인 MTC-2284의 미해결된 문제를 해결하고자 개발되었습니다. 이 신제품은 이러한 특정한 범위에서 인공지능의 경계를 개척하기 위한 우리 연구팀의 끊임없는 노력의 성과입니다.
> 당사는 귀사의 선택을 위한 명세서와 가격리스트를 동봉합니다. 가까운 미래에 귀사로부터 답장을 받기를 희망합니다.

6.1.4 승낙

청약에 대한 승낙 등 청약에 대한 확인을 나타낸다. 청약과 관련된 후속조치로 승낙의 의미는 피청약자가 청약자의 청약을 수락하여 계약을 성립시키고자 하는 의사표시이다. 승낙은 청약의 유효기간 내에 행해져야 하며, 청약내용에 대하여 절대적이고 무조건적으로(absolute and unconditional) 동의하는 완전한 승낙이어야 한다.[6] 조건부 동의는 반대청약이라 하며 이를 승낙으로 보지 않고 상대방의 청약(counter offer)으로 간주한다.

6. 승낙은 본질적으로 청약의 내용과 완전히 일치해야 한다는 완전일치의 원칙인 경상의 원칙(Mirror Image Rule)을 따르고 있다.

승낙의 효력발생시기

우리나라의 민법, 영미법, 일본법에서는 승낙의 효력발생시기에 대해 대화, 전화, 텔렉스 등과 같이 거의 동시적으로 이루어지는 대화자 간에는 도달주의를 채택하고 있지만, 우편, 전보와 같이 시차가 있는 통신수단으로 이루어지는 격지자 간에는 발신주의를 채택하고 있다. 그러나 국제물품 매매계약에 관한 국제연합협약(United Nations Convention on Contracts for the International Sale of Goods)은 도달주의를 채택하고 있다. 이와 같이 승낙의 효력발생시기는 각 국가마다 입법 예가 다르므로 효력발생시기에 대한 문제를 해결하기 위해서는 이에 대한 명확한 조건제시가 필요하다.

6.1.5 주문의 의의

일반적으로 무역거래는 수출업자(매도인)의 매도청약에 대해 수입업자(매수인)가 이를 승낙함으로써 계약이 성립된다. 그러나 수입업자가 먼저 매입청약을 보내어 수출업자가 이를 수락하는(acknowledge) 형태도 있다.[7] 주문(order)이란 매입청약을 뜻하며, 수출업자로부터 받은 견본, 상품 목록, 가격표 등의 자료를 참고하여 물품을 선택하고, 전신, 전화 또는 무역통신문이나 E-mail을 통하여 수출업자에게 주문을 보내는 경우가 많다.

6.2 신용조사

6.2.1 신용조사의 내용

신용조사(credit inquiry)는 거래상대방의 지급능력에 대한 조사로서 크게 보면 성격, 능력, 자본으로 구성된다. 국제무역은 매매당사자의 신용을 바탕으로 이루어지기

7. 무역거래에서 청약이라고 하면 통상 매도청약을 말하지만, 수입업자가 먼저 무역계약 체결의사를 표시하는 매입청약도 많이 이용되고 있다.

때문에 거래상대방에 대한 신용조사는 국내거래보다 상대적으로 크다고 할 수 있다.[8] 성격(Character)은 거래상대방의 성실성, 영업태도, 계약이행에 대한 열의, 업계의 평판 등 거래에 임하는 상대방의 자세에 대한 객관적 평가이다. 능력(Capacity)은 거래상대방의 영업형태, 연간매출액, 총이윤, 영업이윤, 순이윤 등 거래능력으로서 포괄손익계산서(statement of comprehensive income)의 항목을 이용하여 분석한다. 자본(Capital)은 거래상대방의 재무상태인 자산, 부채, 자본에 대한 분석으로서 재무상태표(statement of financial position)의 항목을 이용하여 분석한다. 성격과 능력, 자본을 합하여 3C' s라 하지만 국가별로 정치적 위험이 다르고, 통화마다 환율위험이 다르기 때문에 국가(country)와 통화(currency)를 추가하여 5C' s라고도 한다.

6.2.2 신용조사의 방법

상대방의 거래은행을 통하여 하는 은행조회(bank reference)와 상대방의 국내거래선 또는 상공회의소를 통하여 하는 동업자조회(trade reference)가 있다. 외국의 다국적기업과 무역업자들은 전문적 신용조회회사에 의뢰하여 거래처의 신용조사, 상장기업의 재무정보, 국가별 주요 통계자료, 국가별 신용등급, 주요 국가의 보고서 등을 활용한다. 국내관련 기관으로는 대한무역투자진흥공사와 수출입은행, 한국무역보험공사가 있다.

신용조사의 종류는 크게 두 가지로 분류할 수 있다. (i) 타회사를 신용조사하여 신용보고서로 신용도를 파악하는 경우, (ii) 자신의 회사를 직접 신용조사하여 보고서를 작성, 상대 업체에 제출하는 경우이다. (i)의 경우가 통상적으로 많이 쓰이나, (ii)의 경우도 글로벌기업들이 점차적으로 많이 사용하고 있다. 신용조사를 실시하는 기업으로는 D&B(Dun & Bradstreet)가 시장지배력 측면에서 가장 크고, Bureau van Dijk(벨기에), Experian(미국), Copace(프랑스) 등도 있으나 모두 D&B로부터 Data를 구매 및 가공하여 판매하고 있다. 따라서 D&B라는 회사가 전세계적으로 기업정보(신용)시장을 주도하고 있다고 볼 수도 있다. KOTRA(무역진흥공사)나 K-SURE(무역보험공사)의

8. 은행의 지급확약이 배제된 무신용장 방식의 거래에서는 거래상대방에 대한 신용조사의 중요성이 상대적으로 더 크다고 할 수 있다.

해외 사무소에서도 신용조사 보고서를 작성하고 있으나, 두 기관은 신용조사기관이 아니어서 전문기관에 의뢰를 주고 있기 때문에 그 양은 상대적으로 적은 편이다.

| 신용조회 의뢰서신

GD Korea Co., Ltd

C.P.O. Box No.112-1, Dongsung-dong, Jongro-Gu, Seoul, Korea
Tel : +82-2-123-4567, Fax : +82-2-123-7890
URL : http://www.GDkorea.co.kr, E-mail : information@GD.co.kr

September 1, 2011

Team Leader
NICE D&B
14FL Credit Center Bldg., 686, Ahyeon-dong,
Mapo-gu, Seoul, 121-709,
Korea

To whom it may concern,

We, GD Korea Co., Ltd, are interested in doing business with XZY Co. Inc., a company based in the United States.

Before we could proceed any further business, the corresponding company has asked us to submit our own credit evaluation report conducted by an certified credit information company. Should the result of the report be satisfactory to their standards, they would consider doing business with us.

Specific elements of their interest are: Overall standing (overall score), financial standing (financial score, financial information such as balance sheet, profit and loss, and financial ratios), line of business, operations, public records (lawsuit information), and history.

Any expenses associated with this service will be paid from our side. We are expecting a report in our hands within five working days.

Your prompt reply will be much appreciated

Best regards,

GD Korea Co., Ltd.
Gil-Dong Hong, President

업무를 담당하시는 분께
GD Korea인 당사는 미국에 위치한 XZY 회사와 사업을 하는 데 관심이 있습니다.
사업을 진행하기 전에, 거래회사는 당사에게 보증된 신용정보회사에 의해 발행된 당사의 신용평가서를 제출하도록 요구하였습니다. 신용평가서의 결과가 그들의 기준에 만족스럽다면, 그들은 당사와 사업진행을 고려할 것입니다.
그들이 관심을 두는 특정 요소들은 전반적인 기업상태와 재무상태(신용평점, 대차대조표와 같은 재무정보, 손익, 재무비율), 영업부문, 경영, 공공기록(소송정보)과 회사의 역사입니다.
이 서비스와 관련된 어떤 비용도 당사 측에서 지불할 것입니다.
당사는 영업일 5일 이내에 당사에 신용평가서가 도착하기를 기대합니다.
귀사의 신속한 답변은 매우 감사하겠습니다.

6.3 매매계약

상품의 매매계약은 어떠한 상품을 어떠한 가격으로 얼마만큼의 수량을 언제 인도하여 그 대금을 어떤 방법으로 결제하는가를 주된 내용으로 한다. 따라서 매매계약의 내용을 구성하는 기본적 요소로는 ① 목적상품의 품질, ② 수량, ③ 가격, ④ 선적시기, ⑤ 결제방법, ⑥ 보험조건, ⑦ 분쟁해결에 대한 방법을 들 수 있다.

6.3.1 품질에 대한 조건

품질에 대한 조건을 크게 나누면 견본에 의한 방법(Sales by Sample)과 설명에 의한 방법(Sales by Description)으로 나눌 수 있다. 후자는 다시 표준품 매매(Sales by Standard), 상품매매(Sales by Trade Mark or Brand), 명세표매매(Sales by Specification), 규격매매(Sales by Grade)로 나눌 수 있다.

1) 품질결정의 시기

선적 시의 품질에 의거하여 결정하는가 아니면 수입지에 양륙하였을 때의 품질로 결정하느냐에 따라 선적품질조건(Shipped Quality Terms)와 양륙품질조건(Landed Quality Terms)으로 구분된다. 이 같은 품질을 검증하는 사증기관을 Surveyor라고 한다.

2) 곡물류의 운송조건

곡물류는 운송 도중에 품질이 변할 수도 있기 때문에 도착조건으로 매매할 때 선적 시와 양륙 시의 품질의 상이에 대하여 매매당사자 중 어느 쪽이 그 책임을 질 것인가에 대하여 다음 세 가지 특수조건이 사용된다. Rye Terms(RT)는 양륙품질조건에 의한 곡물의 매매에 있어서 매도인이 도착 시의 품질을 보증하는 것, 즉 인도상품의 도착 시의 상태에 대하여 책임을 지는 것으로 매수인에게는 매우 유리한 조건이다. Tale Quale(TQ)는 Rye Terms와 정반대의 조건으로 매도인은 선적 시의 품질은 보증하지만, 양륙 시의 상태에 대해서는 책임을 지지 않는 조건이다. Sea Damaged(SD)는 운송 중의 품질위험에 대하여 해수에 의한 손해만을 매도인이 부담하는 것으로 TQ보다 매수인에게 약간 유리한 조건이다.

6.3.2 수량에 관한 조건

상품의 수량에도 품질의 경우와 마찬가지로 선적 시의 수량을 기준으로 하는 선적수량조건(Shipped Weight Terms)과 양륙 시의 수량을 기준으로 하는 양륙수량조건(Landed Weight Terms)이 있다. 포장된 상태의 중량을 가지고 측정하는 총중량조건(Gross Weight Terms)과 총중량에서 포장용기 기타의 함유잡물의 무게를 공제하여 상품 그 자체의 순중량을 가지고 매매의 중량으로 하는 순중량조건(Net Weight Terms)이 있다.

1) 수량의 과부족에 관한 조건

여러 가지 원인으로 정확한 계약수량을 선적할 수 없는 경우도 있다. 따라서 어느 정도의 과부족에 대하여 클레임을 제기하지 않겠다는 인용조건을 채택하게 되는데, 이 같은 인용률의 명시를 '과부족용인조항(○○% More or Less Clause ; M/L Clause)' 이라고 한다.

2) 신용장 통일규칙의 해석

과부족용인규정이 없을 경우에는 신용장 통일규칙 제39조 b항에서는 신용장에 특별한 금지의 규정이 없는 한 어음발행 총액이 신용장 금액을 초과하지 아니하는 한 5%까지의 과부족은 허용하는 것으로 되어 있다. 단, 이 과부족은 신용장에 포장단위 또는 개개의 품목에 따라 수량이 명기되어 있을 경우에는 적용되지 않는다.

과부족용인규정이 있을 경우에는 'about' 또는 'approximately' 에 대한 해석이 다를 수 있다. 신용장 통일규칙 제30조 a항에서는 " 'about' , ' circa' 또는 이와 유사한 표현의 문언은 10%를 초과하지 아니하는 오차를 허용하는 것으로 해석하여야 한다" 라고 규정하고 있다.

6.3.3 가격에 관한 조건

매매가격에 대해서는 매매되는 상품의 인도 장소와 시기가 기본조건으로 되어 있어 인도 장소까지의 비용은 매도인이 부담하고 그 이후의 비용은 매수인이 부담하게 되면, 화물의 위험 및 소유권도 인도되었을 때를 한계로 하여 매도인으로부터 매수인에게 인도하는 것이 원칙이다. 따라서 가격용어는 비용부담의 범위를 표시해야 할 뿐만 아니라, 인도장소와 비용부담 및 소유권 이전의 한계도 내포하고 있으므로 엄격하게 구분하여 사용하여야 한다.

1) FOB(Free on Board)

FOB terms는 선적항에 있어서 본선의 해상에서 계약상품을 인도할 것을 조건으로 하는 매매조건이다. 따라서 FOB 계약에서는 매도인은 자신의 비용으로 계약상품을 선박에 적재함으로써 매도인의 계약상의 의무는 종료되고 상품의 인도는 완료된다. 따라서 그 물품의 소유권과 위험은 그 인도의 완료로부터 매수인에게 이전되면, 매수인은 운임 및 그 후에 발생하는 일체의 비용을 부담하는 것이다.

2) CIF(Cost, Insurance, and Freight)

CIF terms는 무역경영의 발달과 해상운송 및 해상보험의 기업적 발전 등에 의하여 무역상품의 매매, 운송, 보험 등 3개를 1거래의 계약조건에 통합시킨 합리적인 매매형태로서, 각각 특이한 법률, 관습을 갖고 있는 국제 간의 상품유통이 비교적 원활하게 수행될 수 있도록 해상무역의 특수성을 반영하면서 발달해 온 것이다. 원래 이 조건은 양육지 매매계약에 있어서 매도인의 부담과중과 매수인의 채산불리 및 본선인도계약에 있어서 매수인의 부담과중과 매도인의 채산불리를 조화시키기 위하여 양자 간에 부담의 균형을 도모한 것이다. 따라서 CIF는 선적지에 있어서 선적완료로 그 위험을 매수인의 부담으로 하는 대신에 도착항까지의 비용과 수배를 매도인에게 부담시키고 또 한편으로는 선적서류의 수주에 의하여 거래상품의 소유권 이전을 실현시키는 특성을 지니고 있다. 우리나라가 서유럽국가로 수출할 경우에는 CIF Barcelona가 가장 자주 사용되었다.

6.3.4 선적에 관한 조건

특정 월(Month)만을 표시하거나, 조건부 기한표시 또는 즉시 선적을 하는 경우를 들 수 있다(Shipment during September, Within 60 days after receipt of L/C). 분할선적(Partial or Instalment Shipment)은 실무상에서 "Each shipment stands as a separate contract." 등과 같이 특약하는 것이 보통이다. 신용장 통일규칙 제40조 a항에서는 "분할선적은 신용장상에 별도의 명시가 없는 한 허용한다" 라고 규정되어 있다.

6.3.5 대금결제에 관한 조건

1) 대금결제방식

대금결제방식으로는 송금결제와 추심결제가 있다. 전자는 매수인으로부터 매도인 앞으로 상품의 대금을 은행송금 환어음 또는 은행수표 등의 방법으로 송금해 주는 것으로, 이는 매매 본래의 결제방법이다. 결제종류는 현금결제와 후지급결제로 나눌 수 있다.

2) 화환에 관한 조건

화환에 관한 조건으로는 어음의 기한에 따라 일람출급어음(Sight Bill)과 기한부어음(Usance Bill)으로 나눌 수 있다. 환어음의 담보로 부속된 서류의 인도조건에 따라서는 인수인도조건(Documents against Acceptance ; D/A)과 지급인도조건(Documents against Payment ; D/P)으로 나누어진다.

3) 화환신용장에 관한 조건

신용장은 대금결제의 원활을 기하기 위하여 외국환은행이 수입업자를 위해서 일정한 조건 하에 일정 기간 내에, 일정 금액에 한하여 자기 또는 지명인 앞으로 어음을 발행하는 것을 허락하여 만기일에 반드시 어음의 지급을 보증하는 증서이다. 신용장은 상인의 신용을 대신하여 은행의 신용으로 보증하였기 때문에 매입은행은 안심하고 어음을 매입하게 된다. 오늘날 대부분의 대금결제는 이 신용장부 환어음(Bill with L/C)에 의하여 결제되고 있다.

6.3.6 해상보험에 관한 조건

무역상품의 운송에 있어서 그 화물이 운송 도중에 폭풍우, 본선의 충돌 등 자연적 사고에 기인하여 손해를 입었을 때 그 손해를 보험회사로부터 보상을 받는 조치를 강구할 필요가 있다. 이 보험을 매도인, 매수인 중 누가 부보해야 하는가는 매매계약체결 시에 결정하게 된다. FOB 계약에서는 매수인이 부보하고, CIF 계약에서는 매도인이 부보한다. 해상보험이란 화물의 운송구간에서 발생하는 손해를 보험자가 보상할 것을 목적으로 하는 보험이다. 해상보험계약에서는 해상운송에 수반한 우발적 사고를 보험자가 손해의 보상을 약속하고, 피보험자는 그 대가로서 보험료를 지급할 것을 약속한 양자 간의 낙성계약이다. 따라서 보험계약 시 특히 위험부담의 범위와 손해보상의 종류에 대하여 명백히 하는 것이 바람직하다.

6.3.7 분쟁해결에 관한 조건

수출과 수입을 하는 과정에서 품질, 인도 시기 및 수량 등의 문제에서 보험청구 이외에 매매당사자 간의 문제에 귀착되는 분쟁이 발생하기도 한다. 따라서 계약체결 시에 이 분쟁의 해결방법을 화해, 알선, 조정, 중재, 소송 등 어떠한 방법으로 할 것인가를 협정하고 또 중재를 할 경우에 상사중재기관명도 구체적으로 표시하는 것이 바람직하다.

6.4 매매계약서

6.4.1 매매계약서의 작성

Offer를 승낙하여 매매계약이 성립하면 계약의 성립을 확인하는 의미에서 매도인은 즉시 매수인에게 계약의 내용을 기재한 매매계약서(Export Contrast Sheet)를 작성하여 송부하면서, 그중 1통에 서명하여 돌려주도록 요구한다.

01 Export Sales Contract
ABC Co. Ltd. as Seller, hereby confirm having sold to your firm the following goods by contract of sale made on the under date and on terms and conditions set forth:

> 판매자로서 ABC회사는 아래 적힌 일자와 조건에 따라서 아래 재화를 판매할 것을 확인한다.

02 Modification
This Agreement may not be modified without a written approval signed by duly authorized representatives of both parties.

> 정정
> 이 계약은 양 당사자 간에 정당한 대표에 의한 동의 서명이 없이는 정정할 수 없다.

03 Your name has been introduced to us by the Chamber of Commerce of your city as manufacturers of garments.

귀 시의 상업회의소에서 귀사를 의류제조업체로서 당사에 알려주었다.

Re We have found your name through the introduction of the Chamber of Commerce of your city.

04 We have been exporting sports goods to the United States.

당사는 운동구류를 미국에 수출해 왔다.

Re We have procured a reputation for specializing sports goods exports to the United States.

6.4.2 서비스 관련 매매계약서

2001년에 WTO에서 '서비스 교역에 대한 일반협정' 에 대한 타결이 이루어졌고, 우리나라에서도 생산관리 측면에서 공장 자동화가 이루어졌거나, 아니면 임금이 낮은 국가로 공장이 이전하기 때문에 서비스 경영과 서비스 무역의 중요성이 증가하고 있다. 따라서 재화에 대한 계약서 대신에 서비스 제공에 대한 계약서의 사례를 설명한다.

| 서비스 자문 매매계약서

Consulting Services Agreement

This agreement is made on
BETWEEN

1. The "Buyer" of the Seoul European Institute and Cyert March
2. The "Service Provider" of the Silk Road Institute and Hae-du Hwang

Collectively referred to as "parties"

The Buyer wishes to be provided with the Services (defined below) by the Service Provider and the Service Provider agrees to provide the Services to the Buyer on the terms and conditions of this Agreement.

1. Service

The Service Provider shall provide the following services to the Buyer in accordance with the terms and conditions of this Agreement.

Financial information on the transaction prices and the changing market situations in the world gold market.

2. Delivery of the Services

(1) **Start date** : The Service Provider shall commence the provision of the Services on the 1 October 2012.

(2) **Completion date** : The Service Provider shall complete to provide the Services on 31 September 2014.

(3) **Key Dates** : The Service Provider agrees to provide the following parts of the Services at the specific dates set out below: every Tuesday and Thursday

3. Site

The Service Provider shall provide the Services at the Office of the Silk Road Institute.

4. Price

(1) As consideration for the provision of the Services by the Service Provider, the price for the provision of the Services is *Three Thousand Sterling Pounds*.

(2) The Buyer shall not pay for the Service Provider' s out-of-pocket expenses such as sundry expenses for transportation fees or drinking expenses for pub crawling.

5. Payment

(1) The Buyer agrees to pay the Price to the Service Provider within a fortnight time in one payment after having received the relevant services.

(2) The Service Provider shall invoice the Buyer for the Services that it has provided to the Buyer weekly.

6.5 매매계약서의 일반거래조건 협정의 필요성

수출 또는 수입을 하기 위해 물색한 거래처에 대하여 신용조사를 한 결과, 거래할 수 있는 상대방이라고 판단되면 사전에 거래에 수반되는 기본적인 사항에 대하여 공통의 이해 또는 양해를 구축할 수 있는 기준이 마련되어야 한다. 하나의 매매계약이 성립되기 위한 중요한 기준으로는 품질, 수량, 가격, 인도시기, 결제 및 보험조건 등을 들 수 있다. 국내매매인 경우에는 매매조건의 합의로 거래할 수 있기 때문에 일반거래조건에 대한 협의의 필요성이 작은 편이다. 그러나 무역거래는 다른 국가 간의 매매이기 때문에 쌍방의 관습상의 상이점을 조정해 놓을 필요가 있다. 아래 일반거래조건협정은 6.4.2에 따른 예문이다.

General Agreement of the Terms and Conditions

1. Intellectual Property Rights

The Service Provider agrees to grant to the Buyer a non-exclusive, irrevocable, royalty free licence to use, copy and modify any elements of the Material not specifically created for the Buyer as part of the Services. In respect of the Material specifically created for the Buyer as part of the Services, the Service Provider assigns the full title guarantee to the Buyer and all of the copyright, other intellectual property rights and any other data or material used in the Material whether finished or unfinished.

2. Warranty

The Service Provider represents and warrants that:

(1) it will perform the Services with reasonable care and skill; and
(2) the Services and the Materials provided by the Service Provider to the Buyer under this Agreement will not infringe or violate any intellectual property rights or other right of any third party.

3. Limitation of liability

Subject to the Buyer' s obligation to pay the Price to the Service Provider, either party' s liability in contract, tort or otherwise (including negligence) arising directly out of or in connection with this Agreement or the performance or observance of its obligations under this Agreement and every applicable part of it shall be limited in aggregate to the Price.

4. Term and Termination

(1) This Agreement shall be effective on the date hereof and shall continue, unless terminated sooner in accordance with Clause 4(2), until the Completion Date.
(2) Either Party may terminate this Agreement upon notice in writing if:
    (a) the other is in breach of any material obligation contained in this Agreement, which is not remedied (if the same is capable of being remedied) within 30

days of written notice from the other Party so to do; or

(b) a voluntary arrangement is approved, a bankruptcy or an administration order is made or a receiver or administrative receiver is appointed over any of the other Party' s assets or an undertaking or a resolution or petition to wind up the other Party is passed or presented (other than for the purposes of amalgamation or reconstruction) or any analogous procedure in the country of incorporation of either party or if any circumstances arise which entitle the Court or a creditor to appoint a receiver, administrative receiver or administrator or to present a winding-up petition or make a winding-up order in respect of the other Party.

5. Relationship of the Parties

The Parties acknowledge and agree that the Services performed by the Service Provider, its employees, agents or sub-contractors shall be as an independent contractor and that nothing in this Agreement shall be deemed to constitute a partnership, joint venture, agency relationship or otherwise between the parties.

6. Confidentiality

Neither Party will use, copy, adapt, alter or part with possession of any information of the other which is disclosed or otherwise comes into its possession under or in relation to this Agreement and which is of a confidential nature. This obligation will not apply to information which the recipient can prove was in its possession at the date it was received or obtained or which the recipient obtains from some other person with good legal title to it or which is in or comes into the public domain otherwise than through the default or negligence of the recipient or which is independently developed by or for the recipient.

7. Notices

Any notice which may be given by a Party under this Agreement shall be deemed to have been duly delivered if delivered by hand, first class post, facsimile transmission or electronic mail to the address of the other Party as specified in this Agreement or any other address notified in writing to the other Party. Subject to any applicable local law provisions to the contrary, any such communication shall be deemed to have been made to the other Party.

8. Miscellaneous

(1) The failure of either party to enforce its rights under this Agreement at any time

for any period shall not be construed as a waiver of such rights.
(2) If any part, term or provision of this Agreement is held to be illegal or unenforceable neither the validity or enforceability of the remainder of this Agreement shall be affected.
(3) Neither Party shall assign or transfer all or any part of its rights under this Agreement without the consent of the other Party.
(4) This Agreement may not be amended for any other reason without the prior written agreement of both Parties.

Additional Clause

AS WITNESS the hands of the Parties hereto or their duly authorised representatives the day and year first above written.

SIGNED by for and on behalf of the Buyer, Cyert March,
Seoul European Institute
SIGNED by for and on behalf of the Service Provider, Hae-du Hwang,
Silk Road Institute

6.6 계약법의 특성

무역관련 국제규범은 크게 통상문제를 취급하는 공법과 거래당사자 간의 계약을 취급하는 계약법으로 나눌 수 있다. 전자는 반덤핑조치, 상계관세, 긴급수입제한조치와 같은 산업구제제도와 지적소유권을 포함한다. 후자의 예로는 '무역거래조건의 해석에 관한 국제규칙'(International Rules for the Interpretation of Trade Terms)', 신용장통일규칙, 국제상품매매협정(CISG)을 들 수 있다.

01 Contracts are legally enforceable agreements which represent a vehicle for planned exchange. In our society these exchanges are regulated by the principles of contract law in a way which is designed to meet the needs of society and should reflect the theoretical basis for the chosen regulatory approach.

계약서는 계획된 교환을 위한 수단을 대표하는 법적으로 강제적으로 집행되는 성격을 가진 합의서이다. 우리 사회에서 이 같은 교환은 사회의 필요를 충족시키게끔 설계되고, 동시에 선택된 규제의 이론적 근거를 반영하는 형태의 계약법의 원칙에 의하여 규제를 받게 된다.

02 Contractual obligations derive from party agreement and it is this feature which distinguishes contractual liability from liability in tort.

계약의 준수는 관련 당사자 간의 동의로부터 발생하게 되고, 이 같은 특성은 계약을 피해자에게 배상청구권이 생기게 되는 불법행위와 구분된다.

03 In order to fully appreciate the development of contract law principles, it is necessary to have some understanding of the history of the law of contract and how the contextual background has impacted on those principles.

계약법의 원칙들의 발달을 충분하게 이해하기 위해서는 계약법의 역사와 시대적 상황의 변화가 이 같은 원칙에 어떻게 영향을 미치게 되었는가에 대한 어느 정도의 이해가 필요하다.

04 The movement towards the globalization of contract law proved important in the latter stages of the twentieth century and will inevitably have a profound effect on contract law in the twenty-first century. (Jill Poole, *Contract Law*, p.1)

계약법의 세계화를 향한 움직임은 20세기 후반에 중요하다고 증명되었고, 21세기의 계약법에 불가피하게 상당히 큰 영향을 미치게 될 것이다.

6.7 무역관련 사법(private law)

국제상업회의소 또는 UN 등 여러 국제기구들은 무역거래에서 보편화된 상관습을 수용하여 통일규칙을 제정하고 이를 당사자들의 합의에 의하여 사용하도록 권고하고 있다. 대표적인 무역관련 사법으로는 Incoterms, 신용장통일규칙, 국제상품매매협정(CISG)을 들 수 있다. 6.7절에서는 Incoterms의 전반적 개념에 대하여, 6.8절에서는

CISG의 중요한 부분을 설명하고, 신용장통일규칙은 제7장에서 설명한다.

6.7.1 Incoterms

무역거래에서 운송계약의 체결, 선적의 수배, 운송 중에 발생한 사고에 대한 책임, 해상보험계약의 체결 및 보험료의 지급 등에 대하여 매매당사자 중 누가 책임을 져야 할 것인가에 대해서는 무역업자들이 서로 다른 계약에 따라서 협정을 해왔다. 그러나 이러한 협정은 국가마다 상관습이 다를 뿐만 아니라 무역계약 체결과 그 이행에 대한 상호간의 법적 지식의 부족과 그 운용의 미숙 등으로 말미암아 여러 형태의 분쟁을 야기하게 됨에 국제무역의 장애요인으로 작용해 왔다. 무역당사자들은 이 같은 무역절차상 장애요인을 제거하거나 완화시킴으로써 원활한 국제무역을 촉진시키고자 매도인과 매수인의 자의적인 거래교섭과정에서 야기되는 이해관계를 합리적으로 조정할 수 있는 교역방법을 점차적으로 발달시키게 되었다. 이 같이 발달한 상관습은 수많은 시행착오(trial and error)를 거치면서 각각 독특한 형태와 방식으로 집약되어서 무역당사자들이 준수하는 FOB terms 또는 CIF terms라는 정형을 갖추게 되었다.

무역거래상의 분쟁요소를 감소시키고 국제무역의 확대를 도모하기 위하여 1936년 국제상업회의소는 '무역거래조건의 해석에 관한 국제규칙' (International Rules for the Interpretation of Trade Terms)을 제정하였다. 무역관습의 변화에 따라 1953년, 1967년, 1976년, 1980년, 1990년, 2000년, 2010년에 개정되었고 현재 사용되고 있는 것은 2010년에 개정된 Incoterms 2010이다.

6.7.2 Incoterms 2010

Incoterms 2010은 이 같은 국제상관습의 가장 최근 형태에 해당되고, 무역절차과정에서 발생한 분쟁의 해결과 조정은 이에 준거하게끔 되어 있다. Incoterms 2010은 〈표 6-1〉과 같이 크게 11항목으로 나누어져 있다.

표 6-1 Incoterms의 11가지 거래조건

구분	거래조건	전신약호
모든 운송에 사용하는 조건	작업장인도(Ex Works)	EXW
	운송인인도(Free Carrier)	FCA
	운송비지불인도(Carriage Paid To)	CPT
	운송비 · 보험료 지불인도 (Carriage and Insurance Paid To)	CIP
	터미널인도조건(Delivered at Terminal)	DAT
	목적지인도조건(Delivered by Place)	DAP
	관세지급인도조건(Delivery Duty Paid)	DDP
해상운송 · 내수로 운송에 사용하는 조건	선측인도(Free Alongside Ship)	FAS
	본선인도(Free on Board)	FOB
	운임포함인도(Cost and Freight)	CFR
	운임 · 보험료포함인도 (Cost, Insurance, and Freight)	CIF

6.7.3 Incoterms 2010의 특징

가장 큰 변화는 국제무역뿐만 아니라 국내거래에서도 Incoterms를 적용할 수 있도록 한 점이다. 최근 유럽연합 등과 같은 지역무역협정이 확대되면서 국경통과절차가 간소화됨에 따라서 Incoterms를 국내거래에서도 사용할 수 있도록 한 것이다. 그리고 모든 조건에서 매도인의 첫째 의무에는 매매계약과 일치하는 물품, 증명서류 등을 제공해야 하는 일반적 의무가 규정되어 있고, 매수인의 첫째 의무로서 매매계약에서 정해진 대금을 지급하는 의무를 보다 명확히 규정하였다. 더 나아가 당사자들이 합의하거나 관습적인 경우 전자통신수단도 서면통신과 동일한 효력이 있도록 규정하고 있다.

매도인과 매수인의 의무는 10개 항목으로 대칭하여 명시하고 있다. 첫 번째 항에 해당되는 매도인의 일반의무에는 ① 매매계약과 일치하는 물품, 증빙서류 등의 제공이고, 매수인의 일반의무에는 매매계약에서 정해진 대금지급을 명시하고 있다. 9개의 다른 의무로는 ② 허가, 승인, 안전 확인 및 기타 절차, ③ 운송계약과 보험계약, ④ 인수, ⑤ 위험이전, ⑥ 비용배분, ⑦ 매수인 또는 매도인에 대한 통지, ⑧ 인도증거, ⑨ 물품검사, ⑩ 정보에 의한 협정과 관련비용이 있다.

6.7.4 Incoterms의 한계점

Incoterms 서문에 명시되어 있듯이 Incoterms는 무역거래에서 가장 일반적으로 사용되고 있는 가격조건들을 해석하기 위한 국제규칙이다. 그러나 Incoterms는 국제상업회의소에서 제정한 통일규칙이기 때문에 구속력을 지니지 못하며, 모든 상관습을 수용할 수 없다는 한계점을 지니고 있다. 즉, Incoterms는 국제조약이나 국제공법이 아니기 때문에 구속력을 가지고 있지 못하며 단지 매매당사자들의 합의에 의해서만 적용될 수 있다. 만일 개별계약상의 특별규정이 Incoterms상의 일반규정과 다를 경우에는 특별규정이 우선하여 적용된다.

6.7.5 Incoterms 서문

The Incoterms[9] rules explains a set of three-letter trade terms reflecting business-to-business practice in contracts for the sale of goods. The incoterms rules describe mainly the tasks, costs, and risks involved in the delivery of goods from sellers to buyers.

> Incoterms 규칙은 물품매매계약의 분야에서 기업 간 거래실무를 반영하는 세 문자로 이루어진 한 세트의 정형거래조건을 설명한다. 이 규칙은 주로 매도인과 매수인 사이에서 물품인도에 대한 업무와 비용 및 위험을 명시한다.

6.7.6 General obligations of the seller

The seller must provide the goods and the commercial invoice in conformity with the contract of sale and any other evidence of conformity that may be

9. "Incoterms" is the represented trademark of the International Chamber of Commerce.

required by the contract. Any document referred to in A1–A10 may be an equivalent electronic record or procedure if agreed between parties or customary.

> 매도인은 매매계약과 일치하는 물품 및 판매계약과 일치하는 상업송장을 제시하여야 하고, 더 나아가 판매계약에서 요구되는 일치성을 보여주는 증거도 제시하여야 한다. 당사자 간에 합의되었거나 관습이 있는 경우에 A1–A10에 규정된 서류는 그에 상당하는 전자기록 또는 절차로 할 수도 있다.

6.7.7 General obligation of the buyer

The buyer must pay the price of the goods as provided in the contract of sale. Any document referred to in B1–B10 may be equivalent electronic record or procedures if agreed between the parties or customary.

> 매수인은 매매계약에서 약정된 바에 따라서 물품의 대금을 지급하여야 한다. 당사자 간에 합의되었거나 관습이 있는 경우에 B1–B10에 규정된 서류는 그에 상당하는 전자기록이나 절차로 할 수도 있다.

6.7.8 개정 미국무역 정의

미국은 자국의 무역과 해외직접투자가 전세계의 무역과 해외직접투자에서 차지하는 비중이 상당히 크기 때문에 국제협약이 있더라도 자국의 무역거래법과 공정거래법을 적용하는 경우가 많다. 세계무역기구(WTO)에서 가장 중요한 역할을 하는 '국내경쟁정책의 국제적 조화'(Harmonization of Competition Policy)를 WTO가 출범한 1995년 이후 몇 년간 준수해 오다가 편의상 자국 '국내법의 해외적용'(extra-territorial application of domestic law)을 확대하고 있다. 미국이 공정거래법을 한국과 영국의 항공회사에 대하여 적용한 것은 좋은 예가 될 수 있다.[10] 같은 맥락에서 상당수의 미국 업자들은 Incoterms보다 1941년과 1990년에 개정된 미국무역 정의(Revised American

---

10. Korean Air Line과 British Airway에 대하여 담합(collusion)하였다고 제소하였고, 그 결과 두 회사는 벌금을 부담하였다.

Foreigh Trade Definitions)의 내용을 선호하고 있다.

6.8 국제물품매매계약에 관한 유엔협약(CISG) 사례 연구

01 Article 1 of CISG(United Nations Convention on the Contracts for International Sales of Goods : 제1장 제1조; 적용의 기본원칙)

This Convention applies to contracts of sale of goods between parties whose places of business are in different states:

이 협약은 다음의 경우에, 영업소가 서로 다른 국가에 있는 당사자 간의 물품매매계약에 적용된다.

(a) when the states are contracting States; or

해당 국가가 모두 체약국인 경우, 또는

(b) when the rules of private international law lead to the application of the law of a Contracting State.

국제사법 규칙에 의하여 체약국법이 적용되는 경우

02 The fact that the parties have their places of business in different States is to be disregarded whenever this fact does not appear either from the contract or from any dealings between, or from information disclosed by, the parties at any time before or at the conclusion of the contract.

당사자가 서로 다른 국가에 영업소를 가지고 있다는 사실은, 계약으로부터 또는 계약체결 전이나 그 체결 시에 당사자 간의 거래나 당사자에 의하여 밝혀진 정보로부터 드러나지 아니하는 경우에는 고려되지 아니한다.

03 Neither the nationality of the parties nor the civil or commercial character of the parties of the contract is to be taken into consideration in determining the application of this convention.

당사자의 국적 또는 당사자나 계약의 민사적 · 상사적 성격은 이 협약의 적용 여부를 결정하는 데에 고려되지 아니한다.

04 Article 7(제2장 총칙, 제7조 : 협약의 해석)

In the interpretation of this Convention, regard is to be had to its international character and to the need to promote uniformity in its application and the observance of good faith in international trade.

이 협약의 해석에는 그 국제적 성격 및 적용상의 통일과 국제거래상의 신의 준수를 증진할 필요성을 고려하여야 한다.

05 Questions concerning matters governed by this Convention which are not expressly settled in it are to be settled in conformity with the general principles on which it is based or, in the absence of such principle, in conformity with the law applicable by virtue of the rules of private international law.

이 협약에 의하여 규율되는 사항으로서 협약에 명시적으로 해결되지 아니하는 문제는, 이 협약이 기초하고 있는 일반원칙, 그 원칙이 없는 경우에는 국제사법 규칙에 의하여 적용되는 법에 따라 해결되어야 한다.

06 Article 9(제9조 : 관행 및 관습)

The parties are bound by any usage to which they have agreed and any practices which they have established between themselves.

당사자는 합의한 관행과 당사자 간에 확립된 관례에 구속된다.

07 The parties are considered, unless otherwise agreed, to have impliedly made applicable to their contract or its formation a usage of which the parties knew or ought to have known and which in international trade is widely known to, and regularly observed by, parties to contracts of the type involved in the particular trade concerned.

별도의 합의가 없는 한, 당사자가 알았거나 알 수 있었던 관행으로서 국제거래에서 당해 거래와 동종의 계약을 하는 사람에게 널리 알려져 있고 통상적으로 준수되고 있는 관행은 당사자의 계약 또는 그 성립에 묵시적으로 적용되는 것으로 본다. (법무부, 「국제물품매매계약에 관한 유엔협약 사례 연구」, 2004)

6.9 국제통상법

좁은 의미의 국제통상법은 국제공법만을 포함한다. 그러나 국제통상법을 광범위하게 해석할 경우에는 신용장통일규칙, Incoterms 2010, CISG도 포함한다. 법무부에서 CISG의 번역본을 출판하는 것을 보면 국제사법도 크게 보면 국제통상법 범주에 속한다고 볼 수 있다. 다만 국제공법으로 볼 때 가장 중요한 역할을 하는 것은 GATT1994/WTO 규정이고, 그 다음으로는 지역무역협정(Regional Trade Agreement)에서 상대적으로 비중이 큰 유럽연합(European Union)과 북미자유무역협정(NAFTA)을 들 수 있다. 그리고 개별 국가의 대외무역법도 공법이기 때문에 구속력이 있다. 1995년에 WTO가 출범하면서 공정무역을 확대하는 과정에서 통상법을 크게 정비하였고, 실제로 대량으로 무역이 이루어지는 과정에서 발생하는 무역분쟁(trade disputes)의 해결에서 중추적 역할을 하고 있다. GATT1994/WTO 규정, 유럽연합과 미국의 통상법은 필요한 장에서 설명하고, 여기서는 WTO가 GATT와 유사한 점과 다른 점, 중점을 두는 분야를 설명하고, 이어서 한국의 대외무역법을 설명한다.

6.9.1 세계무역기구(WTO)의 특징

1994년 모로코의 마라케쉬에서 GATT1994와 우루과이 합의내용을 합친(amalgamate) 기구로 1995년에 세계무역기구를 출범시키기로 합의하였다. WTO는 GATT1994의 양축인 최혜국약관과 내국민대우는 그대로 승계하였다. 다만 WTO가 GATT와 크게 다른 두 가지 점을 지적하라고 한다면 GATT는 무역장벽을 완화 또는 소멸시킴으로써 자유무역(free trade)을 추구한 반면에, WTO는 새로운 규정을 만들어 가면서 공정무역(fair trade)을 추구한다. 환경과 무역은 공정무역의 좋은 예가 될 수 있다. 그리고 GATT는 임의기구인 반면에, WTO는 법인격(legal identity)을 갖추었기 때문에 구속력을 갖춘 행위를 할 수 있다.

호커(Hocker)가 강조한 바와 같이 WTO는 다음과 같은 통상문제에 우선순위를 두고 있다. 첫째는 동일한 수준에서 경쟁을 해야 한다는(same level playground) 취지를 가진 국내경쟁정책의 국제적 조화(Harmonization of Competition Policy)이다. 둘째는 해외직접투자 및 해외간접투자에 대한 규제를 철폐하거나, 완화(Removal or Reduction on the Regulation on Foreign Direct Investment and Indirect Investment)시키는 의제이다. 셋째는 산업기술혁신에 대한 지적재산권 보호(Protection on Intellectual Property Right on Industrial Innovation)이고, 넷째는 환경과 무역(Trade and Environment)이다.[11]

WTO 출범 이후 특이할 만한 변화는 특정 분야에 강한 경쟁우위를 가진 상품의 수출을 촉진하기 위하여 미국과 일본은 양자 간 자유무역협정(FTA)을 적극적으로 추진하고 있고, 2006년 7월에 도하발전의제(Doha Development Agenda)가 정체(suspension)되고, 비록 2007년 1월에 재개(resume)되었으나 제대로 기능을 발휘하지 못함에 따라 자유무역협정이 빠른 속도로 확산되고 있다. 또한 2005년에 미국 신경제[12]가 붕괴되고 2008년에 글로벌 금융위기가 미국에서 시작되어 글로벌하게 확산됨에 따라 미국정부가 산발적으로 특정 산업을 구제하기 위한 정책을 실시하면 다른 국가들도 유사한 정책을 실시함에 따라 우리는 WTO가 주도하는 다자주의, FTA로 대표되는 지역주의, 그리고 산발적 정부개입(sporadic government intervention)이 동시에 작동하는 중층주의(multi-track trade policy)에서 살고 있다.

11. 원래 GATT는 환경문제에 대한 논의에서 수세적 입장이었으나, 워낙 녹색연합(Greens)과 좌익(Left)에서 무역의 확대가 지구환경의 악화를 가져온다는 주장이 강해지자, 환경과 무역은 양립할 수 있다고 주장하면서 GATT 내에 무역 및 환경위원회(Committee on Trade and Environment)를 설립하였다.

12. 원래의 필립스곡선(Original Version of Phillips Curve)에 의하면 완전고용과 물가안정은 반비례 관계(inverse relationship)에 있다. 미국의 신경제를 주장하는 학자들은 미국이 성장률이 높아서 실업이 감소하였음에도 불구하고 급격한 물가상승이 없다는 점에서 미국경제를 신경제라고 불렀다.

6.9.2 한국의 대외무역법

대외무역법은 무역 전반에 대한 정부의 조정 · 간섭 및 규제 등 무역을 규율하는 기본법으로 헌법 제125조 "국가는 대외무역을 육성하며 이를 규제 · 조정할 수 있다"는 규정에 따라 제정되었다. 대외무역법은 우리나라의 대외무역거래를 전반적으로 조정하기 위한 기준법으로서 1986년 12월 31일부터 시행되고 있다.

기타 무역 관계 법규로는 관세법, 외국환거래법, 수출품 품질향상에 관한 법률, 무역보험법, 중재법, 무역자동화 촉진에 관한 법률, 자유무역지역의 지정 및 운영에 관한 법률, 전자무역촉진에 관한 법률이 있다. 대외무역법 이외의 법령에서 물품의 수출 및 수입을 제한하는 규정을 정하고자 하는 관계행정기관의 장은 사전에 지식경제부 장관과 협의하도록 함으로써 지식경제부 장관이 통상을 담당하는 주무부서로서 모든 수출입을 총괄하도록 하고 있다.

연습문제 Exercise

[1] English Composition for Arranging Business Transactions

1 당신은 주말에 차를 어떤 용도로 사용합니까?

2 내 친구는 공항에서 나를 데려오기 위하여 택시를 예약했다.

3 해결되지 않은 문제에 대한 토론을 위한 모임을 몇 시에 하는 것이 편하십니까?

4 우리는 광고활동에 대응되는 예산을 가지고 있다.

5 경영기회를 잡기 위하여 시스템은 얼마나 신속해야 하는가?

6 좋은 도움을 찾기 어렵다. 아웃소싱이 재능에 대한 쟁탈전을 함에 따라서 높은 임금과 관대한 대우가 만연하고 있다.

7 대화는 속성의 상태에 대한 끊임없는 주장보다는 제안, 대안, 확고한 실행의지 그리고 거절들로 이루어져야 한다.

Answer

1 I would like to know what the main purpose of using your car on weekends is.
Voca 회화할 경우에는 what is the main purpose라고도 한다.
Re Could you let us know what the underlying aim of keeping your car on weekends is?

2 My friend has arranged a taxi for collecting me at the airport.
Re My friend booked a taxi to pick me up at the airport.

3 Which time suits you to have a meeting for a discussion on pending issues?
Re Could you kindly let us know which time is convenient for you to arrange a meeting for the unresolved problems?

4 We have a corresponding budget for making our advertisement.
Re We have reflected the required expenses for our advertisement to the budget of matching period.

5 How fast does a system have to be to capture a business opportunity?

Re Such a distribution network may work as a catalyst for arranging easy market access.

6 Good help is so hard to find. Higher wages and lavish perks reign as outsoucing outfits scramble for talent.

7 Conversation should comprise offers, counter-offers, commitment, and refusals rather than endless assertions about the state of nature.

Voca Commitment는 조직론에 나오는 구성원의 사기(morale)와 관련된 강력한 실행의지를 뜻한다.

[2] Rewriting Exercise

1 나는 No.1023에 대한 반대오퍼를 작성하는 것을 지켜보았다.

2 이 직물 품목은 2달 동안 지연되고 있다.

3 우리는 당신의 시장에서 어떤 부정적인 요소를 놓쳤음이 분명하다.

4 지난번 우리의 송장을 해결하기 위하여 전화합니다.

5 우리 회사는 한국에서 다양한 면제품을 수출하는 기업으로 확고한 기반을 구비한 기업 중의 하나입니다. 이 같은 면제품을 수입하는 데 관심을 가진 몇 개의 신뢰할 만한 회사를 소개해 주면 감사하겠습니다.

Answer

1 I watched her typing a counter offer No. 1023.

Re I reckon (that) our counter-offer has been ready for dispatching to our customer.

2 These textile items are pending for 2 months.

Re1 These textile items have been suspended for two months.

Re2 These textiles items have been out of track for two months.

Voca suspended = delayed

3 We must have missed some negative factors in your market.

Re1 We may have failed to identify some negative elements in your market.

Re2 We must admit that we have failed to trace out some negative factors in your market.

4 I have just phoned you to sort out the previous invoice.

Re I am calling you to resolve the pending issue of our previous invoice.

5 We are one of the well-established exporters which covers a wide range of cotton products in Korea. We shall be grateful if you kindly introduce us several reliable importers who are interested in dealing with this line of products.

Re We are one of the forerunners among Korean exporters specializing various cotton products. Could you kindly introduce us several reliable importers who are ready to launch a close cooperation in extending marketing outlet of our products?

[3] Translate the following paragraphs into Korean.

1 아래 글은 무역서신은 아니지만 공동연구 제안에 대한 답장이다. 무역거래에 유추하여 해석한다면 Offer에 대한 Counter-offer라고 할 수 있다. 우리말로 번역하시오.

In the last few days we have been contacted by the DTI (now "BERR") asking us to write a little paper on the impact of the EU-Korea FTA for them. The parameters are not quite firm yet. For bureaucratic reasons we can' t have a Korean partner for this study but this might be the basis to begin collaboration.

2 Perhaps remind the class of the importance of choosing polite forms when one disagrees with someone in a business setting. Emphasize too that the smooth running of a relationship can be oiled by 'weakening' or toning down a disagreement. Instead of telling someone that what they have offered or said is 'rubbish' (even if you think it is!) it may often be more beneficial to your continued maintenance of good customer or client relations to say 'I don' t think that is such a good idea, after all …….'

This has nothing to do with insincerity (this is business and not a bible class) as some people claim; rather, apart from being good manners, such forms, together with a polite tone of voice are worth stressing as a useful business asset. Remind your students of the Chinese proverb:

'He who cannot smile should not open a shop.'

Answer

1 지난 며칠 동안 우리는 한-EU FTA에 대한 간단한 보고서 작성을 요청하는 사업 · 기업 · 규제개혁부의 접촉을 받았다. 아직까지 매개변수들의 값은 유동적이다. 관료적인 이유로 우리는 이 연구를 진행하는 과정에서 한국 파트너를 가질 수 없지만, 이 연구가 협력을 위한 기초가 될 수도 있다.

E 가까이 지내던 영국 교수한테 한-EU FTA 체결에 대한 자동차산업에 대한 연구를 하자는 제안을 했을 때 받은 편지이다. DTI stands for the Department of Trade and Industry. BERR is the new name of DTI which stands for Department for Business, Enterprise, and Regulatory Reform.

2 아마도 누군가가 사업의 환경에서 다른 사람과 의견이 일치하지 않을 경우에 정중한 자세를 취하는 것의 중요성을 회상하십시오. 관계의 매끄러운 진행은 또한 불일치를 약화시키거나 완화시킴으로써 부드러워질 수 있다는 것을 강조하십시오. 누군가에게 그들이 제공해 왔거나 말해 온 것이 설령 당신이 생각하기에 그렇다 할지라도 "쓸 데 없는 것이다"라고 말하는 대신에, "저는 결국 그것이 그렇게 좋은 생각이라고 생각하지 않습니다"라고 말하는 것이 좋은 손님이나 고객의 지속적인 관계유지에 있어서 종종 더 유익할지도 모릅니다.

이것은 사업이지 성경수업이 아니기 때문에 일부 사람들이 주장하는 것처럼 불성실과는 관계가 없습니다. 오히려, 좋은 태도를 유지하는 것과는 별개로, 정중한 목소리 음역을 가진 그러한 자세는 유용한 사업자산으로서 강조할 가치가 있습니다. 당신의 학생들에게 중국의 속담을 상기시켜 주십시오.

'웃을 수 없는 자는 상점을 열어서는 안 된다.'

Voca class는 수업이 아니고, 어떤 등급을 나타내는 뜻으로 사용되었다. oiled를 다르게 표현하면 lubricated or facilitated가 된다.

[4] Making Inquiries and Replies on Inquiries

1 Dear Sirs,

Lightweight batteries

We are the manufacturers of BROADWAY delivery vehicles and electric vehicles for disabled people. Our company is a subsidiary of Broadway International Inc. of Portland, Oregon. We are seeking an alternative supplier of lightweight batteries to power our vehicles. As far as we are aware you do not have a local distributor of your products in this country.

경량의 배터리

당사는 장애인들을 위한 수송수단과 전기수송수단인 BROADWAY의 제조업자들입니다. 당사는 오리곤의 포틀랜드에 있는 Broadway 국제기업의 자회사입니다. 당사는 자사의 수송수단에 전력을 공급할 경량배터리의 대체 공급업자를 찾고 있습니다. 당사가 알기에 귀사는 이 국가에서 귀사 제품의 지역 판매업자를 보유하고 있지 않습니다.

A full specification of our requirements is given on the attached sheet.

Quantity required : 4,800 units
Delivery : by 15 January 2012

당사의 요구조건의 모든 내역은 첨부용지에 서술되어 있습니다.
필요량 : 4,800개
배송 : 2012년 1월 15일까지

Please quote us your best CIF price, giving a full specification of your product and shipping date. We would need to have samples of the batteries to test in our laboratories before placing a firm order. We usually deal with new suppliers on the basis of payment in our currency by confirmed 60-day irrevocable letter of credit. If our laboratory tests are satisfactory and you can provide us with a good price and service, we will be happy to place more substantial orders on a regular basis.

We look forward to receiving an early reply to this inquiry,

귀사의 최적의 CIF 가격을 제시해 주시고, 귀사의 제품과 선적일자에 대한 완전한 명세서를 보내주세요. 당사는 확정주문을 하기 전에 당사의 실험실에서 시험을 하기 위한 배터리들의 견품을 받을 필요가 있습니다. 당사는 일반적으로 확정부 60일 기한의 취소불능신용장에 의하여 자국의 화폐로 지불하는 조건으로 새로운 공급업자와 계약을 체결합니다. 만약 당사 실험실의 시험결과가 만족스럽고 귀사가 당사에게 합리적인 가격과 서비스를 제공한다면, 당사는 정기적으로 기꺼이 더 상당한 규모의 주문을 할 것입니다.
당사는 이 문의에 대하여 신속한 답변을 받을 수 있기를 기대합니다.

Yours faithfully,
Fred A. North
Buying manager

Enclosed : specification and technical brochure

동봉 : 문의상세서와 기술내용이 담긴 소책자

2 Reply to an Inquiry

Dear Mr. Hanson,

Thank you very much for your inquiry about Antispy Products.

As you requested we are sending you our latest catalog of security products. We have debited your American Express card #667589980 for the sum of US 50 dollars which will be discounted from your first purchase from the catalog.

Do please get in touch with me if you have any queries about any of our products which are not covered in the catalog.

Sincerely,

Hanson 씨에게

Antispy Products에 대한 당신의 문의에 감사드립니다.

당신의 요청대로 저희의 최신 보안장치 카탈로그를 보냈습니다. 우리는 당신의 American Express card #667589980에서 합계 미화 50달러를 인출하였습니다. 이 50달러는 카탈로그에 있는 상품을 당신이 구매할 때 할인될 것입니다.

만약, 카탈로그에 실려 있지 않은 저희의 상품에 대한 당신의 문의가 있다면 기꺼이 저에게 연락해 주십시오.

3 Reply to an Inquiry

Dear Mr. Perez,

Thank you very much for your inquiry about Antispy Products.

I am pleased to inform you that we do supply a portable listening device detector: the Antispy™ CJ4000 Pisabattery-driven device which will detect any eaves dropping devices within 20 feet. It is very compact, looks just like a Walkman and costs only $359. For an order of five or more items we are happy to offer you a rebate of 20%, making the price per item $287.20. All our prices include shipping by air. I can also confirm that this product is available from stock at this time.

If you would like to see a copy of our complete 120pp catalog this is available for $50—which is refundable when you place an order. However, if you decide to order one of our CJ 4000ps a free catalog will be included with your order.

Sincerely,

Perez 씨에게

Antispy Products에 대한 당신의 문의에 감사드립니다.

저희가 이동형 도청기 탐지기를 공급하게 된 것을 당신에게 알려줄 수 있어서 다행입니다. the AntispyTMCJ4000P은 전지로 작동하며, 20피트 안에 있는 어떠한 도청기도 탐지할 수 있습니다. 그것은 매우 소형이고 워크맨처럼 보이며, 가격은 단지 $359입니다. 다섯 개나 그 이상을 구매하시면, 당신에게 기꺼이 20%를 환불해 드리며, 제품 개당 가격은 $287.20이 됩니다. 저희의 가격은 모두 항공배송료가 포함되어 있습니다. 저는 이 제품이 현재의 재고로부터 판매가 가능함을 확인해 드립니다.

만약 당신이 자사의 120페이지에 달하는 카탈로그의 사본을 보기를 원하신다면 당신이 제품을 구매하실 때 환급이 되는 미화 50달러를 지불하셔야 됩니다. 그러나 만약 당신이 CJ 4000p 모형 중의 하나를 구매하신다면 무료 카탈로그가 당신의 주문에 포함될 것입니다.

4 Replying Letter to an Inquiry

Dear Ms. Graham,

Thank you very much for your inquiry about Antispy Products. We do carry a telephone scrambler: the LR 44 Octopus Telephone Scrambler. The price for this is $299 including shipping by air. I can confirm that this product is suitable for both tone dial and pulse dial and will adjust automatically to any main voltage from 100 to 250 volts.

We have only one of these items available at this time but will have full stocks from August 15. Please let me know by fax today if you would like to purchase one at this time—I have reserved our one remaining LR 44 for you for 24 hours. Please note that you would need an import license for this product.

If you would like to see a copy of our complete 120 page catalog this is available for $50—which is refundable when you place an order. However, if you decide to order one of our LR44 a free catalog will be included with your order.

Sincerely,

Ms Graham 씨에게
Antispy Products에 대한 귀사의 문의에 감사드립니다. 저희는 the LR 44 Octopus Telephone Scrambler을 배송해 드립니다. 가격은 $299이며, 항공배송료 포함입니다. 저희는 이 제품이 기계식 전화와 전자식 전화 모두에 적합하며, 주요 전압대인 100볼트에서 250볼트까지 자동적으로 적용됨을 보장해 드릴 수 있습니다.
저희는 현재 하나의 제품만을 보유하고 있으나, 8월 15일 이후로는 완전한 물량을 보유하게 됩니다. 만약 당신이 지금 한 개만을 구입하시려면, 오늘 중으로 제게 팩스를 보내주시기 바랍니다. 저희는 하나 남은 LR 44을 당신을 위해 (당분간 하루) 24시간 동안 보관하고 있습니다. 그리고 귀사는 이 제품에 대한 수입면허가 필요하다는 것을 알아주시기 바랍니다.
만약 당신이 저희의 120쪽에 달하는 카탈로그의 사본을 보기를 원하신다면 귀사가 제품을 구매하실 때 환급이 되는 미화 50달러를 지불하셔야 됩니다. 그러나 만약 귀사가 LR44를 구매하신다면 무료 카탈로그가 귀사의 주문에 포함될 것입니다.

5 Another Reply Letter

Dear Mr. Ovambo,

Thank you very much for your inquiry about Antispy Products.

I regret that we are unable to supply our Screen Protector at this time. This is because of the import restrictions into Nigeria which are currently in force. However, our former distributors may still have stocks and I suggest you contact them. They are: Kano Security, Independence square, Kano.

Do please contact me if you have any further inquiries about our products.

Sincerely,

Antispy Products에 대한 당신의 문의에 감사드립니다.
이번에 저희의 Screen Protector를 공급하지 못하게 된 것은 유감입니다. 이는 현재 나이지리아에서 시행되고 있는 수입제한 때문입니다. 그러나 저희의 이전 유통업자는 아마 재고를 가지고 있을 것이며, 저는 당신이 그들에게 연락하기를 제안합니다. 그들은 Kano Security이며, Kano, Independence square에 있습니다.
만약 저희 상품에 대한 추가 문의가 있으시다면, 기꺼이 저에게 연락해 주십시오.

[5] Translate the following letters into Korean.

1 Consolation and Cooperation Promotion Letter

HYUNDAI·KIA MOTORS

231, YANGJAE–DONG, SEOCHO–GU SEOUL 137–938, KOREA
FAX) 2–3464–xxxx TEL) 2–3464–xxx

Mr. Y. Fukasaku
Assistant General Manager
Nippon Steel Corporation

Mar. 21, 2010

I am extremely pleased to hear your recent promotion to General Manager, and wish to extend our warmest congratulations.

With regard to incredible news of death and missing caused by a massive earthquake and tsunami, Korean as the most close neighbor country are deeply filled with sadness.

However I firmly believe that you will overcome and return from the shock soon with the prominent ability of Japanese. As your sincere partner, Hyundai–Kia motors are ready to provide a wide range of help.

Make sure that both of us can move forward to one of the best corporations together by consolidating the excellent relationship. Therefore we look forward to enhancing our partnership in the future under your enlightened leadership.

It was great pleasure to receive such a good news in the meanwhile.

Sending you my warmest regards,

저는 당신의 최근 총지배인으로의 승진에 매우 기쁩니다. 그리고 진심으로 축하드립니다.
엄청난 지진과 쓰나미에 의해 발생된 죽음 그리고 실종 뉴스에 관해, 가장 가까운 이웃인 한국인으로서 정말로 큰 슬픔에 빠져 있습니다.
그러나 저는 당신이 일본인의 뛰어난 능력을 발휘하여 곧 충격으로부터 돌아오고 극복할 것이라 확고히 믿습니다. 당신의 친애하는 파트너, 현대-기아 모터스는 다양한 도움을 제공할 준비가 되어 있습니다.
저희 두 회사는 함께 훌륭한 관계를 유지하며 가장 큰 회사 중의 하나로서 전진할 것임을 확신합니다. 그러므로 우리는 당신의 뛰어난 리더십 아래에 우리의 파트너십을 향상시킬 것이라 기대합니다.
한편으로 좋은 소식을 주셔서 감사합니다.
깊은 배려를 전하면서,

2 Letter of Intent

HYUNDAI & KIA MOTORS

Mr. Fukasaku
President
Seoul, Korea

April 30, 2012

Re : Letter of Intent

Dear Mr. Fukasaku,

We are pleased to inform you that we have an intention to purchase sensors for shock absorbers, thus, it should be developed without any failure of production quality, engineering performance and delivery in full conformity with HMC's requirement.

We firmly believe that your company has the capability and confidence to develop PM sensor parts successfully with highly qualified engineering support and to provide HMC & KMC with such top quality products.

Considering the aggressive launching date of May 1, 2012, please take every necessary action immediately to drive this project without any failure.

Further discussion may be required for finalization of commercial issues that are not discussed during bidding as soon as it becomes available. We would really appreciate if you could advise us any other good idea on sensors.

Sincerely yours,

Kyo–beum Hwang

General Manager

Hyundai & Kia Corporate Procurement Division

당사는 HMC의 조건에 완전히 일치하는 상태에서 업무수행과 배송을 할 뿐만 아니라, 제품품질에 어떠한 하자도 없이 개발될 충격완화용 감지장치를 구매하고자 함을 귀사에게 알려드리게 되어 기쁩니다.
당사는 귀사 PM 센서 부품을 매우 적합한 기술지원을 통하여 개발하고 HMC & KMC에게 최상위 품질의 제품을 공급할 능력과 확신을 가지고 있음을 확실히 믿습니다.
2012년 5월 1일의 공격적인 제품출시일과 관련하여, 어떠한 실패도 없이 이 계획이 이행되도록 필요한 모든 조치를 즉시 취해주기 바랍니다.
더 자세한 토론은 주문거래계약 기간에 논의되지 못한 상업적 문제들을 완료하기 위하여 가능한 조속히 요구됩니다. 당사는 만일 귀사가 감지장치에 대한 다른 좋은 생각을 당사에게 제시한다면 매우 감사하겠습니다.

3 Purchase Order

HYUNDAI & KIA MOTORS
231 Yangjae–dong Seocho–ku, Seoul, Korea
Tel) 82 2 3464 5678

Mr. Robert Eastwood

Bosch Korea

298, Bonjung–ri, Kusung–eup, Yongin–si,

Kyunggi–do, 449–913, Korea

September 5th, 2012

Re : Purchase Order for EGR

Dear Mr. Eastwood,

We are pleased to place a sample purchase order for R–LP EGR engine Project under the terms and conditions herein below.

1. Order No. : 3579
2. Details :

PART NAME	PART NO.	Q' TY	UNIT PRICE		AMOUNT	
EGR	IT 4680	5	EUR	150.00	EUR	750.00
T O T A L					EUR	750.00
FCA, Germany						

3. Payment Terms : T/T
4. Shipping Mode : Air Shipment
5. Required Delivery : By October 15, 2011
6. Forwarder : DHL
7. Consignee : Hyundai Motor Company

Sincerely yours,

Jeung-hyun Nam
Deputy General Manager
Hyundai & Kia Corporate Procurement Division

[6] Fill up the blanks with suitable words and translate the sentences on international trade law into Korean.

1 Expanding trade can help solve environmental problems. GATT rules are not an obstacle to environmental protection, but (   ) weapons could be counter productive.

2 DDA had been focused on the liberalization of (   ) and agricultural sector, but it had been entangled with the state of suspension since July 2006. It resumed in January 2007.

Answer

1 trade. 무역의 확장은 환경문제를 해결하는 데 도움이 될 수 있다. GATT 규정은 장애가 되지는 않지만, 무역장벽은 비생산적일 수도 있다.

E weapon은 ticking bomb과 같은 시한폭탄이 아니고 앞에서 trade를 붙여서 trade measure라고 해석하는 것이 낫다.

Re1 Trade and environment can be compatible, but trade weapons should not be abused.

Re2 Trade and environment can be compatible. But it may be noticeable that unreasonable trade weapons may bring forth unpredictable damage on the fair trade.

2 service. 도하발전의제(Doha Development Agenda)는 서비스 부문과 농업부문의 개방에 집중해 왔으면 2006년 7월 이후 정체상태로 혼동상태에 있다, DDA는 2007년 1월에 재개되었다.

Re Two main agendas of DDA had been the liberalization of tertiary and agricultural sectors. But DDA had been derailed due to the suspension of July 2006. It has, somehow, resumed in January 2007, but it has become inert like the patients in the intensive care unit by failing to make a further progress on these issues.

[7] Choose correct answers and translate and rewrite sentences.

1 다음 중 논리적으로 틀린 것은?

① We have received a letter from the company which informs us that they have developed a new item.
② We regret shipment is expedited due to the longshoremen's strike.
③ We are carrying out your order as instructed.
④ You may be sure of our best attention to packing.

2 다음 문장 중에서 정중한 문장을 고르시오.

① We shall have the pleasure to communicate with you further when we receive an order from you.
② We shall therefore, do ourselves the pleasure of communicating with you further when we hear from the Bankers you named.
③ Pleasure is taken in enclosing our formal Confirmation of Order No. 20 of our recent purchase from you of Porcelain wares.
④ We are pleased to acknowledge your cable of the 10th May, accepting our order for White and Gray Shirts.

3 다음 문장 중 무역영어가 지향하는 요소로서 가장 예의바르거나 효율적인 의사전달을 표현한 문장을 고르시오.

① We will do ourselves the pleasure of communicating with you further when we receive an order from you.
② We will pass on to an order with great speed if you can exactly match the enclosed samples.
③ We may place a substantial order with you on a regular basis if your prices are really competitive.
④ You may expect a constant flow of fair large orders if your pricing is reasonable.

4 아래의 괄호 안에 들어갈 알맞은 것을 고르시오.

We are (　　) a position (　　) supply you with the goods competitive in quality and price.

① at – with　② in – for　③ at – for
④ with – to　⑤ in – to

5 We are one of the leading firms in Seoul (　　) in the export of Korean textile goods, expecially clothes for women.

① specializing　② dealing　③ experiencing
④ interesting　⑤ making

6 다음 문장의 영역 중 가장 잘된 것은?

"당사는 한국의 대표적인 봉제완구 수출업체입니다."

① Please allow us to introduce ourselves as leading exporters of Stuffed Toys in Korea.
② We are privileged to introduce ourselves as leading exporters of Stuffed Toys in Korea.
③ We want to introduce ourselves as leading exporters of Stuffed Toys in Korea.
④ We would like to introduce ourselves as leading exporters of Stuffed Toys in Korea.

7 다음 (   ) 안에 들어갈 단어로서 짝지어진 것은?

We are now desirous of (   ) our business to your market and shall be much (   ) if you will introduce us to some reliable firms who are interested in the importation of merchandise we handle.

① extend – obliged
② extending – obliged
③ extending – appreciated
④ extend – appreciated

8 다음 내용은 어느 거래 단계에 해당되는가?

They established themselves in 2000, and their business activities have been devoted to the export of a wide range of garments. As they are not yet represented in EU market, you may entrust them with your exclusive sales agency after close negotiation.

① trade inquiry
② credit inquiry
③ request for introduction of a firm
④ introduction of a firm

9 다음 문장의 영작 중 정중한 표현방법으로 가장 알맞은 것을 고르시오.

여기에 신뢰할 만한 도매업자들과 긴밀한 관계가 있으므로 귀사와 상당히 많은 수입거래를 할 수 있습니다.

① Because we are closely connected with reliable dealers here, we can do considerable import business with you.
② As we are closely connected with reliable wholesalers here, we can do considerable import business with you.
③ As we are closely met with reliable dealers here, we can do big import business with you.
④ Because we are closely related with reliable wholesalers here, we can do considerable import business with you.

10 다음 문장의 괄호 안에 가장 적당한 것은?

An importer expresses an intention (　　) the transaction (　　) the Exporter after a careful investigation of various information.

① to do business, with　　② of carrying, with
③ of entering into, with　　④ to start, to

11 다음 문장의 해석으로 가장 적합한 것은?

We are well-established exporters of almost all kinds of cotton lines.

① 우리는 거의 모든 종류의 면제품을 수출하는 신용있는 회사이다.
② 우리는 거의 모든 종류의 면제품 생산시설을 갖춘 오랜 역사의 수출회사이다.
③ 우리는 거의 모든 종류의 면제품을 취급하는 좋은 평판을 지닌 수출회사이다.
④ 우리는 거의 모든 종류의 면제품 생산시설을 구비한 재정이 튼튼한 수출회사이다.

12 다음 내용과 다른 의미의 것은?

We would like to open an account with you.

① enter into business relations with you.
② open business with you.
③ establish a connection with you.
④ wind up an account with you.

13 다음 문장의 괄호 (　　) 안에 들어갈 가장 알맞은 말을 하나 고르시오.

"We regret we have to give you (　　) information about the firm."

① unlimited　　② unessential
③ unfavorable　　④ unknown

Answer

1 ②. expedited를 delayed로 바꾸면 맞게 된다. 바르게 영작하면 아래와 같다.
우리는 부두 노동자들의 파업으로 인하여 선적이 앞당겨진 것에 대하여 미안하다.
Re It may be regrettable for us to inform you of such a delay of shipment caused by the strike of Longshore harbor.

2 ④. 다른 문장들은 usage에 어긋난다.

우리는 흰색과 회색 셔츠에 대한 우리의 주문을 받아들인다는 당신의 전보를 받게 되어 기쁩니다.

Re It is a pleasure for us to acknowledge your telegram dated on the 10th May in which you accept our order for White and Gray Shirts.

3 ③. 다른 문장은 usage에서 벗어나 있음

만일 귀사의 가격이 실제로 경쟁적이라면 귀사에 정기적으로 상당한 주문을 할 수도 있습니다.

Voca place an order : 주문하다.

Re We are ready to place a large amount of order on a regular terms if your price quotations are competitive compared with other counterparts.

4 ⑤. usage에 의하면 'in a position'이다. 그리고 '공급하다'라는 의미로 'to supply'가 된다.

우리는 귀사에 품질과 가격 측면에서 경쟁적으로 공급할 수 있습니다.

Re We can supply those quality products at competitive prices to you.

5 ①. '거래하다'라고 본다면 'deal in'이 맞지만, 글의 내용이 '어떤 특정 상품에 특화하고 있다'이기 때문에 'specialize in the export of textile items'가 된다.

우리는 한국의 면방직 수출업체이고 특히 여성용 의류를 수출에 특화하는 선도적 기업들 중의 하나입니다.

Re We are one of the forerunners of textile exporters in Korea who specializes in women's clothing.

6 ②. 뜻은 모두 동일하지만 usage로 보아서 "We are privileged to introduce ourselves as one of leading exporters of such items in Korea."가 가장 적절한 표현이다.

7 ③. of 다음에서 extending이 와야 하고, 감사하다는 의미에서 appreciated가 된다.

우리는 이제 우리의 사업을 귀사의 시장으로 확대하고자 하고 우리가 취급하는 제품을 수입하는데 관심이 있는 믿을 만한 거래선을 소개해 주면 감사하겠습니다.

Re We will be grateful if you kindly introduce us to some reliable firms in your market who are interesting in importing our items.

8 ①. 신용조회는 아니고 무역조회에 해당된다. 상대방의 거래가능성 문의에 대하여 긍정적 대답을 제공하는 서신이다. 다르게 표현하면 아래와 같다.

Re We are pleased to provide a positive reference on your inquiry on the opportunity to have a business as an exclusive agent in the EU.

9 ②. 가벼운 이유는 because보다 as를 사용한다. 그리고 도매상은 wholesaler이고, 관계가 유지하고 있다는 related보다 connected가 나은 표현이다.

Re We can import a substantial amount of your items by fully making use of our close network with the wholesalers in this region.

10 ③. to do business 다음에는 거래상이 나오게 된다. 수행하다는 carrying out이어야 하고, start the transaction with가 되어야 한다. 덜 틀린 경우는 ③이 된다.

Re It is a pleasure for us to inform you that an importer is keen to have a business with the exporter after having a thorough investigation on a wide range of information.

11 ③. well-established는 '평판이 좋은'이란 뜻으로 사용된다.

Re We are one of exporters with high reputations in specializing a wide range of cotton products.

12 ④. wind up은 '종료하다'라는 의미이다.

Re It is a pleasure for us to start a business with you.

13 ③. 우리는 그 기업에 대하여 불리한 결과를 알리게 된 것을 유감스럽게 생각한다. 또는 불리한

결과를 알리게 되어서 죄송하다.

E We regret (that) ~ = 당사는 ~을 유감스럽게 생각한다. to give you unfavorable information : 귀사에게 불리한 정보를 드리게 되다.

Voca essential : 본질적인 | unlimited : 끝없는, 무한한 | unknown : 알려지지 않는, 미지의

Re We are sorry to let you have a negative outcome about the firm.

[8] Choose correct answers on trade contract.

1 It is a contract which consists of the exchange of mutual promises, namely, a promise for a promise in which each party is both a promisor and a promisee.

① Unilateral Contract
② Bilateral Contract
③ Consensual Contract
④ Remunerative Contract

2 Goods sold on samples shall be guaranteed by (　　) to conform exactly to sample upon arrival at destination.

① seller
② buyer
③ seller-buyer
④ surveyor

3 We have received your letter dated the 11th May enclosing your catalogue and price list, and are glad to send you a small order (　　) for the following:

① with way by trial
② by way in trial
③ for way with trial
④ by way of trial

4 다음 중 매수인(Buyer)의 주문에 따라 생산하여 수출한 물품에 대하여 제3자가 특허권을 보유한 경우라도 매도인(Seller)은 이에 대해 면책된다는 조항은?

① force majeure clause
② escalation clause
③ infringement clause
④ unknown clause

5 "국제물품 매매계약에 관한 유엔 협약"의 설명 중 틀린 것은?

① 선박이나 항공기의 매매에는 적용하지 아니한다.
② 청약과 승낙의 의사표시는 모두 도달주의를 채택하고 있다.
③ 유엔가입국의 국제물품매매에서는 본 협약이 준거법이 된다.
④ 1988년 1월 1일부터 발효되었다.

6 Despite our efforts, (　　) labor costs (　　) us to raise our prices.

① reduced – protected
② skyrocketed – compelled
③ decreased of – caused
④ sharp rise of – prevent

7 In case of a firm offer, (　　).

① the offeror may revoke it at any time.
② the offeree may accept it within its validity.
③ it can be amended or revoked without prior notice by the offeror.
④ it must be accepted with the consent from the offeror.

8 It is a doucument of title which refer to an order given by an owner of goods to a person in possession of them, e.g. carrier or warehousemen.

① Bill of Exchange
② Warehouse warranty
③ Certificate of receipt
④ Delivery order

9 준거법(proper law)에 관한 설명 중 옳지 못한 것은?

① 우리나라에서는 섭외사법에서 준거법을 규정하고 있다.
② 섭외사법을 국제사법이라고도 한다.
③ 준거법이란 적용하여야 할 법을 말한다.
④ 무역계약에서 준거법에 관한 규정을 설명할 필요가 없다.

10 The Buyers (　　) alter quantities or cancel order if not shipped by the expressly stipulated date.

① reserve the right to
② the right to reserve
③ the right reserve to
④ reserve to the right

11 Since the market is slow up, we advise you to buy the goods before ( ).

① the market becomes dull ② the market loose briskness
③ the recovery reaches a peak ④ we recover from the bad condition

Answer

1 ②. 쌍무계약은 상호약속의 교환 다시 말해서 각 당사자가 계약자이면서 수익자가 되는 약속을 구성하는 계약이다.

Voca unilateral contract : 편무계약. consensual contract : 낙성계약 | remunerative : 수지가 맞는 | remuneration : 보수. 최근에는 compensation이란 단어를 자주 사용한다.

2 ①. 견본에 의거하여 매도된 물품은 목적지에 도착하자마자 견본과 완전히 일치하여야 한다는 것이 매도인에 의하여 보장되어야 한다.

Voca guarantee : 보증하다, 다짐하다 | conform : 따르다, 일치하다 | surveyor : 조사관, 검역관

3 ④. 당사는 상품목록과 가격표를 동봉한 귀사의 5월 11일자 서한을 받았고 다음과 같이 시험삼아 소량주문을 하게 되어 기쁩니다.

Voca by way of trial : 시험삼아 | price list : 가격표 | trial and error : 시행착오

4 ③

E 권리침해조항(infringement clause)이란 매수인의 지시에 따른 권리침해에 대하여 매수인은 매도인에게 어떤 피해를 입혀서는 안 된다는 조항을 말하며, 매도인은 매수인에게 권리침해에 대한 책임을 부담하지 않는다.

Voca force majeure clause(불가항력조항) : 불가항력에 의해 계약의 이행이 지체되거나 불가능하게 되었을 때 대비하는 조항 | escalation clause(신축조항) : 시황에 따라 가격이 변할 수 있다는 조항 | unknown clause(부지약관) : 컨테이너 화물의 경우 적입된 물품의 상태와 명세는 운송인이 알 수 없으므로 적입된 물품의 상태에 대해서는 운송인이 책임을 지지 않는다는 약관.

5 ③

E 비엔나협약 제1조 1항에 의하면 다음과 같은 경우에 영업소가 상이한 국가에 있는 당사자 간의 물품매매계약에 적용된다. 당해 국가가 모두 체약국의 경우 또는 국제사법의 규칙에 따라 어느 체약국의 법률을 적용하게 되는 경우. 따라서 ③이 틀리다.

6 ②. 당사의 노력에도 불구하고 급등하는 노동비용으로 인해 당사는 당사의 가격을 인상하지 않을 수 없습니다.

Voca skyrocket : (물가를) 급등시키다, (명성 등을) 높이다 | compel : 억지로 (무리하게)~시키다, 강요하다 | reduced : 줄인, 축소한, 할인한 | protect : 보호하다, 막다 | sharp rise : 가파른 상승 | prevent : 막다, 방해하여 ~하지 못하게 하다(from).

7 ②. 확정 오퍼의 경우에 피청약자는 그 유효기간 내에 이를 승낙할 수 있다.

Voca in case of : ~의 경우에는 | firm offer : 확정 오퍼 | offeree : 피청약자. employer and employee | validity : 효력, 유효성, 합법성. valid 반 invalid. effective 반 ineffective | amendment : 개정, 수정(안) | revision : 정정 | correction : 수정

8 ④. 인도지시서란 물품의 소유자가 물품을 점유하고 있는 자, 예를 들면 운송인 또는 창고업자에게 주어지는 지시를 말하는 권리증권이다.

Voca in possession of : ~을 소유(점유)하여 | e.g. : for example, 예를 들면 | I.e. : that is | warehousemen : 창고업자, 창고관리인 | warehouse warranty : 창고 보증서

9 ④

E 무역거래는 법률제도를 달리하는 당사자 간의 매매이므로 계약내용의 해석에 대해 의견차이나 분쟁이 발생할 우려가 있다. 이때 적용하는 법이 준거법(proper law, governing law)이다. 우리나라에서는 섭외사법, 즉 국제사법에서 준거법을 규정하고 있다.

10 ①. 명시적으로 규정된 일자까지 선적되지 않는 경우 매수인은 수량을 변경하거나 주문을 취소할 권리를 유보한다.

Voca reserve the right to do : ~할 권리를 유보하다. reserve는 '예약하다' 라는 뜻에서는 book과 동일한 의미로 사용된다. | Indian reservation : 인디안 보호 | reserve the right of disposal : 처분권을 유보하다 | reserve the space of : ~의 선복을 예약하다

11 ③. 시황이 천천히 상승하고 있으므로 당사는 귀사가 회복이 고점에 이르기 전에 물품을 구매할 것을 권고 드립니다.

E 시황이 고점에 이르기 전에 물건을 구매하라는 내용이다. 저점은 trough이다.

Voca slow : 활기가 없는, 경기가 나쁜, 부진한 | dull : 활기가 없는, 침체한, 잘 팔리지 않는 | loose : 풀다, 놓아주다, 자유롭게 하다 | brisk demand : 활발한 수요 | lucrative market : 이윤이 많이 남은 시장

Chapter
07

신용장과 대금결제

대금결제의 중요성을 강조하는 학자들은 무역실무의 약 70%가 대금결제이고, 나머지 30%는 각각 국제운송과 해상보험으로 나누어진다고 주장하기도 한다. 이 같은 주장은 대금결제에 앞서 진행되는 무역조회, 무역관련 계약을 포함시켜 대금결제라고 하는 경우라고 볼 수 있다. 우리나라의 경우 수출입국임을 강조하면서 신용장 도래액을 경제활동 또는 경제성장의 선행경제지표로 사용하기도 하였다. 신용장이 무역거래에서 여전히 중요한 결제수단이기는 하지만 그 상대적 비중은 점차 감소하고 있다.[1] 이 장에서는 다른 형태의 결제방법도 알아보고, 국가 간의 대금결제에 부수되는 외국환거래에 대해서도 설명한다.

7.1 국제무역과 대금결제

물품인도와 대금결제는 중요한 업무이지만 이 두 가지 무역 업무는 무역당사자 간에 이해가 상반하게 된다. 수출업자는 대금확보가 전제되지 않는 한 물품을 인도하지 않으려 하지만, 수입업자는 물품이 확보되지 않으면 대금을 결제하지 않으려고 한다. 이 같이 수출업자와 수입업자 간에 상반되는 이해를 조정하고 물품인도와 대금결제를 원활하게 추진하기 위하여 신용장 방식에 의한 대금결제에는 공신력이 있는 은행이 개입하게 된다.

1. 세계무역에서 신용장 거래의 비중은 약 10%를 차지하고 있다.

7.1.1 대금결제의 중요성

기업은 상품을 팔고 그 대가로 수입(revenue)을 현금 또는 연불(deferred payment) 형태로 얻게 된다. 실탄을 소진한 군인이 전투를 수행할 수 없는 것과 마찬가지로 소득 흐름(income stream)을 확보하지 못한 기업가는 사업을 운영할 자금이 부족하여 운신의 폭이 감소되며, 이 같은 상태가 지속되면 파산하기 마련이다. 무역대금은 상품을 수출한 대가이기 때문에 기업의 입장에서는 제조, 수송, 포장 등의 과정을 거치면서 지출된 상태이고, 대금결제가 이루어지지 않게 된다면 수입(revenue) 또는 현금(cash) 흐름에 장애가 발생하게 된다.

01 Real entrepreneurs never let money out the door if it doesn' t advance the business of the company.

> 진정한 기업가들은 기업의 지출이 회사의 사업을 진보시키지 않는다면 결코 돈을 지출하지 않는다.

02 언제 송장과 관련된 돈이 입금되리라고 기대합니까?

> When do you expect the invoice will be accredited?
>
> **Re** When do you think our bill will be settled down?

Voca accredit. 반 debit

03 A review of our records shows that we have not as yet received your confirmation that we may effect payment to Universal.

> 우리 기록에 대한 검토는 우리가 아직 Universal에 지불한 것에 대한 귀사의 확약을 받지 못했음을 보여준다.
>
> **Re** We just checked again our transaction records that we have not yet received your confirmation without which we are not in such a position of settling down our transaction with the Universal.

7.1.2 무역대금결제의 특성

국내거래와 달리 무역거래는 불확실성과 외환거래라는 특성을 지니게 된다.

Export and Import Financing

Mechanism for financing exports and imports have evolved over the centuries in response to a problem that can be particularly acute in international trade: the lack of trust that exists when one must put faith in a stranger. It may be required the financial devices that have evolved to cope with this problem in the context of international trade: the letter of credit, the draft (or bill of exchange), and the bill of lading.[2]

수출대금결제와 수입대금결제
수출과 수입의 대금결제에 대한 작동 방식은 국제무역에서 특히 심각할 수 있는 문제—특히 낯선 거래자를 믿어야 할 때 있어야 하는 신뢰의 결핍으로 야기되는 문제—에 대응하고자 지난 수세기에 걸쳐서 발달해 왔다. 결제방식은 국제무역 환경에서 이러한 문제들을 해결하기 위하여 발전해 왔으며, 신용장, 환어음, 선화증권과 같은 수단들이 있다.

7.2 외국환

일반적인 상거래에서는 매도인과 매수인이 한 장소에서 만나 매도인은 물품을 인수하고 매수인은 대금을 지급한다. 그러나 국가 간의 거래에서는 이 같은 현금결제가 불가능하기 때문에 환(exchange)을 이용하여 해결한다. 환은 채권과 채무를 현금의 이동이 없이 결제하는 수표, 어음 등과 같은 금융수단을 뜻하며, 주로 은행의 중개에 의하여 환거래가 이루어진다.

2. Hill, p. 527

7.2.1 내국환과 외국환

서울과 충청남도에 위치한 도매상과 소매상 간의 대금결제는 내국환거래이고, 한국의 수출상과 중남미의 수입상 간의 대금결제는 외국환거래가 된다. 외국환거래는 내국환거래와 비교하여 다음과 같은 특징을 지니게 된다. 첫째, 국가 간에 다른 화폐단위를 사용하기 때문에 다른 국가와의 화폐 간에 교환비율문제가 발생한다. 둘째, 환율변동에 따른 환위험이 발생할 수 있다. 셋째, 결제하는 기간에 시일이 소요될 경우에는 이자부담이 발생할 수도 있다. 넷째, 외국환거래에서는 외국환을 사고파는 중개역할을 하는 외국환은행이 필요하게 된다.

7.2.2 송금환과 추심환

송금(remittance)은 채무자가 채권자에게 채무액을 지급하기 위하여 외국환은행에 원화 또는 외화를 지급하고 이를 채권자에게 송금해 줄 것을 위탁하는 경우이고, 이때 사용되는 환을 송금환이라고 한다. 송금환은 채무자가 채권자에게 채무액을 보낸다고 해서 순환이라고도 한다.

추심(collection)은 채권자가 채무자 앞으로 채무의 변제를 요청하는 증서를 발행하여 채권을 회수하는 경우를 뜻하며 이때 사용되는 환을 추심환이라고 하고, 역환이라고 하기도 한다. 예를 들어 수출업자가 수출대금을 회수하기 위하여 결제요청서를 보내는 경우가 이에 해당된다.

7.2.3 당발환과 타발환

당발환은 외국환은행의 입장에서 송금환을 직접 취결하거나 추심하는 경우를 뜻하며, 타발환은 송금환이나 추심을 다른 외국환은행으로부터 받는 경우이다. 당발송금환(outward remittance)은 외국환은행이 송금환을 발행하여 상대 외국환은행에게 송금할 경우를 뜻한다. 그리고 외국에서 송부되어 온 송금환을 결제해 주는 은행의 입장에서 보면 타발송금환(inward remittance)이 되고, 추심하는 은행의 입장에서 보면 당발

추심환(inward collection)이 된다.[3]

7.2.4 현물환과 선물환

외국환의 거래가 매매계약과 동시에 결정되는 것을 현물환(spot exchange)이라고 하고, 일정 기간 후에 일정 환율로 환거래를 할 것을 미리 예약하고 실제의 거래는 그 일정 기간이 지나서 이루어지는 경우를 선물환(forward or futures exchange)이라고 한다.

7.2.5 환어음(draft ; bill of exchange)

환어음은 채권자가 채무자에게 일정한 시일 및 장소에서 채권금액을 지명인 또는 소지인에게 무조건적으로 지급할 것을 위탁하는 요식 · 유가증권을 뜻한다. 환어음은 중세부터 사용되어 왔다고 한다. 오늘날 무역거래에서도 수출업자들은 대금회수를 위하여 환어음을 발행하고 있다.

예를 들어 계약물품을 선적한 수출업자는 관계서류를 첨부하여 수입업자 또는 특정 은행 앞으로 환어음을 발행하여 수출대금의 지급을 요청한다. 따라서 환어음의 발행인은 수출대금의 채권자인 수출업자이고, 환어음의 지급인은 채무자인 수입업자 혹은 수입업자가 지정한 특정 은행이 된다.

환어음은 요식행위이기 때문에 법에서 요구하는 기재사항이 있어야 효력이 발생하고 그 요건 중 어느 하나라도 기재되지 않으면 어음으로 성립할 수 없기 때문에 무효가 된다. 환어음에 관한 준거법은 행위지의 법에 따른다. 환어음과 관련된 국제관행은 영국의 '환어음법' (Bill of Exchange Act, 1882), 국제상업회의소에서 제정된 '추심에 관한 통일규칙' (Uniform Rules for Collection, ICC Publication No.522, 1996) 및 '국제환어음 및 약속어음에 관한 유엔협약' (United Nations Convention on International Bills of Exchange and International Promissory Notes, 1988)에 의하고 있다. 그러나 우

3. Inward-looking Industrialization Strategy는 수입대체적 공업화전략이고, Outward-looking Industrialization Strategy는 수출지향적 공업화전략이다. Outward Bounding은 소심한 성격을 활달한 성격으로 바꾸기 위하여 Outdoor sports를 하면서 심신을 연마하는 과정이다.

리나라 기업이 발급하거나 인수한 환어음이 국내에서 문제가 될 경우에는 우리나라 상법이 적용된다.

7.2.6 환어음의 당사자

환어음의 발행인(drawer)은 환어음을 발행하고 서명하는 채권자이고, 무역거래에서는 수출업자가 된다. 환어음의 지급인(payer)은 환어음상의 금액을 일정한 시기에 지급할 것을 위탁받은 채무자이고, 무역거래에서는 수입업자 또는 수입업자의 거래은행이 된다. 수취인(payee)은 환어음 금액을 지급받을 자로서 발행인이 될 수도 있고, 발행인이 지정한 제3자가 될 수도 있다. 수취인은 환어음의 선의의 소지인(bona-fide holder)이다.

7.2.7 환어음의 종류

1) 무담보어음과 화환어음

환어음만으로 결제가 될 수 있는 어음을 무담보어음(clean bill of exchange)이라 하고 주로 운임, 보험료, 수수료 등의 지급에 이용되었으나 오늘날에는 거의 이용되고 있지 않다. 이와 반대로 선화증권을 비롯한 운송서류가 첨부된 어음을 화환어음(documentary bill of exchange)이라 하고 상품대금을 결제하기 위하여 사용된다. 환어음에 첨부될 서류는 매매계약서 또는 관계서류에 명시되어 있다.

2) 일람불환어음과 기한부환어음

일람불환어음(sight bill)은 지급인이 환어음을 보자마자[4] 지급을 해야 하고, 기한부환어음(usance bill)은 일정 기간 후 지급이 이루어지는 어음을 뜻한다. 후자는 다시 기한부(after sight), 일람 후(after date) 및 확정일(on a fixed date)로 나누어진다.

4. 자발적으로 동시에 지급된다는 의미로서 spontaneously and simultaneously로 해석할 수 있다.

7.2.8 환어음의 기재사항

환어음은 요식증권이기 때문에 기재사항을 준수해야 한다. 기재사항은 필수기재사항과 임의기재사항으로 구분되는데 필수기재사항은 어느 하나가 누락되면 환어음으로서의 법적 효력이나 구속력을 갖지 못하게 된다. 필수기재사항으로는 환어음의 표시, 무조건의 지급위탁문언, 지급인, 지급기일의 표시, 지급지, 수취인, 발행일 및 발행지, 발행인의 기명날인이 있다. 임의기재사항으로는 환어음번호, 환어음 발행근거, 환어음의 발행매수, 대가 문구(valuation clause), 이자 문구가 있다.

7.3 환율의 결정

환율결정이론은 제4장에서 설명하였다. 여기서는 일상생활 또는 간단한 상거래에서 논의되는 환율의 개념을 간단하게 설명하고, 기업가 입장에서는 어떤 이유에서 명목환율보다 실질환율을 선호하는가도 설명한다.

7.3.1 환율(exchange rate)

환율은 외국통화에 대한 자국통화 또는 다른 외국통화 표시의 교환가치를 뜻한다. 환율은 외환의 시장가격이기도 하며, 한 나라 통화의 대외가치를 측정하는 방법이기도 하다. 환율결정이론에서 자주 인용되는 구매력평가설(purchasing power parity)에 의하면 자국통화의 외국상품 및 용역에 대한 실질구매력을 나타내기도 한다.

7.3.2 환율의 표시방법

직접표시방법(direct quotation)은 외국환 1단위에 대하여 자국통화의 교환 대가를 표시하는 자국통화 표시환율이다. U$1 = ₩1,012.10 또는 1euro = ₩1,468.30 같이 나타내는 환율이다. 간접표시방법(indirect quotation)은 자국통화 1단위에 대하여 외국통화의 교환 대가를 표시하는 외국통화 표시환율이다. 전자를 지급계정시세(giving quotation), 후자를 수취계정시세(receiving quotation)이라고도 한다.

7.3.3 크로스환율과 재정환율

크로스환율(cross rate)이란 한 나라의 외환시장에서 기축통화에 대한 자국통화의 환율이 아닌 기축통화와 다른 외국통화 간의 환율을 뜻하고, 교차환율이라고도 한다. 예를 들어 미 달러화에 대한 중국 위안화의 환율 또는 미 달러에 대한 일본 엔화의 환율을 교차환율이라고 한다.

재정환율(arbitration rate)은 미 달러 이외의 통화에 대한 원화의 환율을 뜻한다. 국내시장에서 형성된 원/달러로 환율과 주요 국제금융시장에서 형성된 미화와 미화 이외의 통화 간의 매매중간율(매도환율과 매입환율의 중간 값)에 대한 크로스환율을 이용하여 산출한 환율이다. 재정환율은 다음과 같이 산출한다.

독일의 마르크화와 영국의 파운드화 등과 같이 미국달러 이외의 통화에 대한 원화 환율은 국제금융시장에서 형성되는 기타통화의 대미달러환율로 재정(arbitrage)하여 간접적으로 산출하고 있다. 이때 한국의 대미달러환율을 기준으로 간접적으로 계산된 원화의 파운드화에 대한 환율을 재정환율(arbitrage rate)이라고 하고, 재정환율을 계산하기 위하여 사용된 미국 달러와 영국 파운드의 환율을 크로스레이트(cross rate)라고 한다.

예를 들어, 7월 20일 F/X rate가 U$1,042.50, EUR1,257.78, 100JPY922.16인 경우에 재정환율은 다음과 같이 산출된다.

U$1 = EUR0.8288, U$1 = JPY113.05이라고 할 때 EUR 對 ¥의 환율(cross rate)은 다음과 같다.

EUR0.8288 = U$1 = JPY113.05

$$\text{즉, EUR1} = \frac{\text{JPY113.05}}{0.8288} = \text{JPY1,369.51}$$

$$\text{혹은 JPY1} = \frac{\text{EUR0.8288}}{113.05} = \text{EUR 0.0073}$$

U$1 = ₩1,042.50이고 크로스레이트가 U$1 = JPY113.05일 때 ₩와 ¥의 재정환율은 다음과 같이 산출한다.

$$100¥ = \frac{1{,}042.50}{113.05} \times 100 = ₩91.84$$

7.3.4 실질환율의 산출

1) 명목환율(nominal exchange rate)

명목환율은 일국의 통화가 외국의 통화와 교환되는 비율을 나타낸다.

$$e = \frac{\text{동가의 자국화폐(원)}}{\text{외국화폐 1단위(\$)}} = \text{외국화폐의 상대적인 가치} = ₩/\$\text{(자국화폐 표시방법)}$$

명목환율이 상승한다는 것은 자국화폐의 가치가 외국화폐에 비해 상대적으로 하락한다는 것을 의미한다.

2) 실질환율(real exchange rate)

실질환율은 일국의 상품이 외국의 상품과 교환되는 비율을 나타낸다. 명목환율과 달리 물가상승률을 나타내는 실질환율을 산출하는 절차는 아래와 같다.

$$\varepsilon = \frac{e \times P^f}{P} = \frac{\text{외국상품의 가격}}{\text{자국상품의 가격}} = \frac{\text{동가의 자국상품}}{\text{외국상품 1단위}}$$

$$= \text{(자국화폐로 비교한) 외국상품의 상대적인 가치}$$

실질환율이 상승한다는 것은 자국상품의 가격이 외국상품에 비해 상대적으로 하락하여 수출경쟁력이 상승한다는 것을 의미한다.

3) 연습문제

독일에서 생산한 벤츠의 가격은 25,000유로이고, 미국에서 생산한 캐딜락의 가격은 40,000달러이고, 1유로는 미국의 2달러와 같은 가치이다. 즉, 명목환율은 2이다.

달러를 기준으로 한 유로의 실질환율은 (식 7-1)과 같이 산출된다.

$$\text{실질환율의 계산 : } \varepsilon = \frac{2 \times 25{,}000\text{유로}}{40{,}000\text{달러}} = \frac{50{,}000\text{달러}}{40{,}000\text{달러}} = 1.25 \qquad \text{(식 7-1)}$$

7.4 송장 및 대금결제 관련 무역영어

01 Proforma Invoice

Dear Mr. Smith,

I enclose a proforma invoice for your order for two PB 30-foot SunVoyager vessels. If you have any further queries about the vessels, their specification, and the delivery date, please get in touch with me at any time by fax or phone.

It is a great pleasure to be doing business with you.

Yours sincerely,

> 나는 귀사에서 주문한 30피트 크기의 두 척의 PB SunVoyager에 대한 견적송장을 첨부합니다. 만일 귀사가 이 선박의 특수한 사항 또는 납품일자에 대한 추가적 의문이 있다면 어느 때나 팩스 또는 전화로 내게 연락주기 바랍니다.
> 당사가 귀사와 사업을 같이 하게 된 것은 커다란 기쁨입니다.
> **E** 마지막 문장은 pleasure 다음에 for us라는 의미상의 주어를 넣어서 해석하는 것이 좋다.

02 First Reminder

Dear Mr. Becker,

According to our records, payment of our invoice, no. 35823, sent to you last March, has not yet been made.

우리의 기록에 의하면, 지난해 3월에 귀사한테 보낸 우리송장번호 36823에 대한 지급이 아직까지 되지 않았습니다.

As specified on all our estimates and invoices our terms of business are 30 days net. Our invoice dispatched to you has now been outstanding for 90 days.

당사의 모든 견적서와 송장에 명시된 바와 같이 당사의 기업거래에 대한 조건은 30일 이내에 결제되어야 합니다. 당신에게 발송한 송장은 이미 90일 지나서도 미결제상태로 있습니다.

In the case of unsettled debts of this duration it is our company policy to take legal action.

이 같이 상당기간 동안 결제되지 않은 경우에 대한 당사의 정책은 법적 소송의 제기입니다.

We would naturally prefer not to have to go so far. Would you please send us a cheque by return? In case you have lost/mislaid the original I am enclosing a copy of our invoice.

우리는 당연히 그런 법적 소송으로까지 진행되는 것을 선호하지 않습니다. 죄송하지만 귀사가 당사 앞으로 송장을 받은 것에 대하여 수표를 보내주겠습니까? 귀사가 원본을 분실하였거나, 잘못된 서류분류를 한 경우에 대비하여 당사 송장의 사본을 첨부합니다.

We look forward to receiving your payment by return.

당사는 이 편지에 대한 귀사의 대금지급을 기대합니다.

Yours sincerely, Valentina Santinelli (Credit Controller 신용관리자)

03 Second Reminder

Dear Mr. Becker,

Invoice no. 35823

May we again remind you that this account is still overdue. I would like to remind you also that our business terms are 30 days. We supply goods on the understanding of payment by the proper time. May we ask you to settle your account by return.

Yours sincerely,

Valentina Santinelli (Credit Controller)

베커 선생님께,
송장번호 : 35823
이 계좌가 아직까지 지불되지 않은 것을 다시 알려드립니다. 저는 우리의 결제조건이 30일이라는 것을 상기시켜드리고 싶습니다. 당사는 적절한 기간 내에 자불이 될 것이라고 보고 물건을 공급합니다. 이 서신에 대하여 귀사가 회신할 때 결제하기를 바랍니다.

7.5 신용장의 기능과 신용장 통일규칙

7.5.1 신용장의 기능

신용장이란 고객의 지시에 따라 대금결제를 담당하는 은행이 수익자 또는 그 지시인에게 신용장조건에 일치된 서류와 상환으로 물품대금을 지급하거나, 또는 수익자가 발행한 환어음을 지급 또는 인수하거나, 또는 다른 은행에 서류와 상환으로 지급하거나, 또는 수익자가 발행한 환어음을 지급 · 인수 혹은 매입할 권리를 이전한다고 약정하는 서류이다. 줄여서 표현하면, 신용장에 의한 거래라 함은 수입업자의 거래은행이 수출업자가 발행한 환어음을 매입(negotiate), 인수(accept) 또는 지불(pay)하겠다는 확약서에 의한 거래이다. 신용장의 두 가지 주된 기능으로는 무역대금의 결제와 금융의 수단을 들 수 있다.

1) 신용장의 정의

신용장은 무역거래에서 대금결제를 원활하게 진행하고자 은행이 수출업자에게 발행하는 대금결제 확약증서이다. 제6차 신용장 통일규칙 개정(UCP600) 제2조는 신용장을 아래와 같이 정의하고 있다.

Article 2 Definitions

For the purpose of these rules, Credit means any arrangement, however named or described, that is irrevocable and thereby constitute a definite undertaking of the issuing bank to honor a complying presentation.

> **제2조 정의**
> 본 규칙에서 의미하는 신용장은 그 명칭이나 표현에 상관없이 취소불능적이라는 약정으로서 신용자의 조건과 일치하는 제시에 대하여 결제하겠다는 개설은행의 확정적 약속을 의미한다.

2) 신용장의 독립성과 추상성

신용장은 명백히 매매계약 등에 의거하여 발행되는 것이지만, 신용장거래 그 자체는 이들 계약과는 별개의 독립된 거래이고, 이들 계약으로부터 추상화된 것이다. 이 같은 특징을 신용장의 독립성과 추상성이라고 한다.

Credits, by their nature, are separate transactions from the sales or other contracts on which they may be based and banks are in no way concerned with or bound by such contracts, even if any reference whatsoever to such contracts is included in the Credit. Consequently, the understanding of a bank to pay, accept and pay Drafts or negotiate and/or to fulfill any other obligation under the Credit, is not subject to claims or deferences by the Applicant resulting from his relationships with the issuing bank or the Beneficiary.

> 신용장은 그 특성상 신용장이 근거하고 있는 다른 계약 또는 판매와 독립적인 거래이고 은행은 어떤 참고자료라고 할지라도 신용장에 포함된 이 같은 계약에 대하여 우려를 하거나 구속받지 아니한다. 그 결과 신용장과 관련된 어음에 대하여 지급하고 인수하고, 관련된 다른 의무사항에 대하여 협상하고 수행하는 것은 신용장 발행은행 또는 신용장 수익자와의 관계로부터 야기되는 신용장 신청자의 배상과 준수사항의 영향을 받지 않게 된다.
>
> E 신용장거래는 상품거래와 전혀 독립적임을 강조하는 글이다. 그 결과 발행은행에 대하여 수입업자인 신청자가 발행은행 또는 수익자인 수출업자를 상대로 제소하더라고 아무런 구속을 받지 않게 된다.

3) 신용장의 독립성

신용장의 독립성이란 매매계약과 신용장거래는 아무런 상관이 없다는 것이다. 신용장이 개설되면 이 신용장은 그 근거가 되는 매매계약과는 완전히 독립적이며, 매매계약의 내용이 신용장에 아무런 영향을 주지 못하고, 신용장은 독자적인 법률적 성격을 갖게 됨을 뜻한다. 신용장의 독립성으로 가장 큰 혜택을 누리는 당사자는 수익자인 수출업자이다.

4) 신용장의 추상성

신용장의 추상성은 신용장의 당사자들은 서류로 거래를 한다는 뜻이다. 수출업자와 수입업자는 구체적인 상품을 거래하는 것이지만 은행은 상품을 대표하는 서류만을 가지고 모든 판단을 한다는 것이 신용장의 추상성이다.

7.5.2 신용장 발행절차

신용장은 여행자 수표를 사용하여 쉽게 설명할 수 있다. 최근에 와서는 신용카드를 가지고 해외에서 결제하기 때문에 여행자 수표를 예전보다 해외에서 덜 사용한다. 신용카드가 광범위하게 사용되기 이전에는 현금을 가지고 여행하면 도난 등의 위험이 있고 해서, 은행에서 발행한 여행자 수표(Traveller' s Cheque)를 가지고 여행하면서 은행에서 환전하거나 상품을 구입하는 데 사용하였다. 여행자 수표가 현금과 다른 점은 믿을 만한 은행이 보증을 해준다는 점이다.

[그림 7-1]에 나타난 업무흐름과 같이 수입업자가 수출업자를 모르고 거래를 하는 경우가 많기 때문에 수입업자는 거래은행에 소정의 수수료를 주고 신용장을 발급받아서, 이를 수출업자에게 보내면 수출업자가 약정된 상품을 선적하고 선화증권을 받아서 신용장과 같이 매입은행에 제출하면 수출대금을 회수하게 된다. 물론 매입은행은 다시 수입상이 위치한 국가의 발행은행에 대금회수(reimbursement)를 청구하여 결제가 이루어지면 신용장거래를 마치게 된다.

서울에 위치한 '꿈나라 앨범' 회사가 유럽연합에 위치한 백화점으로 상품안내서를 발송하여 거래상담이 오고가고 하다가 영국의 'Mark and Spenser' 백화점과 매매계약서를 체결하였다. 영국의 'Mark and Spenser' 백화점은 거래은행인 HSBC은행에 가서 소정의 수수료를 주고 신용장 개설을 의뢰하고, 발급받은 신용장을 서울에 위치한 '꿈나라 앨범' 회사로 발송하였다. '꿈나라 앨범회사'는 매매계약서에 따라서 상품을 인천항에서 '은파' 호에 선적하고, 선장으로부터 선화증권(Bill of Lading)을 발급받아서 거래은행인 한국외환은행에 가서 신용장과 선화증권을 제시하고 수출대금을 받게 된다. 한국외환은행은 다시 영국의 HSBC은행에 신용장 매입사실을 통지하게 되면, 영국의 HSBC은행을 수출대금결제액을 한국외환은행에 송금해 주게 된다.

그림 7-1 신용장에 의한 결제방식

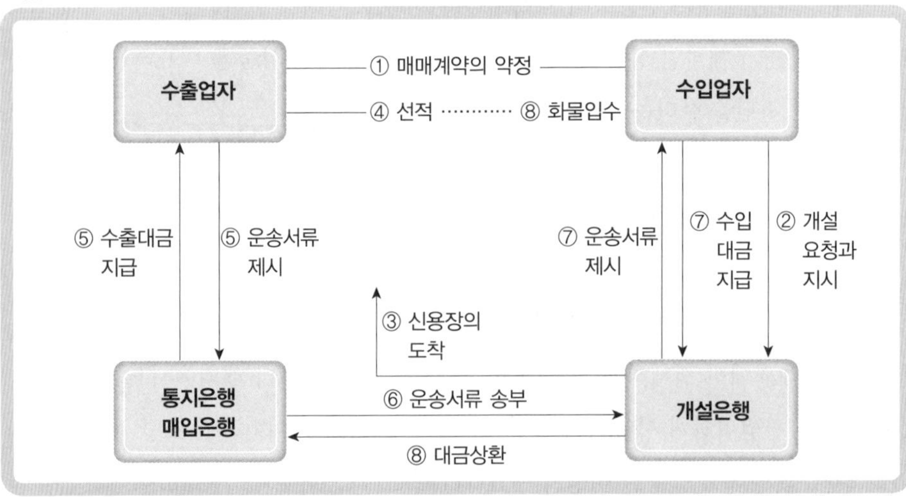

1) 신용장의 실질적 당사자

실질적 당사자는 발행의뢰인, 발행은행, 수익자, 매입은행이다.

2) 관련서류

신용장을 사용하는 경우에 대금지급의 확약은 신용장에서 명시한 서류요건과 실제로 제시된 서류가 일치하는 경우에만 이루어지게 된다. 더 나아가 신용장의 독립추상성의 원칙으로 인하여 신용장 계약은 근거가 되는 계약과 별개의 계약이기 때문에 거래대상 물품이 아닌 서류만을 심사하도록 하고 있다. 신용장에 의한 무역대금을 결제하기 위하여 제시되는 서류는 크게 선화증권 등의 운송서류와 상업송장 · 환어음 ·

원산지 증명서 등의 비운송 서류로 나눌 수 있다.

3) 신용장조건과 불일치되는 하자서류 매입 방법

보증부 매입, 신용장조건 변경 후 매입, 전신조회 후 매입을 들 수 있다.

4) 양도가능 신용장

신용장 통일규칙에서 양도와 관련된 어구로 'transferable' 은 '가능하다' 로, 'transmissible, divisible, assignable' 은 '불가능하다' 로 규정하고 있다.

7.5.3 신용장 통일규칙

신용장 결제방식은 화환어음의 결제에 대한 보증서류로서 널리 이용되고 있어 대금결제 방식으로서 국제무역에서 중요한 위치를 차지하게 되었다. 그러나 신용장의 양식이나 용어해석 및 그 취급관습은 각국마다 달라 신용장 거래에 따른 분쟁 또한 증가하게 되었다. 국제상업회의소는 이 같은 분쟁을 미연에 방지하고 국제무역의 원활한 발전을 촉진하기 위하여 1933년에 "상업화환신용장에 관한 통일규칙 및 관례" (Uniform Customs and Practice for Commercial Documentary Credit : UCP)를 출범시켰다.

신용장 통일규칙은 무역환경의 변화에 따라 대략 10여 년마다 개정되어 왔다. 이 같은 지속적인 개정은 크게 두 가지 원인 때문이다. 운송 및 통신수단의 발달에 따라서 새로운 제도가 도입되기 때문이다. 컨테이너선과 전자서류가 발달함에 따라 기존의 신용장 통일규칙도 그에 맞추어 정정할 필요가 있다. 이 같은 변화는 각각 UCP 제3차 개정과 제5차 개정을 가져오게 하였다. 다른 이유로는 무역서류와 관련된 관습의 변화로 인하여 일치성 판단 기준에 변화를 필요로 하기 때문이다. 가장 최근의 개정은 2010년에 ICC Publication No.600인 제6차 신용장 통일규칙(UCP600)이다.

신용장 통일규칙은 신용장 거래의 준거법으로서 신용장의 기본원리와 각 당사자들 간의 권리와 의무를 규정하고 있다. 그러나 신용장 통일규칙은 강행법규가 아니고 임의법규이기 때문에 관계당사자의 합의에 의해서만 사용되고 만약 다른 특약이 있게 되면 그 특약을 따라야 한다. 그러나 대부분의 신용장에는 국제상업회의소가 제정한 신용장 통일규칙이 신용장의 준거법임을 명백히 표시하고 있다. 따라서 별다른 명시적인 규정이 없으면 신용장 거래의 모든 당사자들은 이 신용장 통일규칙의 구속을 받게 된다.

1) 신용장 통일규칙 제5차 개정

제5차 개정에서는 전자상거래의 증가를 수용하기 위하여 부록에 e-commerce를 포함시켰다.

2) 신용장 통일규칙 제6차 개정

제6차 신용장 통일규칙은 모두 39조항으로 구성되어 있다. 제1조부터 제5조까지는 신용장 통일규칙의 적용범위 및 매매계약과 신용장과의 관계를 규정하고 있다. 제6조에서 제11조까지는 신용장의 이용형태, 유효기일 및 장소, 개설은행과 확인은행의 약정, 신용장의 통지와 조건변경 등에 대하여 규정하고 있다.

제12조에서 제16조까지는 주로 신용장 거래에서 가장 핵심적인 내용인 은행의 서류검토와 관련한 내용을 취급하고 있다. 매입은행, 개설은행 등 관련서류를 검토하고 대금을 지불·상환하게 될 은행들이 서류와 신용장 조건과의 일치 여부를 검토할 때 적용해야 하는 원칙과 해석기준 등이 규정되어 있다.

제17조에서 제28조까지는 수출업자가 은행에 제시해야 하는 서류에 대하여 규정하고 있다. 특히 단일 해상운송에서 복합운송에 이르기까지 다양한 운송형태에 따라 발급되는 운송서류의 수리요건을 상세하게 규정하고 있다.

제29조에서 제37조까지는 과부족 허용문제, 서류의 유효성, 지시받은 은행의 행위 등에 대한 은행의 면책, 신용장 만기일 및 서류 제시일과 관련하여 실무적으로 혼란이 발생할 수 있는 기일과 관련된 용어의 해석기준 등을 제시하고 있다. 제38조와 제39조는 양도가능신용장의 형태 및 신용장 대금의 양도에 대하여 규정하고 있다.

제6차 개정에서는 제28조 1항에서 보험서류는 면책약관(exclusion clause)에 대한 '언급' 을 포함할 수 있다는 내용이 추가되었다. 환어음과 관련하여 UCP600에서는 UCP500과 마찬가지로 별도의 조항이 존재하지 않는다. 그러나 신용장 통일규칙의 보칙인 국제표준은행관행(International Standard Banking Practice : ISBP)에서 환어음에 대하여 규정하고 있고 UCP600으로의 개정과 함께 ISBP645에서 ISBP681로 개정되면서 환어음 관련 조항의 내용도 일부 변경이 있었다.

7.5.4 신용장의 내용[5]

최근에는 정형화된 스위프트 신용장을 사용하지만, 이전의 신용장의 내용을 설명할 필요가 있어서 중요한 내용만 소개하면 다음과 같다.

1) 신용장 당사자

대부분의 신용장은 아래와 같은 문언으로 시작된다. 여기서 We는 개설은행을 뜻하고, you는 수익자를 뜻한다.

We hereby authorize you to value for an amount of USD 50,000 for the account of Silk Road Company.

2) 환어음

어음 만기일 및 어음발행 비율은 다음과 같이 나타낸다.

at sight, 30 days sight, for 70% of invoice cost or value

3) 선적기일

선적기일은 수출업자가 계약물품을 운송수단에 적재할 수 있는 마지막 일자를 의미하고, 선화증권의 발급일자 혹은 본선적재일자이다. 선적해야 하는 최종일이 공휴일이라도 선적기일은 연장되지 않는다. 만일 선적기일의 표시가 없으면 신용장의 유효기일을 선적될 수 있는 최종일로 간주한다.

Shipment must be effected no later than xxx at the latest.

5. 이 부분은 박대위 · 구종순(2012) 7장을 인용하였다.

4) 유효기일

모든 신용장에는 지급 · 연지급 · 인수 또는 매입을 위하여 서류를 제시하여야 할 최종기일과 장소가 명시되어야 한다.

Drafts drawn under the credit must be negotiated by a bank not later than xxx.

5) 분할선적 및 환적

분할선적과 환적조건은 'Yes' 아니면 'No' 로 되어 있으며 아무런 표시가 없으면 허용하는 것으로 본다.

Partial shipments are allowed.
Transhipment is not allowed.

동일한 항로를 따라 동일한 운송수단에 의하여 이루어진 운송서류가 동일한 목적지를 명시하고 있다면, 그 운송서류가 비록 각각 다른 일자나 선적지를 표시하고 있더라도 분할선적으로 간주되지 않는다(신용장 통일규칙 제31조).

일정 기간의 할부선적이 규정된 신용장인 경우 그중 어느 한 선적분이 허용된 기간 내에 선적되지 않았을 경우에는 신용장에 별도의 명시가 없는 한 당해 분할선적분은 물론 그 이후의 모든 선적분에 대해서도 신용장은 무효가 된다(신용장 통일규칙 제32조).

6) 상업송장

상업송장(Commercial Invoice)은 수출업자가 수입업자에게 수출대금을 청구하기 위하여 보내는 거래명세서이고 아래와 같이 표현된다.

Commercial Invoices are in 3 copies.

7) 선화증권

신용장에 선화증권은 아래와 같이 표시되어 있다.

Full set of clean on board ocean bill of lading made out to the order of (issuing bank) marked with freight and notify accountee.

모든 선화증권은 한 세트(set)로 발생되며 발행 통수는 선화증권 제일 마지막 문구에 'Master or agent of the ship has signed on bills of lading' 이라고 해서 기입되는데 일반적으로 3통을 1조로 하여 발행한다. 신용장 취급은행에서는 선박회사가 발행한 3통의 선화증권 모두를 제시받지 않으면 담보권이 확보되었다고 할 수 없으므로 신용장 조건으로 Full Set를 요구하게 된다.

무사고선화증권(Clean B/L)은 선적화물에 아무런 부가사항(clause)이나 비고(remarks)가 없는 완전한 증권이다. 'On Board B/L' 은 선적선화증권이고, 'Ocean B/L' 은 대양을 항해하는 선박이 발행한 선화증권이다. 서류상의 수화인이 실질적 수입업자인 경우에는 수입업자 또는 수입업자가 지정하는 그의 대리인인 수입업자의 통관사가 통지처(Notify Party)가 된다. 수입업자가 은행의 융자로 신용장을 개설하였으면 은행이 수화인이 되고 수입업자는 통지처가 된다.

운임(Freight)은 계약조건이 CFR이나 CIF인 경우에는 선화증권상에 'Freight Paid' 또는 'Freight Prepaid' 로 표시되고, FOB인 경우에는 'Freight Collect' 로 표시된다.

8) 보험서류

가격조건이 CIF 또는 CIP(Carriage and Insurance Paid)인 경우에는 수출업자가 보험서류(insurance documents)를 준비해야 하고 다음과 같다.

Insurance policy or certificate in duplicate, endorsed in blank for 110% of the invoice value expressly stipulating that claims are payable in xxx.

위의 글은 보험증권 및 보험증명서 모두 보험서류로 인정된다고 명시하고 있다. 개별 보험계약에서는 보험증권이 발행되고, 포괄 보험계약에서는 보험증명서가 발급된다. 'endorsed in blank' 는 CIF 또는 CIP 계약에서는 수출업자가 보험계약자가 되고 수입업자가 피보험자가 된다. 그러나 대부분의 경우 수출업자가 자신을 피보험자로 하여 보험계약을 체결한 후 이를 수입업자에게 양도하기 때문에 위와 같이 표현한다.

'110% of the invoice value' 는 보험가입금액을 송장금액의 110%로 해 달라는 요청을 나타낸다. 'claims are payable in xxx' 는 보험사고가 발생할 경우 수입업자가 자신의 지역에서 보상받을 수 있도록 지역을 표시하는 것이다.

9) 매입은행에 대한 지시

신용장에 의하여 어음을 매입하였을 경우에는 사무착오의 방지와 선의의 제3자를 보호하기 위하여 그 사실을 신용장에 기재하도록 매입은행 또는 지급은행에 다음과 같은 지시사항을 명시한다.

The amount and date of negotiation of each draft must be endorsed on the reverse hereof by the negotiating bank.

10) 개설은행의 지급확약 문언

취소불능신용장은 다음과 같은 형식의 지급확약 문언을 지니고 있다.

We hereby agree with the drawers, endorsers, and bona-fide holders that all drafts drawn under and in compliance with the terms of this credit that the same shall be duly honored on due presentation.

> 우리는 신용장의 발행자, 배서자, 그리고 선의의 소지자들이 이 신용장의 조건에 따라서 발행하고, 이 같은 조건을 준수한다면 적절한 제시에 의하여 적절하게 결제할 것을 동의한다.

7.5.5 스위프트 신용장의 내용

우리나라의 주요 은행 등은 모두 스위프트에 가입되어 있어 대부분 신용장 거래는 스위프트 시스템을 이용하고 있다. 스위프트(Society for Worldwide Interbank Financial Telecommunication ; SWIFT)는 금융기관 간에 교환되는 각종 전문(message)을 업무별로 표준화하여, 전세계적으로 구성된 자체통신망을 통해 송수신함으로써, 자금이체 등의 금융업무를 저렴한 비용으로 신속하고 정확하게 처리하기 위하여 조직된 정보통신망이다. 스위프트 신용장은 기존의 신용장과 전혀 다른 것이 아니라 신용장의 내용을 컴퓨터 통신망을 사용하여 전달하기 때문에 신용장 내용이 정형화(format)되어 있을 뿐이다. 화환신용자의 발행 내용 정형화된 양식은 'M/T 700/701' 이고 'M/T 700' 에 의한 화환신용장의 필수사항으로는 개설된 신용장의 순서(sequence of total), 화환신용장 형태(form of documentary credit), 화환신용장의 개설번호(documentary credit number), 유효기일 및 장소(date and place of expiry), 개설의뢰인(applicant), 수익자(beneficiary), 통화 및 신용장 금액의 표시(currency code, amount), 결제유형(available with Koexkrse by Negotiation), 확인에 대한 지시사항(confirmation instruction)을 들 수 있다. 임의사항으로는 사전통지 참고번호, 발급일자, 개설은행, 신용장금액의 과부족 허용한도액, 기타 추가금액, 환어음에 대한 사항, 분할선적, 환적 등에 대한 사항을 들 수 있다.

7.5.6 신용장의 종류

1) 상환청구가능신용장과 상환청구불능신용장

만일 화환어음이 신용장의 조건과 일치하지 않게 발행되었을 경우에는 어음지급인은 지불을 거절할 수 있다. 이 같은 상황에서 선의의 어음소지자가 어음발행인에게 상환청구를 할 수 있는가, 아니면 없는가에 따라서 상환청구가능신용장(With Recourse Credit)과 상환청구불능신용장(Without Resource Credit)으로 구분할 수 있다. 그러나 현실적으로 신용장의 기재와 관계없이 어음법에 따라서 상환 여부가 결정된다. 예를 들어 우리나라 어음법에는 상환청구불능을 인정하고 있지 않기 때문에 상환청구불능신용장을 받는다 하더라고 하등의 효력이 없기 때문에 이 같은 구분은 실효성이 없다고 할 수 있다.

2) 매입신용장과 지급신용장

신용장에 의하여 발행되는 환어음이 매입될 것을 예상하고 이를 허용하고 있는 신용장을 매입신용장이라고 한다. 이 신용장에서는 개설은행이 어음의 발행인, 배서인, 선의의 소지인에게 지급을 확약하게 된다. 지급신용장은 개설은행이 해외의 본 · 지점 또는 예치환거래은행에 대하여 일정한 운송서류와 상환으로 지급해 줄 것을 위탁하는 결제방법으로서 화환어음도 지급은행 앞으로 발행하고 지급통화도 수익자의 자국통화로 된다.

3) 내국신용장(Local L/C)

원신용장(original credit)의 수익자인 수출업자가 수출상품 생산에 필요한 원료를 조달하기 위하여 원료 공급업자 앞으로 자기가 받은 신용장을 담보로 하여 자사의 거래은행으로 하여금 제2의 신용장을 개설할 것을 요청하면, 거래은행은 제2의 신용장을 개설해 줄 수 있다. 이와 같은 방법으로 개설된 신용장을 내국신용장이라고 하고, 이는 국내에서 원자재를 구매할 때 사용된다. 국내 제조업자가 수출용 원자재를 내국신용장에 의하여 조달하게 되면 부가가치세가 영세율로 적용되는 등 금융 · 세제 측면에서 원신용장과 동일한 혜택을 받게 된다.

7.5.7 전자신용장 통일규칙(e-UCP)

산업혁명 이후 국제 간의 무역거래를 지배해 온 거래방식은 권리증권(document of title)의 거래를 목적으로 하는 서류거래방식(paper-based transaction)이었다. 그러나 1990년대에 와서 정보통신기술의 발달과 함께 도입된 무서류 거래방식을 근간으로 하는 전자상거래방식(electronic commerce)이 그 영역을 빠른 속도로 확장해 가고 있다.

이 같은 변화에 부응하기 위하여 화환신용장 통일규칙을 보완하고 전자신용장에 대한 통일규칙을 마련하기 위하여 국제상업회의소의 은행위원회에서 전자적 제시를 위한 UCP의 보칙(Supplement to UCP 500 for Electronic-Version 1.0)으로 'e-UCP'를 제정하여 2002년 4월부터 적용하고 있다. 이 추록은 종이문서 위주의 신용장에 갈음하는 전자신용장의 처리에 관한 내용을 규정하고 있으며 화환신용장 통일규칙을 보완하고 있다.

e-UCP는 화환신용장 통일규칙을 보완하는 것이기 때문에 전자신용장에 e-UCP를 따른다는 준거문언만 있고 화환신용장 통일규칙의 적용 여부에 대하여 아무런 언급이 없더라도 화환신용장 통일규칙은 자동적으로 적용된다. 만일 e-UCP와 화환신용장

통일규칙이 적용하는 과정에서 상충될 경우에는 e-UCP를 우선 적용한다.[6]

7.5.8 신용장에 의한 기한부지급(Usance Payment)

선적인의 기한부지급(Shipper' s Usance Payment)은 신용장 방식에서 수출업자가 수입업자에게 일정 기간 동안 지급유예를 해주는 방식으로 수입업자는 수출업자와의 계약에 의하여 원금과 이자를 지급하고, 매입은행은 환어음의 매입에 개입하지 않는 결제방식이다. 은행의 기한부지급(Banker' s Usance Payment)은 은행이 기한부 환어음을 인수 및 할인하여 어음 금액 전액을 매입은행을 통하여 수출업자에게 지급해 주는 방식으로서 인수은행은 인수 수수료와 할인료를 발행은행에 청구하는 결제방식이다.

7.6 신용장 관련 무역영어

01 An issuing bank authorizes or requests another bank to confirm its Irrevocable Credit No. 2424 AB.

> 발행은행은 취소불능신용장 No.2424 AB에 대한 확인을 관련된 다른 은행에 요구하거나 위임할 수 있는 은행이다.
>
> **Re** An issuing bank is the only eligible bank for providing an authorization or a request to the relevant banks to confirm its validity of Irrevocable Credit No. 2424 AB unless it specifies otherwise.
>
> **E** Re는 원문을 구체적으로 표현하고 있다.

02 We advised the beneficiary your letter of credit No. 1007.

> 우리는 귀사의 신용장 No.1007을 수익자에게 통보하였다.
>
> **Re** We advised the beneficiary of your letter of credit No. 1007.

6. 신법이 구법에 우선하고, 특별법은 일반법에 우선하는 경우라고 할 수 있다.

03 An Irrevocable Credit constitutes a definite undertaking of the Issuing Bank, (provided that the stipulated documents are presented) to the Nominated Bank or to the Issuing Bank and that (the terms and conditions of the Credit are compiled with).

> 취소불능신용장은 규정된 서류가 제시되었음이 입증되었을 때, 지정은행 또는 발행은행과 신용장의 조건과 상태가 일치하는 것에 대한 발행은행의 명확한 보증으로 구성된다.

04 Your Sales Note No. 3007 has been arrived today. After having checked it precisely, we forwarded the duplicate duly signed by us on July 15, 2012 by DHL No. 36579.

> 귀사의 판매계약서 3007호를 오늘 받았습니다. 이 계약서를 면밀하게 검토한 후에 당사는 정식으로 서명해서 2012년 7월 15일에 사본을 36579호편으로 발송하였습니다.
>
> **Re** After having probed Your Sales No. 3007 which arrived today, we dispatched the duplicate with a due signature of our company via DHL No. 36579 dated on July 15, 2012.

05 We have arranged with the Bank of America for an Irrevocable letter of credit in your favor for USD 956,000. The advising bank, Korea Exchange Bank in Seoul, will send you the L/C in a fortnight time.

> 당사는 귀사를 수익자로 하여 미화 956,000달러에 대한 취소불능신용장을 아메리카은행에서 개설하도록 준비하였습니다. 서울에 있는 통지은행인 한국외환은행이 2주 지나서 신용장을 보내주게 됩니다.
>
> **Re** We have asked to the Bank of America to issue an Irrevocalbe letter of credit for you at the amount of USD 956,000 which will be arrived to you in two weeks time by the advising bank, Korea Exchange Bank, Seoul.

06 This order is important in terms of inducing potential customers in the long run. We would like to ask you to ship them as soon as possible and pay your close attention to the packing of the products.

> 이 주문은 장기적으로 잠재적 고객을 유치하는 관점에서 중요합니다. 가급적 조속히 선적하고

포장에 각별한 주의를 해주기 바랍니다.

07 We would like to have the shipping samples before the shipment. Could you kindly inform the completion of shipment by fax or E-mail?

선적 전에 선적견본을 보내주십시오. 선적종료를 팩스 또는 이메일로 알려주실수 있습니까?

All the Best,
President Alasdair Smith

08 We ask you to extend the validity and the shipment time of the Letter of Credit to August 30 and September 15 respectively.

신용장의 유효기간과 선적시기를 각각 8월 30일과 9월 15일까지 연장해 줄 것을 요청합니다.
Re Could you kindly extend the validity and the shipment time of the Letter of Credit to August 30 and September 15 respectively?

09 The amount of our credit will cover not only the amount of your invoice but also the cost of freight and insurance to meet your CIF Busan quotation.

귀사가 당사에 제시한 부산항 CIF 조건을 충족시키기 위하여 당사 신용장의 금액은 송장금액뿐만 아니라 운임과 보험료을 포함하게 됩니다.

10 In order to cover the shipment, we have drawn today on you at sight and ask you to pay our bill when it is suggested.

선적을 결제하기 위하여 자사는 귀사 앞으로 일람불어음을 발행하였고, 우리의 어음이 제시될 경우에 지급해 주기를 원합니다.

7.7 신용장 이외의 방법에 의한 결제

7.7.1 송금방식에 의한 결제

송금(remittance)은 채무자가 채무금액을 채권자에게 송부함으로써 채권 · 채무관계를 정산하는 것을 의미한다. 신용장 방식의 거래에서는 개설은행의 지급확약 등 여러 가지 은행 업무를 이용하는 데 비례하여 수수료가 많이 소요되고 매매당사자와 은행 간에 복잡한 법률관계가 형성되기도 한다. 그리고 D/A 또는 D/P 방식의 거래에서도 은행의 지급확약은 없지만 추심의뢰은행이 추심서류를 송부하는 등 일정한 추심절차가 있기 마련이고, 상당한 추심수수료가 소요된다.

이와 대조적으로 송금방식의 거래에서는 수출업자가 화물을 찾을 수 있는 운송서류를 수입업자에게 직접 송부하고, 수입업자도 수입대금을 수출업자에게 직접 송금하기 때문에 은행의 지급확약이 필요 없을 뿐만 아니라 서류송부절차도 생략된다. 종합적으로 볼 때 송금방식은 다른 결제방식에 비하여 금융거래비용이 적게 소요될 뿐만 아니라 결제과정도 매우 간단하다.

그러나 송금방식의 거래에서는 은행의 지급확약이 없기 때문에 대금회수불능의 위험이나 상품입수불능의 위험이 발생할 수도 있다. 예를 들어 사전에 송금하기로 약정되었다면 수업업자는 계약물품을 정확히 받을 수 있는지 궁금하고, 이와 반대로 사후에 송금하기로 한 경우에는 수출업자가 대금을 받을 수 있는지 궁금하게 된다.

이 같은 이유에서 송금방식은 두 당사자가 신뢰할 수 있을 만한 관계이거나 본 · 지사 간의 거래에 많이 활용되고 있다. 최근 우리나라 수출 형식(pattern)이 본사(parent company)와 해외지사(foreign affiliates) 간의 거래 형태로 전환됨에 따라서 송금방식에 의한 결제가 증가하고 있다.

1) 송금환의 종류

송금환에는 송금수표(demand draft), 우편송금환(mail transfer ; M/T), 전신송금환(telegraphic transfer ; T/T)이 있다. 전신송금환을 이용하여 결제하는 경우를 실무상

'T/T base' 라고 하는데 대금결제과정이 단순하기 때문에 최근 우리나라 수출거래에서 많이 활용되고 있다.

2) 송금시기

사전송금(cash with order)은 수입업자가 물품을 받아보기 전에 미리 대금을 수출업자에게 송금(cash in advance)해 주기 때문에 수출업자는 선적 전에 수출대금을 받을 수 있다. 사후송금은 수출물품의 인도와 동시에 또는 인도 후 일정 기간 이내에 수출대금 전액을 외국환은행을 통하여 송금받는 거래이다. 현금상환방식(cash on delivery)은 물품과 현금을 맞바꾸는 결제방식을 뜻한다. 서류상환방식은 물품 대신 물품을 찾을 수 있는 서류와 상환하여 대금을 지급하는 방식을 뜻한다. 상호계산(open account)은 상품을 선적할 때마다 대금을 결제하지 않고 장부에 기입해 두었다가 일정 기간, 예를 들면 3개월 단위로 상호간에 상쇄하고 그 차액만을 결제한다.

7.7.2 추심방식

송금방식은 채무자가 채권자에게 채무대금을 송금하는 방식이고, 추심은 이와 반대로 채권자가 채무자로 하여금 지급을 하게끔 요청하는 방식이다. 다르게 표현하면 송금방식은 채무자로부터 결제 행위가 시작되는 반면에 추심방식은 채권자로부터 결제 행위가 시작된다.

국내거래에서는 보통 채무자인 매수인이 매입대금 결제용 어음을 발행하지만 무역거래에서는 이와 반대로 채권자인 매도인이 매수인이나 매수인의 거래은행을 지급인(drawee)으로 하는 환어음(bill of exchange or draft)을 발행하여 수출대금을 회수하는 추심환(collection) 방식이 주로 활용되고 있다. 신용장에 의한 결제방식도 수출업자인 채권자가 채무자 앞으로 환어음을 발행하기 때문에 채권 · 채무의 청산과정으로 보면 추심에 해당된다. 그러나 무역거래에서 언급하는 추심방식에 의한 결제는 은행의 지급확약 없이 당사자들 간의 매매계약에 의하여 수출업자가 화환추심어음(bill of documentary collection)을 발행하여 수입업자로부터 수출대금을 회수하는 경우를 뜻한다.

1) 화환어음과 무담보어음

환어음결제는 선적서류의 유무에 따라서 화환어음과 무담보어음으로 구분된다. 무역거래에서 사용되는 어음은 선화증권이나 보험증권 등의 선적서류가 담보물로 첨부되는 화환어음(documentary bill of exchange)이 대부분이다. 그러나 운임이나 보험료를 비롯하여 용역거래의 경우에는 선적서류 없이 어음만으로 결제하는 방식의 무담보어음(Clean Bill of Exchange)이 이용되기도 하였다.

2) 결제시기에 따른 구분

환어음은 결제시기에 따라 기한부어음(usance draft)과 일람불어음(sight draft)으로 구분된다. 기한부어음의 경우 수입업자는 수입지은행으로부터 어음이 제시되면 어음의 이면에 "Accept on" 이라고 어음을 제시받은 날짜를 표기하고 서명을 하면 대금을 즉시 결제하지 않고도 은행으로부터 선적서류를 인도받을 수 있고, 대금결제는 매매당사자 간에 사전에 합의된 어음조건에 따라 일정 기간 후에 이루어지게 된다. 이 같은 경우 어음의 지급인인 수입업자의 서명은 어음의 만기일에 대금을 지급하겠다는 확약을 인수(acceptance)라고 한다. 기한부어음에 의한 대금결제를 인수도조건(Documents against Acceptance ; D/A)이라고 한다.

이에 반해 일람불어음의 경우 수출업자가 환어음과 함께 선적서류를 자신의 거래은행을 통해 수입지의 지점이나 거래은행에 송부하여 추심을 의뢰하면, 수입업자는 어음을 받아보는 즉시 대금을 지급해야만 화물인수에 필요한 선적서류를 입수할 수 있고, 이 같은 대금결제방식을 지급도조건(Documents against Payment ; D/P)이라고 한다.

3) 추심방식의 특성

D/A · D/P 거래는 당사자 간에 매매계약에 의해서만 거래가 이루어지기 때문에 선수출계약서에 의한 거래라고도 하고, 신용장 거래에 비하여 다음과 같은 특성을 지니고 있다. 신용장 거래에서는 수입업자를 대신하여 개설은행이 지급을 확약하지만 D/A · D/P 거래에서는 추심의뢰은행 및 추심은행은 단지 수출대금을 추심할 뿐 지급상의 책임은 지지 않는다. 더 나아가 신용장 거래에서는 신용장의 독립성 · 추상성의 원칙에 따라 수입업자는 개설은행이 제시한 관련된 운송서류를 거절할 수 없지만

D/A · D/P 거래에서는 수입업자는 추심은행이 제시한 환어음과 운송서류를 언제든지 거절할 수 있다. 이 같은 측면에서 D/A · D/P 거래는 수출업자에게 불리한 결제방식이다. 예를 들어 인수도조건(D/A)에서는 수입업자가 인수만으로 운송서류와 화물을 찾아갈 수 있기 때문에 수출대금회수불능의 위험이 상대적으로 높은 편이다. 추심방식의 거래는 당사자 간에 달리 합의된 사항이 없으면 국제상업회의소가 제정한 '추심에 관한 통일규칙' (Uniform Rules for Collections ; ICC Publication No. 522)의 적용을 받는다.

7.7.3 팩터링(Factoring)

팩터(factor ; Del Credere Agent)는 중세 이탈리아에서 발생하여 국제화된 제도로서 수출업자가 외국의 중개업자에게 상품의 판매를 위탁하면 팩터는 일정액의 판매수수료(sales commission) 외에 지급보증의 대가로서 지급보증수수료(del credere commission)까지 추가로 수취하게 된다. 제조업자가 구매자에게 상품을 외상으로 판매한 후 매출채권을 지속적으로 매입하면서 제조업자에게 대금회수, 매출채권 관리, 부실채권의 보호, 전도금융 등의 혜택을 제공하는 서비스를 Factoring이라고 한다.

7.7.4 포페이팅(Forfaiting) 결제

포페이팅은 현금을 받은 대가로 채권을 포기 또는 양도한다는 뜻으로 무역거래에서 수출업자가 발행한 기한부어음을 포페이터(forfaiter)가 할인 · 매입해 주는 금융기법이다. 따라서 포페이팅은 신용장, D/A 및 D/P 등과 같은 대금결제방식이라기보다 주로 신용장 하에서 발행된 기한부 환어음을 포페이터가 할인 · 매입하는 중장기 금융이라고 할 수 있다.

이 같은 결제에는 신용장 매입은행과 유사한 성격의 포페이터와 신용장 개설은행에 해당되는 보증은행(Availsing ; Guaranteeing Bank)이 개입하게 된다. 포페이터는 수출업자가 발행한 연불어음을 할인 · 매입하는 은행이고, 보증은행은 수입업자를 위하여 환어음의 지급을 보증하거나 지급보증서를 발급하는 은행이다. 보증은행의 보증은 취소불능의 무조건 보증이기 때문에 널리 활용되고 있다. 수입업자는 보증은행의 지급보증으로 거래규모가 큰 물품을 연불조건으로 수입할 수 있는 반면에 수출업자는 연불조건의 외상수출이라 하더라도 포페이터로부터 수출대금을 일람조건의 수출과 같이 즉시 받을 수 있다는 장점을 지니고 있다.

연습문제 Exercise

[1] Fill up the blanks with suitable words and translate the following sentences into Korean.

1 Real exchange rates measure international competitiveness, and are therefore more important than ( ) rates in terms of their economic impact.

2 The euro may have a ( ) currency, but it still has many different real exchange rate.

3 The dollar reserves on the balance sheets of Asia' s central banks are likewise a by-product of their government' s exchange-rate policies. In pursuit of a ( ) currency, central banks have diverted savings into low-yielding foreign assets.

4 Are currency traders shamelessly ( ) or essential to the gears of capitalism?

5 ( ) currency refers to those currencies which can be converted to other currency without incurring any frictional cost.

Answer

1 nominal. 실질환율은 국제경쟁력을 측정하고, 그래서 환율이 경제에 주는 충격 측면에서 실질환율이 명목환율보다 중요하다.

2 single. 유로는 아마도 단일 통화를 갖고 있지만, 상당히 다른 실질환율을 가지고 있다.

E 1999년부터 장부상으로 유로를 사용하고, 2002년에 지폐와 동전을 사용하고 있다. Euro zone은 12개국으로 구성되어 있어서 얼핏 보기에는 단일 통화를 사용하고 있지만, 국가마다 물가상승률이 다른 결과 물가수준 차이로 인하여 구매력이 달라지게 된다. 즉, 명목환율은 동일하지만, 구매력이 반영된 실질환율은 달라지게 된다.

3 cheap. 아시아 중앙은행의 대차대조표에 나타난 달러 보유고는 그들 정부의 환율정책의 부산물과 같다. 값싼 통화를 추구하는 과정에서, 중앙은행들은 국내저축을 수익이 낮은 외화자산에 대한 투자로 대체하였다.

E 국내저축(domestic saving)을 가지고 미국국채(Treasury Bond ; TB)를 구입한 과정을 묘사

한 글이다. 이 같은 정책을 채택한 이유는 중상주의적 입장에서 자국의 수출을 증가시키기 위한 시도라고 할 수 있다. 자국통화가 평가절하될수록 수출가격의 인하로 인하여 수출이 증가하게 된다.

4 speculators. 통화 상인들은 뻔뻔스럽게도 투기자인가 아니면 자본주의의 번성에 필수적 존재인가?

5 Hard. 경성통화는 마찰적 비용이 소요됨 없이 다른 통화로 환전되는 통화를 뜻한다.

E 연성통화(soft currency)는 이와 반대의 경우에 해당된다.

[2] Fill up the blanks with suitable words.

1 A (   ) bank refers to such a bank which engages either that it will itself honor a credit already issued by another bank or that such a credit will be honored by the issuer of a third bank.

2 A (   ) bank sends the draft(s) to the overseas bank for collection.

3 The UCP600 is a mandatory contract and completely (   ) of the sales contract. It is concerned only with (   ) and not the goods to which the documents refer. Liability for payment now rests with the (   ) bank and not the buyer.

Answer

1 confirming 2 collecting 3 separate, documents, issuing. 신용장 통일규칙 제6차 개정은 판매계약과 전적으로 분리된 의무적인(obligatory) 계약이다. 그것은 그 서류가 언급하는 물품에 대해서는 관심이 전혀 없고 다만 서류에만 관심을 가질 뿐이다. 이제 분명한 것은 대금결제에 대한 채무는 구매자에게 있지 않고 신용장 발행은행에 있게 된다. (의미를 살리기 위하여 약간 의역하였다.)

[3] What is the fundamental difference between nominal and real exchange rates?

명목환율과 실질환율의 근본적 차이는 무엇인가?

Answer Nominal exchange rate refers to the official exchange rate which does not reflect changes in inflation rates. But real exchange rate can be estimated by making use of an adjustment of the differences in price levels between two countries. What really matters for entrepreneurs is the real exchange rate which takes into account the purchasing-power-parity. Although the euro-zone of the EU uses the single currency of euro, the real exchange rates may differ among member nations due to the differences in inflation rates or purchasing-power-parity.

명목환율은 물가상승률에 대한 변화를 반영하지 않는 공식 환율이다. 이에 반하여, 실질환율은 재화에 대한 두 국가 간의 물가수준의 차이를 조정하여 측정된다. 기업가들에게는 소비자의 구매력평가를 고려하는 실질환율이 더 중요하다. 유럽연합의 유로존 국가들이 단일 화폐인 유로를 사용하고 있지만 회원국 간에 상이한 물가상승률과 구매력으로 인하여 실질환율이 달라지는 것이 바로 이 때문이다.

[4] Translate the following sentences on payment into Korean and rewrite them in another style.

We have instructed Korea Exchange Bank, Seoul to open an Irrevocable Documentary Letter of Credit of USD 750,000. Our banker correspondents will confirm this to the City Bank, in Seattle who will accept your draft on them at 30 days for the amount of your invoice.

당사는 서울에 위치한 한국외환은행에 미화 750,000달러에 해당되는 취소불능화환신용장을 개설해 주도록 지시하였습니다. 당사의 거래은행들은 귀사의 송장금액에 해당되는 귀사의 일람후 30일 출급환어음을 인수할 시애틀에 위치한 시티은행에 확인통지를 하게 됩니다.

Re We have asked Korean Exchange Bank, Seoul, to issue an Irrevocable Documentary Letter of Credit of USD 750,000. Our correspondence banks will confirm this to the City Bank in Seattle which is ready to accept your draft on them at 30 days for covering the amount of your invoice.

[5] Choose correct answers.

1 Cover notes issued by brokers (   ), unless specifically authorized in the Credit.

① will not be accepted ② must be accepted
③ may not be accepted ④ can be accepted

2 수출업자의 입장에서 가장 위험이 큰 대금결제방법은?

① 사전송금 ② D/A ③ Usance L/C ④ Sight L/C

3 신용장의 기본 당사자가 아닌 것은?

① 수익자 ② 상환은행 ③ 개설은행 ④ 확인은행

4 무역거래에서 신용장의 발행주체는 누구인가?

① 수입업자 ② 수출업자의 거래은행
③ 수출업자 ④ 수입업자의 거래은행

5 추심의 당사자에 대한 다음의 설명 중 틀린 것은?

① 추심의뢰인(Principal) : 추심서류를 수입지의 은행으로 송부하는 수출업자의 거래은행
② 추심은행(Collecting Bank) : 추심의뢰은행 이외의 추심과정에 참여하는 은행
③ 제시은행(Presenting Bank) : 수입업자인 지급인에게 직접 추심서류를 제시하는 은행
④ 지급인(Drawee) : 추심서류를 제시받는 수입업자

6 수출업자가 발행한 환어음을 매입・인수 또는 지급할 것을 확약한 것은?

① 선화증권 ② 신용장 ③ 포장명세서 ④ 상업송장

7 신용장에 의하여 대금결제를 받는 당사자는 수출업자이다. 수출업자와 관계없는 것은?

① 수익자 ② 매도인 ③ 송화인 ④ 개설의뢰인

8 D/P 조건에 대한 설명으로 옳은 것은?

① 수출보험에 부보하는 것으로 신용위험을 감소시킬 수 없다.
② 수출업자에게 가장 유리한 대금결제방식이다.
③ 일람출급환어음을 발행하는 조건이다.
④ 신용장 결제방식이다.

9 다음 중 환어음에 대한 설명으로 옳지 않은 것은?

① 환어음은 지급 기일에 무조건 지급을 위탁하는 지급지시서이다.
② 화환어음은 선적서류가 첨부된 환어음을 말한다.
③ 환어음과 약속어음 모두 발행인은 채권자, 즉 수출업자이다.
④ 환어음이 2통으로 발행되는 것은 운송 중의 분실을 방지하려는 것이다.

10 다음에서 설명하는 환어음의 당사자는 누구인가?

지급위탁을 받은 채무자로서 신용장 결제방식에서는 개설은행이 되며 최종적인 지급인은 수입업자이다.

① 발행인 ② 수취인 ③ 선의의 소지인 ④ 지급인

11 환어음의 필수기재사항이 아닌 것은?

① 금액 ② 지급인 ③ 지급기일 ④ 운송서류

Answer

1 ①. 신용장에 별도로 명시되지 않는 한 중개인에 의한 커버문언은 수용되지 않는다.
2 ②. 후불에 해당되는 Usance L/C 중에서 D/P에 비하여 D/A가 더 위험이 크다.
3 ④. 4가지 기본당사자는 수입업자, 개설은행, 상환은행, 수출업자이다.
4 ④. **5** ①. 추심의뢰인은 추심서류를 수출지의 은행으로 송부하는 수입업자의 거래은행
6 ② **7** ④ **8** ③ **9** ③ **10** ④ **11** ②

[6] Mark T if the following statement is true and mark F if it is false.

1 Swift로 개설 · 통지된 신용장에 UCP600이 적용된다는 것을 표시하지 아니하여도 신용장 통일규칙이 적용된다.

2 "Upon receipt of credit conforming documents, we shall cover you in accordance with your instructions"의 상환조항은 일반적으로 상환신용장이라고 부른다.

3 양도가능신용장은 신용장상에 "transferable"이라 명시하여야 된다.

4 Swift 신용장 Field 78 : IF THE CREDIT IS AVAILABLE BY NEGOTIATION, EACH PRESENTATION MUST BE NOTED ON THE RESERVE OF THIS ADVICE BY THE BANK WHERE THE CREDIT IS AVAILABLE. 이 같은 내용이 명시적 표현은 이중매입을 방지하기 위한 의도라고 할 수 있다.

5 외국환거래에서 환거래은행(correspondent bank)은 통상 예치환거래은행(depositary correspondent bank)과 무예치환거래은행(non-depositary correspondent bank)으로 구분할 수 있다.

Answer

1 F. 표시하여야만 적용된다. 2 F. 송금신용장이라고 부른다. 3 T 4 T 5 T

[7] Fill up the blanks on payments with suitable words.

1 The expression 'documentary credits' and 'standby letters of credit' used herein, mean any (   ), however named or described, whereby a bank acting at the request and on the instruction of a thrid party, is to pay or accept bills of exchange drawn by the beneficiary.

① arrangement ② engagement ③ undertaking ④ agreement

2 The buyer may take delivery of the goods by accepting the documents and pay later a fixed period of 120 days or 180 days after the date of the bill of lading or after the date of surrender of documents to the bank.

① Usance Draft ② Payment Instalment
③ Deferred Payment ④ Progressive Payment

3 If an e-UCP Credit allows for presentation of one or more (   ), the Beneficiary is responsible for providing a notice to the Bank to which presentation is made signifying when the presentation is complete. The (   ) may be given as an electronic record or (   ) and must identify the e-UCP Credit to which it relates. Presentation is deemed not to have been made if the

Beneficiary' s notice is not received.

① documents – notice of rejection– electronic format
② electronic records – notice of completeness – paper documents
③ certificates – written confirmation – telecommunication
④ paper documents – presentation – a hyperlink

4 Under the D/A bill, the documents are handed over to consignee from the bank upon his acceptance of the bill, whereas under (　　) the documents are not handed over to the consignee until he pays his bill.

① clean B/L　② documentary bill　③ D/P bill　④ sight bill

5 It is the process in which the firm buys the outstanding invoices of a manufacturer' s customers, keeps the accounts, then obtains payment.

① Loaning　② Delayed payment　③ Factoring　④ Default

6 In the case of a time or usance draft the drawer orders the drawee to pay on a particular date or at a fixed period (　　).

① at the drawee' s option　② in the drawee country
③ until it is accepted　④ at stated date

7 (　　) issued by a bank in Korea in favour of the domestic Supplier is to undertakes the bank' s payment to the Supplier of raw materials or finished goods for exports on behalf of the Exporter.

① Red Clause L/C　② Revolving L/C
③ Local L/C　④ Standby L/C

8 It means a bank, other than the issuing bank, that has discounted or purchased a draft drawn under a letter of credit.

① A accepting bank　② A negotiating bank
③ A paying bank　④ A confirming bank

9 신용장상의 선화증권에 관한 문언 중 Full set of clean on board B/L made out 'to our order' 라고 지시되어 있을 경우 our는 누구를 지칭하는가?

① applicant ② beneficiary
③ negotiation bank ④ opening bank

10 기한부신용장(usance credit)에 관한 다음 설명 중 내용이 잘못된 것은?

① 기한부 매입신용장, 연지급신용장 그리고 인수신용장은 모두 기한부신용장이다.
② 신용장은 모두 환어음 발행지시가 있다.
③ 유예받는 기간 동안의 이자(usance interest) 부담자를 지정하지 않으면 보통 수익자가 그 이자를 부담한다.
④ 수익자의 입장에서 수출환어음 매입 시 환율적용은 일부 후 정기출급이 일람 후 정기출급보다 유리하다.

11 다음 중 결제수단의 표시가 잘못된 것은?

① Extended L/C – 무담보어음(clean bill)
② D/A – 화환어음(documentary bill)
③ Advance remittance base – 전신환(T/T)
④ CAD – 화환어음(documentary bill)

12 결함 선화증권(foul Bill of Lading)이 발행될 경우, 수출상을 위하여 선박회사에 보증각서를 제출하고 무결함 선화증권(Clean Bill of Lading)을 발급받게 되는데, 이 보증 각서를 무엇이라고 하는가?

① Letter of Guarantee ② Letter of Indemnity
③ Letter of Authorization ④ Letter of Instruction

13 국내의 외국환은행이 외국의 외국환은행과 예치환거래계약(depositary correspondent agreement)을 체결하고 외국의 은행에 당좌계좌(current a/c)를 개설했을 경우 외국의 예치환은행이 동 당좌계좌를 부를 때 무엇이라 하는가?

① you're a/c ② their a/c ③ our a/c ④ banker's a/c

14 다음 중 연계무역(counter-trade)에 해당하지 않는 것은?

① 스위치 무역(switch trade)
② 대응구매(counter-purchase)
③ 구상무역(compensation trade)
④ 물물교환 무역(barter trade)

15 This guarantee shall be deemed (　　) upon your receipt of corresponding Bills of Lading duly endorsed by us to be surrendered for only purpose of redemption of the guarantee.

① effective
② to be null and void
③ to be valid
④ graits

16 신용장은 발행의뢰인의 지시와 요청에 의해서만이 아닌 은행 자신을 위하여(its own behalf) 신용장이 발행될 수 있다고 신용장 통일규칙에 규정하고 있는데, 이는 특히 어떠한 신용장 거래의 관행을 고려한 것인가?

① Standby Credit
② Local Credit
③ Red Clause Credit
④ Back to Back Credit

17 다음의 결제조건(terms of payment) 가운데 D/P 방법과 가장 유사하여 흔히 D/P의 유럽(Europe)방식이라 부르는 것은?

① open account　② C.O.D　③ C.W.O　④ C.A.D

Answer

1 ①. 여기에서 사용되는 화환신용장과 보증신용장이란 표현은 그 명칭이나 표기에 관계없이 제3자의 요청 및 지시에 따라 행동하는 은행이 수익자에 의해 발행된 환어음을 지급하거나 인수할 것이라는 모든 약정을 의미한다.

Voca arrangement : 약정, 협정 | engagement : 약속, 계약 | undertaking : 약속, 보증 | agreement : 협정, 계약

2 ①. 기한부 환어음 하에서 매수인은 서류를 인수함으로써 물품을 인수할 수 있고 나중에 지정한 기간, 즉 선화증권일자 혹은 은행에서 서류를 제시하고 120일 후에 지급할 수 있다.

E 이 문장은 usance draft(기한부 환어음)에 대한 설명이다.

3 ②. 만일 e-UCP 신용장이 하나 혹은 그 이상의 전자기록의 제시를 허용하고 있다면, 수익자는 제시가 종료되었을 때 제시를 통지하기로 된 은행에 통지할 책임이 있다. 완료의 통지는 전자기록 혹은 종이문서로도 이루어질 수 있으며 관련된 e-UCP 신용장을 반드시 확인해야 한다. 만일 수익자의 통지가 수신되지 않은 경우에는 제시가 이루어지지 않은 것으로 간주한다.

4 ③

E 인수도와 지급도를 비교하는 문제이다.

5 ③. 팩터링이란 특정 회사가 제조회사 거래처의 미불의 송장을 매수하고 거래를 유지하면서 대금을 회수하는 과정을 말한다.

Voca factoring : 매입 대리업, 채권 매입업 | outstanding : 잔액이 남아 있는 | default : 채무불이행

6 ④. 기한부 어음의 경우에 발행인은 지급인에게 특정일 또는 정해진 일자의 정해진 기간에 지급할 것을 지시한다.

Voca time (usance) draft : 기한부 어음 | stated : 정해진, 명확한

7 ③. 국내 납품업자를 수익자로 하여 한국의 은행에 의해 개설되는 내국 신용장은 수출업자를 대신하여 수출을 위한 원자재나 완제품의 납품업자에게 은행의 지급을 확약하는 것이다.

E 내국신용장(Local L/C)은 수출확대정책의 일환으로 국내원자재를 공급업자에게도 수출업자와 같은 금융혜택을 제공하는 제도이다.

Voca issue a letter of credit, in favor of A수익자, at(in) B발행지 : B지역에서 A를 수익자로 하여 신용장을 발행(개설)하다

8 ②. 매입은행이란 신용장에 의거하여 발행된 환어음을 할인하거나 매수하는 발행은행 이외의 은행을 의미한다.

Voca discounted or purchased가 단서 | purchase : 사다, 구입하다 | accepting bank : 인수은행 | negotiating bank : 매입은행 | paying bank : 지급은행 | confirming bank : 확인은행

9 ④. 당행 지시식으로 작성된 전통의 무사고 선적 선화증권

E to our order(당행 지시식)에서 our은 opening bank(발행은행)를 말한다.

10 ②

E 모든 신용장이 환어음의 발행을 지시하는 것은 아니다. CAD(Cash against Document) 방식은 환어음이 수반되지 않는 방식이다.

11 ④

E CAD 방식은 환어음이 수반되지 않는 방식이다. 현금결제방식은 CWO, COD, CAD 등이고 어음결제방식은 지급도(D/P), 인수도(D/A)이고, 송금환결제방식은 전신송금, 보통(우편)송금, 송금수표이다.

12 ②

E Letter of Indemnity(L/I)(파손화물보상장)란 선적화물에 대하여 사고부 수취서가 작성된 경우 무사고 선화증권의 발급을 얻기 위해 화주가 선주에게 제출하는 각서를 말한다.

13 ②

E their a/c(선방계정)에 대한 설명이다. 이와는 반대로 외국환은행이 해외환거래은행에 개설한 자행명의의 환결제 계정을 our a/c(당방계정)이라 한다.

14 ①

E 스위치 무역(switch trade)은 물품의 수출입계약은 수출상과 수입상이 직접 체결하고 물품도 수출국에서 수입국으로 직접 송부되지만 단지 대금의 결제만은 제3국의 업자를 개입시켜 간접적으로 행하는 무역이다.

15 ②. 이 보증서는 보증서 회수의 목적으로만 제공하는 당사가 정히 배서한 선화증권과 상응하는 것으로서 귀사가 받는 즉시 무효로 간주됩니다.

E 화물선취보증서(letter of guarantee[L/G])에 대한 설명이다.

Voca null and void : 무효인 | corresponding : 상응하는, 일치하는, 유사한 | be deemed to : ~로 간주[생각]된다 | duly : 정식으로, 온당하게 | surrender : 넘겨주다, 인도

하다, 명도하다 | redemption : 상환, 회수, 이행

16 ①

E Standby Credit(보증 신용장)와 관련이 있다. 이는 실물수출입거래에 사용되는 화환신용장이 아니라 보증을 위해 발행되는 무화환신용장으로 수출선수금환급보증, 입찰보증금, 계약이행보증금 등에 사용된다.

17 ④

E CAD(사후송금)는 Cash Against Document로서 '선적서류상환도'이다. 선적서류와 상환으로 대금을 결제하는 방식으로 D/P의 유럽방식이라고도 한다.

Chapter 08

해외직접투자와 경쟁우위의 변화에 따른 무역

원시시대의 무역은 교통과 통신이 발달하지 않아서 아주 소규모로 이루어지거나, 아니면 전쟁을 하는 과정에서 강제적 압류(confistication) 과정에 의해 소유권이 이전되면서 무역이 발생하였다고 볼 수 있다. 이 당시 유행한 문구는 "무역은 국기를 따른다" 이었다. 영어로 다시 표현하면 "Trade follows national flag" 가 된다.

18세기 중엽에 산업혁명이 발생하면서 영국의 고전학파는 자유무역을 주장하였다. 그러나 엄밀히 따지면 고전학파도 '부국강병' (Rich Nation, Strong Army)을 주장하던 중상주의와 맥을 같이 하고 있음을 이해할 필요가 있다. 중상주의는 개인의 자유를 억압하고 국부를 위하여 수출이 수입을 초과하는 순수출을 통하여 금의 보유고를 증가시킴으로써, 이 금을 가지고 무기 또는 용병(mercenary)을 확보하였다. 이에 반하여 고전학파는 스미스(Adam Smith)가 『국부론』에서 분업을 통하여 생산성 증가를 가져올 수 있고, 이를 국제무역에 적용하면 자유무역이 된다고 주장하였다.

리카도는 비교우위 개념을 소개함으로써 무역이 발생하는 원인을 설명하였고, 그 후의 무역이론은 비교우위를 평가하는 데 생산요소, 시장구조, 산업구조를 포함시키면서 발달하게 되었다. 생산설비의 확대능력과 적시에 조달하는 능력도 경쟁우위에 영향을 미치는 요인으로 작용하게 되면서,[1] 특히 독점적 시장이 지닌 제품차별화와 학습효과의 중요성이 부각되면서 경쟁우위의 변화에 대한 파악도 무역에서 중요한 역할을 하게 되었다.

제8장에서는 이동하는 무역업자 역할을 하는 해외직접투자를 설명하고 무역활동에 영향을 미치는 산업경제학, 공공정책, 기업전략에 대하여 설명한다.

1. 한국의 조선산업은 시설확장 능력과 적기 조달로 경쟁우위를 강화하였을 뿐만 아니라, 프리미엄을 추가함으로써 발달하였다.

8.1 해외직접투자

8.1.1 해외직접투자와 해외간접투자

해외직접투자는 경영권 확보를 목적으로 현지에 공장을 세우거나(greenfield investment), 아니면 인수·합병(merger and acquistion ; M&A)을 하는 투자이다. 해외간접투자 또는 포트폴리오 투자는 주식 또는 채권에 대한 투자이다. 제품수명주기설은 제품이 표준화된 경우에는 선진국은 더 고급제품(up-market)을 생산하거나, 아니면 선진국보다 임금이 낮은 개도국에 해외직접투자를 하여 현지에서 생산하여 수입하거나, 다른 국가에 수출하는 과정을 설명한다. 글로벌 다국적기업의 특징 중의 하나는 무역, 해외직접투자, 기술이전을 하나의 묶음으로 보고 글로벌한 생산과 기술의 재배치에 대한 전략을 수립한다는 점이다.

8.1.2 해외직접투자이론[2]

Monopolistic Advantage theory was introduced by Hymer (1963) and further developed by Kindleberger. They maintain that production organizational theory may be more plausible for explaining FDI than international capital migration theory by pointing out the critically important role of ownership.

> 독점적 우위론은 하이머와 킨들버거에 의하여 소개되었다. 그들은 독점적 소유권의 중요성을 강조함으로써 생산조직이론이 자본의 해외이동보다 해외직접투자를 설명하는 데 더 적합하다고 주장한다.

Vernon and Wells (1963) of Harvard Business School simply added the concept of product life cycle and foreign direct investment to the original version

2. 이 부분은 2012년에 석사과정을 마친 중국학생을 지도하면서 쉽고 평이하게 작성한 글을 우리말로 번역하게 되었다.

of technology gap theory introduced by Posner and Hufbaur.

> 하버드 경영대학원의 Vernon과 Wells는 Posner와 Hufbaur에 의해 소개된 원래의 기술격차 이론에 제품수명주기설과 해외직접투자이론을 간단하게 접목하였다.

Voca added = augmented | introduced = developed

After having developed the color TV, the United States export such items until their competitive edge based on technology leadership is eroded. Japan exports color TV to the United States by making use of its relatively cheaper wage rates at the standardized phase.

> 미국은 컬러 TV를 개발한 이후에 자국의 기술적 우위에 기반한 경쟁우위가 잠식될 때까지 TV를 수출할 수 있었다. 일본은 제품이 표준화 시기에 진입한 이후에 상대적으로 싼 임금률을 활용함으로써 미국에 컬러 TV를 수출하게 되었다.

Under these circumstances, two options may be available for the United States: The first option is to accelerate the technology innovation to pioneer the up-market; the second option is to carry out FDI to developing nations whose wage rates are much lower compared to those of US.[3] The United States choose the second option to Indonesia as a means of expediting their exports to the world market.[4]

> 이와 같은 상황에서 미국에게 두 가지 선택이 가능하다, 첫번째는 새로운 시장을 개척하기 위해 기술혁신을 촉진하는 것이고, 두 번째는 미국보다 상대적으로 임금률이 저렴한 개발도상국에 해외직접투자를 하는 것이었다. 미국은 세계시장에 대한 수출증대를 앞당기기 위하여 인도네시아에 대한 해외직접투자를 선택하였다.

The seminal work of Oliver Williamson (1975) on *Market and Hierarchies* revealed the important role of internalization for business activities.

---

3. Investing countries may take into account the political stability and labor docility in order to safeguard their FDI.
4. It takes several years to transform laboratory experiment to commercial technology, thus, US firms choose the second option to save time.

Oliver Williamson의 『시장과 계층』에 대한 뛰어난 연구는 기업활동의 내부화의 중요한 역할을 보여주었다.

Put it another way, firms resort on their internal transactions when the market is imperfect or they would like to retain their own know-how.

다르게 표현하면, 기업은 시장이 불완전하거나 그들의 노하우를 유지하기 위하여 내부 거래를 활용하게 된다.

Their preferences of adopting FDI instead of licensing in order to keep their operation or technology know-how well exemplify such a case. Besides the cost reduction, the retaining and accumulation of management know-how can be another rationale for internalization.

기업이 기술적 노하우를 유지하기 위해 라이센싱보다 FDI를 선호하는 경우는 좋은 예가 될 수 있다. 비용 절감 이외에도 경영 노하우의 유지와 축적은 내부화에 대한 또 다른 합리적 이유가 될 수 있다.

Dunning (1986) introduced the eclectic theory by amalgamating the comparative advantage and incentive packages of hosting countries. The prefix 'eclectic' is used to emphasize the critical role of incentive packages of hosting countries besides the comparative advantage. Dunning further elaborates his initial version into ownership, location, and internalization (OLI) approach. Dunning (2002) maintains that MNEs exert their commands on these three factors as an effective means of fortifying their comparative advantage.

던닝(1986)은 투자를 유치하는 국가의 비교우위와 유인제도들을 통합하여 절충이론을 소개했다. 여기서 '절충적인' 이란 말은 투자유치국의 비교우위뿐만 아니라, 유인제도들의 중요한 역할을 강조하기 위하여 사용된다. 던닝은 더 나아가 소유권, 장소와 내부화 접근에 대한 그의 초기 견해를 부연설명한다.

8.2 경쟁우위의 변화

제2차 세계대전 이후에 대형비행기 시장은 거의 미국의 Boeing이 독점해 오다가 유럽연합의 Airbus가 공동생산을 하면서 미국의 Boeing과 경쟁을 하고 있다. 경쟁우위는 비교우위의 분석에다 시설확장 능력과 적기조달 능력도 반영하고 있고, 고급제품일수록 가격경쟁력보다는 비가격경쟁력의 역할이 증가하게 된다. Boeing과 Airbus는 동태적 규모경제 또는 학습효과를 설명하거나, 공동산업정책, 공동기술정책을 설명하거나, WTO체제 하에서 산업구제제도의 하나인 상계관세를 설명할 때 자주 인용된다. 대중매체의 글을 인용하면서 경쟁우위의 변화를 쉽게 설명하고자 한다.

01 Airbus pipped Boeing in commercial aircraft deliveries for the second year in a row.

에어버스는 (보잉과 치열한 경쟁을 전개하는) 소동을 겪으면서 민간항공기 판매에서 보잉을 2년 연속하여 추월하였다.

Voca pipped = took over = out-striped | row = fuss

Re Having captured with a pivotal momentum in both R&D and marketing arenas by pooling available resources among Western European countries, Airbus has accomplished world championship in commercial aircraft market by outweighing Boeing in consecutive two years.

E 원래 보잉여객기는 제2차 세계대전 당시 미국공군 연료 보급기(tanker)를 개조한 것이다. 공장 크기가 동일하더라도 오랫동안 생산하였거나, 누적적 생산량이 많은 결과 장기평균비용이 하락하는 현상을 동태적 규모경제 또는 학습효과(learning-by-doing)라고 한다. 보잉의 경쟁력은 전형적인 학습효과의 결과이고, 에어버스는 전형적인 전략적 제휴 형태인 공동협력생산(consortium)의 결과라고 할 수 있다. 다른 측면에서 본다면 에어버스는 유럽연합의 공동산업정책의 승리라고 할 수도 있다.

02 The subsidy row between America and Europe is becoming an eternal triangle. In 1992, Europe and America agreed that Airbus's launch aid would be limited to one-third of development costs, while indirect aid to

Boeing would be capped at 4% of its total revenues. But last year America tore up this bilateral deal and demanded an end to Airbus' s launch aid, declaring that the 1992 agreement had required it to be phased out over time. (*Economist*, April 1st, 2005)

미국과 유럽 사이의 보조금 소동은 영원한 삼각관계가 되어가고 있다. 1992년 유럽과 미국은 Airbus가 사업을 착수할 때 보조금을 개발비의 1/3 수준으로 제한하는 반면에, 보잉은 그들의 총수익의 4%선에서 간접적으로 보조해 줄 것에 대해 합의하였다. 그러나 작년 미국은 이러한 양측의 합의를 파기하였고, 에어버스의 보조금 제공의 종결을 요구했으며 1992년 합의는 단계적으로 철폐되어야 할 필요가 있다고 선언하였다.

Voca capped = equipped | row = fuss

Re The subsidy row between the Boeing and Airbus is on the verge of entering into an eternal triangular relationship due to the possible involvement of the WTO. Both sides reached a consensus to limit the Airbus' s launch aid to one-third of development costs and to set the indirect aid of Boeing at proxy 4% of its total revenues. But America breached and scrapped this bilateral agreement and urged to terminate the launch aid of Airbus by making an official announcement for the abolition of the 1992 deal on the basis of gradual step.

03 Why the Airbus–Boeing case could wreck the WTO and how to stop it? The two sides dug into their trench.

어떤 이유에서 에어버스–보잉 사례가 WTO를 파괴할 수 있는지, 그리고 그것을 어떻게 멈출 수 있는지 양측은 (스스로) 그들의 참호에 더 깊이 가두어진 채로 있다.

Voca dug into their trench : 참호에 가두어 있는 대치(confrontation) 상태이지, 상황을 개선하는 노력을 하지 않고 있다.

Re Why the Airbus–Boeing dispute may be ended up with the aground of the voyage of WTO cruiser and what kinds of measures are available to deter such a fiasco. But both sides are seemed to be self–hypnotized by insisting their own arguments without taking into account the feasible realms of compromise.

Voca fiasco는 인위적인 재난이라는 점에서 havoc, calamity, catastrophe와 다르다.

8.3 국제무역과 산업경제학

무역의 흐름만을 보고 경쟁력을 논의하기는 어렵다, 예를 들어 경상수지가 적자인 국가는 수출경쟁력이 상대적으로 뒤져 있다고 평가될 수 있다. 그러나 수출경쟁력은 산업경쟁력의 연장선이라고 볼 수도 있고, 산업경쟁력은 기술경쟁력이 있어야 하고, 기술경쟁력은 자본시장이 기술혁신과 확산을 도울 수 있어야 한다. 그리고 자본시장 또는 금융시장을 어떻게 운영하는가는 특정 국가의 법체계, 제도, 국민의 성격에 의하여 영향을 받게 된다. 따라서 국제무역과 산업경제학 측면에서 경쟁우위의 변화를 설명할 필요가 있다.

01 Merchants have no country. The mere spot they stand on does not constitute so strong an attachment as that from which they draw their gains. They explore the foreign market to materialize their unfulfilled desire to sell more items beyond their own territory.

상인들에게는 조국이 없다. 상인들이 위치한 장소는 그들이 이익을 취할 수 있는 곳만큼 강한 소속감을 주기에는 부족하다. 그들은 더 많은 상품을 팔고자 하는 채우지 못한 욕망을 실현하기 위하여 그들의 국경을 넘어서 외국시장을 모색한다. (Thomas Jefferson : 미국 제3대 대통령)

Voca materilaize = realize : 실현하다

02 Industrial economists have long recognized the importance of foreign competition for domestic market performance.

산업경제학자들은 자국의 시장성과에 영향을 미치는 외국 경쟁의 중요성에 대하여 오랫동안 인식해 왔다.

03 In contrast, international economists have traditionally taken a general equilibrium approach to the analysis of trade flows.

이와 대조적으로, 국제경제학자들은 전통적으로 무역흐름의 분석에 일반균형이론의 접근방법

을 취하여 왔다.

E 예를 들어, 자유무역을 하게 되면 두 국가 간에 파레토 최적을 달성할 수 있다는 주장을 들 수 있다.

04 This analysis has focused on differences across countries in endowments of factors of production—land, labor, capital, and natural resources—to explain international trade.

이와 같은 분석방법은 국제무역을 설명하기 위하여 국가마다 상이한 토지, 노동, 자본과 천연자원과 같은 생산요소의 부존량에 중점을 두어왔다.

05 More recently, economists who study international trade have supplemented their traditional approach to the analysis of trade flows by using industry-level models to explore the impact of market structure on imports and exports.

최근에 국제무역을 전공하는 경제학자들은 시장구조가 수입과 수출에 미치는 영향을 설명하는 산업수준 모형을 사용함으로써 무역흐름 분석에 대한 그들의 전통적인 접근방법을 보완해 오고 있다.

06 This approach emphasizes elements of market structure—scale economies, product differentiation, and transaction costs—as factors motivating trade flows.

이와 같은 접근방법은 무역흐름을 유발하는 요인으로서 규모경제, 제품차별화와 거래비용과 같은 시장구조의 요인들을 강조한다.

07 As might be expected, this new analysis of trade flows draws heavily on the economics of market and firm structure.

예상되는 바와 같이, 무역흐름의 새로운 분석은 시장과 기업구조의 경제를 비중이 있게 다룬다.

Voca as might be ~ed : 예기되는 바와 같이, 역시, 과연

E 국제경제학은 비교우위 또는 경쟁우위의 개념을 크게 논의하고, 국제경영학은 해외시장

진출과 기업내무역 측면에서 분석한다. 무역실무는 이 같은 과정이 집행되는 측면이고, 무역영어는 기업영어 중에서 이 같은 측면을 강조하는 분야라고 할 수 있다.

08 Here we review what industrial economics has to say about trade flows and their impact on domestic market performance.

여기서 우리들은 산업경제학이 무역흐름과, 무역흐름이 국내시장 성과에 미치는 영향에 대해 언급해야 하는 사항들에 대하여 검토한다.

09 Chinese steel maker gets approval for plant. The government wants to replace foreign products with Chinese steel.

중국 철강 제조업자들은 공장허가를 얻고 있다. 정부는 외국제품을 중국제품으로 수입대체하기를 원하고 있다.

Re replace foreign products with Chinese steel = substitute Chinese steel for foreign products

Voca maker = producer

E 해외자본과 기술을 유치하던 중국이 본격적으로 수입대체(import substitution) 국면으로 진입함을 나타내는 글이다. 중국시장에서 계속기업으로서 살아남기 위해서는 임금이 낮고 생산성이 높은 중국기업과 경쟁해야 함을 예시하는 글이기도 하다. 수입대체 산업화 과정 자체가 나쁜 것은 아니고, 부가가치 창출 측면에서 산업구조화를 고도화시키면서 진행시킬 경우에는 바람직함을 보여주는 글이다.

8.4 세계화와 다국적기업

아래 글과 같이 세계화와 지역화의 주된 경제주체는 다국적기업이라고 할 수 있다. 제2차 세계대전 이후에 대두된 대체적 무역이론인 기술격차이론, 제품수명주기설, 산업내무역도 1980년대에 와서는 기업내무역으로 발달하였다. 세계화의 영향이 워낙 광범위해서(pervasive) 경제, 경영, 무역의 흐름, 해외직접투자, 기술협력뿐만 아니라 국제관계와 문화적 측면에서도 지대한 영향을 미치고 있다.

01 During the recent economic downturn, companies adopted survival strategies to protect their core market.

최근 경제가 불황기에 있는 동안, 기업들은 그들의 핵심시장을 보호하기 위한 생존전략을 구사하였다.

Voca adopt = command

02 "The world is going through an incredible amount of change. Globalization has affected almost everything we touch, from economies of capital markets to environmental issues."

세계는 믿을 수 없을 정도로 많은 변화를 겪고 있는 중이다. 세계화는 자본시장부터 환경문제까지 우리가 접촉하는 모든 것에 영향을 미치고 있다.

Re It is almost impossible for us to be free from the pervasive effect of globalization process which influences on a wide range of diversified arenas from trade policy to environmental issues.

03 Fierce Competition in the Retail Market

The observed shift of employment from manufacturing to retailing, the rise in retail product assortment and the emergence of slotting allowances in many retail markets are consistent with the global integration of product market, while higher market integration is best explained by technological change in retailing. (*Kiel Working Paper*, No.1711, June 2011)

소매시장에서의 치열한 경쟁

생산에서 소매에 이르기까지 관측된 고용의 이동과 소매상품 분류의 증가, 많은 소매시장에서의 소매할당량의 대두는 상품시장에서의 세계적인 통합과 부합됨을 보여주는 반면에, 높은 시장통합은 소매시장에서의 기술적 변화를 통해 가장 잘 설명된다.

E 기술적 변화를 도입하기 위해서는 상당한 규모의 투자가 필요하고, 일단 이 같은 변화가 실현되면 새로운 기술변화를 시도한 유통업체는 종전 방식을 답습하는 유통업체에 비하여 강한 경쟁력을 구사하게 된다.

8.5 세계화와 기술격차

다국적기업은 무역, 해외직접투자, 기술이전을 하나의 조합으로 보고 전세계적으로 생산과 기술의 재배치를 하게 된다. 어떤 의미로는 최근의 무역은 다국적기업의 생산 활동을 도와주는 기능으로 수행되기도 한다. 다르게 표현하면 수출을 하다가, 해외시장이 크면 해외직접투자 또는 기술이전을 하고, 부품공장도 이전하면서 원자재, 부자재, 최종재의 무역이 발생하기도 한다. 아래 글은 세계화가 기술격차를 완화시키기 때문에 지구는 평면이라는 주장과 세계화의 진행에도 불구하고 기술격차는 증가하기 때문에 지구는 여전히 둥글다는 주장을 소개하는 글이다.

01 Christopher Columbus pleaded with Spain' s King Ferdinand and Queen Isabella to finance an expedition that would speed access to Indian markets. Columbus' s version for quick access to key markets went against the prevailing scientific view that the world was flat.

> 500년 훨씬 전에 이탈리아 탐험가인 크리스토퍼 콜럼버스는 인도시장으로의 빠른 접근을 위한 탐험을 재정으로 지원해 달라고 페르난도 스페인 왕과 이사벨라 여왕에게 간청하였다. (인도와 같은) 중요한 시장으로의 빠른 접근에 대한 콜럼버스의 견해는 세계는 평평하다는 (당시의) 지배적인 과학적 관점에 어긋나는 것이었다.
>
> **E** Columbus는 항해술을 배우기 위하여 스페인에서 포르투갈로 가서 선장의 딸과 결혼하였다. 그 전에 스페인에서 결혼한 부인에서 얻은 아들과 가까이 지내면서 신세계인 서인도를 가게 되었다. Columbus가 예측한 대로 지구는 평평하지 않고 둥글게 되어 있다.

02 Now, an American author named Thomas Friedman has written a best-selling book concluding that the world is flat after all. And I very much agree with Friedman, who says in his book, *The World is Flat*, that technology and fast access to Asian market are leveling the global playing field which creates, in effect, a 'flat' world. I view technology as the key enabler of the global economy.

최근에 와서 미국 작가인 토마스 프리드만은 결국은 세계가 평평하다는 주장의 베스트셀러 책을 썼다. 그리고 나는 프리드만의 주장에 전적으로 동의한다. 그는 그의 책 『세계는 평평하다』라는 책에서 기술과 아시아시장으로의 빠른 접근은 글로벌 활동분야를 평평하게 하고, 결과적으로 평평한 세계를 만들어냈다고 주장한다. 나는 기술을, (평평한) 글로벌 경제를 가능하게 하는 주된 요인이라고 본다.

E 세계가 기술확산(technology diffusion) 측면에서 평평하다면 개인별 소득분배가 개선되어야 함에도 불구하고, 개인별 소득분배가 국가 내 및 국가 간에 확대되고 있기 때문에 Friedman의 주장을 그대로 수용하기는 어렵다. 즉, 지구는 flat하지 않고, Columbus가 믿은 바와 같이 round하다. 이 글은 일본학자가 쓴 글이고, Friedman은 올리브 나무를 가지고 전투를 하는 종족은 경제 및 문화에서 크게 뒤지고, 일본과 같이 독일의 Mercedes-Benz를 benchmarking한 Lexus는 아주 뛰어난 발전이라고 하였다. 〈부록 D〉에서 설명하겠지만 경제력과 문화의 발달 정도가 비례한다고 보기는 어렵다. 개인별 소득분배(personal income distribution of income)는 로렌츠곡선 또는 지니계수와 같이 주어진 국민소득이 개별 가계에 어떤 상태로 나누어져 있는가를 보여주는 반면에, 기능적 소득분배(functional distribution of income)는 주어진 국민소득이 생산요소의 소유자인 노동자 또는 자본가 간에 어떻게 나누어지는가를 설명한다.

03 Pros: A world integrated through the market should be highly beneficial to the vast majority of the world's inhabitants. (Martin Wolf, 2004)

찬성의견 : 시장을 통하여 통합된 세계는 세계 대다수의 거주자들에게 매우 이로울 것이다.

E Martin Woolf는 영국 Financial Times의 columnist이고, economist이기도 하다. Pros는 찬성하는 경우를, Cons는 반대하는 경우를 뜻한다. 이 글은 소비자의 선택과정이 민주주의 제도에 부합한다는 시카고 학파가 주장하는 소비자주권(consumer sovereignty)과 같은 견해라고 볼 수 있다.

04 Cons: While promoters of globalization proclaim that this model is the rising tide that lift all boats, citizen movements find that it is instead lifting only yacht. (International Forum on Globalization)

반대의견 : 세계화의 옹호자들은 이 세계화 모형이 모든 보트들을 부상시키는 밀물과 같다고 주장하는 반면에, 시민운동 참여자들은 미 모형이 모든 보트를 부상시키는 것이 아니라 요트만을 부상시키게 된다고 주장한다.

8.6 지식기반경제 발전을 위한 기업전략과 공공정책[5]

디지털 격차(digital divide)는 지식기반경제의 발전단계의 차이에서 발생하는 국가 간의 소득격차를 뜻한다. 지식기반경제 발전을 위해서는 기업 차원에서의 기업전략 이외에도 정부 차원의 공공정책도 필요하다. 한국의 지식경제 발전을 위한 정책을 제시하면 다음과 같다.

첫째, 산업조정정책의 연장선상에서 기술혁신촉진정책이 필요하다. 지식집약기업에서 기술혁신과 인적자원이 기업활동의 양축을 구성하고 있다는 점에서 지식기반산업은 유럽 국가들이 강조하는 기술혁신을 가져올 수 있는 산업조정정책의 발달된 형태라고 볼 수도 있다. 미국에서의 지식기반산업은 첨단제조업과 서비스산업을 신경제 맥락에서 강조해 왔지만, 2005년 이후부터 인플레이션이 없는 상태에서의 고도성장을 달성한다는 신경제는 점차적으로 설득력이 약화되고 있다. 미국 신경제의 붕괴가 제시하는 바는 지식집약적인 첨단산업과 서비스산업이 중요하지만, 이 같은 산업이 제조업 전반에 기초를 두고 어느 정도의 연관효과를 가지고 있어야 한다는 점이다.

지식기반경제에서 상대적으로 뒤처진 한국의 기업전략과 공공정책은 단순하게 국가기술혁신체제(national system of innovation) 측면에서의 기술혁신뿐만 아니라, 동태적 유치산업론 측면에서 지식의 생성 · 축적 · 확산을 포함한 기술혁신과 인적자원 개발을 촉진할 수 있는 분위기를 형성하는 데 최우선순위를 둘 필요가 있다. 경영기법 측면에서 한국은 글로벌 마케팅 전략 측면에서 뒤지고 있기 때문에 동태적 유치산업론을 이 같은 전략의 초기 적응단계에 적용할 필요성이 증가하고 있다.

일본은 미국과 유럽국가에 비하여 국가기술혁신체제를 지속적으로 효과적으로 운영하고 있다. 도요타 자체의 기술혁신, post-lean 생산방식, 브랜드 자산 강화와 같은 기업전략도 도요타의 경쟁우위 제고에 크게 기여하였지만, R&D가 지닌 공공재적 성격과 위험요인을 고려할 때 기술혁신 과정에서 발생하는 비용과 위험을 분담하는 일본 정부의 국가기술혁신체제에 대한 공공정책의 지원 없이 도요타가 GM을 추월하기는

5. 이 부분은 황해두, 이성규, 신현주(2010)에서 인용하였다.

거의 불가능하였을 것이다.

둘째, 신유치산업론과 국가기술혁신체제의 수립이 필요하다. 한국 자동차산업은 최근에 괄목할 만한 발전을 달성하였음에도 불구하고 선도기업과의 격차는 여전히 크다고 평가된다. WTO 이전과 같이 무역 및 산업정책을 사용하기는 어렵지만 어떤 기술집약산업 또는 지식기반산업이 잠재적 경쟁우위가 있을 경우에는 시간흐름으로 보면 유치산업이 아닐지 모르지만, 자체 기술개발 능력을 기준으로 보면 유치산업일 수도 있다. 따라서 R&D와 글로벌 마케팅 과정에서 야기되는 기술적 외부효과를 명시적으로 보조해 주지 못하더라도, 관련분야의 기초연구와 인적자원 개발을 장기적 인적자원 개발에 포함시켜서 기업으로 하여금 기술개발 초기단계에서 부담하게 되는 비용과 위험을 다소 경감시켜 줄 필요가 있다.

세계화와 지역화가 진행됨에 따라서 다국적기업은 독점적 경쟁시장에서 무역, 해외직접투자, 기술이전의 조합을 구사하면서 글로벌 마케팅을 활발하게 전개하고 있다. EU는 1984년부터 독자적으로 다년간 공동연구기술개발 프로그램을 추진하였고, ESPRIT(European Strategic Programme for Research in Information Technologies) 계획은 그 핵심 사업 중의 하나였다. 환경과 에너지 기술에도 중점을 두고, 세계 최고의 경쟁력 확보를 위해 과학기술혁신능력 강화가 필수적이라고 강조하는 신리스본전략도 고부가가치 경제로의 전환과 인적자원의 개발이 경쟁력 강화의 원천이며, 첨단산업과 전통산업의 동반성장을 위한 산업조정정책의 개발 및 적용이 필요하다는 것을 강조하고 있다.

셋째, 인적자원 개발정책이 필요하다. 산업에 소요되는 생산 직종뿐만 아니라, 경영 직종과 디자인 직종에 필요한 인력을 효율적으로 양성하기 위하여 기업, 대학교, 연구소 간의 네트워크 체제를 구축하고, 학위보다 실질적 생산과 기술획득 및 확산에 기여할 수 있는 인력을 양성하기 위한 장기적 교육 및 과학기술정책을 수립할 필요가 있다. 균형성장이론이 강조한 측면이 사회간접자본을 활용한 외부효과였다면, 새경제지리학에서 강조하는 측면은 수직적 연관효과와 수평적 협력관계에의 연관효과 극대화를 통한 기술혁신과 마케팅의 상호 상승작용이라고 할 수 있다. 이 같은 측면에서 산업활동과 연관되는 인적자원 개발은 지식기반경제 강화에 필수적인 요소일 뿐만 아니라 그 중요성이 점차적으로 증가하고 있다.

8.7 Rewriting 중심의 무역계약 보완

01 We are not in a position to accept your kind proposal for the time being.

당사는 당분간 귀사의 친절한 거래제의를 수락할 처지가 아닙니다.

Re We would like to accommodate your kind proposal, but our present situation does not allow us to do so for the time being.

02 If your goods prove suitable to our market in price, we are prepared to accept your proposal.

귀사의 상품 가격인 적절하다고 입증되면, 귀사의 제의를 기꺼이 받아들이겠습니다.

Re We are ready to welcome your proposal if your goods have competitive edges in price in our market.

03 We enjoy a good reputation among the local wholesalers.

당사는 국내의 도매업자들 사이에서 좋은 평판을 얻고 있습니다.

Re We are priviledged to have procured our reputation as one of leading wholesalers in the region.

04 Please quote us your lowest FOB Seattle prices for the following goods.

아래 상품에 대하여 귀사의 가장 낮은 FOB 시애틀 가격을 알려주기 바랍니다.

Re We would like to have your lowest FOB Seattle price quotations for the following items.

05 For your information, we are attaching our price list.

귀사가 참고할 수 있도록 가격표를 첨부합니다.

Re We are enclosing our price list for your easy access to the relevant information.

06 Please ensure that these goods are carefully packed and protected against damage. Goods imported here are often subjected to severe handling before they reach us.

이 상품은 조심스럽게 포장하고, 손상을 입지 않도록 보증해야 한다. 이곳에 수입되는 상품들은 당사에 도착하기 전에 거친 취급을 가끔 받는다.

Re We will appreciate your due care for packing these items in order to minimize any kind of damages. Some items have been unloaded as defective ones on arrival which may be caused by the careless handlings.

07 This agreement which has been made in Korea will be governed by Korean domestic law and this agreement will not be changed except by the consent of parties concerned in writing.

한국에서 체결된 본 약정은 한국 국내법의 적용을 받을 것이며 또한 본 약정은 당사자 간에 서면에 의한 합의 없이는 수정되지 아니한다.

Re The Korean domestic law will be reinforced as the governing law for resolving disputes between relevant parties. It is also required to reach a consent in writing in advance for amending this agreement.

08 We would appreciate your accepting this counter offer considering the large quantity required for this project.

당사는 이 공사를 위해 필요한 대량 수량을 고려하는 이 반대청약을 수락해 주시면 감사하겠습니다.

Re It is a great pleasure for us if you kindly accommodate our counter offer which reflects our imperative need to procure a substantial quantity for the completion of this project.

09 Our counter offer is valid only if you can guarantee delivery before November.

귀사가 11월 이전에 상품인도를 보장해 주는 조건으로만 당사의 반대청약이 유효합니다.

Re Our counter offer is effective provided that you certainly keep the delivery date before November.

10 The article you ordered is temporarily out of stock, but we can recommend one of our latest products as a good substitute for it.

귀사가 주문한 물품은 일시적으로 품절이지만, 좋은 대체품으로 당사의 최신 제품 하나를 추천할 수 있습니다.

Re We would like to recommend one of the close substitutes of the very article you requested as this item is not available due to the temporary shortage of inventories.

11 We hope that you would make out your contract note.

귀사가 계약서를 작성해 주기 바랍니다.

Re Could you kindly draft your contract note for us?

12 As to the settlement of account, we agree to your terms.

대금결제에 관하여 당사는 귀사의 조건에 동의합니다.

Re We are pleased to make a blank endorsement on your terms related with the settlement of account.

13 We would like to place large orders if your prices are competitive.

귀사의 가격이 경쟁적이라면 대량 주문을 하고 싶습니다.

Re We may increse our orders to a greater extent if you quote competitive prices.

14 The Silk Road Company, which acts as Principal, hereby appoints the Full Moon Company, which resumes the Agent role. The Agent hereby accepts appointment as the Company' s exclusive agent for the sale of the Products within the Territory on the terms and conditions set for herein.

주인 역할을 하는 실크로드 회사는 대리인 역할을 하는 보름달 회사를 대리인으로 선정한다.

대리인 보름달 회사는 규정된 조건 아래 그 영토 내에서 상품을 판매하기 위하여 독점적 대리인으로 선정된 것을 수락한다.

Re The Silk Road Company and the Full Moon Company have reached an agreement in which the former acts as Principal and the latter behaves as an Exclusive Agent for the promotion of the items produced by the former in the designated region.

15 This watch is completely waterproof, yet light and comfortable. We reckon there may exist a latent potential market for this watch because of its traits of meeting waterproof, light weight and end-user friendly attibute.

이 시계는 완벽한 방수를 자랑하지만, 가볍고 이용하기 편하다. 우리는 이 시계의 완벽한 방수와 가벼운 중량, 최종소비자가 사용하기 편한 속성을 충족시키는 특성 때문에 귀사가 위치한 시장에 잠재적 수요가 있으리라고 판단된다.

Voca 여기서 yet는 거의 'nonetheless, nervertheless'와 같이 '그럼에도 불구하고'라고 해석된다. | feature = facet

Re We believe that there may emerge a latent potential market for this watch which successfully induce customers by demonstrating its salient features on complete waterproof, light weight and amenities based on the end-user friendly design.

8.8 Rewriting 중심의 대금결제 보완

01 Would you please make our Bills of Lading in triplicate.

선화증권을 3통 작성해 주시겠습니까?

Re We would like to have our B/L in triplicate.

02 The balance now standing to your credit amouts to 1 million won.

귀사의 현재의 대변잔액은 1백만원에 달합니다.

Re Your credit balance reaches to 1 million won.

03 This letter is requsest for overdue payment on our draft.

> 이 서신은 자사의 미결제 어음의 지급을 요청하기 위한 것입니다.
>
> **Re** Could you kindly settle down your pending payment on our draft.

04 Please advise beneficiary that we have issued our irrevocable documentary credit as follows.

> 수출업자(수익자)에게 우리가 다음과 같이 취소불능신용장을 발행했다고 통보하기 바랍니다.
>
> **Re** Could you kindly notify beneficiary for the opening of our irrevocable documentary credit as follows?

05 We bring your attention to the fact that the letter of credit has not been advised to us through an advising bank.

> 우리는 신용장을 통지은행을 통하여 통보받지 못한 사실에 대하여 귀사가 주의를 환기시킵니다.
>
> **Re** We would like to inform you of the failure as an advising bank in dispatching advice of the arrival of relevant letter of credit.

06 We would like to point out that the ordered goods are to be shipped on FOB basis while your L/C is described as CIF basis.

> 우리가 주문한 상품은 FOB 기준으로 선적되어야 함에도 불구하고 귀사의 신용장은 CIF 기준으로 선적되어야 한다고 되어있음을 지적합니다.
>
> **Re** Could you kindly amend the wrong statement of shipment condition from CIF basis into FOB one in accordance with the original terms of transport in the sales contract?

07 We have instructed our bankers today to amend the latest shipping date and expiry date of the credit to the 10th and 25th of August.

> 자사는 가장 늦은 선적기일과 신용장 소멸시기를 각각 8월 10일과 25일로 연장하라고 자사 거래은행에 통지하였다.

Re In accordance with your request, the latest shipping date and expiry date of the credit have been extended to the 10th and 25th of August respectively as we instruct such amendments to our bank.

08 We shall be much obliged if you will issue a L/C without delay so that we may ship your goods contracted.

당사가 귀사의 주문을 계약대로 선적할 수 있도록 지체하지 말고 신용장을 발행해 주기 바랍니다.

Re We will be grateful if you kindly open a L/C in a due time without which we cannot ship your contracted goods as scheduled.

09 As there is not much time left before the shipment, we would like you to expedite the establishement of a letter of credit for this order.

선적 전까지 시간이 많이 남아 있지 않기 때문에 이 주문에 대한 신용장을 조속히 개설해 주기 바랍니다.

Re1 It may be a due time for you to facilitate the procedure of opening a letter of credit by taking into account the reduced time span to complete the shipment.
Re2 As time is running out for the shipment, we will be grateful if you kindly expedite the issuance of a letter of credit for this order.

10 The description of the goods in the commercial invoice must correspond with the description in the credit. In all other documents, the goods may be described in general terms which are not inconsistent with the description of the goods in the credit.

상업송장에서 상품의 설명은 신용장에서의 설명과 일치하여야만 한다. 모든 다른 문서상에서도 상품에 대한 설명은 신용장에서 상품에 대한 설명과 일치되는 일반 용어로 서술되어야 한다.

Re It is required to describe the goods in the commercial invoice in accordance with the description in the credit. It is allowed to state in general terms which have the identical meaning on the goods in the credit.

연습문제 Exercise

[1] Fill the blanks with suitable words and translate sentences into Korean.

1. We need ( ). The plants here are running flat out, seven days a week.

2. The U.S. ( ) & Drug Administration quickly came under attack for failing to protect the public from these dangerous drugs.

3. A dip in U.S. ( ) provokes anxious question. The biggest: does it signal the end of the global boom?

4. With its weaker currencies, Asia also has an ( ) on Europe.

5. America needs to stop obsessing girls' knit-shirt imports and the value of yuan and focus on the big central reality, which is that many of our ( ) industries are not globally competitive businesses like textiles are the most visible victims so far, but technology, services, and information are where the battle for the future is being fought, and we' re losing our lead in those sectors as well.

6. No longer the ( ) of the world: U.S. chemical plants are closing in droves as production heads abroad.

7. A Bad Case of Double Vision: Will economic growth thrive or dive? Bulls and ( ) couldn' t be more widely divided.

Answer

1 capacity. 우리들은 생산시설이 필요하다. 여기에 공장들은 일주일에 7일 동안 완전가동 중이다.
Voca running flat out = running at a full capacity

E 미국 Dell 회사가 사업이 번성하여 완전가동해도 수요를 충족시키지 못한 결과 생산시설확대가 필요한 상황을 나타내는 글이다. 생산시설확대가 적시에 이루어지지 못할 경우에는 수출이 지연될 수도 있다.

2 Food. 미국식품의약청은 이러한 위험한 약품들로부터 공중을 보호하는 것에 실패한 것에 대하여 즉각적으로 공격을 받았다.

Re The failure of the FDA to shield the public from such dangerous drugs had ended up with a severe attack from various institutions.

E 의약품 또는 화장품 수출은 건강상 이유로 수입규제 대상이 되기도 한다.

3 productivity. 미국 생산성의 하락은 근심된 질문을 야기한다. 가장 큰 하락 : 이것은 글로벌 호황의 종식을 상징하는가?

Voca If something dips, it makes a downward shift.

E 생산성과 비용은 동전의 앞뒷면이다. 생산성이 증가하면 비용은 하락하고, 생산성이 하락하면 비용은 증가하게 된다.

4 edge. 더 약한 통화를 가지고 있음으로써 아시아는 역시 유럽보다 경쟁력이 있다.

E 미국의 약 달러에 따른 아시아의 평가절상이 유럽보다 덜하기 때문에 상대적 경쟁우위를 가지고 있음을 나타내는 글이다.

Re As Asian currencies have been devalued with a wider margin to the dollar compared with the European ones, Asian countries can afford to maintain a competitive edge against the European ones (or counterparts).

5 Manufacturing. 미국은 소녀용 니트 셔츠의 수입과 위안화의 가치에 대한 걱정을 멈추고, 많은 우리 산업들이 세계적으로 경쟁적인 산업이 아니라는 중대하고 핵심적인 현실에 초점을 맞출 필요가 있다. 방직업 같은 제조업은 지금까지 가장 눈에 띄는 피해자였다. 그러나 기술, 서비스, 그리고 정보 같은 다른 산업에서도 미래를 위한 전쟁에서 전투가 진행 중이고, 우리는 이 같은 영역에서도 우리의 선도적 입장을 상실해 가고 있다.

Voca obsessing = abusing

E 미국의 제조업 경쟁력의 약화가 위험한 현상임을 지적하는 글로서 *Restoring Our Competitive Edge*라는 책을 생각나게 한다. 미국의 이중적자(twin deficits) 중의 하나인 무역적자(trade deficit)도 미국이 제조업 분야에서 경쟁우위를 상실함에 따라서 심화되고 있다고 볼 수도 있다.

Re The glory of America as a world leader in manufacturing sector can be lost unless the United States makes a pivotal momentum to reverse current patterns of importing cheap items from China and other newly industrializing countries and to implement every possible measures of fortifying its manufacturing sector.

6 laboratory. 더 이상 세계의 실험실이 아니다: 생산이 해외로 진출함에 따라서 미국 화학 생산설비는 큰 규모로 (줄지어) 문을 닫고 있다.

Re The prestigious reputation of U.S. as the Mecca of chemical laboratories around the world does not hold any more under the recent development of closing plants in slew caused by the massive industrial migration abroad.

7 bears. 이중 시야의 나쁜 사례 : 경제성장은 번성할 것인가, 아니면 곤두박질할 것인가? 소(호황)와 곰(불황)에 대한 견해가 (이 같이) 큰 폭으로 나누어지기가 어렵다.

Voca thrive = loom | boom and bust = prosperity and recession = peak and trough

E 21세기가 불확실성의 시대임을 강조하는 글이다. 무언가 균형에서 벗어난 상태에서 어떤 변화

가 전개될지 예측하기 어려운 상황을 지적하는 글이다.

Re1 Opinions are still divided among different groups on the prospective economic growth rates.

Re2 To our big surprise, a polarized version on forthcoming economic growth rates has been emerged among different groups of economists, politicians and CEOs.

Re3 It may be highly improbable to reach an overall consensus on the likelihood of forthcoming economic trajectories which swings like a pendulum between boom and bust.

[2] Translate the following business letters into Korean.

1 The University of Limerick is committed to the development and maintenance of a positive working environment, in which all employees are treated with dignity and respect. In pursuit of this, it is the policy of the University to provide all employees with an environment which is free from bullying of any form. All employees have a responsibility to themselves and to their fellow colleagues to positively contribute to an organization in which everybody is treated with dignity and respect.

2 Dear Hae–du

I hope everything is going well with you.

I am wondering whether your university would have a funded research scheme designed to attract researchers on a short term basis, to which I could apply. My intention would be to spend a month or so in Seoul from September 2012, and to contribute to the teaching/research of your University and of your Centre.

This might be a good opportunity to share our views on visions of the European Union (for example) and to revive research cooperation. If such an opportunity exists, please let me know and I will send you a full CV (please find a synopsis of my profile attached).

Kind regards,

Answer

1 림머릭 대학교는 모든 직원들이 위엄과 존경으로 대접받는 긍정적인 작업환경의 발전과 유지를 약속한다. 이것을 추구하기 위해, 어떠한 형태로도 괴롭힘이 없는 환경을 직원들에게 제공하는 것이 대학교의 정책이다. 모든 직원들은 모든 사람이 위엄과 존엄성을 갖춘 조직에 긍정적으로 기여하기 위하여 그들 자신과 동료에 대하여 책임을 지니고 있다.

2 해두에게

당신의 모든 일이 순조롭게 진행되기를 바랍니다.

나는 당신의 대학에 내가 지원할 수 있을 만한, 단기간을 기본단위로 연구원들을 초청할 수 있도록 고안된 연구 기금이 있는지 궁금합니다. 나의 의도는 한 달 정도를 서울에서 2012년 9월달부터 보내며, 당신의 대학교나 연구소의 교육/연구 분야에서 공헌하는 것입니다.

공동연구의 재개는 유럽연합(예를 들면)에 대한 우리의 견해와 관점을 공유할 수 있고, 협동 연구를 재활시키는 좋은 기회가 될 수 있을 것 같습니다.

만약 그러한 기회가 존재한다면, 알려주기 바라고, 나는 완성된 형태의 이력서를 보낼 것입니다. (첨부된 약식 프로필을 보시길 바랍니다.)

안부를 전하며,

Voca attract = induce | and so = more or less | resume : 재개하다 | CV : Curriculum Vitae

[3] Fill the blanks with suitable words and translate into Korean and rewrite into English.

1 In much of the world, Lego is synonymous with toy plastic building blocks. So it is not too surprising that decades after its 1st significant (　　) of Lego expired, Lego group of Denmark zealously guards its trademarks and other intellectual property right.

2 Gillette and P&G together have identified significant cost (　　) in this combination — more than two-thirds of the value creation.

3 Mr. Lafley' s latest deal is aimed at capturing the benefits of both scale and focus, creating a business that is both larger and more reliant on a smaller (　　) of stronger brands.

4 The P&G purchase of Gillette shows that (　　) is key, and marketing is more diffuse and personal.

5 (　　) is preferred to the foreign direct investment as an (　　) mode to the foreign country if the political situation of hosting country is unstable and the life cycle of their products are rather (　　).

6 Dunning has further elaborated his eclectic theory into OLI approach. The former emphasized that the (　　) packages of hosting countries matter besides the evolving comparative advantage of hosting countries. The latter stands for ownership advantage, (　　) advantage and (　　) advantage.

7 We are a Korean exporter handling computer components listed (　　), and are looking for reliable concerns who are willing to distribute our products in your country.

8 Teaming with (　　) in some area while competing in others typifies this new age.

Answer

1 patent. 레고는 세상의 많은 부분에서 장난감 플라스틱 빌딩과 유사한 의미로 사용된다. 그래서 레고의 첫 번째 중요한 특허권이 소멸된 지 수십 년 후에도 덴마크의 레고 그룹이 열정적으로 그 상업마크와 다른 지적자산권리를 보호하고자 하는 것은 크게 놀랄 일이 아니다.

Voca guard = shield

E R&D가 input이라면 patent는 output이라고 할 수 있다. patent는 무역장벽을 우회하는(circumvent) 수단으로 사용되기도 한다. 예를 들어 독일 정밀기계기업들은 미국에 patent를 등록해 놓고, royalty를 받는다.

Re Lego is so determined to shield its patent though its first one was expired decades ago. Such an attitude may stem from their instinct to insulate its original contribution of Lego which virtually carries out a similar meaning of toy plastic building blocks.

2 synergies. 질레트와 P&G의 합병은 가치창출의 3분의 2 이상에 해당되는 비용인하의 혜택을 가져왔다.

Voca combination = M&A | have identified = have brought forth

E 인하라는 뜻으로 reduction과 curtailment도 좋지만 비용인하가 두 회사에서 각각 3만원과 5만원 발생하였는데 두 회사가 합쳐서 14만원의 인하가 있는 경우를 synergy 효과가 있다고 한다. 생활영어에서는 win-win 전략이라고도 하고, game 이론에서는 positive-sum game이라고 한다.

3 portfolio. P&G 회사의 Lafley의 최근 (합병)거래는, 강한 브랜드의 작은 집합에 크고, 믿을 만한 기업을 창조함으로써, 규모와 초점의 혜택을 거두어들이는 데 목적을 두었다.

E P&G 회사가 면도기 제조회사인 Gillette 회사를 인수 · 합병함으로써 기업가치가 증가한 이유

를 규모경제와 브랜드 중심의 집중에 있다고 지적하는 글이다.

4 innovation. 질레트 회사를 인수 · 합병한 P&G의 구매는 기술혁신이 가장 중요한 경영전략이고 마케팅은 보다 확산적이고 개인적임을 보여준다.

E 기업이 성공하기 위한 생산관리전략은 혁신에 있음을 시사하는 글이다. 즉, 기술혁신이 없이는 마케팅을 활성화하고, 브랜드 자산을 증가시키기 어려운 상황이 전개되고 있음을 시사한다. 기술혁신을 강조한 경제학자로는 슘페터(Joseph Schumpeter)가 자주 인용된다. 그는 perennial gale of creative destruction (창조적 파괴의 끊임없는 돌풍)을 강조하였다. 기술혁신이 앞서게 되면 경쟁우위가 강화되어서 수출액이 증가할 수 있음을 시사한다.

5 licensing, entry, short. 투자를 받아들이는 국가의 정치상황이 불안정하고 제품수명이 짧을수록 해외시장 진입의 형태로 해외직접투자보다 라이선싱이 선호된다.

6 Incentive, location, internalization. 던닝은 그의 절충이론을 OLI 분석방법으로 더 발전시켰다. 전자는 투자를 받아들이는 국가의 비교우위 이외에 투자유인정책을 강조하였다. 후자의 OLI는 각각 기업특유의 우위, 위치적 우위, 내부화 우위를 뜻한다.

E 기업특유의 우위는 그에 대응되는 시장지배력을 행사할 수 있다는 점에서 독점적 우위라고 볼 수도 있다.

7 below. 우리는 아래에 열거된 컴퓨터 부품을 취급하는 한국의 수출업자이고, 우리 제품을 귀국에 기꺼이 유통시킬 신뢰할 만한 기업들을 모색하고 있습니다.

Re Could you kindly introduce us several reliable companies who may concerned with marketing our specialized computer parts produced in Korea.

8 rivals. 다른 분야에서는 경쟁자들과 경쟁하는 반면에 어떤 분야에서는 경쟁자와 협력하는 것이 이 새로운 시대를 특징짓는다.

Voca team with = cooperate with

E 이 글의 소제목을 영어로 나타내면 'Dancing with Wolves' 가 되고, 우리말로는 '적과의 동침' 이 된다.

[4] English Comprehension

1 I love to listen to the minuet of L' Arlenne in harsh times as it soothes my wounds.

2 I am convinced that life is 10% what happens to me and 90% how I react to it. And so it is with you … We are in charge of our attitude. (Charle Swindoll)

Answer

1 나는 어려울 때에 "아를르의 여인"에 나오는 미뉴엣이 마음의 상처를 치유하기 때문에 이 음악을 듣기를 좋아한다.

2 나는 인생에서 10%는 나에게 발생하는 일이고, 나머지 90%는 이 같은 발생하는 일에 대하여 내가 어떻게 대응하는가에 있다고 확신한다. 그리고 이 같은 주장은 여러분에게도 적용된다. 우리는

우리의 태도에 대하여 책임을 져야 한다.

[5] Translate into Korean.

1 Whenever you have control over resources important to others — things like money and information — you can build your power.

2 The more customer-centric you are, the longer it takes your competitors to figure out your game.

3 Ignoring trends can give rivals the opportunity to transform the industry.

4 During the last ten years skimmed milk sales rocketed while full fat sales plummeted.

5 Intel is partnering with global energy leaders to make the smart grid a reality.

6 The bleakest outlook in the world: Oil gas, shipping and overfishing all threaten northern waters.

7 Unlike neoclassical economists, behavioral economists don' t see people as rational actors cooly weighing costs and benefits. Behaviorists argue instead that people rely on a set of instincts, biases, and cognitive shortcuts to make decisions, which often lead them to choices they come to regret. (*BB*, Nov. 14, 2011, p. 12)

Answer

1 당신이 다른 사람들에게 중요하게 여겨지는 자원에 대한 통제권을 언제 가지고 있든지 간에 당신은 당신의 힘을 구축할 수 있다.

2 당신이 더 고객중심적일수록, 당신의 경쟁자들은 당신의 게임을 이해하는 데 더 오랜 시간을 소요하게 된다.

E 예를 들어 어떤 기업이 마케팅 또는 고객관계관리(customer relationship management)를

할 경우에는 단순히 생산관리를 할 때보다 경쟁기업의 입장에서 이 기업의 기업전략을 이해하기 어렵게 된다는 내용이다.

3 최신경향을 무시하는 것은 경쟁자에게 산업구조를 변화시킬 수 있는 기회를 줄 수 있다.

4 지난 10년에 걸쳐서 기름을 제거한 우유판매는 급격하게 증가한 반면에 완전지방우유 판매는 거의 동일한 수준을 유지하였다.

5 Intel은 스마트 그리드를 현실로 만들기 위해서 세계적인 에너지 지도자들과 협력하고 있다.

6 세계경제의 암울한 전망 : 석유 가스, 해운과 과도한 어획이 북해를 위협한다.

Voca bleak은 미래전망이 확률적으로 밝지 않음을 뜻한다. 이 글에서는 'dismal'로 해석해도 무방하다.

7 신고전학파 경제학자와 다르게 행동주의 경제학자들은 인간을 비용편익분석에 전적으로 의존하는 합리적 행동자로 간주하지 않는다. 그 대신에 행동주의 학자들은 사람들은 의사결정을 하는데 대부분의 경우 그들이 후회하는 그런 선택으로 인도하는 본능과 편견, 인지적 지름길에 의존한다.

E 미시경제학은 비용-편익분석을 하는 수단을 제공하기 때문에 경영관리에 자주 이용된다. 이 글은 합리성의 추구가 경제학의 최상의 목표인 줄 알아왔는데 최근의 실증분석은 때로는 경제주체가 합리적이 아닐 수도 있음을 지적하는 글이다. 종전의 쉬운 예로는 이윤극대화 가설에 대한 대체가설로서 사이몬(Simon)은 만족이윤가설(stiation theoy)을 주장한 적이 있다.

[6] Fill up the blanks with suitable words.

1 (　　) bill : A bill which is not accompanied by any transport documents.

2 We should also be glad to have your proforma (　　) for these goods. We shall then be in such a position to shape some ideas of the probable cost of importing these goods.

3 (　　) contract : A contract in which both the contracting parties are bound to fulfill obligations reciprocal towards each other.

4 Forfaiting : It is the purchase of a series of notes, usually bills of exchanges, or other freely negotiable instruments on a non-(　　) basis.

5 무역영어 서신의 구성요소에 대한 빈칸을 메꾸시오.

기본구성요소로는 Letterhead(서두), Date(발신일자), Inside Address(수신자 서명 및 주소), Salutation(서두인사), Body of Letter(본문), [　　] Close(결미

어), [   ](서명)을 들 수 있다. 보조구성요소로는 [   ] Number(참조번호), Particular Address/Attention Line(특정수신인), Letter Subject/Subject Line(서신제목), Identification Marks(관련자 약호), [   ] Directions(동봉물 표시), Carbon [   ] Notations(사본발송처), Postscript(추신)을 들 수 있다.

Answer

1 Clean 2 invocies 3 Bilateral 4 recourse 5 Complimentary, Signature, Reference, Enclosure, Copy

9장 국제운송 ● 10장 해상보험

국제운송과 해상보험

Part

III

Chapter
09
국제 운송

국제운송은 운송수단에 따라 해상운송, 육상운송, 항공운송, 복합운송으로 구분되고 이 중에서 해상운송이 통상적으로 가장 활발하게 이용되고 있다. 대형 컨테이너선의 등장, 대형 항구의 개발 등으로 해상운송이 비약적으로 발전하고 있고, 항공기의 대형화에 힘입어 항공운송도 증가일로에 있으며, 육상운송도 내륙국가 간의 무역[1]에 이용되고 있다.

9.1 해상운송의 중요성

9.1.1 해상운송 발달의 역사적 배경

해상운송이 다른 형태의 운송에 비하여 비용이 가장 저렴하다는 특징을 지니고 있을 뿐만 아니라, 해상을 지배할 경우에는 다른 국가의 전투장비를 포함한 물류이동을 저지할 수 있을 뿐만 아니라, 더 나아가 자원확보, 물류이동 및 전략적 위치를 확보할 수 있다는 장점이 있기 때문에 해상운송은 특정 국가의 경제발전과 국가의 위상에 영향을 미치게 된다. 영국의 스미스(Adam Smith)가 『국부론』에서 "특정 국가의 경제발전은 그 시장의 크기에 의하여 영향을 받는다"라고 언급한 것은 해상운송이 발달한 국가는 원자재 확보와 시장을 확대할 수 있는 능력을 구비한 조건을 지적한 것이라고도 볼 수 있다.

1. 유럽연합(European Union)인 경우에 내륙운송이 활발하고, 특히 2004년 동부확장(Eastern Enlargement) 이후 서유럽지역과 동유럽지역 간의 내륙운송 확대를 위하여 도로를 확장하고 있다.

기원전 1천년경에 이집트와 레바논 간에는 곡물, 파피루스(papyrus) 및 목재 등의 무역이 해상을 통하여 이루어졌으며, 이어서 에게 해(Aegean Sea)의 로드스(Rhodes) 섬을 중심으로 한 페니키아인(Phoenician)들에 의한 해상무역이 지중해를 중심으로 활발하게 이루어졌다(B.C. 1000~800).

동양에서도 해상운송을 통한 국가 간의 무역은 있었으나 서양에 비하여 지속적으로 해상운송을 발달시키지는 않았다. 예를 들어 명나라 정화가 아프리카 대륙을 향하여 항해한 선박과 콜롬버스가 서인도해를 향하여 항해한 선박의 크기와 조선 및 항해 기술수준은 오늘날의 기준으로 볼 때 거대한 항공모함과 초라한 범선 정도로 엄청난 격차가 있었다. 동양은 청나라 이후 해양진출을 하지 않은 반면에, 서양은 조용한 지중해를 벗어나서 격랑치는 바다(wild sea)를 향한 노력이 산업혁명 전에 시작되어서, 산업혁명을 거치면서 원자재 확보, 시장개척, 해군(Navy) 양성 측면에서 장족의 발전을 하였다. 신라 42대 흥덕왕 때에 장보고가 신라 해안에 자주 침입하는 중국 해적들을 소탕하고 청해진(지금의 완도)에 해상진지를 구축하여 중국과 일본과 해상무역을 신장하기도 하였다.

어떻게 보면 해상을 지배한 국가가 경제 및 국제관계에서 우월한 입지를 확보할 수 있었다. 서유럽제국 중에서 영국의 넬슨 제독이 1805년 트라팔가 해전에서 스페인과 프랑스 함대를 격침시킨 후에는 영국이 세계의 해상권을 거의 독점하다시피 하였다. 영불 해협을 배를 타고 지나가면 거의 프랑스 노르만디에 가까운 섬들도 영국의 국토로 되어 있음을 알 수 있다. 가장 지정학적으로 중요한 해상기지는 스페인과 모로코 간에 위치한 지브랄타와 태평양과 인도양이 접하는 곳에 위치한 싱가포르를 들 수 있다. 지브랄타의 획득은 영국으로 하여금 해상운송에 대한 정보수집과 물동량을 파악하면서 통행료를 징수할 수 있게 하였고, 싱가포르의 획득은 영국으로 하여금 해운물류의 중심지(hub)로 활용하면서, 동시에 석유자원에서 싱가포르 프리미엄(Singapore premium)을 부과할 수 있게 하였다. 싱가포르에는 다수의 공급자와 수요자가 모이는 에너지 시장이 형성되어 있는데, 여기에서 형성되는 가격이 미국 텍사스나 유럽의 가격보다 다소 높아서 프리미엄이라는 용어가 사용된다. 싱가포르 가격(프리미엄)이 중요한 이유는 우리나라의 수출입 대상이 싱가포르 시장의 공급자와 수요자와 연결되어 있고, 향후 석유 수출입 총액 예상시 기준가격으로 사용하기 때문이다. 대서양을 개척한 국가는 포르투갈, 스페인, 네덜란드, 영국이고 제2차 세계대전이후 미국은 대서양과 태평양을 지배하게 되었다.

9.1.2 해상운송의 특성

해상운송은 해상에서 선박을 사용하여 상업적 목적 하에 화물 및 여객을 운송하는 것을 뜻하고 다음과 같은 특성을 지니고 있다.

1) 해운은 다른 형태의 운송에 비하여 원거리 운송에 가장 저렴하다.
2) 원자재 확보와 해외시장개척에 해운은 필요불가분하다.
3) 해운과 관련된 산업활동을 통하여 부가가치 증가 및 고용창출을 가져온다.
4) 해운은 조선산업과 조선부품산업과 같이 해운과 관련된 산업의 발달을 가져온다.[2]
5) 해상운송의 발달은 이와 비례하여 해상보험의 발달을 가져오게 된다.
6) 해운은 전시에 보조군함뿐만 아니라 물자운송에 중요한 역할을 한다.

9.1.3 선박의 운항형태

해상운송은 선박의 운항형태에 따라서 정기선 운항, 부정기선 운항 및 특수전용선 운항 등으로 구별된다.

1) 정기선(Liner)

정기선은 (i) 엄격한 운송계획 하에 특정한 항로 · 항만을 규칙적으로 왕복 운항하며, (ii) 여객 · 우편물 · 공업제품의 수송을 주요 대상으로 하고, (iii) 운임률표에 따라 사전 고시된 운임이 책정된다. 정기선은 고정된 항로, 운임표, 운항계획 등에 의하여

2. 조선산업의 상방산업(up-stream industry)은 부품산업이고, 하방산업(down-stream industry)은 해운산업이다. 이 구분은 영국식 구분이고 미국식 표현은 상방산업을 후방관련산업(backward-linkage industry), 하방산업을 전방관련산업(forward-linkage industry)이라고 한다.

화물의 만선에 관계없이 지정 항로를 항해함으로 인하여 상대적으로 고정비용(sunk cost)이 분산되지 않기 때문에 부정기선에 비하여 운임이 높게 책정된다.

2) 부정기선(Tramper)

부정기선은 정기선에 비하여 (i) 고정된 항로가 없으며, (ii) 곡물 · 광석을 비롯한 일반 원료공급을 주요 대상으로 하고 있고, (iii) 시장상황에 따라서 운임이 결정되기 때문에 임금이 수시로 변한다. 그러나 대부분의 경우 치열한 경쟁을 통하여 운임이 결정되기 때문에 정기선보다는 상대적으로 운임이 낮다.

9.1.4 정기선 운송

1) 정기선 운송계약

정기선을 이용할 경우에는 선주와 화주 간에 개별 운송계약이 체결된다. 이 같은 계약에서 화주는 가격조건에 따라서 수출업자 또는 수입업자로 결정된다. FBO 조건에서는 수입업자가 운송계약을 체결해야 하고 운임을 지불해야 한다. 그러나 CFR 조건 및 CIF 조건에서는 수출업자가 운송계약을 체결하고 운임을 지불하게 된다. 개별 운송계약은 법률상 불요식계약이기 때문에 계약 성립에 당사자 간의 합의 외에는 특별한 방식이 필요 없다. 대개 화주가 선박회사 또는 그 대리점 등에 운송계약을 신청하고 선주가 이를 승낙하면 운송계약은 법적으로 성립된다.

2) 재래정기선 운임

컨테이너 화물이 아닌 재래선 화물의 운임은 일반적으로 용적 또는 중량을 채택하고 있는데, 용적을 기준으로 하는 화물을 용적화물(measurement cargo)이라 하고, 중량을 기준할 때 중량화물이라고 한다. 고가품일 경우에는 화주의 신고를 기준으로 고가품의 가격에 따라서 운임이 달라지는 종가운임(*ad valorem* freight)을 적용한다.

3) 컨테이너 운임

오늘날의 정기선은 주로 컨테이너 화물을 취급하기 때문에 정기선 운임은 컨테이너 단위를 기준으로 운임을 산정하고, 크게 보면 품목별 운임(Commodity Rate), 무차별 운임(Freight All Kinds Rate), 품목별 박스 운임(Commodity Box Rate)으로 나누어진다.

4) 할증운임의 적용

일정한 항로 구간에 취항하는 정기선은 정기적으로 기항하는 항구 간에 대해서는 일정한 기본운임이 적용되나, 화물의 종류에 따라서는 중량할증운임(Heavy Lift Charge), 용적 및 장척할중운임(Bulky or Lengthy Charge), 양륙항 선택 할증료(Optinal Charge), 반송운임(Back Freight), 통화할증료(Currency Charge), 유가할증료(Bunker Charge)와 같은 할증운임(surcharge)이 추가로 가산되기도 한다.

9.1.5 부정기선 운송

1) 용선계약

부정기선과의 운송계약을 용선계약(charter party)이라고 하는데 이는 화주가 선박회사로부터 선복의 전부 또는 일부를 빌려 화물을 운송하는 경우에 해당된다. 용선에는 전체용선(whole charter)과 일부용선(partial charter)이 있으며, 전체용선은 다시 기간용선(time charter), 항해용선(voyage charter), 나용선(bareboat charter)으로 구분된다.

2) 항해용선의 운임

운임단위는 중량 또는 용적이다. 철강, 시멘트, 철광석, 곡물, 석탄 등의 중량화물은 중량을 기준으로, 원면, 양모, 목재 등의 용적화물은 용적을 기준으로 운임이 결정되고, 운임 산정에는 선복운임(lumpsum freight), 총괄운임, 장기계약운임 등이 있다.

3) 하역비용의 부담

화물의 종류와 선박회사에 따라서 선적비용과 양륙비용의 부담이 달라진다. 일반적으로 선적 시에는 화주 측이 선측까지의 모든 하역비를 부담하고, 양륙 시에는 선박회사가 양륙 비용을 부담한다. 그러나 곡물, 광석, 시멘트 같은 화물은 그 부피가 크기 때문에 화주 측이 전문적으로 이용하는 하역업자가 있어서 화주가 하역에 대한 책임을 진다.

4) 정박기간(laydays)의 표시

정박기간은 용선계약에서 화주가 계약화물의 전량을 완전히 선적 또는 양륙하기 위하여 본선을 선적항 또는 양륙항에 정박시킬 수 있는 기간이다. 만일 이 기간 중에 하역이 종료되지 않아 선박이 초과 정박하면 그 초과기간에 대해서는 체선료(demurrage)를 지불해야 한다. 정박기간의 산정에는 관습적 조속하역(Customary Quick Dispatch ; CQD), 개시일부터 경과일수(Running Laydays), 하역 가능한 기후 일자(Weather Working Days ; WWD) 등이 있다.

9.1.6 컨테이너 운송

이 운송방법은 원래 미국의 육상운송에서 행해졌던 트레일러 방식이 발달하여 상자형의 화대부분을 떼어 철도에 적재한 것으로부터 시작되었다. 이 같은 컨테이너를 전문적으로 적재할 목적으로 만들어진 선박이 컨테이너선이다. 컨테이너의 운송은 원래 컨테이너를 철도의 'Flat Car' 에 적재하여 일정 역에서 특정 역까지 운송하고 도착역에서 그대로 트레일러를 이용하여 최종목적지까지 운송하는 편리하고 융통성 있는 획기적인 운송방법이었다. 이 같은 운송방식은 처음에는 자동차와 철도의 연결이었으나 지금은 육 · 해 · 공(land/sea/air)의 상호 이용으로 화물운송에 있어서의 3대 원칙인 경제성, 신속성, 안전성을 최대한으로 충족시키면서 동시에 화물운송구간 중 화물의 이적 없이 일관수송을 실현하게 함으로써 협동일관수송(intermodal through transportation)으로 급격한 발전을 보게 되었다.[3]

3. 컨테이너를 철도의 화차에 적재하는 것을 피기 백(piggy back), 선박에 적재하는 것을 휘시 백(fishy back), 항공기에 적재한 것을 버어디 백(birdy back)이라고 한다.

9.1.7 해운동맹(Shipping Conference ; Freight Conference)

해운동맹은 같은 정기항로에 배선하고 있는 정기선회사가 상호간의 과당경쟁을 방지하기 위하여 운송에 관한 여러 가지 협정이나 경영조건, 즉 운임률, 기항지, 취항회수 등을 협정한 일종의 국제 카르텔로서 과거 1세기 동안 각 정기항로의 질서유지에 공헌해 왔다. 운임에 대한 협정이 가장 중요한 것이라는 점에서 운임동맹이라고도 한다. 또한 해운동맹을 결성하지 않고 선박회사 간의 합의(agreement)에 의해 운임을 협정하는 경우도 있다(운임협정). 해운동맹에 가입한 선박이나 선주를 동맹선(member line)이라고 부르며, 동맹에 가입하지 않은 선박은 비동맹선(outsider or non-conference liner)이라고 부른다.

해운동맹의 종류에는 신규가입을 극단으로 제한하는 폐쇄식 해운동맹(clsoed conference)과 그 항로에 배선하는 의지나 능력이 있는 선주이면 언제라도 자유롭게 가입시키는 개방식 해운동맹(open conference)이 있다. 전자는 구주항로나 호주항로 등에 결성되어 있고, 영국식 해운동맹이라고도 한다. 후자는 북미항로에서 운영되고 있다고 하여 미국식 해운동맹이라고 한다.

해운동맹의 내부규제수단으로는 운임협정(rate agreement), 배선협정(sailing agreement), 공동계산협정(pooling agreement)이 있고, 대외규제수단(화주구속수단)으로는 계약운임제(contract rate system), 충실보상제(fidelity rebate system), 운임연환급제(deferred rebate system), 경쟁억압선(fighting ship)이 있다.

해운동맹은 국가별로 독·과점을 금지하는 법들이 소개됨에 따라서 해운동맹이 전과 같이 위력을 발휘하는 시대는 지나갔지만, 중앙집권화된 카르텔은 그 결과가 독점과 같기 때문에[4] 담합(collusion)을 할 경우에는 완전경쟁시장에 비하여 가격은 높아지고, 공급량은 감소하고, 기업이윤은 증가하게 된다. 따라서 국제운송기업들도 석유수출국가기구[5]만큼은 시장지배력을 행사할 수는 없지만, 가능한 범위 내에서 담합을 도모하고 있고, 정부는 이를 규제하기 위한 노력을 하고 있다.

4. The outcome of a centralized cartel is equivalent to that of monopoly.
5. Organization of Petroleum Exporting Countries(OPEC)는 석유시장에서 독점력을 행사하고 있고, 천연가스를 많이 보유하고 있는 러시아는 조만간 천연가스 카르텔을 형성할지도 모른다.

9.2 선화증권

선주와 운송계약을 체결하면 선주는 화주에게 화물을 안전하게 목적지까지 운송해 줄 것을 약속하며 선화증권(Bill of Lading)을 발급해 준다. 선화증권은 해상교역의 발전과 더불어 점차적으로 오늘날과 같은 형태로 발전되었다.

9.2.1 하아트 법(Harter Act)의 제정

19세기 중엽에 와서 증기기관의 등장과 안전하고 신속한 해상운송에 힘입어 선주들은 해상운송계약을 체결하는 데 자유계약을 할 수 있다는 견해를 갖게 되었다. 즉, 언제 어디서나 어떤 내용으로 체결하든지 선주들이 원하는 대로 계약을 할 수 있다는 견해가 지배적으로 되면서 공급자 입장에서 시장지배력(market power)을 강화시켜 왔다. 선박 소유자들은 자신들에게 유리한 일방적인 면책조항들을 추가함으로써 해상사고에서 발생하는 선박 측의 책임을 회피하게 되었으며, 이들의 독점력 행사는 대서양 항해에 영국 선박들에 의존해야 했던 미국 화주들의 반발을 가져왔다. 미국 화주들이 선박회사 측의 책임회피, 즉 흔히 얘기되는 면책약관에 한계를 두어야 한다고 지적하면서 1893년 미국 의회에서는 하아트 법이 제정되었다.[6]

9.2.2 헤이그 규칙(Hague Rules)

해상사고에 대하여 영국 재판부는 선주 측이 주장하는 면책사항들이 정당하다고 인정하고, 이와 반대로 미국 법정에서는 하아트 법에 의거하여 이들 면책사항들은 공공의 이익에 위배된다는 판결이 나와 선주와 화주 간의 이해가 정면으로 충돌하는 (clash) 경우가 증가하였다. 이 같은 갈등을 해결하고자 제안된 것이 1921년에 발효된 헤이그 규칙이다.

6. 이 법의 제1조와 제2조에서 선박 소유자의 잘못으로 야기되는 손해배상의 범위를 제한하지 못하게 하였다.

9.2.3 함브르크 규칙(Hamburg Rules)

헤이그 규칙이 선주 측의 심한 공격을 받게 되자 국제해사단체인 국제해양법협회에 의하여 수정되어 1924년 '선화증권에 관한 통일조약' (International Convention for the Unification of Certain Rules of Law relating to Bills of Lading)이 채택되었다. 헤이그 규칙이 제정된 후 40여 년이 지나는 동안 해상운송의 여건이 크게 변화하여 새로운 규정의 제정이 절실하게 요구되어 오다가 1963년 스톡홀름에서 개최된 국제해사법회의에서 '선화증권에 관한 통일조약'의 개정의정서인 헤이그-비스비 규칙(Hague-Visby Rules)이 제정되었다. '원조 대신에 무역' (trade instead of aid)이란 구호를 들고 나온 UN 무역개발회의(UNCTAD)[7]에서 개발도상국 등은 종래의 통일조약이 지나치게 선주 위주로 되어 있어 화주들의 권익이 정당하게 반영되고 있지 않다고 주장하였다. 1978년 독일의 함브르크에서 열린 개정조약안을 위한 전권회의에서 개정조약안인 'UN 해상화물운송조약' (UN Convention on the Carriage of Goods by Sea), 즉 함부르크 규칙이 되었고 1992년부터 발효되었다.[8]

9.2.4 선화증권의 역할

수출업자는 본선에 화물을 인도하여 본선으로부터 본선수취증을 받아 이것을 선박회사에 제출한다. CIF 계통의 조건이나 양육지인도조건의 경우에는 수출업자가 운임을 지급하고, FOB 계통의 조건이나 선적지인도조건의 경우에는 후지급조건의 보증서와 교환하여 선화증권을 발행받는다. 선화증권은 화주와 선박회사 간의 해상운송계약에 의해 발행되는 유가증권으로서 선박회사가 화주로부터 위탁받은 화물을 양륙항

7. 아르헨티나의 프레비쉬(Raul Prebisch)는 개도국의 순교역조건이 악화되기 때문에 이를 개선하기 위하여 수입대체 공업화 정책을 해야 한다고 주장하면서 선진국과 개도국 간의 남북문제(North-South Problem)를 제기하였다.

8. 함브르크 규칙의 비준국가는 케나, 레바논, 모로코, 세네갈, 탄자니아, 튀니지, 우간다, 잠비아 등 주로 아프리카 국가들이고 선진국들은 비준을 하지 않아서 그 실효성이 의문시되고 있다. 다르게 표현하면 국제사회에서의 남북 간의 대치(confrontation)를 해결하기 위한 도덕적 설득(moral suasion)은 별다른 효과가 있기 어려움을 보여주는 경우의 하나라고 볼 수 있다.

까지 운송하여 이 증권의 소지자에게 운송화물을 인도할 것을 약속하는 화물의 수취증권이다. 선화증권은 운송화물이 증권화된 것으로 이 증권을 소유하는 것은 화물 그 자체의 소유와 동일하기 때문에 중요한 서류이다. 운송 중인 화물에 대한 위험을 부보하는 보험증권과 상업송장과 함께 소위 선적서류라 하여 화환체결 시에 첨부되어야 하는 기본서류가 된다.

9.2.5 선화증권의 특성

선화증권의 법적 특성은 다음과 같다.

1) 선화증권은 운송계약에 의하여 화물의 선적을 전제로 하여 발행되는 것이므로 법률상 요인증권이다.
2) 상법에 규정된 법정 기재사항의 기재를 요하는 요식증권이다.
3) 선화증권은 화물 인도를 청구할 수 있기 때문에 채권효력을 갖는 채권증권이다.
4) 해상운송 계약에 따른 선주와 화주의 의무는 이 증권상에 기재된 문언에 따라 이행되는 것이므로 기재사항 외의 것을 상대방에게 요구할 수 없는 문언증권이다.
5) 선화증권은 화물을 대표하는 유가증권으로서 배서 또는 인도에 의하여 소유권이 이전되는 유통증권이다.
6) 선화증권의 발행인이 배서금지의 뜻을 기재하지 않는 한 배서에 의해 양도할 수 있으므로 법률상 지시증권이기도 하다.

9.2.6 선화증권의 종류

1) 선적선화증권(Shipped B/L)[9]**과 수취선화증권**(Received B/L)

본선상에 계약화물을 선적할 때 그 화물의 상태가 양호하고 수량이 맞아 비고란에

9. On Board B/L이라고도 한다. 비행기에 탑승했을 때 듣는 "Welcome on board."와 같은 의미이다.

아무것도 기재되지 않고, 증권면에 'shipped on board' 와 같이 실질적으로 화물의 선적완료를 표시한 것이 선적선화증권이고, 지정선박이 아직 부두에 정박하지 않았거나 입항하지 않았을 경우 화물은 선박회사의 부두창고에 입고되는데 이 경우에는 수취선화증권이 발행된다. 수취선화증권은 선적이 실제로 이루어진 날을 기입하여 선박회사 또는 그의 대리인이 서명하면 선적선화증권과 동일한 효력을 갖게 된다.

2) 무사고선화증권(Clean B/L)과 사고부선화증권(Foul or Dirty B/L)

본선상에 계약화물을 선적할 때 그 화물의 상태가 양호하고 수량이 맞아 비고란에 아무것도 기재되지 않고 증권면에 'shipped on board in apparent good order and condition' 이라고 표시된 선화증권을 무사고선화증권이라고 한다. 이에 반하여 비고란에 단서조항이 기재된 선화증권을 사고부선화증권이라고 한다.

매입은행은 사고부선화증권을 인수하지 않기 때문에 주어진 시간제약에서 이 같은 장애를 해결하기 위하여 수출회사는 선박회사에 파손화물보상장(letter of indemnity)을 제공하고 무사고선화증권을 교부받을 수 있다.

3) 본선수취증(Mate' s Receipt ; MR)의 지적(remark)[10]과 무사고증권의 발행

본선수취증에 지적이 추가되어 있으면 이 수취증에 의거하여 발행되는 선화증권에도 똑같은 지적이 기재되어 사고부선화증권이 된다. 이 Foul B/L을 은행에 제출하게 되면 은행은 어음매입을 거절하게 되고, 화환을 추심할 수 없게 되기 때문에 선박회사와 교섭하여 선박회사에 전혀 손해를 끼치지 않고 화주 자신이 전적으로 책임을 지겠다는 파손화물보상장을 확보하여 결함에 대한 지적이 첨가되지 않은 Clean B/L로 정정하여 받을 필요가 있다.

4) 기명식선화증권(Straight B/L)과 지시식선화증권(Order B/L)

기명식선화증권은 특정 하수인을 지정하여 발행하고, 지시식선화증권은 특정 하수인을 지정하지 않고 발행한다. 선화증권이 유통증권이라는 점을 고려할 때 기명식

10. 여기서 remarks는 결함에 대한 지적이다. 즉, remarks on flaws or shortcomings로 볼 수 있다.

선화증권은 특정한 하수인에게만 화물의 수취권이 부여되어 양도불능이 되기 때문에 유통증권 원래의 목적 또는 기능에 어긋나게 된다. 기명식선화증권은 화물대금을 선수하였거나, 무환수출의 경우 및 위탁판매무역의 경우 등 화환의 추심이 필요없을 때 신용장에 의거하여 개설은행을 지급인(Payee)으로 하는 화환어음의 취결만을 허용하는 경우에 개설은행이 화수인으로 기재되는 경우가 있다.

지시식선화증권은 수화인을 기재하지 않고 단순히 'Order', 'Order of A', 'Order of Bank' 라고 되어 있어 수출업자는 지시식선화증권 이면에 백지배서만 하면 이 증권의 소지자가 그 화물에 대한 소유권을 갖게 된다.

5) 환적선화증권(Transshipment B/L)과 약식선화증권(Short Form B/L)

환적선화증권은 화물을 목적지까지 운송 도중 중간 항에서 다른 선박에 환적하여 최종목적지까지 운송할 때 발행하는 선화증권이다. 약식선화증권은 원래의 정규선화증권(Long Form B/L)이 너무 크고 길어서 작성하는 데 번거로워서 발행수속을 간소화하기 위하여 고안되었고, 다음과 같은 문언이 기재되어 있어 만일 분쟁이 발생할 경우 정규 선화증권상의 선주와 화주의 권리와 의무를 따르도록 하였다.

> All the terms of the carrier's regular long form of Bill of Lading are incorporated herein like force and effects as if they were written at length herein. A copy of such Bill of Lading may be obtained from the carrier, its agent, or the master."

> 약식선화증권에 적혀진 조건은 정규선화증권에 적힌 내용과 동일한 구속력과 효과를 갖게 된다. 이 같은 약식선화증권은 운송인, 그 대리인, 또는 항해사로부터 얻을 수 있다.

6) 해상화물운송장(Sea Waybill ; SWB)

해상화물운송장은 선박회사가 화물을 수취했음을 나타내는 화물수취증이 수화인의 성명과 주소가 명기되어 있고 유통금지문언이 부기되어 있다. 주로 본 · 지사 간의 거래, 이사화물 등에 이용된다.

7) 적색선화증권(Red B/L)

이 선화증권은 보통 선화증권과 보험증권을 결합시킨 것으로 이 증권에 기재된 화물이 항해 중에 사고가 발생하면 선박회사가 보상해 주는 선화증권이다.

8) Surrender B/L

Surrender B/L이란 선박회사가 송화인에게 선화증권을 발급하여 교부하여야 하나 송화인이 Surrender를 요청하였으므로 Original B/L을 송화인에게 건네주는 것 대신에 'Non-negotialble Copy' 에 선박회사가 서명을 하여 이것으로 수입상이 물품을 찾을 수 있도록 하는 것이다. Surrender B/L은 신용장에서 특별히 명시적으로 요구하고 있는 경우에만 사용할 수 있고, 운송기간이 짧은 국가의 경우 Surrender B/L을 사용한다면 수입화물선취보증서를 발급하는 과정에서 위조문제를 최소화할 수도 있다.

9) CMI 규칙에 의거한 전자식 선화증권

이 선화증권은 1990년 국제해사법회(CMI)에서 채택한 '전자식 선화증권에 관한 CMI 규칙' (CMI Rules for Electronic Bill of Lading)에 따라서 선화증권상의 권리를 개인 키(private key)를 이용하여 이전할 수 있도록 규정하고 있다.

10) Bolero 시스템의 전자식 선화증권

Bolero(Bill of Lading Electronic Registry Organization)는 선화증권을 비롯한 선적서류를 전자화하여 이를 상업적으로 운영하는 시스템이다. 이 시스템은 무역거래에 필요한 종이서류를 전자메시지로 전환하여 안전하게 교환할 수 있는 기반을 제공하기 위하여 1994년에 미국, 영국, 스웨덴 등의 선박회사, 은행 등이 참여하여 컨소시엄 형태로 시작되었다.

9.2.7 선화증권의 기재사항과 운송약관

1) 기재사항

선화증권의 앞면에는 운송계약을 구체적으로 증명할 수 있는 사항들을 기재하도록 되어 있고, 뒷면에는 운송약관이 인쇄되어 있다. 선화증권은 법률적으로 요식증권이기 때문에 상법에 규정된 법정 기재사항이 반드시 기재되어야 한다. 우리나라 상법 제814조에서 규정하고 있는 선화증권의 필수 기재사항은 선박의 명칭 · 국적 · 톤수, 운송물의 종류 · 중량/용적, 포장상태, 운송물의 외관상태, 용선자 또는 송화인 성명 또는 상호, 수화인 또는 통지선의 성명 또는 상호, 선적항, 양륙항, 운임, 발행지와 발행연월일, 발행통수이다.

2) 운송약관

정규 양식의 선화증권은 그 뒷면에 운송약관이 인쇄되어 있다. 운송약관은 주로 준거법에 관한 규정, 운송인의 면책사항, 화주의 의무 등을 약정한 것인데 대부분 선주의 책임면제에 관한 것이기 때문에 면책약관(negligence clause)이라고도 한다. 이 면책약관은 선주가 자기 책임을 한정시킴으로써 후일 화주로부터의 손해배상청구를 면하기 위한 약관이다. 운송약관은 헤이그-비스비 규칙에 입각하였기 때문에 당사자 간의 이해가 적절하게 반영되었다고 볼 수 있다.

9.3 선적절차

9.3.1 선적의 개요

매매계약의 이행은 수출업자의 물품인도 및 수입업자의 대금지급에 의해서 이루어진다. 수출업자는 판매상품을 일단 유가증권화하고, 수입업자는 상품대금지급의무를 이행하게 된다. 선적서류는 수출상품을 유가증권화한 선화증권 및 상업송장 그리고 상업송장에 부속되는 포장명세서, 검사증명서에 이르기까지 국제매매에 사용되는 서류를 포함한다. 매도자는 상업송장을 작성하고, 세관으로부터 수출신고필증을 받고, 선박회사에 선적신청서를 제출하면 이에 대한 승낙으로 선박회사는 선적예약서를 발급한다. 운송계약이 체결되면 선박회사는 수출업자의 선적신청서에 따라 확인한 다음 일등항해사 앞으로 화물을 적재하도록 선적지시서(Shipping Order)를 발급하고, 본선

책임자는 선적지시서 목록을 작성하여 본선 내에 화물을 적재한다.

1) 선적절차

선적협의, 선적신청서 제출, 화물포장 및 출고준비, 컨테이너 화물, 출고 및 육상운송, 화물입고 및 인도, 선화증권발행, 선화증권 수취, 선적서류 완비 순서대로 진행된다.

2) 본선수취증(Mate' s Receipt)

화물이 본선에 반입되면 일등항해사는 선장을 대신하여 선박회사에서 발급한 선적지시서(Shipping Order)와 대조하면서 화물을 수취하여 선내에 적화시킨다. 이때에 화물을 수취한 증거로 선장을 대신하여 일등항해사가 발행하는 화물수취서를 본선수취증이라고 한다.

3) 기본 선적서류와 보충서류

기본 선적서류로는 선화증권, 보험증권(Insurance Policy), 상업송장(Commercial Invoice)을 들 수 있다. 보충서류로는 영사송장(Consular Invoice), 통관용송장(Customs Invoice), 원산지증명서(Certificate of Origin), 중량 및 용적증명서(Inspection of Weight and Measurement), 포장명세서(Packing List)를 들 수 있다.

4) 해상운송계약의 체결

수출화물의 준비완료(Cargo Ready) 시기의 예정이 수립되어 선적 가능한 예정일이 결정되면 계약 내지 신용장상의 선적기한 내에 출항할 수 있는 선박을 수배한 후에 선박회사와 교섭하여 운송계약을 체결하여야 한다. 이 과정에서 수출업자 또는 송화인은 선적신청서(Shipping Request ; S/R)를 제출하여 선복을 예약한다. 선적이 완료된 후에 진행되는 선적통지(Shipping Advice ; S/A)는 매도인이 매수인에게 계약물품에 대하여 선적이 완료되었음을 통지하는 것으로 계약이행상 매도인의 중요한 의무이기도 하다.

5) 수입화물선취보증서(letter of guarantee)

A written statement usually issued by the issuing bank at the request of an importer so as to take delivery of goods from a shipping company before the importer obtains B/L.

> 수입업자의 요청에 의하여 대부분의 경우 신용장 발행은행이 발행하는 문서형태의 서술로서 수입업자가 선화증권을 확보하기 전에 선박회사로부터 물건 인수를 허용하게 한다.

9.3.2 운송과 관련된 무역거래조건

모든 운송에 사용 가능한 조건으로는 (i) 작업장 인도조건(Ex Works ; EXW), (ii) 운송인 인도조건(Free Carrier ; FCA), (iii) 운송비 지불 인도조건(Carriage Paid to ; CPT), (iv) 운송비 · 보험료 지불 인도조건(Carriage and Insurance Paid to ; CIP), (v) 터미널 인도조건(Delivered at Terminal ; DAT), (vi) 목적지 인도조건(Delivered at Place ; DAP), (vii) 관세지급 인도조건(Delivered Duty Paid ; DDP)이 있다. 현행 Incoterms의 11가지 조건 중에서 FAS, FOB, CFR, CIF 4가지는 해상운송 혹은 내수로 운송에만 사용 가능한 조건(rules for sea and inland waterway transport)이다. (i) 선측 인도조건(Free Alongside Ship ; FAS), (ii) 본선 인도조건(Free on Board ; FOB), (iii) 운임 포함 인도조건(Cost and Freight ; CFR), (iv) 운임 · 보험료 포함 인도조건(Cost, Insurance, and Freight ; CIF)이 있다.

FOB Barcelona와 CIF Barcelona의 공통점은 매도인과 매수인의 책임분기점의 표시이고, 다른 점은 FOB Barcelona는 수출항이고, CIF Barcelona는 수출목적지에 가까이 위치한 수입항이다.

9.3.3 품질조건

동일한 모양과 형태로 생산되는 공산품과 달리 견본 제공이 곤란한 천연자원류 같은 물품에 대해서는 표준품매매(sales of standard) 방법을 사용한다. 표준품 표시방법으로는 곡물 등 농산물 수출 시 전년도 생산품 중 평균품질을 공급하기로 약정하는 평균중등품질조건(Fair Average Quality ; FAQ)이 있고, 목재, 광석, 생선류 등을 수출 시 판매가 가능한 상태임을 매도인이 보증하는 판매적격품질조건(Good Merchantable Quality ; GMQ)이 있다.

9.4 항공운송

9.4.1 항공운송의 특성 및 장점

1) 항공화물의 특성

본격적인 항공화물의 운송이 시작된 것은 1970년대 점보제트기 등 대형여객기 및 화물전용기의 출현 이후이다. 1980년대에 와서는 항공운송뿐만 아니라 다른 운송수단과 연계한 'Sea/Air/Land' 와 같은 일관운송까지도 가능하게 되었다. 항공운송비용이 해상운송비용보다 많이 비싸다는 점을 고려할 때 운송대상물품은 고가품이 될 수밖에 없다.

2) 항공운송의 장점

항공운송의 장점으로는 (i) 짧은 수송기간, (ii) 재고비용의 감소, (iii) 양호한 수송조건을 들 수 있다. 항공운송에 위탁한 기업들이 얻는 이점으로는 (i) 서비스 증가에 따른 매출액 증가, (ii) 납기지연 방지, (iii) 재고비용과 보관비용절감, (iv) 포장비 절감, (v) 도난 및 훼손위험의 감소를 들 수 있다.

9.4.2 항공운송대리점 및 항공운송주선업자

대부분의 경우 화주인 무역업체가 항공회사와 직접 거래하지 않고 항공운송대리점이나 항공운송주선업자와 화물운송계약을 체결하는 것이 관행이다.

1) 항공운송대리점(Air Cargo Agent)

항공운송대리점은 항공사를 대리하여 항공사의 운송약관, 규칙, 운임률표 및 운행시간표에 의거하여 항공화물운송을 유치하고 항공화물운송장(air waybill)을 발행하며 이에 부수되는 모든 업무를 수행하고, 그 대가로 대리점계약에 의거한 소정의 수수료를 받는다. 모든 항공화물을 취급하지만 한 개의 컨테이너에 미달되는 소량 화물은 이같은 화물을 전문적으로 취급하는 항공운송주선업자에게 의뢰한다.

2) 항공운송주선업자(Air Freight Forwarder or Consolidator)

항공운송주선업자는 타인의 수요에 부응하여 유상으로 자기의 명의로써 항공사의 항공기를 이용하여 화물을 여러 송화인으로부터 인수하여 운송하는 업자이다. 즉, 항공운송주선업자는 자체운송약관과 운임률표를 가지고 혼재업자용 화물운송장(House Air Waybill)을 이용하여 송화인과 운송계약을 체결한다. 항공운송주선업자는 항공기를 소유하지 않고 있기 때문에 집화한 화물을 운송하기 위해서는 항공사와 새로운 운송계약을 체결하여 항공사발행 화물운송장(Master Air Waybill)을 발급받는다.

9.4.3 항공화물운송장

1) 항공화물운송장(Air Waybill)의 기능

항공화물운송장은 화물의 유통을 보장하는 가장 기본적인 운송서류로서 해상운송에 있어서 선화증권과 비교될 수 있고 (i) 운송계약 체결의 증거서류, (ii) 운송물품의 수령증, (iii) 운임·요금의 청구서, (iv) 보험증명서(항공사의 화주보험이 체결된 경우), (v) 세관신고서류, (vi) 항공회사에 대한 운송품의 취급, 중계, 인도 등에 관한 지침서의 기능을 가지고 있다. 항공화물운송장은 국제항공사협회(IATA)[11]에서 양식과 발생방식을 세부적으로 통일하고 표준화하여 전세계 항공사가 동일한 양식의 운송장을 사용하도록 의무화하고 있다.

11. 국제항공사협회(International Air Transport Association)는 1945년에 설립된 순수민간단체로서 본부를 몬트리올에 두고, 항공권의 약관, 운임협정, 서비스 내용, 기술분야의 협력, 통신약호의 통일, 출입국 절차의 간소화 등을 위하여 협력하고 있다.

항공화물운송장에 기재되어야 할 필수사항은 출발지와 도착지, 예정기항지 그리고 적용조약 및 항공사의 책임제한에 관한 고지이다. 항공사가 자신의 책임제한에 관한 사항을 고지하지 않으면 운송인은 국제항공운송조약을 수용할 수 없게 된다. 그리고 항공화물운송장 원본의 뒷면에는 국제화물운송약관의 주요 내용인 계약조항이 기재되어 있고, 이 계약조항은 일부 화주보험을 제외하고는 IATA 항공사에서 공통으로 사용된다.

Air waybill : A transprot document that covers both domestic and international flights transporting goods to a specified distination. It is a non-negotiable instrument of transport that serves as a receipt for the shipper, indicating that the carrier has accepted the goods listed therein and obligates the carrier to carry the consignment to the airport of destination according to specified conditions. It is not a title document.

항공화물운송장 : 특정한 목적지에 물품을 이동시키는 국내 및 국제항공을 포함하는 운송서류이다. 이것은 협상할 수 없는 수송수단으로서 운송인이 항공화물운송장에 적혀진 목록의 물건을 인수하였다는 것은 송화인에게 보여주는 영수증 역할을 하고, 운송인으로 하여금 특수한 조건에 따라서 목적지의 공항에 위치한 수화인에게 운송해 줄 의무를 제시한다. 항공화물운송장은 권리증권이 아니다.

2) 선화증권과의 차이점

항공운송장이나 선화증권이나 모두 운송인과 송화인 간의 운송계약이 성립되고 있음을 증빙하는 서류라는 점에서는 동일하다. 그러나 항공운송장은 양도성이나 유통성을 갖추고 있지 않다는 점에서 선화증권과 크게 다르다. 그리고 선화증권은 선적식인 데 반하여, 항공운송장은 수취식이다. 더 나아가 선화증권은 지시식으로 되어 있어 정당한 배서에 의하여 누구에게나 양도되는 권리증권인 데 반하여 항공운송장은 기명식으로 되어 있어서 항공운송장에 기재되어 있는 수화인이 아니면 당해 화물을 인수할 수 없다. 법률적으로는 항공운송장은 송화인이 작성해서 항공사에 교부하는 형식을 취하고 있는 데 반하여, 선화증권은 이와 반대로 선박회사가 작성해서 송화인에게 교부하도록 되어 있다.

9.4.4 항공운송절차와 항공운송에 관한 국제조약

수출업체는 운송대리점이나 혼재업자를 통하여 해당 항공사에 화물운송을 의뢰하게 되는데, 통상 지정된 양식의 S/R(shipping request)에 수출승인서 등 관계서류를 포함하여 출발지/도착지, 전체 포장개수, 중량, 각 포장상자의 부피, 상품명 등을 기재하여 지정 항공편을 예약하게 된다. 운송대리인은 해당화물을 송화인으로부터 인수하여 기적지(air cargo terminal)로 수송하여 일단 보세창고에 반입한다. 미통관물품은 해당 세관의 검사를 마친 후 수출신고필증을 받게 되기까지 통관절차를 거치게 되며, 지정된 검량 · 검수업체로부터 검사를 받고 항공기에 적재될 때까지 보세구역에 장치된다. 항공운송대리점은 화물을 인수한 후 송화인에게 항공화물운송장을 발행한다. 화물과 수화인용 운송서류는 동시에 수송되어 이를 목적지에 있는 대리점에서 인수하고 수화인에게 화물도착통지서(cargo arrical notice)를 보낸다. 수화인은 도착된 운송서류로서 수입통관절차를 밟는다.

항공운송에 관한 국제조약으로는 바르샤바 조약(Warsaw Convention), 헤이그 의정서(Hague Protocol), 몬트리올 협정(Montreal Agreement)이 있다. 몬트리올 협정은 여객운송만을 규정하고 있기 때문에 화물운송의 경우는 바르샤바 조약이 적용된다.

9.5 복합운송

복합운송(multimodal transport)이란 출발지에서 최종목적지까지 복합운송인이 전체 운송기간에 대하여 책임을 지고 두 가지 이상의 운송형태를 결합하여 운송하는 방식을 뜻한다. 이 같은 일관운송(through transprotation)의 전체적인 책임을 지는 주체가 바로 복합운송인(combinded transport operator)이며, 복합운송인이 발행하는 복합운송계약의 증거서류를 복합운송증권이라고 한다.

9.5.1 복합운송의 경로

복합운송의 형태로는 해륙 복합운송과 해공 복합운송이 있으며, 해륙복합운송에서는 대륙과 해상을 잇는 교량역할을 하는 랜드 브리지 서비스(land bridge service) 방식이 이용되고 있다. 예를 들어 시베리아 랜드 브리지, 아메리카 랜드 브리지가 있다. 해공 복합운송 경로로는 동북아 국가들로부터 태평양을 통하여 미국 서부해안까지 가서, 그곳에서 항공편으로 최종목적지까지 운송하는 경로가 활발하게 이용되고 있다.

9.5.2 복합운송에 관한 국제조약

국제상업회의소에서 1973년 '복합운송증권을 위한 통일규칙' 을 제정하였는데 이 규칙은 1992년 말까지 적용되어 오다가 UNCTAD/ICC 규칙으로 대체되었다. 이 규칙은 두 기구의 합동작업에서 헤이그 규칙, 헤이그-비스비 규칙, 복합운송을 위한 통일규칙 등을 기초로 제정한 복합운송증권에 대한 국제 규칙인데 현재까지 통용되고 있다.

9.5.3 복합운송증권의 특징

선화증권과 달리 운송인뿐만 아니라 운송주선인에 의해서도 발행되는 복합운송증권의 특징은 다음과 같다. (i) 도로, 철도, 내수로, 해상 또는 항공운송이 결합된 복합운송이 상이한 운송인에 의하여 이루어지더라도 복합운송증권은 전운송구간을 포함하는 서류이다. (ii) 복합운송증권은 화주에게 통운송[12]의 전체적인 책임을 지고, 어느 구간에서 발생하였든지 화물의 멸실이나 손상에 대하여 책임지는 것을 명시하는 서류이다. (iii) 복합운송증권은 본선 적재 전에 복합운송인이 수탁 또는 수취한 상태에서 발행되는 서류이다.

12. 통운송은 다양한 운송절차를 모두 포함한다는 의미에서 integrated transportation이라고 볼 수도 있다.

9.5.4 화물표시(Cargo Mark)

운송관계자 또는 수입업자가 화물을 용이하게 식별할 수 있도록 포장의 외장에 기호, 번호 등으로 표시하는데 이를 화물표시 또는 화인이라고 한다. 대부분의 경우 수입업자가 수출업자에게 화인의 모양을 지시한다. 화물을 취급하는 데 주의를 필요로 하는 화인은 다음과 같다.

1) Fragile : 부서지기 쉬운 물건(파손주의)
2) Stow Away From Heat : 화기엄금
3) Perishable : 부패하기 쉬운
4) Guard against Damp : 습기조심

9.6 국제운송과 관련된 영어해석 및 영작

01 We are enclosing the relevant shipping documents such as copies of Commercial Invoice, Air Waybill and Insurance Policy.

당사는 상업송장, 항공운송장 및 보험증권 등과 같은 관련 선적서류 사본을 동봉합니다.

Re We are pleased to attach the following shipping documents: Commercial Invoice, Air Waybill and Insurance Policy.

02 At the time of negotiating drafts, the relevant shipping documents are expected to be delivered to the negotiating bank.

어음을 인수할 때 관련되는 선적서류는 매입은행에 전달되어야 합니다.

Re It is required for the shipping company to submit the relevant shipping documents to the negotiating bank for finalizing the procedure of negotiating drafts.

03 We take the pleasure in submitting the following firm offer for the captioned cargo under the terms and conditions specified below, subject to receipt of reply by local time 25th August, 2011.

우리는 현지 시간으로 2011년 8월 25일까지 확인서를 받게 되면 아래 제목의 화물을 선적하는 확정오퍼를 제안하게 되어서 기쁩니다.

Re It is our pleasure for suggesting the following firm offer of shipment for the captioned cargo with the terms and conditions stipulated below. All you have to do is to reply to this offer by the 25th August 2001 based on local time.

04 We are pleased to submit you a firm offer with the following terms and conditions which remains valid until noon 27th June, 2011.

우리는 6월 27일 정오까지 유효한 다음의 조건으로 귀사께 확정오퍼를 제공하게 되어서 기쁘다. [무역회사의 Initial Offer에 대한 선주의 확정오퍼]

Re It is our privilege to submit a firm offer to you with following terms and conditions which holds until noon 27th June 2011.

05 We trust the consignment cargo will arrive in good order and give you a complete satisfaction.

자사는 인수받은 화물이 양호한 상태로 도착하여 귀사에게 완전한 만족을 주리라고 확신합니다.

Re We are very much convinced that you will be satisfied by receiving the consignment cargo in a good order.

06 We are sorry that you have been put to a great deal of inconvenience by this delay, but it was a case of force majeure as you will see.

선적지연으로 귀사에게 큰 불편을 가져오게 해서 죄송합니다. 그러나 이 같은 지연은 귀사가 알게 되다시피 불가항력적인 사항입니다.

Re We apologize for your inconvenience which may be caused by such a delay. But it was beyond our control to reverse such an advert situation which had been caused by force majeure.

07 We are very much obliged for the arrangements you promised us by telephone this morning to reserve the space of 5,250 CBM on the m/s 'Arirang' sailing to San Francisco from Busan on September 24.

폐사는 귀사가 오늘 아침 전화로 9월 24일 부산에서 샌프란시스코로 향하는 발동기선 '아리랑' 호에 5,250 입방미터의 선복을 예약해 준 것에 대하여 감사드립니다.

Re We are grateful for your kind arrangement through telephone for reserving the space of 5,250 CBM on the m/s "Arirang" bounded for San Francisco from Busan on September 24.

08 We regret to say that owing to the Longshoremen' s strike toward the end of this month, we shall not be able to effect shipment on the vessel referered to the above by the specified time.

부두 노동자들의 이달 말까지 예정된 파업으로 인하여 폐사가 위에서 언급한 특정 시점까지 선적을 마칠 수 없게 되어서 죄송합니다.

Re We are sorry to advise you that the shipment will be delayed in parallel with the Longshoremen's strike.

09 We regret to inform you that it is impossible to complete shipment of your order No. 2007–0204 for 3,000 units of personal computers with the time stipulated in the L/C.

귀사의 3천 대의 개인용 컴퓨터에 대한 귀사의 주문번호 2007-0204에 대한 선적을 신용장에 명시된 일자까지 마치지 못하게 되어서 죄송합니다.

Re It is impossible for us to complete shipment which is arranged to facilitate your order No. 2007-0204 for 3,000 units of personal computers in accordance with the time stimpulated in the L/C. We are sorry for causing such inconveniences to you.

10 A complete set of Bill of Lading, together with Invoice and Insurance Certificate, both in triplicate, have been given to New York Bank.

송장과 보험증명서 각각 3통과 함께 선화증권의 완전한 조합을 작성하여 뉴욕은행에 전달하여야 합니다.

Re You are requested to forward a complete set of Bill of Lading as well as triple copies of Invoice and Insurance Certificate respectively to New York Bank for the settlement of this transaction.

E '이 거래를 결제하기 위하여'는 문맥 흐름(contextual flow)을 부드럽게 하면서 의사전달을 명확하게 하기 위하여 추가하였습니다.

11 우리는 마지막 위탁물을 발송하였다.

We just dispatched the last consignment.

Re We have just completed the shipment of last consignment.

12 The best or nothing. That is what drives us. (Mercedes-Benz)

최고가 되지 않으면 아무것도 아니다. 그 사실이 우리를 움직인다.

Re We are ready to reach the culminating point by outperforming our business activities.

연습문제 Exercise

[1] Fill up the blanks with suitable words.

1 Logistics matters for the consumer satisfaction in terms of (　　) time and quality. It also matters for the (　　) control on cost by maintaining the optimum level of (　　).

2 landed quality terms : Goods sold by samples shall be guaranteed by the (　　) to conform to sample upon arrival at destination.

3 (　　) can be any person or company by whom or in whose name a contract of carriage of goods by sea, air or land has been concluded with a shipper. (운송인)

4 A (　　) refers to a person who is entitled to take delivery of the goods shipped from owner and has a right of action against the last carrier. (수화인)

5 (　　) party : Most contract involving transport overseas specify a party who is to be advised of the arrival of the goods. This may be the consignee himself or an agent, and his name and address must appear on the transport document. (착화통지처)

6 What is an arrangement between a person who rents use of a vessel and a shipowner to hire a vessel for a period of time or for a single voyage? (　　) party : (용선계약)

7 What is the document which is to evidence the receipt of goods on behalf of the master of a vessel indicating that the goods have been received in good

order and conditions? (본선수취증)

(   ) receipt

8 (   ) B/L : Bill of Lading which bears no superimposed clause or notation that expressly declares a defective condition of the goods and/or the packaging. (무사고선화증권)

9 (   ) in and out : Chartering term wherby the charterer of a vessel under voyage charter agrees to pay the costs of loading and discharging the cargo. (적재 · 양화비용 선주무관계)

10 Letter of (   ) : A written statement usually issued by the issuing bank at the request of an importer so as to take delivery of goods from a shipping company before importer obtains B/L. (수입화물선취보증서)

11 (   ) : Amount of money paid to the shipowner by the charterer, shipper or receiver, as the case may be, for failing to complete loading and/or discharging within the time allowed in the voyage charter party. (체선료)

12 (   ) notice : A notice to exporter by freight forwarder concerning shipment which has just landed or is due to land. (선적통지)

13 FOB : It means that the (   ) must obtain at his own risk and expense any import license. Its term requires the seller to clear the goods for export.

14 (   ) charter : Freight charges are fixed not based upon freight per ton, but based upon fixed freight charges per voyage, irrespective of whether the shipper uses the hired space to full capacity of loads below capacity.

15 (   ) bills of lading are issued by forwarding agents who consolidate

several cargos belonging to different owners of forming the subject-matter of different export transactions in one consignment.

16 Increasingly, goods, particularly manufactured, are carried across the globe by means of (   )-modal transport.

17 More transparency means knowing how what' s getting where and when. At the DHL, we never lose (   ) of your shipment.

18 Good access to markets is a key factor affecting growth, but peripheral regions may benefit from investment in industry once (   ) costs are reduced, and companies move away from high wage areas. Cumulative (   ) approaches also provide insights into growth.

19 Piggy back : Transportation of truck trailers and (   ) on specially equipped railroad flatcar.

Answer

1 delivery, internal, inventory or stock 2 seller 3 Carrier 4 cosignee 5 Notify
6 Charter 7 mate' s 8 Clean 9 Free 10 guarantee 11 demurrage 12 Shipping
13 buyer
14 lump-sum
Voca lump-sum tax : 총액세
15 House
Voca house B/L : 혼재화물선화증권
16 multi
17 track. 더욱 투명하다는 것은 언제 어디서 물건을 받을 수 있는지 알 수 있다는 것을 의미한다. DHL은 당신의 화물의 흐름을 결코 놓치지 않는다.
E 이 글은 Logistics에 대한 것으로 DHL이 화물의 운송 과정을 언제든지 추적할 수 있음을 선전하는 글이다. clear < transparent < crystal-clear : 투명함을 강조할 때 "수정같이 투명한" 이라고도 한다.
18 trade, causation. 시장에 대한 편리한 접근은 성장에 영향을 미치는 핵심적인 요인이나, 주변지역은 무역비용이 감소한 산업에 대한 투자로 인하여 이득을 보고, 기업들은 임금이 높은 지역에서 낮은 지역으로 이동하게 될 것이다. 이러한 누적적 인과관계는 성장에 있어 통찰력이 수반된 시각을 제시한다.
E 여기서 무역비용(trade cost)은 운송비용과 관세장벽을 넘는 비용, 더 나아가 환경처리비용까

지 포함한다. 특히 유럽은 환경처리비용이 높은 편이다.
E 여기서 누적적 인과관계란 시장과 기술혁신 간에 지리적 근접성(proximity)을 활용하여 산업집적(industrial agglomeration)[13]을 형성함을 뜻한다.
19 containers

[2] Full up the blanks with correct answers.

1 A bill of lading which does not have the printed full terms and conditions of the contract of carriage but instead contains a reference to the carrier' s conditions, normally stating that a copy is available on request. (　　)

① Stale B/L　② Short form B/L　③ Red B/L　④ Local B/L

2 Although the words (Ⓐ) and (Ⓑ) are synonyms, it has been deemed appropriate to use the former word with respect to the seller' s delivery obligation and to reserve the latter for the particular case when a "preshipment (Ⓑ)" is performed.

① Ⓐ packing Ⓑ marking　② Ⓐ checking Ⓑ inspection
③ Ⓐ checking Ⓑ packing　④ Ⓐ inspection Ⓑ checking

3 There is a (　　), which may be issued when cargo is in the custody of the ship but no bill of lading has yet been issued.

① letter of credit　② shipping order
③ mate' s receipt　④ delivery order

4 Documents that give their owner the right to the goods, i.e., Bill of Lading. (　　)

① Documents of Title　② Commercial Documents
③ Transport Document　④ Legal Documents

13. 산업집적을 경영학에서는 cluster라고도 한다.

5 When there is no intention of the shipper to transfer the title of the lot to anyone except the consignee, (   ) is issued in the name of particular consignee.

① on board B/L ② straight B/L
③ stale B/L ④ third party B/L

6 Laydays which are fixed by workable days under the fine weather. (   )

① FIO ② WWD ③ Berth Terms ④ SHEX

7 An association of shipowners that operates their lines on a specific route. Standard tariff rates are fixed. (   )

① Tramper ② Regular Line
③ Conference Line ④ Non-Conference Line

8 A bill of lading covering items that are moving from the origin point to a final one, even if they are moved from one carrier to another. (   )

① Optional B/L ② Straight B/L
③ Order B/L ④ Through B/L

9 Guarantees of this nature are required to enable importers to obtain the goods before arrival of original B/L, and are issued to the shipping companies by the Bank against an undertaking to forward the B/L when they are received. (   )

① Letter of Gruarantee ② Payment Guarantee
③ Bid Guarantee ④ Performance Guarantee

10 We would be glad to have your (   ) for these goods with which we are able to formulate some idea of the provable cost of importing these goods.

① shipping invoices ② customs invoices
③ proforma invoices ④ consular invoices

Answer

1 ②

E 운송계약상에 인쇄된 완전한 제조건이 기재되어 있지 않고, 그 대신에 정상적으로 사본은 신청하는 대로 이용 가능하다는 것을 언급하고 있는 운송인의 제조건에 관한 참조문을 포함하고 있는 선화증권. short form B/L : 약식선화증권, reference : 참조문, 신용조회처, stale B/L : 기한경과 선화증권, red B/L : 적색 선화증권, local B/L : 내국선화증권

2 ②

E 'checking'과 'inspection'이라는 단어가 동의어라고 하더라도, 'checking'이라는 단어는 매도인이 지닌 인도의 의무에 대하여 사용하고, 'inspection'이라는 단어는 '선적전 검사'가 이해되는 특별한 경우를 위하여 남겨두는 것이 적절하다고 생각한다. 감사원을 영어로 'Institute of Audit and Inspection'이라고 한다. 이 글에서 'appropriate'는 '적절하다, 타당하다'라고 해석되므로 'plausible' or 'reasonable'이라고 해도 무방하다.

3 ③

E 적화가 선박에 보관되어 있으나 아직 선화증권이 발행되지 않았을 때 발행되는 것을 본선수취증이라고 한다. 여기서 'There is'를 'It is called'로 해석해도 무방하다. shipping order : 선적지시서, delivery order : (화물)인도지시서, in the coustody of : ~에 보관되어 있는

4 ①

E Document of Title : 권리증권, i.e. = that is

5 ②

E 선화증권은 원래 유통되는 유가증권이지만, 특정인에서 인도할 경우에는 기명식으로 할 수 있다. stale B/L은 기한이 지나서 효력이 의심되는 선화증권이다. 'stalemate'는 '썩은'이란 뜻이다.

6 ②

E layday : 허용정박기간, F.I.O. : 선적 및 양하비용 화주 부담, Berth terms : 선적비용 및 하역비용 선주부담, Sundays and Holidays Excepted(SHEX) : 일요일과 공휴일은 정박기간에서 제외, WWP는 호천하역일(Weather Working Days)을 나타낸다.

7 ③

E "특정 항로에 따라 운항사는 선박소유 선사의 협회. 표준 협정운임률이 정해진다." 동맹선사에 대한 설명이다. international conference : 국제회의, 여기서 tariff는 관세가 아니고 운임을 뜻한다.

8 ④

9 ①

E 이러한 성격을 지닌 보증은 선화증권 원본이 도착하기 전에 수입업자로 하여금 물품을 확보할 수 있도록 하기 위하여 요구되며, 선화증권이 입수될 때 선화증권을 송부할 것이라는 확약에 대하여 은행에 의해 선사에게 발행된다. 수입화물선취보증서에 대한 설명이다.

10 ③

E 견적송장에 대한 글이다.

[3] Translate the following paragraphs into Korean.

1 Transport document which appear on their fact to indicate that shipment

has been made on the same means of conveyance and for the same journey, provided that they indicate the same destination, will not be regarded as covering partial shipments, even if the transport documents indicate different dates of shipment and/or different ports of shipment, place of taking in charge, or dispatch.

2 Supply Chain Management : By combining innovative strategies with practical know–how, our team helps organizations plan and implement new operating models to lower costs, increase asset productivity and improve customer relationships.

3 Trade routes bring Brazilian buses to Egypt and Chinese trains to the Mideast. There are now massive trading connections between the emerging markets. (*Bloomberg Businessweek*, August 9–15, p 13)

4 Whatever its disadvantages, the hub system does offer travelers greater frequency, more destinations and low fares than they could expect without it.

5 4 ways logistics can make your supply chain more sustainable : Every supply chain has a carbon footprint. UPS is the best choice to help companies large and small measure, manage and mitigate their impact on the climate. And our methodology has been certified and verified by trusted third parties.

6 Rules of origin
Countries that enter into a free trade agreement inevitably are concerned that non–member nations should not exploit the benefits they provide to their partners. In particular, they fear that because free trade areas do not have a common external tariff, non–members will send goods into the free trade area through the country with the lowest tariff, and then use the free trade provisions of the grouping to access other member' s markets. This trade deflection will lead to a loss of tariff revenue for the economies with

higher tariffs and possibly to greater competition for their domestic producers. (John Revenhill, *Global Political Economy*)

Answer

1 비록 운송서류가 각기 다른 선적일자 및/또는 다른 선적항, 수탁지 또는 발송지를 표시하고 있다 하더라도, 운송서류의 문면상 선적이 동일 운송수단, 동일 항해에 의하여 이루어지고 동일한 목적지가 표시된 경우, 분할선적이 이루어진 것으로 간주하지 않는다.

2 공급망관리 : 혁신적인 전략을 실질적인 노하우와 결합함으로써 우리 팀은 조직으로 하여금 비용을 인하하고, 자산의 생산성을 증가시키고, 고객관계의 개선을 계획하고 실시하는 것을 도와준다.

E 기업의 입장에서 SCM은 상당한 비용절감을 실현하고 있다. SCM의 반대 개념은 고객관계관리(Customer Relationship Management ; CRM)이다.

3 통상로는 브라질 버스를 이집트에 있게 하고 중국 기차를 중동에 있게 한다. 신흥시장들 사이에 지금 거대한 무역 연관(관계)이 있다.

Voca MidEast (미) = Middle East

E 리카도 모형, 헥셔오린 모형에 따르면 소득격차가 큰 선진공업국과 개발도상국 간에 무역이 활발하게 발생한다. 산업내무역은 소득이 비슷한 국가들 간에 무역이 활발하게 발생함을 보여준다. 최근의 새로운 현상은 부상하는 경제들 간에 무역이 활성화되고 있다는 점이다.

4 그것의 불편이 어떤 것이든지, 물류 체계는 여행자들에게 그것이 없었을 때 그들이 기대했던 것보다는 더 많은 빈도(비행 횟수), 더 많은 목적지 그리고 더 낮은 운임으로 제공한다. than 다음을 the counter-factual case라고 해도 무방하다.

Voca hub and spoke = center and periphery

E 미국의 Denver Airport는 이 같은 역할을 수행하기 위하여 몇 년 전에 다시 설계되고 건설되었다.

5 물류운송이 당신의 공급망을 더 지속적이 되게 하는 4가지 방법들 : 모든 공급망은 탄소 자국을 남기게 된다. UPS는 크고 작은 기업에 대하여 기후에 미치는 탄소 자국의 영향을 측정하고, 관리하고, 약화시키는 것을 도울 수 있다. 그리고 우리의 방법은 신뢰받는 제3자 기관들에 의하여 검증되고 공인되어 왔다.

E ISO 14000은 환경문제 해결에 대한 공증을 뜻하고, 마지막 digit를 1로 바꾼 ISO 14001은 외부공증기관이 해준 경우에 해당된다. 물류이동을 하는 과정에서 공해를 감소시킴으로써 기업의 사회적 책임을 수행함을 강조하는 글이다.

6 자유무역협정(FTA)에 가입한 국가들은 회원국들 간에 제공되는 혜택을 역외국이 무임승차할 가능성에 대하여 걱정하게 된다. 특히, FTA는 공동외부관세를 실시하지 않기 때문에 회원국들은 비회원국들이 가장 낮은 관세를 부과하는 회원국을 통하여 FTA지역으로 수출한 후에, 다시 다른 회원국의 시장에 접근하기 위하여 FTA를 사용하는 것을 두려워한다. 이러한 무역굴절은 더 높은 관세를 가진 회원국의 관세수입의 손실을 초래하고, 그들의 국내 생산업자에게 더 큰 경쟁에 직면하게 할 수도 있다.

E 무역굴절효과(trade deflection effect) : 역외에 대한 관세율의 차이를 이용하여 역외 제품이 역내에서 관세가 낮은 국가를 통하여 역내에서 관세가 높은 국가로 수입되는 현상이다. 특혜원산지 증명(preferential certificate of origin)으로는 FTA 원산지 증명 외에 유엔무역개발회의(UNCTAD)에서 개도국에 혜택을 제공하라고 소개한 일괄관세인하협정(General System of Preference ; GSP)이 있다.

[4] Fill up the blanks with suitable words.

1 (　　) B/L : 운송할 화물이 컨테이너 1개 분량이 안 되는 화물(LCL)을 같은 목적지의 화물로 혼재하여 선적하는 경우 선사가 운송주선업자에게 발급하는 선화증권이다.

2 (　　) B/L(혼재화물선화증권) : 혼재를 주선한 운송주선업자가 선사로부터 받은 Master B/L을 기반으로 개별 화주에게 발행하는 일종의 선적증명서(certificate of shipping) 성격의 선화증권이다.

3 용선운송에서 운송 도중에 부득이 항해를 중단하게 되는 경우에 그 실행한 부운항 비율에 따라 부과 또는 환불하는 운임 : Pro (　　) Freight(비례운임)

Answer

1 Master 2 House 3 rata

[5] English Composition

1 불량품을 귀사의 재량으로 처분해 주시면 차액은 당사가 보상해 드립니다.

2 당사는 선적품이 귀사에 양호한 상태로 도착하여 귀사의 기대에 부응할 것으로 믿습니다.

3 당사는 원래의 선적일자에 맞출 수 없으므로 신용장을 정정하고 선적일자를 한달간 연장해 주시기 바랍니다.

4 선적마크는 적송품을 용이하게 식별하게 하며, 매우 평범하게 하여 수화인에 대한 어떤 추정도 할 수 없게 하는 데 있다.

5 본 협정서에서 해당하는 물품에는 제조업자가 직접 생산한 것이든 아니면 하청계약에 의한 것이든 관계없이 제조업자의 상표가 부착된 모든 상품을 의미한다.

6 귀사의 선적품이 견본의 품질과 일치하지 않습니다.

7 귀사가 주문한 물품은 일시적 품절이지만, 좋은 대체품으로 당사의 최신 제품 하나를 추천할 수 있습니다.

Answer

1 If you dispose of the defective goods under your discretion, we shall compensate you for the difference.

Re We are ready to bridge the difference in your revenues if you kindly sell those defective goods to your customers at your prudence.

2 We trust that the shipment will reach you in good condition and meet your expectation.

Voca 처분하다 : dispose of | A에게 B를 보상하다 : compensate A for B

Re We believe that our shipment is on the right track which in its turn provide full satisfaction on the quality at arrival.

3 As we cannot meet the original shipping date, would you be so kind as to amend the L/C and extend the shipping date for one month?

Re We would like to make a modest proposal for extending the shipping date stipulated in the L/C for one month by taking into account our failure to meet the original shipping date.

4 Shipping marks identify the shipment easily, and make it to be so natural as to allow no conclusion upon the consignee.

Re Shipping marks are designed to trace out the shipment without any difficulty. It also aims at providing no hindsight on the potential consignee.

5 The goods covered by this Agreement shall include all the products with Manufacturer's Brand name, whether or not they are produced by the Manufacturer or by subcontract.

Re The goods mentioned in this Agreement shall comprise every kind of products which carries manufacturer's Brand name regardless of the production sites such as manufacturer or affiliates via subcontract.

6 Your shipments do not come up to the quality of the sample.

Re It is regrettable for us to point out the wedge between your shipments and original sample.

7 The article you ordered is temporarily out of stock, but we can recommend one of our latest products as a good substitutes for it.

Re We would like to recommend the one of close substitutes for the very article your ordered which is not available due to the temporary shortage of stocks.

[6] Choose correct answers.

1 본선에 물품을 적재한 다음 화물 수령에 대한 증거로 화주에게 발급해 주는 서류는?

① C/O ② S/O ③ M/R ④ B/L

2 다음 선적절차에 따라 발급하는 서류가 순서대로 나열된 것은?

① Shipping Request → Shipping Order → Dock Receipt → B/L
② Shipping Order → Shipping Request → Dock Receipt → B/L
③ Shipping Request → Shipping Order → B/L → Dock Receipt
④ Shipping Order → Shipping Request → B/L → Dock Receipt

3 다음 중 주요 선적서류가 아닌 것은?

① Bill of Lading ② Insurance Policy
③ Commercial Invoice ④ Letter of Credit

4 INCOTERMS 2010의 규칙 중 해상운송과 내수로운송에 사용 가능한 규칙이 아닌 것은?

① FAS ② FCA ③ FOB ④ CFR

5 다음 가격조건의 설명이 옳은 것은?

① FOB Busan은 도착지가 부산임을 나타내는 것이다.
② FAS는 FOB에 더하여 본선적재에 필요한 적재비용을 추가해야 한다.
③ CIF는 CFR에 목적항까지의 보험료를 추가해야 한다.
④ CIF는 복합운송을 포함하여 모든 운송방식에 사용할 수 있다.

6 곡물 등 무포장 화물의 경우에 적용되는 것으로 포장이 없는 경우 어느 정도의 오차를 인정하고 있다. 수량 앞에 'about', 'approximately'의 표현이 있을 경우에 통상적으로 10%의 오차를 허용하고 있는데 이와 관련되는 것은?

① 불가항력 ② 과부족용인조항 ③ 평균중등품질 ④ 판매적격품질

7 다음 중 목재나 냉동 어류의 거래에서 사용되는 품질결정방법은?

① DEQ ② GMQ ③ FAQ ④ USQ

8 항공화물운송장(Air Waybill)을 선화증권과 비교설명한 글 중에서 잘못된 것은?

① 항공화물운송장은 양도성이 없는 비유가증권이면, 선화증권은 양도성이 있는 유가증권이다.
② 항공화물운송장은 항공사가 작성하는 것이 원칙이고, 선화증권은 선박회사만이 작성한다.
③ 항공화물운송장은 기명식으로 작성되며, 선화증권은 주로 지시식으로 작성된다.
④ 항공화물운송장은 화물이 창고에 반입된 후 발행되는 수취식이며, 선적선화증권은 선적 후 발급되는 선적식이다.

9 해상운송 중 부정기선 운항형태에서 Time Charter에 대한 설명으로 맞는 것은?

① 모든 장비를 갖추고 선원이 승선해 있는 선박을 일정 기간을 정하여 고용하는 계약
② 선박만 용선하는 용선계약
③ 한 항구에서 다른 항구까지 한 번의 항해를 위하여 체결되는 운송계약
④ 한 달 단위로 용선하는 용선계약

10 Incoterms 2010에서 해상운송 또는 내륙수로운송방식으로만 물품이 인도될 때 사용되는 조건이 아닌 것은?

① FAS ② CIP ③ CFR ④ CIF

11 다음 가운데 컨테이너에 의한 물품 운송의 경우 운송인은 송화인(shipper)이 계량하고 적재(shipper' s load and count)한 대로 컨테이너 내장물품을 인수하였을 뿐, 실제 내장물품의 하차에 대하여는 운송인이 책임을 지지 않는다는 약관은?

① unknown clause ② escalation clause
③ infringement clause ④ binding clause

12 선박에 대한 관세, 등록세, 소득세 등 가공 세금 및 수수류 산정기준이 되며, 선박의 수익능력을 평가하는 데 사용되는 선박톤수의 종류는?

① net tonnage ② gross tonnage
③ displacement tonnage ④ dead weight tonnage

13 다음 중 운송주선인(freight forwarder)에 관한 설명으로 맞지 않는 것은?

① 타인의 명의로 운송계약을 체결한다.
② 화물의 집하(canvass), 혼재(consolidate), 분류(sort), 배송(deliver)을 담당한다.
③ 일반운송인으로서 보수를 받고 화물의 운송 또는 주선을 업으로 하는 자이다.
④ 화물의 수령에서부터 인도까지 운송에 대한 책임을 진다.

14 화환어음(Documentary bill)이란 다음 사항 중 어느 것인가?

① 환어음에 선화증권과 신용장이 첨부된 서류
② 환어음에 선적서류가 첨부된 서류
③ 약속어음에 선적서류가 첨부된 서류
④ 환어음에 선화증권과 보험증권이 첨부된 서류

15 다음 가운데 용선운송에서 운송 도중에 부득이 항해를 중단하게 되는 경우에 그 실행한 운행비율에 따라서 부과 또는 환불하는 운임은?

① Ad Valorem Freight
② Dead Freight
③ lump-sum Freight
④ Pro Rata Freight

16 당사는 선적지연에 대한 귀사의 클레임에 동의할 수 없습니다.

We cannot (　　) your claim for the (　　) shipment.

① accept - poor
② regret - delayed
③ comply to - dely
④ comply with - delayed

Answer

1 ④ **2** ① **3** ④
4 ②
E FCA(Free Carrier)는 모든 운송에 사용 가능한 조건이다.
5 ③ **6** ② **7** ② **8** ② **9** ①
10 ②
E CIP (Carriage and Insurance Paid To) rule may be used irrespective of the mode of transport selected and also be used where more than one mode of transport is employed. 이 조건은 수송형태에 관계없이 사용될 수 있고 또한 복합수송형태로도 사용될 수 있다.
11 ①
E unknown clause : "본 선화증권은 그 표면 기재의 컨테이너의 수만 수취하였다는 증거이지 내용물의 상태 및 명세는 모르는 것이고 운송인은 이것에 대하여 어떠한 책임도 지지 않는다"는

약관이다.

12 ②

E 총톤수(Gross Tonnage)는 선박의 총용적을 나타내는 톤수로서 100입방피트(cft)가 1톤이 된다. 순톤수(Net Tonnage)는 총톤수에서 선박운행에 직접 사용되는 부분(기관실, 선원실, 통신실 등)을 뺀 용적이다. 총이윤(gross profit), 순이윤(net profit)과 유사한 개념이다.

13 ③

E 운송주선인은 운송수단을 보유하지 않으면서 실제운송인처럼 운송주체자로서의 기능과 책임을 수행하는 사람을 뜻한다. 이 분야는 경쟁이 치열한 분야이지만, 시장의 상황에 따라서 큰 이윤을 얻기도 한다.

14 ②

15 ④

E Pro Rata Freight : 비례운임. dead freight(부적운임)은 선적하기로 계약했던 화물량보다 실제 선적량이 적은 경우 용선인이 그 부족분에 대하여 지불하는 운임이다. lump-sum freight(선복운임)는 화물의 개수, 중량, 용적을 기준으로 책정되는 운임이 아니라 화물의 양과 관계없이 항해 또는 선복(Ship's space)을 단위로 하여 계산하는 운임이다.

16 ④

Chapter
10
해상 보험

세계 최초 해상보험법은 바르셀로나 법령(Barcelona law)으로 1435년에 제정되었다. 1523년에는 보험과 해손에 관한 플로렌스시 조례(ordinances of the city of Florence) 부칙이 공포되었다. 플로렌스시 조례 부칙은 현재 사용되고 있는 로이즈 보험증권과 그 양식이 가장 유사하여 현대 해상보험의 시초로 보기도 한다.

보험업 하면 영국의 로이즈(Lloyd' s)를 연상하게끔 보험업의 대명사가 된 로이즈는 '에드워드 로이드' (Edward Lloyd)가 1688년 영국 템즈 강변의 '타워 스트리트' (Tower Street)에 개점한 커피숍에서 시작되었다. 부두 가까이 위치한 이 커피숍에서 해운업자들이 모여서 어떤 선박이 출항해서 무사히 귀항하는가에 대한 내기(wager)를 한 데서 해상보험이 시작되었다고 볼 수도 있다.

오늘날과 같은 회사조직을 갖춘 보험회사는 1720년 London Assurance Corporation과 Royal Exchange Corporation의 두 회사가 설립되면서 발전하기 시작하였고, 1982년 두 회사에 의한 해상보험 독점에 관한 법률이 폐지됨을 계기로 많은 보험회사가 설립되면서 로이즈(Lloyds)를 비롯한 굴지의 해상보험회사들이 런던을 중심으로 자리잡게 되었다.

10.1 해상보험의 의의 및 계약당사자

10.1.1 해상보험의 의의

해상보험이란 해상운송 도중에 발생하는 사고에 대하여 보험자(insurer)가 보험금(insured amount)의 지급을 통하여 손해를 보상해 줄 것을 약속하고, 피보험자

(insured)는 그 대가로서 보험료(insurance premium)를 지불할 것을 약속하는 손해보험의 일종이다. 해상보험은 항해에 관한 해상위험에 대한 보험이지만 항해에 수반하여 발생하는 육상 또는 항공위험을 해상보험계약서에서 확장하여 담보하는 경우가 많으며, 이 경우 이들 해상위험 이외의 위험에 대해서도 해상보험의 제반규정의 관습이 준용되는 것이 일반적이다.

10.1.2 계약당사자

1) 보험자(Insurer, Assurer)

보험자는 보험료를 받아 해상위험을 부담하는 자를 뜻한다. 우리나라에서는 법인체인 보험회사(insurance company)로 되어 있으나, 영국에서는 로이즈와 같은 개인 보험업자(underwriter)도 있다.

2) 보험계약자(Policy Holder)

보험계약자는 보험계약을 체결하고 보험료를 지불하는 자이다.

3) 피보험자(Insured, Assured)

보험목적물에 대하여 경제적 이해관계를 가지기 때문에 이 재산에 손해가 발생하면 보험자로부터 보상을 받는 자이다. 보험계약자와 피보험자는 매매계약조건에 따라서 동일인이 될 수도 있고, 다른 사람이 될 수도 있다.

4) 재보험계약에 따른 보험자 입장의 변화

보험자가 피보험자의 입장에서 다른 보험자와 재보험(reinsurance)계약을 체결할 경우 보험자는 자기가 인수한 금액만큼 피보험이익을 가지게 된다. 영국 해상보험법 제9조에서도 "해상보험계약을 체결한 보험자는 그가 인수한 금액만큼 피보험이익을 설정할 수 있으며, 피보험이익을 확보하기 위한 재보험계약을 체결할 수 있다" 라고 규정하고 있다.

10.1.3 피보험이익(insurable interest)의 당사자

영국 해상보험법 제4조는 도박이나 사행을 위해 보험의 목적물과 하등의 이해관계 없이 이루어지는 보험계약은 무효라고 규정하고 있다. 다르게 표현하면, 보험계약이 성립하기 위해서는 반드시 피보험자가 보험의 목적물과 재산상의 이해관계가 있어야 한다. 이 같은 재산상의 이해관계로 인하여 보험목적물에 대하여 특정인이 보험계약을 체결할 수 있고(insurable), 이로 인하여 불확실한 미래의 사고로부터 재산상의 손실을 보상받을 수 있는 이익을 피보험이익이라고 한다.

1) 선주(shipowner)

선주는 소유하고 있는 선박에 대하여 다양한 피보험이익을 받을 수 있다. 선체(hull)뿐만 아니라 항해를 준비하고 수행하는 과정에서 지불하는 연료, 식량, 기타 소모품의 구입비와 세관 제비용 등 선박비용(disbursement)에 대해서도 피보험이익을 청구할 수 있다.

2) 화주(cargo-owner)

수출업자나 수입업자는 선화증권 또는 용선계약에 따라 선박에 의하여 운송되는 모든 종류의 적화를 화물(goods)이라는 통괄적인 명칭으로 적화보험계약을 체결할 수 있다. 이 경우 통상적으로 화물 가액의 10%를 희망이익(expected profit)으로 간주하여 함께 부보한다.[1]

3) 운임취득자

운임(freight)은 운송에 대하여 지불하는 보수이다. 따라서 해상사고가 발생하여 운송이 중단되면 운임을 받지 못하게 되기 때문에 운임취득자도 운임에 대하여 피보험이익을 받을 수 있다.

1. 부보는 보험에 가입하여 피보험이익을 얻을 수 있는 절차를 마침을 뜻한다.

10.1.4 피보험이익의 평가

1) 보험가액(insurable value)

보험가액은 보험계약이 체결될 수 있는 금액을 뜻한다. 따라서 보험가액은 선박이나 화물과 같은 보험목적물의 실제 가치를 뜻한다고 볼 수 있고, 이 금액은 피보험자가 보험에 가입할 수 있는 최고 한도액이기도 하다.

2) 보험금액(insured amount)

보험금액은 피보험자가 실제로 보험에 가입한 금액이다. 보험금액은 보험자가 보상해 주기로 약속한 최고의 금액이기 때문에 보험사고가 발생할 경우 보험자는 보험금액의 범위 내에서 보상한다.

3) 전부보험(full insurance)과 일부보험(under insurance)

전부보험은 보험목적물의 실제 가치 모두를 보험에 가입한 경우이기 때문에 보험가액과 보험금액이 일치하게 된다. 해상적화보험은 대부분 전부보험에 해당된다. 일부보험은 보험목적물의 가액 일부분을 보험에 가입한 경우이다. 보험금액이 보험가액을 초과하는 초과보험(over insurance)은 선의(by accident)[2]인 경우를 제외하고는 모두 무효가 된다.

10.1.5 해상보험의 주요 원리

1) 피보험자의 고지의무

해상보험은 다른 일반보험과 달리 보험계약체결의 대상이 되는 적화나 선박에 대한 실사가 없이 피보험자가 제공하는 상황만을 기초로 하여 보험료가 산정되어 계약이 체결된다. 따라서 피보험자는 계약체결 시에 자신이 알고 있는 모든 중요한 사항을 보

2. 선의의 반대는 악의(by design)이고 언어상(semantics)으로 착하고 악하다는 뜻이 아니라 선의는 모르고 한 경우이고, 악의는 알고도 고의적으로 한 경우에 해당된다.

험자에게 최대선의(utmost good faith)의 원칙에 입각하여 고지하여야 한다. 만일 피보험자가 이러한 고지(disclosure)[3] 의무를 소홀히 하게 되면, 그 사항이 중요한 사항에 해당될 경우 보험자는 재량에 따라 보험계약을 취소할 수 있다.

2) 담보준수의무

해상보험에서 담보(warranties)는 피보험자가 준수해야 할 약속을 의미한다. 여기서 담보는 약속적인(promissory) 조건을 의미하는 것으로, 피보험자가 특정한 사실을 행하거나 행하지 않는다는 약속이나, 특정한 조건이 충족된다는 약속이나, 특정한 상황의 존재를 인정하거나 부정한다는 약속을 뜻한다.

3) 근인주의(proximate cause)[4]

해상보험은 손해보상을 전제조건으로 하지만 보험자가 보상해 주는 손해는 반드시 보험증권상 담보된 위험이거나, 담보되는 위험에 근인하여 발생하여야 한다. 근인주의는 근인(proximate cause)은 고려하고, 원인(remote cause)은 고려하지 않는다는 절대원칙에 따라 보험자는 담보위험(insured perils)에 근인하여 발생한 손해에 대해서만 책임이 있다는 원칙이다.

4) 소급보상의 원칙

소급보상은 해상보험의 독특한 특징으로서 보험계약이 체결되기 전에 발생한 손해일지라고 계약당사자들이 계약체결 시 그 발생 여부에 대하여 알지 못하였다면 유효한 것으로 해석되어 보험자가 그 위험을 부담하는 것을 의미한다.

---

3. 완전공개를 'full disclosure'라고 한다.
4. 'proxy value'라고 하면 대충값을 뜻한다. 여기서 'proxy'는 'round'와 같은 의미로 사용된다. 예를 들어 'Big-Mac-Index'는 구매력평가설(purchasing-power-ratio)의 proxy로 사용되기도 한다.

10.1.6 해상보험증권의 양식 및 기재사항

1) 해상보험증권의 양식

해상보험증권은 1779년 로이즈 보험자(Lloyd' s underwriters) 총회에서 종전에 사용되어 온 다양한 양식의 보험증권을 통일한 'Ship and Goods Form' 의 보험증권이 영국 해상보험법 부록에 표준해상보험증권으로 채택됨으로써 공식적으로 사용되고 있으며 그 내용은 해상보험의 골격을 이루고 있다. 1981년 UNCTAD가 기존의 해상보험증권은 그 약관의 문장이나 단어가 고어체이거나 낙후된 부분이 많아서 이용자들에게 불편을 준다는 점을 고려하여 내용이 간단명료하고 세계 각국에서 공통적으로 사용할 수 있는 해상보험증권의 개정안을 발표하였다. 이 같은 움직임에 대응하여 영국의 보험업자들은 신양식에 해당되는 'New Lloyd' s Marine Policy Form' 및 'New ILU(Institute of London Underwriters) Marine Policy Form' 을 제정하였다.

2) 해상보험증권의 기재사항

우리나라의 보험회사가 사용하고 있는 신양식의 해상보험증권은 그 상단에 보험증권에 기재되어야 할 중요한 사항이 열거되어 있다. 이 같은 사항에는 피보험자의 성명, 선적항과 도착항, 선박명, 출항예정일, 보험금액, 보험목적물 등이 있다.

10.2 해상손해(Maritime Loss)

10.2.1 해상손해의 종류

해상손해는 손해의 정도와 성격, 손해부담자의 범위에 따라 [그림 10-1]과 같이 물적손해와 비용손해로 구분할 수 있다. 물적손해는 선박 · 화물 등과 같은 피보험목적물 자체의 직접 손실을 의미하며, 손해의 정도에 따라 전손, 분손으로 구분된다. 전손은 현실전손과 추정전손으로, 분손은 단독해손과 공동해손으로 나누어진다. 비용손해는 피보험목적물의 손해와 관련하여 부수적으로 발생하는 비용으로서 손해방지비용, 구조비용, 특별비용, 선박충돌 손해배상금 등이 있다.

그림 10-1 해상손해의 관계

10.2.2 전손

전손(total loss)이란 선박, 화물 등과 같이 피보험목적물 전부가 담보위험에 의하여 멸실되거나 손상의 정도가 심해서 구조나 수리비용이 부보된 금액보다 큰 경우를 뜻한다.

1) 현실전손

현실전손(actual total loss)은 보험목적물이 파괴되어 상품가치가 완전히 상실될 정도로 손해를 입었을 때 또는 피보험자가 보험목적물의 점유권이 박탈되어 이를 회복할 수 없을 때 또는 위험에 직면한 선박이 행방불명이 되었을 때 또는 상당한 기간이 경과되어도 그 소식을 알 수 없을 때 성립되는 전손이다.

2) 추정전손

추정전손은 보험의 목적물이 현실적으로 전멸하지 않았으나 그 손해 정도가 심하여 원래 그 목적물이 가진 용도에 사용할 수 없게 된 경우, 그 수선 및 수리비가 수선 후 그 목적물이 갖는 시가보다 큰 경우를 뜻한다. 위부행위가 성립될 경우에 추정전손(constructive total loss)이 인정된다.

3) 위부(委付 ; abandonment)

추정전손이 인정될 수 있는 사유가 발생하였을 때 피보험자는 그 피보험목적물에 대해서 갖는 일체의 권리를 보험자에게 이전하고 대신 전손에 해당되는 보험금을 청구할 수 있는 절차를 위부라고 한다. 보험자는 추정전손의 부담을 결정할 때 피보험자로부터 위부 여부를 확인하여야 하고, 피보험자는 위부의 의사를 서면으로 제출하여야 한다.

4) 대위권(right of subrogation)

보험자가 보험금을 지불한 경우 보험자는 피보험자를 대신하여 피보험이익에 대한 권리 및 제3자에 대한 피보험자의 권리를 취득하게 되는데 이렇게 취득한 권리를 대위권이라고 한다. 보험자의 대위권은 피보험자가 발행한 대위권 양도서에 의하여 보험금을 지급함으로써 효력이 발생하고, 보험자가 취득한 대위권은 보험자가 지불한 보상액 한도 내에서만 유효하다.

10.2.3 분손

분손(partial loss : average)은 피보험목적물의 일부만이 손상을 입는 경우를 뜻하며, 전손이 아닌 손해는 모두 분손으로 간주된다.

1) 단독해손

피보험목적물의 일부의 멸실이나 손상으로서 피보험목적물에 대하여 재산상의 이해관계를 갖는 자가 단독으로 부담하는 손해이다. 단독해손(particular average)은 해손정산인 협회에서 제정한 실무규칙에 따라 그 손해액이 결정된다.

2) 공동해손

공동해손(general average)이란 선박이나 화물이 해난에 직면하게 될 경우 선박 및 적화의 위험을 구조하기 위하여 선장의 책임으로 선박이나 적화의 일부를 희생하는 것을 뜻한다. 이 같은 경우 선박이나 적화에 발생한 손해와 비용은 선박 및 적화의 모든 이해 당사자가 공동으로 분담하게 된다.

'요크 앤트워프 공동해손규칙' (York-Antwerp Rules of General Average ; YAR)에서는 공동해손을 "해상사업을 같이 하는 재화를 위협에서 보존하기 위한 의도로 공동의 안전을 위하여 고의로 또는 합리적으로 비상희생을 하거나 또는 비용을 지급한 경우에 한하여 공동해손행위가 성립한다" 라고 규정하고 있다. 따라서 공동해손행위의 직접적인 결과로 야기된 손실 및 비용만이 공동해손으로 인정된다.

3) 공동해손의 인정범위

요크 앤트워프 규칙에서 공동해손으로 인정하고 있는 희생손해와 비용손해의 예를 들면 다음과 같다. 적화의 투하 및 공동안전을 위한 희생으로 야기된 손해, 선박 화재의 소화에 의한 손해, 운임의 손실, 자금조달비용 및 공동해손손해의 이자를 들 수 있다.

4) 공동해손의 분담 및 정산

공동해손이 발생한 경우 이것을 분담한 당사자는 해운법에 의하여 규정된 모든 조건에 따라 다른 이해관계자로부터 일정 비율의 분담액을 취득할 수 있으며 이 분담액을 공동해손 분담액(general average contribution)이라고 한다. 공동해손이 발생하면 공동해손정산인(general average adjuster)에 의해 별도의 규정이 없는 한 양륙항에서 정산이 실시되어 공동해손정산서가 작성된다.

10.3 협회적화약관

보험증권의 앞면에는 본문약관, 뒷면에는 협회적화약관이 적혀 있다.

10.3.1 본문약관

신양식은 협회약관을 중심으로 해상보험계약이 체결되도록 제정되었기 때문에 본문에는 보험계약 성립에 필요한 몇 가지 약관만 적혀 있다.

1) 준거법약관

모든 해상보험의 클레임에 대한 보험자의 책임 유무와 클레임 정산에 관한 사항은 영국의 법률과 관습을 준수하도록 규정하고 있다.

2) 타보험약관(Other Insurance Clause)

타보험약관은 본 해상보험증권 하의 보험계약이 다른 해상보험이나 화재보험과 중복될 경우에는 본 보험증권에서는 그 손해를 전액 보상하지 않고 다른 보험증권에 의하여 보상될 금액을 공제한 나머지 손해부분에 대해서만 보상한다는 내용이다.

3) 약인약관(Consideration Clause)

피보험자가 보험료를 지급하여야만 보험금을 지급받을 수 있음을 규정한 약관이다. 즉, 보험자의 손해배상 약속에 따라 피보험자가 그 대가로서 보험료를 지불해야 하고, 약인(consideration)은 보험료의 영수를 뜻한다.

4) 선서약관(Attestation Clause)

선서약관은 보험증권 제일 끝에 보험자, 즉 해상보험회사의 이름, 보험증권의 발행 연월일 및 작성지 등이 기재되어 있는데 이는 해상보험계약을 체결한 증거로서 보험회사의 책임자가 보험증권에 서명하였음을 나타내는 것이다.

5) 중요약관(Important Clause)

본문 약관 옆에 클레임 발생 시에 피보험자가 취해야 할 각종 조치 및 절차 등을 일괄 규정하고 있는 중요약관이 있다. 이 약관은 다른 약관과 쉽게 구분하기 위하여 적색으로 나타나 있어서 'Red Line Clause' 라고도 한다.

10.3.2 협회적화약관의 의의

협회약관 중에서 협회적화약관(Institute Cargo Clauses ; ICC)이 가장 중요하고 2009년에 개정된 협회적화약관은 ① Institute Cargo Clauses (A) ; A Clause, ② Institute Cargo Clause (B) ; B Clause, ③ Institute Cargo Clause (C) ; C Clause의 세 가지 기본약관과 협회전쟁약관(Institute War Clauses), 협회동맹파업약관(Institute Strike Clauses) 등으로 구분된다.

기본되는 세 가지 협회적화약관은 〈표 10-1〉과 같이 그 내용이 모두 19개조로 구성되어 있다. 특이한 점은 제1조의 위험, 제4조의 일반면책 및 제6조의 전쟁면책만 다르고, 나머지는 동일하다.

표 10-1 협회적화약관의 성질별 분류

구분	약관명
담보위험 (Risk Covered)	1. 위험(Risks) 2. 공동해손(General Average) 3. 쌍방과실충돌(Both to Blame Collision)
면책조항 (Exclusions)	4. 일반면책(General Exclusions) 5. 불내항성 및 부적합 면책(Unseaworthiness and Unfitness Exclusion) 6. 전쟁면책(War Exclusion) 7. 동맹파업면책(Strikes Exclusion)
보험기간 (Duration)	8. 운송약관(Transit Clause) 9. 운송계약종료(Termination of Contract of Carriage) 10. 항해변경(Change of Voyage)
보험금청구 (Claims)	11. 피보험이익(Insurable Interest) 12. 운송비용(Forwarding Charges) 13. 추정전손(Constructive Total Loss) 14. 증액(Increased Value)

보험이익 (Benefit of Insurance)	15. 보험이익불공여약관(Not to Insure)
손해경감 (Minimizing Losses)	16. 피보험자의무약관(Duty of Assured) 17. 포기약관(Waiver)
지연의 방지 (Avoidance of Delay)	18. 신속조치약관(Reasonable Despatch)
법률 및 관례 (Law and Practice)	19. 영국법률 및 관례약관(English Law and Practice)

*1982년 약관에는 각 조별로 약관 이름이 있었지만 2009년 약관에서는 약관 명칭이 혼란을 초래할 수 있다는 이유로 그 이름을 삭제한 조문이 많고, 특히 면책조항과 관련된 약관에서는 모두 이름을 삭제하였다.

10.4 협회적화약관 A

10.4.1 담보위험

1) 위험(Risks)

제1조는 ICC A 약관에서 보험자가 보상해 주는 책임범위를 구체적으로 규정하고 있는 약관이다. 이 약관에서는 면책위험을 제외한 일체의 피보험목적물의 멸실 또는 손상의 위험을 보험자는 담보한다고 규정하고 있어 포괄책임주의를 명백히 나타내고 있다. 따라서 보험사고가 발생할 경우, 그 손해 원인이 무엇인가를 증명할 책임은 보험자에게 있게 된다. 종전의 전위험담보약관(All Risks Clause)과 유사하지만, 불합리한 명칭을 피하고 보험자가 보상해 주는 범위를 명확하게 명시하고 있다.

2) 공동해손(General Average)

면책조항에 해당되는 제4조, 제5조, 제6조 및 제7조에서 또는 이 보험의 기타 조항에서 제외한 원인 이외의 원인에 의한 손실을 피하기 위하여 또는 이 같은 손실을 방지하거나 감소시키는 과정에서 발생한 공동해손 및 구조비를 보험자가 담보한다고 규정하고 있다.

3) 쌍방과실충돌(Both to Blame Collision)

이 약관은 보험자의 손해보상범위를 확장하여 해상화물 운송계약상 쌍방과실충돌 약관에 의하여 피보험자가 부담해야 할 금액 중 보험증권에서 보상받을 수 있는 손해에 관한 부분을 보험자가 지급해 줄 것을 규정하고 있다.

10.4.2 면책

1) 일반면책(General Exclusion)

이 약관은 보험자의 면책사항을 7가지로 구분하여 구체적으로 명시한 약관으로서 어떠한 경우라도 보험자는 다음과 같은 손해를 보상하지 않는다. ① 보험계약자의 고의적인 비행(wrong behavior)에 의한 멸실, 손상 및 비용, ② 통상적인 누출손해, 중량 및 수량상의 자연감량, 통상적인 소모, ③ 피보험물의 포장 혹은 운송 준비의 불충분한 상태로 인하여 발생하는 멸실, 손상 및 비용, ④ 피보험물의 고유의 성질과 하자로 인한 멸실, 손상 및 비용, ⑤ 피보험위험으로 인하여 발생한 지연일지라도 지연을 근인으로 하여 발생한 멸실, 손상 또는 비용, ⑥ 본선의 소유자, 관리자, 용선자 또는 운항자의 지불불능 또는 재정상의 채무불이행으로부터 발생한 멸실, 손상 또는 비용, ⑦ 원자력 또는 핵의 분열 및 융합으로 인하여 발생한 멸실, 손상 또는 비용은 보상하지 않는다.

2) 불내항성(Unseaworthiness)[5] **및 부적합성**(Unfitness) **면책**

선박 또는 부선의 불내항성 및 피보험목적물의 안전운송을 위한 선박, 부선, 운송용구, 기타 운송수단의 부적합성으로 인하여 발생한 멸실, 손상 또는 비용은 보험자가 담보하지 않는다.

5. 내항성을 나타내는 단어인 'seaworthiness'와 동일한 의미를 지니는 단어는 'weathering'으로 비와 해수와 다른 외부 충격에 견디는 견고성을 뜻한다.

3) 전쟁면책(War Exclusion)

보험자는 전쟁, 내란, 혁명 등의 사유로 발생한 손해에 대해서는 일체 책임을 지지 않는다.

4) 동맹파업면책(Strike Exclusion)

종래의 동맹파업, 폭동 및 소요부담보약관(Free from Strikes, Riots, and Civil Commotions ; SRCC)과 동일한 내용으로서 보험자는 동맹파업 등으로 발생하는 손해는 담보하지 않는다.

10.4.3 운송기간

1) 운송약관(Transit Clause)

종전의 로이즈 보험증권에서는 보험자의 책임이 화물이 본선의 갑판상에 실제로 적재되는 시점에 시작된다고 하였으나, 이 약관에서는 선적항을 창고를 출고하는 순간부터 효력이 발생한다고 운송기간을 확대하였다.

2) 운송계약종료(Termination of Contract of Carriage)

운송계약이 목적지에 도착하기 전에 피보험자로서는 불가항력의 사정으로 항해가 보험계약상 종료되는 경우에 피보험자는 이 같은 사태에 대한 정보를 확인한 즉시 보험회사에 통지해야 한다. 그리고 필요한 경우 추가보험료 지급을 조건부로 이 보험은 유효하게 지속된다.

3) 항해변경(Change of Voyage)

이 약관은 보험 개시 후 목적지가 피보험자에 의하여 임의로 변경된 경우에는 피보험자는 보험자에게 지체없이 통지할 것을 조건으로 추후에 협정되어야 할 보험료 및 보험조건에 의하여 담보가 계속됨을 규정한 특별약관이다.

10.4.4 보험금청구 및 보험이익

1) 피보험이익(Insured Interest)

보험을 도박이나 사행과 구별하기 위하여 피보험자는 손해발생 시에 피보험목적물에 대한 피보험이익을 갖고 있어야 함을 규정한 약관이다.

2) 계속운반비용(Forwarding Charges)

이 약관은 중간 항구에서 화물의 하역비용, 창고보관료, 계속운반에 수반되는 추가경비 등을 보험자가 보상할 것을 확약하는 약관이다.

3) 추정전손(Constructive Total Loss)

이 약관에서 명시하고 있는 바와 같이 추정전손에 대한 보험청구는 화물의 현실전손의 발생이 불가피하다고 인정되거나, 화물의 원상회복, 수리, 수송 비용이 도착지 가격을 초과하리라 예측되는 상황에서 정당하게 위부된 경우에 한하여 가능하다.

4) 증액

보험계약을 체결한 후 피보험목적물의 가격이 상승하여 피보험자가 다시 동일한 피보험목적물에 대하여 증액보험을 체결할 경우 피보험목적물의 보험평가액은 증액된 보험금과 비례하여 증가하는 것으로 간주하고, 손해보상도 원보험자와 증액보험자가 각각의 보험금액만큼 비례하여 보상해 준다.

5) 보험이익

운송인이나 기타 해상사업에 관련이 있는 수탁자에게 보험계약이 체결되어 있다는 이유로서 어떤 혜택을 주어서는 안 된다는 사실을 주지시키는 약관이다.

10.4.5 손해경감 및 지연의 방지

1) 손해경감에 대한 피보험자의 의무(Duty of Assured)

피보험자, 그 사용인 및 대리인은 피보험목적물의 손해를 방지하거나 또는 경감시키기 위하여 합리적인 조치를 강구하여야 하며, 운송인, 수탁자 또는 제3자에 대한 일체의 권리가 적절히 보존되고 행사되도록 확보하여야 한다.

2) 손해경감에 대한 포기(Waiver)

피보험목적물을 구조, 보호 또는 복구하기 위한 피보험자 또는 보험자의 조치는 위부의 포기 또는 승낙으로 간주되지 않는다. 추정전손이 발생하여 피보험자가 위부통지를 하고 동시에 손해방지활동을 할 경우 보험자는 이를 피보험자의 위부의 포기(wavier)로 간주할 수 있고, 이와 반대로 보험자가 위부의 통지를 받고서 손해방지활동을 하면 피보험자는 이러한 보험자의 행동을 위부의 승낙(acceptance)으로 간주할 수도 있다. 포기약관은 이 같은 책임회피를 방지하기 위하여 쌍방이 서로 미루지 말고 손해방지행위를 성실히 수행할 것을 규정하고 있다.

3) 지연의 방지

피보험자는 손해방지의 의무수행도 신속히 해야 하고 항해도 상당한 속도로 수행할 의무가 있다. 정당한 이유 없이 손해방지의무의 수행 또는 항해의 수행을 지연시키면 보험자는 지연이 발생할 때로부터 책임이 면제된다.

10.4.6 협회적화약관 A : 법률 및 관례

해상보험으로 제기되는 모든 문제는 영국의 법률과 관례에 따라야 한다고 규정하고, 주의사항(Note)에서 부보화물의 위험이 계속 담보된 사유를 안 즉시 피보험자는 이를 보험자에게 통보해야 한다는 피보험자의 의무를 규정하고 있다.

10.5 협회적화약관 B 및 협회적화약관 C, 기타 약관

10.5.1 협회적화약관 B

이 약관은 종전의 분손담보약관(With Average Clauses)을 정비한 것인데 ICC(A)와 마찬가지로 19개 조항으로 구성되어 있고, 제1조의 위험약관만 내용이 다르고 나머지 조항은 거의 유사하다. 따라서 제1조의 위험에 대해서만 검토해도 무방하다.

이 약관에서는 보험자가 보상해 주는 담보범위를 구체적으로 명시하고 있다. 즉 제4조, 제5조, 제6조 및 제7조에서 규정하고 있는 보험자의 면책사유를 제외하고, 명시된 원인에 기인한 보험목적물의 멸실 또는 손상은 보험자가 보상해 준다.

〈표 10-2〉는 협회약관 A, B, C 간의 담보위험의 비교를 일목요연하게 보여준다.

표 10-2 **담보위험의 비교**

담보위험(1조)	각 약관에서의 담보 여부		
	(A)	(B)	(C)
화재 · 폭발	○	○	○
본선 · 부선의 좌초 · 교사 · 침몰 · 전복	○	○	○
육상운송용구의 전복 · 탈선	○	○	○
본선 · 부선 · 그 밖의 운용용구의 물 이외 타물체와의 충돌 · 접촉	○	○	○
피난항에서의 화물의 하역	○	○	○
지진 · 화산의 분화 · 낙뢰	○	○	×
공동해손에 의한 손해	○	○	○
투하	○	○	○
갑판유실	○	○	×
본선 · 부선 · 선창 · 운송용구 · 컨테이너 · 리프트 밴 · 보관장소에의 해수 · 호수 · 하천수의 침입	○	○	×
본선 · 부선 · 선적 · 하역 작업 중 바다에 떨어지거나 갑판에 추락한 매 포장 단위당 전손	○	○	×
그 밖의 모든 위험에 의한 멸실 · 손상	○	×	×

10.5.2 협회적화약관 C

C 약관은 종전의 분손부담보약관(Free from Particular Average Clauses)을 정비한 것으로 ICC(A)와 ICC(B)와 동일하게 19조로 구성되며 제1조 위험조항을 제외하고는 거의 같다. C 약관은 보험자의 보상범위가 가장 좁은 조건이며 여기서 보상되는 범위는 〈표 10-2〉와 같다.

10.5.3 협회전쟁약관(Institute War Clauses)

이 약관은 협회적화약관 제6조(전쟁면책약관)에서 보험자의 면책위험으로 규정한 전쟁위험을 보험자가 담보한다는 특약이다.

10.5.4 협회동맹파업약관(Institute Strikes Clauses)

이 약관 역시 협회적화약관 제7조(동맹파업면책약관) 내에서 보험자의 면책위험으로 규정한 동맹파업의 위험에 기인하여 발생한 손해를 보험자가 보상한다는 특약이다. 주목할 만한 사실은 협회동맹파업약관에서도 협회전쟁약관과 마찬가지로 보험자의 일반면책약관과 불내항성 및 부적합성 약관이 적용되고 있다.

10.5.5 특정 상품에 관한 협약

특정 화물에 적용하기 위한 여러 가지의 협회약관이 있는데 대표적으로 곡물분손부담보약관, 고무약관, 원당약관이 있다.

10.6 해상보험계약의 체결 및 배상청구

10.6.1 해상적화보험계약의 체결

해상적화보험을 청약하고자 할 때는 보험회사 소정의 보험청약서 양식에 해당 사항을 기재하고 보험청약서를 소요되는 보험료와 함께 보험회사에 제출한다. 이에 대하여 보험회사는 보험계약의 증거로서 보험증권을 발급한다. 보험청약서에 기재할 사항으로는 ① 피보험자명, ② 소요되는 보험증권의 부수, ③ 선박명 및 출항예정일자, ④ 출발항명 및 도착항명, ⑤ 환적이 있을 경우에는 환적항명, ⑥ 피보험화물의 수량, 품명 및 그 명세, ⑦ 포장, ⑧ 송장금액 및 보험금액, ⑨ 보험조건, ⑩ 상업송장과 참조번호, ⑪ 특별지시사항 등이다. 이 중에서 ③, ④, ⑤, ⑥, ⑨의 사항들은 보험료 산출의 중요한 기준이 되기 때문에 정확하게 기재할 필요가 있다.

10.6.2 확정보험과 예정보험

청약서상의 기재사항을 다 알고 있으면 확정보험(definite insurance)이 된다. 그러나 대부분의 경우 보험계약 체결 시 모든 사항을 알 수 없기 때문에 사후에 기재사항이 확정되는 대로 지체없이 보험자에게 통고할 것을 조건으로 하는 예정보험(open cover)의 형식을 취한다.

예정보험은 다시 개별계약(provisional contract)과 포괄계약(open contract)으로 나누어진다. 포괄계약이란 건마다 개별적인 보험계약을 체결하지 않고 일정 화물에 대해서 포괄적으로 보험계약을 체결하는 보험으로서, 계약회사에서 취급하는 모든 화물이 자동적으로 부보되면 보험료도 싸게 된다. 이 같은 계약 하에서 발행되는 보험증권을 포괄보험증권(open policy)이라고 하며, 이 포괄증권의 원본에 의하여 개개의 상품이 부보되어 있음을 증명하는 약식서류를 보험증명서(insurance certificate)라고 한다.

10.6.3 적화보험조건의 선정

보험조건은 보험자가 보험계약상 보상해 줄 수 있는 부보의 범위를 말하는데, 적화보험에서는 협회적화약관의 규정에 따라 Institute Cargo Clauses (A), (B), (C) 세 가지 기본조건이 있다. 그러나 피보험자가 이 같은 세 가지 기본조건만으로는 충분한 보상을 기대할 수 없다고 판단될 경우에는 특정위험을 담보받고자 할 경우에 할증보험료를 지불하고 다음과 같은 부대조건을 이용할 수 있다.

1) 전쟁위험 및 동맹파업위험

보험자의 보상범위가 가장 포괄적인 A 약관에서도 전쟁위험과 동맹파업위험은 보상되지 않기 때문에 할증료를 부담하고 특약에 의해서만 담보된다.

2) 갑판 적화물에 대한 위험(Risks on Deck Cargo)

일반 화물은 보통 본선의 선창(hold) 내에 적재하는 것이지만 목재, 유류, 동물류, 차량 및 기타 위험물 등은 갑판상에 적재하기도 한다. 갑판상의 화물은 풍랑 등에 의해 유실될 가능성이 높기 때문에 특약에 의해서만 담보된다.

3) 도난 · 발화 · 불착의 위험(Theft, Pilferage, and Non-Delivery ; TPND)

'Theft' 는 포장된 단위로 훔쳐가는 것이고, 'Pilferage' 란 포장된 물품 중의 일부만 훔쳐가는 경우를 뜻한다. 불착은 화물의 일부가 다른 화물과 섞여서 양륙되거나, 아니면 다른 목적지에서 양륙되어서 목적지에 도착하지 않는 경우를 뜻한다. 이 같은 위험에 대해서 담보되는 약관이 TPND이다.

4) 기타 위험

기타 위험으로는 파손의 위험(Breakage), 굴곡의 위험(Bending), 누손의 위험(Leakage), 증발의 위험(Evaporation), 기름의 위험(Contact with Oil and/or Other Cargo ; COOC), 빗물 및 담수의 위험(Rain and /or Fresh Water Damage ; RFWD), 땀(Sweat)과 열(Heat)의 위험을 들 수 있다.

10.6.4 적화보험요율의 체계

보험료(insurance premium)은 원칙상 보험계약 체결과 동시에 지불하여야 한다. 그러나 실제로는 보험료의 후납이 인정되어 증권을 발급하고 보험료 징수 이전에 발생한 손해에 대해서도 보험금을 지급하고 있다.

보험료 산출의 근거가 되는 보험요율(premium rate)은 선박의 상태, 항로, 화물의 종류, 보험조건 등을 근거로 하여 산정한다. 우리나라에서 사용하고 있는 적화보험요율은 대한손해보험협회에서 산정한 협정요율이다. 그러나 악의행위 손해위험 등 몇 가지 특수한 위험이라고 판단될 경우에는 재보험자와 협의한 요율을 적용할 수 있도록 허용하고 있다.

10.6.5 보험금의 청구

보험계약자는 피보험이익이 손해를 입으면 보험증권에 계약된 내용으로 보험자에게 구상(claim)을 한다. 보험구상의 청구자는 보험증권의 정당한 소지자가 되며, 대부분의 경우 매수인에 해당되는 수입업자가 이 배상청구를 하게 된다. 보험증권의 정당한 소지인으로 담보화물에 대한 손해가 발생하였다는 사실을 알게 되면 서면 또는 구두로 보험회사나 그 대리점에 이 뜻을 우선 통지하고, 추후에 손해 정도에 따라서 보험자가 요구하는 청구서류를 구비하여 구상절차를 정식으로 하게 된다.

예를 들어 추정전손인 경우에는 전손을 증명할 수 있는 증빙서류가 필요하고, 피보험자는 위부통지서를 보험회사에 제출해야 하고, 보험회사는 이에 대한 승인 여부를 검토해야 한다. 화물이 피보험위험에 근인하여 손상되었음이 분명할 경우에는 보험회사와 협의하여 손해검정인을 선정하고 검정서를 작성케 하여야 한다.

10.7 해상적화보험과 관련된 무역영어

10.7.1 해상적화보험 부보신청 서신

Samsung Fire and Marine Insurance Co., Ltd.
Seoul 130−701, Korea

September 23, 2012

Dear Sir,

We' ll be grateful if you kindly arrange marine cargo insurance on 5,000 pcs of Men' s Winter Jackets, which are scheduled to ship by the s.s. "Silver Wave 9: from Busan to Seattle on September 27 2012.

Please cover us on ICC (B) clauses for 110 percent of the invoice amount of US$ 300,000 at the rate you gave us by telephone yesterday under credit No.37178 and Invoice No. 735.

We would like to have Your Marine Cargo Insurance Policy in duplicate and three copie of your Invoices for the insurance premium.

Yours sincerely,

Silk Road Trading Co., Ltd.
Hae−du Hwang
General Manager

당사는 2012년 9월 27일에 부산에서 시애틀로 출발하는 일정의 기선 '은파 9'호에 선적한 남성용 겨울 자켓 5,000벌에 대하여 귀사가 해상보험을 체결해 주면 고맙겠습니다.
어제 귀사가 전화통화로 당사에 알린 바와 같이 신용장 37178호와 송장 735호에 근거하여 송장금액 미화 30만 달러의 110% 금액으로 협회적화약관 B로 부보해 주십시오.
당사는 귀사 발행 해상화물보험증권 2통과 보험료 송장 3통이 필요합니다.

E rate : 요율, 경제학 생산자이론에서 단기는 고정생산요소(fixed input)가 있어서 조업도를 조정하면서 공장을 운영하는 경우이고, 장기는 하루 3교대(three shifts)로 가동해도 생산량이 부족할 경우에 시설을 확장하는 경우이어서 고정생산요소가 없는 경우에 해당된다. 단기

인 경우에는 조업도(output rates)를 가지고, 장기인 경우에는 규모경제(scale economies)를 가지고 조정한다. 일부 학자들은 최단기로 재고조정(inventory or stock adjustment), 최장기로 연구개발(Reserach and Development ; R&D)을 들기도 한다.

10.7.2 해상적화보험 부보신청에 대한 회신

In accordance with your instruction on September 23, we have effected marine cargo insurance for US$ 300,000 on 5,000 pcs of Men' s Winter Jackets to be shipped from Busan to Seattle by the s.s. "Silver Wave 9" on ICC (B) clauses at the rate of 0.2 percent which is the lowest available rate of premium.

We also enclose the Marine Cargo Insurance Policy and our Invoice of US$600 for facilitating this transaction. <u>Please credit our account with the insurance premium</u> in a due time.

We would like to keep such an amicable climate with you for the forthcoming events.

Yours sincerely.

Peter Holmes

General Manager

귀사의 9월 23일자 지시에 따라서 당사는 부산에서 시애틀로 출발하는 기선 '은파 9'호에 선적한 남성용 겨울 자켓 5,000벌 화물에 대하여 협회적화약관 B로 이용 가능한 가장 저렴한 보험료 0.2%로 부보하였습니다.
당사는 이 거래를 원만하게 진행하고자 해상화물보험증권과 미화 600달러에 해당되는 송장도 동봉합니다. 적절한 시기에 보험료를 당사 계정에 입금해 주십시오.
당사는 앞으로의 보험계약에 대해서도 귀사와 우호적 분위기를 유지하고 싶습니다.

Re 밑줄 친 부분을 'Please credit the insurance premium to our account' 라고 하기도 한다.

Voca amicable : 친근한, hostile : 적대적인

10.7.3 Useful Expressions

01 Please cover (insure) 110% of invoice value for 1,000 sets of Car Cassette on Institute Cargo Clauses (B) including W/SRCC.

> 자동차 카세트 1,000세트에 대하여 110퍼센트의 가격으로 전쟁위험약관과 동맹파업위험약관을 추가해서 협회적화약관 B로 부보해 주기 바랍니다.

02 Please quote your lowest ICC (C) rates for shipments of 300 pcs Women' s Dresses from Tokyo, Japan to Busan, Korea.

> 일본 동경으로부터 한국 부산까지 여성 의류 300벌 선적에 대하여 가장 낮은 협회적화약관 C의 보험료율을 알려주기 바랍니다.

03 We declare that the goods description on this letter correspond with that of the invoice.

> 폐사는 이 서신에 나타난 상품의 명세서가 송장의 명세서와 일치함을 선서합니다.
>
> **Re** We are convinced that there is no discrepancy or wedge between the goods description in this letter and that of invoice.

04 We would like to notify that it covers the merchandise from the designated port of embarkation or point of taking in charge to port of discharge or point of delivery.

> 폐사는 이 보험증권이 출발항으로 지정된 장소 또는 책임을 부담하는 항구로부터 하역하는 도착항 또는 운송의 항구까지 부보함을 통지합니다.

05 Please insure against ICC(A) $150,000 value of 1,500 units of Electronic Calculators shipped at Inchon for London.

> 인천에서 런던으로 선적되는 150,000달러에 해당되는 전자계산기 1,500개를 협회적화약관 A로 부보해 주기 바랍니다.

06 We enclose a check for US $10,000 of Hana Bank to cover the insurance premium.

> 폐사는 보험료를 지불하고자 하나은행에서 발행한 10,000달러 수표를 동봉합니다.

07 We have effected marine insurance on the cargo for $3 million against ICC(A) with the XYZ Insurance Company.

> 폐사는 3백만 달러에 해당되는 선적화물을 XYZ 보험회사에 협회적화약관 A로 부보하였습니다.

08 Insurance Policy or Certificate of Insurance in negotiable form in duplicate, endorsed in blank, covering ICC(A), Institute War Clause for full invoice value plus 10% with claim payable in Hong Kong in the currency of the draft.

> 환어음의 통화로 송장금액의 110퍼센트에 해당되는 협회적화약관 A뿐만 아니라 전쟁위험약관에 추가로 부보되고 백지배서 형태로 (선의의 소지자에게) 홍콩에서 환어음의 통화로 구상할 수 있는 보험증권 또는 보험증명서 2통
>
> **E** '선의의 소지자에게'는 해석을 부드럽게 하기 위하여 추가하였다. "당신의 제안에 전적으로 동의한다"라는 표현을 영어로 하면 아래와 같다.
> I am pleased to make a blank endorsement on your proposal.

09 We have effected the insurance you ordered on the goods by s.s. "Arirang" from your port to Busan, at 0.15%.

> 귀항으로부터 부산까지 0.15퍼센트의 보험료로 기선 "아리랑"호 적재화물에 대해 귀사가 청구한 보험을 부보하였습니다.

10 There is a saving in carriage in case separate cargos intended for the same port of destination are carried in such a container at TEU, and an additional saving on insurance premium for container–stowed goods.

> 동일한 목적항으로 가는 별도의 화물들이 20입방피트 컨테이너로 운송되는 경우에는 운송비가 절감되고 또한 컨테이너에 적입되는 상품에 대해서는 보험료의 추가 절약이 있다.

11 We think it fair to point out that recent changes in our export control may cause us some difficulty in executing orders and that some delay is unavoidable.

최근 우리나라의 수출규제 변경으로 주문의 이행이 다소 곤란해지고 약간의 지연이 불가피해진 사실을 지적하는 것이 공정한 행동인듯 합니다.

12 As the articles have not yet been dispatched, we must ask you to ship them without any further delay. Unless the order is not executed within 7 days we shall have to cancel it.

이 상품들이 아직까지 발송되지 않았기 때문에 우리는 귀사에게 더 이상 지체없이 이 상품의 선적을 요구할 수밖에 없습니다. 만일 이 주문이 7일 이내에 진행되지 않는다면 우리는 이 상품에 대한 주문을 취소하겠습니다.

13 This insurance attaches from the time the goods leave the warehouse or place of storage at the place named herein for the commencement of the transit.

이 보험은 통과운송이 시작되는 시점에 재화가 보험증권에서 장소이름이 정해진 창고의 장소 또는 보관의 장소를 출발할 때부터 유효하다.

E 이 글에서 attach를 유효하다로 보아서 This insurance holds 또는 It is valid or effective로 해석해도 된다.

10.8 해상보험에 대한 영문소개

01 No claim for Constructive Total Loss shall be recoverable hereunder unless the subject-matter insured is reasonably abandoned either on account of its actual total loss appearing to be unavoidable or because the cost of recovering, reconditioning and forwarding the subject-matter to the destination to which it is insured would exceed its value on arrival.

추정전손에 대한 클레임은, 보험의 목적물의 현실전손이 불가피한 것으로 보이거나 보험의 목적물을 회복하여 수선하고 부보된 목적지까지 운반하는 비용이 도착 시의 그 가액을 초과할 것이라는 이유로 보험의 목적물이 정당하게 위부되지 않는 한, 이 보험에 의해 보상되지 않는다.

02 This insurance is extended to indemnify the assured against such proportion of liability under the contract of affreightment "Both to Blame Collision" Clause as is in respect of a loss recoverable hereunder.

이 보험은 손해보상 범위를 확장하여 해상운송계약서의 쌍방과실 충돌조항에 의한 책임액 중에서 이 보험에 의해 보상받을 수 있는 손해에 관한 부분에 대하여 피보험자에게 보상한다.

03 Where notice of abandonment is properly given, the rights of the assured are not prejudiced by the fact that the insurer refuses to accept the abandonment.

위부의 통지가 정당하게 행해졌을 경우 피보험자의 권리는 보험자가 위부를 수락할 것을 거절하였다는 사실로 인하여 침해받지 않는다.

04 A valued policy is a policy which specifies the agreed value of the subject-matter insured, and the value fixed by the policy is conclusive of the insurable value of the subject intended to be insured.

기평가 보험증권이란 보험목적의 협정가액을 명시하는 보험증권으로서 보험증권에 의해 정해진 가액을 부보할 것을 의도한 목적의 보험가액으로 결정적인 것이다.

05 Under an open policy premiums are billed at the end of each month based on shipments reported during that period. If the insured deliberately fails to report a shipment, the insurer has the option of cancelling that policy.

포괄예정보험증권에서 보험료는 당해 기간 동안 보고된 선적품을 바탕으로 매월 말에 청구된다. 만일 피보험자가 고의적으로 선적품을 보고하지 않으면 보험자는 당해 보험을 취소할 권한을 갖는다.

Voca premiums are billed : 보험료는 청구된다

06 The owner shall have a lien upon all cargos, and sub-freights for any amounts due under the charter, including General Average Contribution, and the charterer to have a lien on the ship for all monies paid in advance and not earned, and any overpaid hire or excess deposits to be returned at once.

선주는 본 용선계약 하의 공동해손분담금을 포함하여 수령되어야 할 채권확보를 위해 전 화물과 용선자 수취운임에 대해서 유치권을 행사할 수 있으며 용선자는 기지불되었으나 회수되어야 할 금액, 즉 초과지불 용선료 혹은 즉시 환불하여야 할 초과 공탁금에 대한 채권 확보를 위해 보전에 유치권을 행사할 수 있다.

07 Floating policy refers to an insurance policy where the names of ships, the commodities of cargo, the specific amounts and ports of loading and discharging of every voyage are not specified.

선명미상보험이란 선박명, 화물의 상품, 특정한 금액, 각 항해에 따른 선적항과 양륙항이 전혀 명시되어 있지 않은 보험증권이다.

08 Cover notes issued by brokers will not be accepted, unless specially authorized in the Credit

보험중개인이 발행한 보험승낙서는 신용장에서 특별하게 명시되지 않는 한 수리되지 않는다.

09 According to your instruction, we made insurance contract with the Prudential Insurance Company at 0.37% for US$ 20,000 including T.P.N.D. on 60 sets of Color T.V. shipped by s/s 'Golden Wave' on the last Friday in September from Busan to Barcelona, Spain.

귀사의 지시에 따라서 폐사는 9월 마지막 금요일에 부산항을 출발하여 스페인으로 향하는 '금파' 기선에 컬러 텔레비전 60대에 대하여 도난, 발하, 불착 약관을 포함한 분손담보조건으로 20,000달러의 가치에 대하여 0.37퍼센트로 푸루덴셜 보험회사와 해상보험계약을 체결하였다.

Voca W.A. = with average = with particular average : 분손담보조건, 단독해손담보조건

10 In no case shall the insurance cover ordinary leakage or wear of the subject-matter insured; loss damage or expense attributable to wilful misconduct of the assured; and deliberate damage to or destruction of the subject-matter insured.

어떠한 경우라도 보험목적물의 통상의 누손 또는 자연소모; 피보험자의 고의적인 불법행위에 기인하는 손해 또는 비용; 그리고 보험목적물에 대한 의도적인 손상이나 파괴는 부보되지 않는다.

11 The carrier is not liable, except in general average, where loss, damage or delay in delivery resulted from measures to save life or from reasonable measures to save property at sea.

운송인은 공동해손의 경우를 제외하고 인명구조를 위한 조치 또는 해상에서 재산의 구조를 위한 합리적인 조치로 인하여 발생한 멸실, 손상 또는 인도 지연에 대해 책임을 지지 않는다.

Voca asset and liability management : 자산부채관리법 | the asset is not liable : 운송인은 책임을 지지 않는다 | 여기서 reasonable은 rational보다는 합리성이 약하지만, 정당한 주의(due care)를 주어진 여건에서 최대로 하였음을 뜻한다. 유치산업론을 위한 합리성은 'An Economic Rationale for Infant Industry Argument'이라고 한다.

12 The buyer shall be liable for and hold the seller harmless from and against all losses and damages.

매수인은 손해 및 손실에 대하여 책임을 지며 동시에 매도자로 하여금 이 같은 손해 및 손실로부터 불이익을 당하지 않도록 해야 한다.

Voca 'do good'의 반대는 'do harm'이다. harmless는 '불이익 또는 손해가 없도록'이란 뜻이다. 예를 들어 careless는 부주의한, 아주 무모한 운전자를 reckless driver라고 한다.

13 We are instructed by our buyer to make marine insurance contract with you on 70 cases of our TV set which we are shipping to New York by the s/s 'Silver Wave' due to sail from Busan on November 20.

우리는 구매자로부터 11월 20일 부산항을 출발하여 뉴욕으로 향하는 '은파' 기선에 선적하게 될 우리의 텔레비전 70대에 대하여 귀사와 보험계약을 체결해 달라고 통지받았습니다.

Re Our buyer requests us to arrange a marine insurance contract with you on

70 cases of our TV set which will be shipped to the s/s 'Silver Wave' that is scheduled to embark Busan for New York on November 20.

14 Jettison is the voluntary sacrifice in the case in or upon the ship, by throwing the shipments overboard, with the intention of preserving both the ship and her cargo.

투하란 선박과 선박의 화물을 보존하기 위한 의도를 가지고 선상의 선적을 자발적으로 희생함을 뜻한다.

E in or upon the ship은 선박 내 또는 선상에서란 뜻인데 문장 전체를 해석할 때에는 보존하고자 하는 선박과 화물 중 선박을 강조하면서 화물을 투하함을 강조한다. 영화에서 구조선을 타고 인원이 많을 경우 부득이 인원을 감축하는 것은 선장의 임무이면서도 권한이기도 하다.

15 Where the assured has a defeasible interest which is terminated during the currency of risk, the premium is not returnable.

피보험자가 해제조건부 피보험이익을 가진 경우에, 그 이익이 보험기간 중에 소멸될 때에는 보험료는 환급되지 않는다.

16 Embargo refers to a proclamation or order of government, usually issued in time of war or threatened hostilities, prohibiting the departure of ships or goods from some or all ports until further order.

금수조치는 전쟁이나 협박을 받는 적대적인 상황에서 추가 지시가 있을 때까지 모든 항구 또는 일부 항구에서 특정 재화 또는 선박의 출발을 금지하는 정부의 성명서 또는 명령이다.

E 중국에 대하여 무기 또는 군사기술의 이전을 막고자 미국이 embargo를 실시한 적이 있다. 해제할 때에는 lift embargo라고 한다.

17 Franchise: Originally, the term mean 'free from' but in marine insurance practice it came to mean an amount or percentage specified in the policy which must be reached before the a claim is payable. Once the amount or percentage is attained, the claim is payable in full.

프란차이즈는 원래 '어떤 구속으로부터 자유로운' 이라는 의미를 지닌 용어이지만 해상보험의 운영에서는 이 용어는 클레임이 지불되기 전에 보험자에게 도착해야만 하는 보험증권에 명시된 금액 또는 비율을 뜻하게 되었다.

E 해외시장 진출방안에서 라이선싱보다 본사의 규제가 약한 경우를 프란차이즈라고 한다.

18 An express warranty may be in any form of words from which the intention to warrant is to be inferred. It must be included in, or written upon, the policy, or must be contained in some documents incorporated by reference into the policy. It does not exclude an implied warranty, unless it be consistent therewith.

명시담보는 담보하고자 하는 의도가 추론될 수 있는 어떠한 형태의 용어라도 무방하다. 명시담보는 보험증권에 포함되거나 적혀 있거나, 아니면 보험증권의 참조와 관련되는 다른 문서에 포함되어야만 한다. 명시담보가 묵시담보와 일치되지 않는 한 명시담보는 묵시담보를 배제하지 않는다.

연습문제 Exercise

[1] Choose the correct answers.

1 (　　　) recover under this insurance the Assured must have an insurable interest in the subject–matter insured at the time of loss.

① For　　② In order to　　③ From　　④ Of

2 (　　　) means the insurance company will compensate the client to restore him to his original position before the loss or damage.

① Restoration　　② Indemnification
③ Compensation　　④ Claim

3 All the goods or other movables on board are exposed to maritime perils. Such property is in the Maritime insurance Act referred to as (　　　).

① insurable property　　② insurable interest
③ amount insured　　④ insurable value

4 It is a fundamental principle of insurance law that the (　　　) must have in insurable interest in the (　　　) insured at the time of the loss.

① insurer – subject　　② broker – subject
③ underwriter – subject–matter　　④ assured – subject–matter

5 (　　　) signifies that the owners of the ship and cargo are generally liable to make a pro rata contribution to any losses sustained or expenses incurred where any property or part of the ship has been sacrificed for the common welfare and safety of the ship and cargo in general.

① Particular Average　　② General Average
③ Abandonment　　④ Total Loss

6 The insurer is entitled to take over the interest of the assured in whatever may remain of the subject-matter insured, and all proprietary rights incidental thereto. The effect of ( ) are considered, principally in relation to cases of constructive total loss.

① abandonment ② subrogation ③ back freight ④ open cover

7 ICC(B) clause covers the following loss or damage to the subject-matter insured except ( ).

① fire or explosion
② general average sacrifice
③ jettison or washing overboard
④ ordinary wear and tear of the subject-matter insured

8 A document issued by the insurer or his agent which pertains to and makes references to an open cargo/master cargo policy maintained by the assured to insure all shipments during the period of the insurance.

① Insurance Policy
② Insurance Cover Note
③ Insurance Certificate
④ Open Policy

9 ( ) is the prime cost of property insured, plus the expenses of and incidental to shipping and the charges of insurance upon the whole.

① the insurance money
② the insurable interest
③ the insurance premium
④ the insurable value

10 Insurance for the transistor radio shall be effected by the seller on ( ) including Theft, Pilferage and Non-delivery for the invoice amount plus 10%.

① General Average
② With Average
③ All Risks
④ Total Loss

11 All the goods or movables on board are exposed to maritime perils. Such property is in the Maritime Insurance Act referred to as ( ).

① insurable property ② insurable interest
③ insurable value ④ amount insured

12 ( ) has effect only for the case of a constructive total loss, whereas ( ) applies to all cases where loss is paid, whether the loss is total or partial.

① Abandonment – subrogation ② Subrogation – abandonment
③ General average – particular average
④ Particular average – general average

13 Seller shall effect marine insurance on all shipments on ICC(B) including war risks for 110% of the invoice amount. Risks of theft, ( ), and non–delivery, if required, shall be covered ( ).

① pilferage – for account of buyers
② rebellion – for account of sellers
③ fresh water damage – for account of sellers
④ jettison – for account of buyers

14 Which is not plausible for the coverage in the context of Marine Insurance Act of the Great Britain?

① jettison ② ordinary wear and tear
③ fire and explosion
④ inherent vice or nature of the subject–matter insured

15 In CIF transaction, the seller has to procure marine insurance against the buyer' s risk of loss or damage to the goods during the carriage. It follows that the seller makes contracts for insurance and pays the ( ).

① insurable value ② insured amount
③ insurance premium ④ insurable interest

16 In the case of ( ), notice of abandonment shall be given. Where the ship concerned in the adventure is missing, after the lapse of a reasonable time no news of her has been received, ( ) may be presumed.

① a constructive total loss, an actual total loss
② a total loss, a constructive total loss
③ a particular average, a general average
④ an actual total loss, a constructive total loss

Answer

1 ②. 이 보험에서 피보험자가 보상을 받기 위해서는 피보험자가 손실의 시점에 보험목적물에 피보험이익을 가져야만 한다.

2 ②. 배상이란 보험회사가 고객에게 멸실 또는 손상 전의 원래의 상태로 회복하기 위하여 배상하는 것을 의미한다.

Voca indemnification : 배상, 면책, 보상, 배상금 | compensate : 배상하다, 보상하다 | client : 의뢰인, 고객 | restoration : 회복, 본래의 상태로 돌아감 | compensation : 보상, 보상금

3 ①

E such property is refered to as insurable property. 이러한 자산을 보험자산이라고 한다.

4 ④

5 ②

Voca make a pro rata contribution to any losses : 손실에 비례하여 분담하다 | any losses sustained or expenses incurred : 입은 손실 또는 발생한 비용 | where any property or part of the ship has been sacrified for ~ : ~를 위해 소유권(재산) 또는 선박의 일부가 희생된 경우에 | for the common welfare and safety of the ship and cargo : 선박 및 화물의 공동편익과 안전을 위하여 | deliberate damage to or deliberate destruction of the subject-matter insured : 보험의 목적물의 의도적인 손상이나 의도적인 파괴

6 ①. 보험자는 피보험목적물에서 남아 있는 무엇이든 피보험자의 이익과 그에 부수하는 모든 소유권을 인수할 권리가 있다. 위부의 효과는 주로 추정전손의 경우에 관련하여 고려되고 있다.

Voca be entitled to : 자격이 있다 | take over : 인수하다 | subject-matter insured : 피보험목적물 | proprietary right : 소유권 | incidental : 부수하여 발생하는 | constructive total loss : 추정전손 | subrogation : 대위변제 | back freight : 반송운임 | open cover : 포괄예정보험, 포괄보험

7 ④

8 ③

9 ④

E The insurable value is the prime cost of property insured. 보험가액은 피보험재산의 매입원가이다.

10 ②

E Insurance for the transistor radio shall be effected by the seller. 매도인이 트랜지스

터 라디오에 대해 부보해야 한다.

11 ③ 12 ①

13 ①

Voca shall be covered for account of buyers : 매수인이 비용으로 부보해야 한다

14 ②

Voca unless the policy provide : 보험증권에 별도의 정함이 없으면 | otherwise : 그렇지 않으면

15 ③

16 ④.

Voca notice of abandonment shall be given : 위부통지를 해야 한다 | after the lapse of a reasonable time : 합리적 기간이 경과한 후에 | an actual total loss may be presumed : 현실전손으로 간주할 수 있다.

[2] Fill up the blanks with suitable words.

1 Insurance (　　) is the money payable to the insurer when he issues the policy. It is payable to the insurer when the policy is issued unless another arrangement is agreed upon by the parties or required by trade custom.

2 It is loss caused by or directly consequential on a general average act. It includes a general average (　　) as well as a general sacrifice.

3 Where there is a (　　) total loss the assured may either treat the loss as partial loss or abandon the subject–matter insured to the insurer and treat the loss as if it were an actual total loss.

4 Insurance documents appear on their face to be issued and signed by insurance companies or their (　　). [UCP 35]

5 (　　) note is a broker' s notice that an insurance has been placed pending the production of a policy or certificate. This sometimes takes the form of a letter of insurance but does not comprise any detail of the insurance said to be effected.

6 Under the circumstances of (　　　) majeure, the seller shall not be responsible for non–performance or late performance of all or a part of the contract due to orders, regulations, and/or ordinances by the Government, Act of God, war, blockade, insurrection, mobilization or due to any other causes of circumstances beyond the seller' s control.

7 A marine policy must specify the name of the (　　　), or of some person who effects the insurance on his behalf. It must be signed by or on behalf of the insurer, provided that in the case of a corporation the corporate (　　　) may be sufficient. The policy may be executed and (　　　) either at the time when the contract is concluded, or afterwards. A (　　　) policy is a policy which specifies the agreed value of the subject–matter insured. The subject matter insured must be designated in a marine policy with reasonable (　　　).

8 It is the duty of the assured and their (　　　) to take such measures as may be reasonable for the purpose of (　　　) or minimizing loss, In order to recover under this insurance, the assured must have an insurable (　　　) in the subject–matter insured at the time of loss. This insurance shall (　　　) insure to the benefit of the carrier or other bailee.

Answer

1 premium 2 expenditures 3 constructive 4 agents 5 Cover 6 force
7 assured, seal, issued, valued, certainty 8 agents, averting, interest, not

E 7의 seal은 봉인이다. 가을이 되면 'Sealed with a kiss'라는 노래를 자주 부르게 되는데 지구 온난화 영향으로 부를 기회가 점자 적어지고 있다. seal은 물개라는 뜻도 있다. 한때 Sussex 대학의 졸업장이 졸업식을 마치고 전달된 적이 있는데 여왕의 봉인을 도난당해 다시 신청해서 졸업장에 찍는데 약 2달이 소요된 결과라고 들었다.

8의 마지막 문장은 "이 보험은 운송인 또는 기타 수탁자에게 유리하게 이용되어서는 안 된다"라는 금지사항을 명시하고 있다.

[3] Fill up the blanks with suitable words.

1 (　　)은 선주와 화주가 일반적으로 선박과 적화의 공동복지와 안전을 위하여 어떤 재산 또는 선박의 일부분이 희생된 경우에 입은 일체의 손해 또는 발생된 비용에 대해 그에 비례하여 분담할 책임이 있다는 것을 의미한다.

2 1과 같은 위험을 모면하기 위하여 갑판상의 적화를 해상으로 투기하는 등의 이례적, 의도적, 합리적인 선장의 처분으로 인하여 선박의 침몰과 다른 적화의 손실을 방지할 수 있었다면 이 같은 손해에 대하여 손해를 면하게 된 자들이 자신이 받은 혜택의 정도에 따라 공동으로 분담하여야 하는 비용을 (　　)이라고 한다.

3 보험금액이 보험가액보다 적은 경우를 (　　)보험, 보험금액이 보험가액보다 많은 경우를 (　　)보험이라고 한다.

Answer

1 공동해손 2 공동해손분담금 3 일부, 초과

[4] Choose the correct answers.

1 신용장 통일규칙의 보험서류에 대한 설명 중 타당하지 않은 것은?

① 보험서류가 한 통 이상의 원본을 발행한 것으로 표시된 경우 신용장에서 달리 허용하지 않는 한 원본 모두가 제시되어야 한다.

② 신용장에서 별도로 약정되지 않는 한, 은행은 보험회사나 보험업자 또는 그 대리인이 사전에 서명한 포괄예정보험의 보험증명서 또는 확정통지서를 수리하여야 한다.

③ 보험서류는 문면상 반드시 보험회사나 보험업자 또는 그 대리인이나 중개인에 의하여 발행하고 서명한 것으로 표시되어야 한다.

④ 신용장에 별도로 약정되지 않는 한 보험서류는 신용장에서의 통화와 동일한 통화로 표시되어야 한다.

2 아래 글의 ㉮에 대한 설명으로 틀린 것은?

㉮ "Insurance policy or certificate in duplicate, ㉯ endorsed in blank for 110% of the invoice value including Institute Cargo Clause (A) including W/SRCC showing insurance claims to be payable in Indonesia in the currency of the drafts."

① 보험서류는 문면상 반드시 보험회사, 보험업자 또는 그 대리인이 발행하고 발행한 것이어야 한다.
② 보험서류는 일반적으로 2통의 원본이 발행되는데, 그 가운데 1통으로 보험채무가 이행되면 나머지 것은 무효가 된다.
③ 보험서류는 포괄예정보험(open cover)를 위한 보험증명서(insurance certificate)나 확정통지서(declaration)도 은행이 수리하여야 하며, 보험중개인이 발급한 보험승낙서(cover note)도 은행에서 인수한다.
④ 보험서류가 2통 이상의 원본으로 발행된 경우에는, 신용장에 별도의 명시가 없는 한 그 원본의 전통(full set)이 은행에 제시되어야 한다.

3 위의 문제 **2**에서 ㉯에 대한 설명 중 틀린 것은?

① 백지배서는 보험서류 이면에 양도인(수출상)의 서명이 있는 것을 뜻한다.
② 위의 문제에서 보험서류상의 피보험자는 수출상이 된다.
③ 보험서류상의 피보험자를 "to the order of xx bank(개설은행)"으로 명시하도록 신용장에서 요구하였을 경우에는 백지배서를 할 필요가 없다.
④ 위의 문제에서 110%의 10%는 정상적으로 매매할 경우에 희망이익(expected profit)으로, 적화보험에서는 Incoterms상에 희망이익은 관례상 20% 이내에서 인정하도록 규정하고 있다.

4 다음의 연결 중 비교적 관련이 적은 것으로 짝지어진 것은?

① 공동해손(general average) – 요오크 앤트워프 규칙(York-Antwerp Rules)
② 포괄예정보험(open cover) – 보험증명서(certificate of insurance)
③ 보험중개인(insurance broker) – 보험승낙서(cover note)
④ 위부(abandonment) – 단독해손(particular average)

5 해상적화보험에서 사용되는 협회화물약관(Institute Cargo Clause ; ICC) 가운데 담보범위가 가장 좁은 약관은?

① ICC(T.L.O) 또는 ICC(A)
② ICC(A/R) 또는 ICC(C)
③ ICC(F.T.A.) 또는 ICC(C)
④ ICC(W.A.) 또는 ICC(A)

6 다음 중 해상적화보험에서 현실전손으로 보기 힘든 경우는?

① 화물이 물리적으로 완전히 멸실된 경우
② 화물의 수리비가 수리 후의 화물가액을 초과하는 경우
③ 화물이 행방불명되어 상당한 기간이 경과한 경우
④ 화물이 본래의 성질을 상실하여 원래의 목적대로 사용할 수 없는 경우

7 다음 중 연결이 잘못된 것은?

① RFWD – 빗물 · 담수 손해
② JWOB – 투하 및 갑판유실손해
③ TPND – 도난, 발한 및 불착손 손해
④ COOC – 오염, 누손 및 부족 손해

8 해상보험에 대한 다음의 설명 중 틀린 것은?

① 보험금을 받을 수 있는 권리를 가진 자를 보험계약자라고 한다.
② 피보험 이익은 적법성, 경제성, 확정성의 요건을 갖추어야 한다.
③ 보험가액과 보험금액이 일치하는 경우의 보험을 전부보험이라고 한다.
④ 보험료는 보험자의 위험부담에 대해 보험계약자가 지급하는 보수이다.

9 All shipments should be covered on ICC (B) including War Risks.

① 전쟁위험포함 협회적화약관 (B) 조건
② 전쟁위험포함 협회동맹약관 (B) 조건
③ 전쟁, 폭도위험포함 협회적화약관 (B) 조건
④ 전쟁위험제외 협회약관 (B) 조건

10 The shipowner is responsible for the adjustment of general average and may select the average adjuster whom he desires to draw up the statement and to calculate the <u>general average expenditure</u>.

① 평균보통경비 ② 평균보충비용 ③ 공동해손비용 ④ 일반경상경비

11 다음 보험용어의 연결이 잘못된 것은?

① insurance premium – 보험금　② insured – 피보험자
③ total loss – 전손　④ amount insured – 보험금액

12 해상보험 용어의 설명이 잘못된 것은?

① Risk Clauses – 위험약관　② Insurance Certificate – 보험증명서
③ Insurance Policy – 보험정책　④ Exclusion Clauses – 면책약관

13 다음 중 해상보험의 ICC(C)에서 담보되지 않은 위험은?

① general average sacrifice　② fire and explosion
③ being stranded, grounded, sunk or capsized
④ volcanic eruption or lightning

14 해상보험계약의 성격을 바르게 나타내지 않은 것은?

① formal contract　② contract of indemnity
③ bilateral contract　④ contract of adhesion

Answer

1 ③

E 보험서류는 문면상 보험회사 또는 보험업자 또는 그 대리인에 의하여 발행되고 서명된 것이어야 한다. 신용장에 특별히 수권되어 있지 않는 한, 보험중개인이 발행한 보험인수증은 수리되지 않는다. (UCP 34)

2 ③

E 보험중개인이 발급한 보험승낙서(cover notes)는 은행에서 수리하지 않는다.

3 ④

E Incoterms상의 희망이익은 10%를 인정한다.

4 ④

E 위부는 추정전손(Constructive Total Loss)인 경우에 피보험자가 보험목적에 대해 가지고 있는 일체의 권리를 보험자에게 이전하고 전손에 대한 보험금을 청구하는 제도를 뜻한다.

5 ③

E 손해보상의 범위는 A/R → W/A → FPA → TLO 또는 ICC(A) → ICC(B) → ICC(C)로 작아진다.

6 ②

7 ④

E COOC : Contact with Oil and Other Cargos로서 유류 및 다른 화물과의 접촉손해이다. FRWD : Rain and Fresh Water Damage, JWOB : Jettison and Washing Overboard,

TPND : Theft, Pilferage, and Non-Delivery

8 ① 9 ①

10 ③

E the shipowner is responsible for the adjustment of general average. 선주는 공동해손의 정산에 책임이 있다.

11 ①

E insurance premium은 보험금이 아니고 보험료이다.

12 ③

E 재정정책, 금융정책, 소득정책을 fiscal policy, monetary policy, incomes policy라고 한다. 여기서 insurance policy는 보험증권이다.

13 ④

E 천재지변은 보상되지 않는다. 여기서 volcanic eruption은 화산이 폭발하는 경우이고, lightning은 번개이다. capsized는 배가 전복되는 경우이다.

14 ①

E 해상보험계약은 요식계약(formal contract)이 아니다.

[5] Translate the following sentences into Korean.

1 The assured must be interested in the subject-matter insured at the time of loss though he need not be interested when the insurance is effected.

2 General average losses and contributions and salvage charges are not recoverable under the suing and laboring clause.

3 Marine insurance shall not cover ordinary leakage or ordinary wear and tear of the subject-matter insured.

4 What is the probability of such an volcano eruption of Iceland's Eyjafjallajokull. That's the kind of question Munich Reinsurance must grapple with. Increasingly, Munich Re is focusing on subtle trends that could carry the seeds of disaster.

Answer

1 피보험자는 보험계약이 체결될 때 피보험목적물에 이해관계를 가질 필요는 없지만, 보험이 유효하게 될 경우에는 반드시 보험의 목적에 이해를 가져야 한다.

2 공동해손 손해와 공동해손분담금 및 구조료는 손해방지약관에 의거하여 회수할 수 없다.

Voca general average losses : 공동해손손해 | general average contribution : 공동해손분담금 | suing and laboring clauses : 손해방지약관

3 해상보험에서 보험목적을 통상적인 유출 또는 통상적인 손실에 대해서는 면책한다.

Voca leakage는 '누손, 부족분'이고, ordinary wear and tear는 '자연소모'이다. 국민소득의 순환적 흐름(circular flow of national income)에서 저축은 leakage에 해당되고, 투자는 injection에 해당된다.

4 아이슬란드의 화산폭발과 같은 것은 확률이 얼마나 될까? 이는 뮌헨레 재보험사가 고심해야 할 문제들 중 하나이다. 뮌헨레 재보험사는 재앙의 시작이 될 수 있는 미묘한 경향에 집중하고 있다.

E 독일의 유명보험사 뮌헨레 그룹의 보고서에 따르면 2010년 발생한 자연재해로 인해 평년 대비 훨씬 큰 규모의 보험금이 지급된 것으로 나타났다.

11장 수출입절차 ● 12장 무역금융과 무역보험 ● 13장 클레임과 중재 ● 14장 전자무역

수출입절차, 무역금융과 무역보험, 클레임과 중재, 전자무역

Part

IV

Chapter
11

수출입 절차

11.1 수출거래절차와 수출물품의 확보 | 11.2 수출통관과 선적 | 11.3 운송서류의 구비

11.4 수출대금의 회수 | 11.5 수입거래절차와 신용장의 개설 | 11.6 수입통관

11.7 품목분류기준과 관세의 운영형태 | 11.8 외환획득용 원료 및 기재 수입

11.9 수출입절차와 관련된 무역영어 | 11.10 해석 및 영작을 통한 무역영어

국제경제는 무역을 무역이론, 무역정책, 국제금융, 국제경제기구 측면에서 크게 설명하고, 국제경영은 글로벌 마케팅과 기업전략 측면에서 설명하고, 무역실무는 실제로 무역을 하는 과정과 관련된 무역계약, 대금결제, 국제운송 및 해상보험, 수출입절차, 무역금융, 무역보험 측면에서 설명한다. 제11장은 수출거래절차와 수입거래절차를 각각 하나의 일관된 과정으로 설명하면서 필요에 따라서 앞에서 설명한 무역계약과 대금결제와 관련된 무역영어를 보완설명하고자 한다.

11.1 수출거래절차와 수출물품의 확보

11.1.1 수출거래절차

무역계약을 체결한 후부터 수출업자는 본격적으로 수출활동을 하게 된다. 먼저 법령에 따라 승인을 필요로 하는 것은 승인을 받고, 수출물품을 생산확보하여 수출통관을 준비한다. 이어서 운송계약을 체결하고 보험을 수출업자가 부담할 경우에는 보험계약도 체결한다. 수출통관이 완료되면 수출물품을 선적하여 선화증권을 발급받아 다른 운송서류와 함께 거래은행에 매입을 의뢰하여 수출대금을 회수한다.

수출거래절차라 함은 수출계약의 체결단계부터 수출대금의 회수까지 수출에 따른 거래가 종료되는 시기까지의 절차를 말한다. 필수적 단계로서 [그림 11-1]과 같이 수출계약의 체결, 수출승인, 수출물품 생산, 수출통관 및 선적대금 결제 등의 일반적인 절차와, 거래형태나 수출물품의 특성에 따라 신용장 수취, 수출추천, 수출용 원자재의 수입 및 국내구매, 수출금융융자, 수출검사, 관세환급 및 사후관리 등의 절차를 밟는다.[1]

그림 11-1 수출거래절차의 단계

11.1.2 수출의 정의 및 수출요건의 확인

1) 수출의 정의

대외무역법에서는 물품의 매매뿐만 아니라 상호대차, 교환, 증여 등도 수출의 범위에 포함시켰다. 더 나아가 거주자가 비거주자에게 서비스, 지식재산권 등 무형의 용역(service)를 제공할 경우에도 수출로 간주된다. 예를 들어 소프트웨어, 디지털 방석의 정보 등 전자적 형태의 무체물을 거주자가 비거주자에게 전송하는 것도 수출에 해

1. 이 부분에 대한 설명은 박대위 · 구종순(2012)과 김진환 · 방성철(2011)을 참조하였다.

당된다.

2) 수출요건의 확인

우리나라는 금지된 품목 외에는 수출을 할 수 있는 네거티브 목록체계(Negative List System)를 채용하고 있기 때문에 대부분 물품의 수출을 자유롭게 할 수 있지만, 대외무역법에서 정하고 있는 특정 물품에 대해서는 개별수출에 대한 지식경제부 장관의 사전 승인을 받아야 한다. 특정 거래형태 중에서 중계무역과 무환수출입도 사전 승인을 요한다. 9 · 11 테러사건 이후 테러방지에 대한 국제적 협력 차원에서 수출업자, 제조업자, 수입업자 및 중개업자는 반드시 전략물자관리 시스템을 통하여 취급물품에 대해 전략물자 해당 여부를 확인해야 한다. 전략물자를 수출할 경우에는 수출 시마다 사전에 수출허가기관에 신청하여 허가를 받아야 한다.

11.1.3 신용장의 수취

신용장 방식의 거래에서 무역계약이 체결되면 수입업자는 자신이 거래하는 은행을 통해 수출업자 앞으로 신용장을 개설해 준다. 대부분의 경우 신용장은 개설은행의 요청에 따라서 수출업자 주소지에 소재하는 통지은행을 통하여 전달된다. 신용장은 개설은행의 조건부 지급확약서이기 때문에 수출업자가 수출대금을 결제받기 위해서는 신용장의 진위 여부, 개설은행의 신용상태, 신용장 형식요건의 구비확인, 조건부 문언의 검토와 같은 신용장에서 요구하는 제반 요건을 충족시켜야 한다.

11.1.4 원자재의 조달

수출업자는 원자재를 조달하여 수출물품을 자체 생산하거나 협력업체를 선정하여 완제품을 발주한다. 수출물품 생산에 필요한 원자재나 완제품을 국내에서 조달할 경우 내국신용장이나 구매확인서가 이용된다.

내국신용장은 수출신용장을 확보한 수출업자가 국내에서 수출용 원자재나 완제품을 조달하고자 할 때 사용하는 신용장이다. 내국신용장의 개설기준은 신용장 기준 또는 실적 기준으로 구분되는데 신용장 기준은 수출신용장(Master L/C), 수출계약서, 외화표시 물품공급계약서 및 다른 내국신용장이다. 그리고 실적 기준은 융자대상 수출실적이다.

내국신용장 개설한도가 부족하여 내국신용장을 개설할 수 없는 경우에 구매확인서를 이용하는 경우가 많다. 구매확인서는 국내에서 물품구매자가 구매하는 원자재 또는 완제품이 수출물품을 생산하는 데 사용되는 수출용 원자재 또는 완제품이라는 사실을 외국환은행의 장 혹은 전자무역기반 사업자가 증명한 확인서로서 내국신용자 취급규정에 준하여 금융혜택을 얻을 수 있다.

11.1.5 생산공장과 생산계약 체결

무역업자가 제조공장을 운영하여 물품을 자체적으로 공급하는 경우가 아닌 경우에는 생산계약을 통한 하청공장들의 생산공정에 차질이 없도록 협력할 필요가 있다.

11.1.6 운송계약 및 보험계약의 체결

1) 운송계약의 체결

수출업자는 선적기일에 맞추어 적합한 선박을 선택하여 선박회사와 운송계약을 체결하여 수출물품의 선적을 준비해야 한다. 수출업자는 선박회사 소정의 양식인 선적신청서(shipping request ; S/R)에 수출품목, 중량 등 선적사항을 기재한 후 이를 선박회사에 송부하여 서명을 받는다. 선박회사는 선박신청서를 접수하면 화주에게 선적예약서(booking note)를 발급한다. 이같이 운송계약이 체결되면 선박회사는 수출업자의 선적신청서에 따라서 수출물품을 확인한 후에 운송선박의 책임자(일등항해사) 앞으로 화물을 적재하도록 선적지시서(shipping order)를 발급한다.[2]

2. 선적지시서는 선적승낙서 형식으로 수출업자에게도 교부된다.

2) 보험계약의 체결

FOB나 CFR(Cost and Freight)로 매매계약을 체결한 경우에는 수출업자가 보험을 주선할 필요가 없다. 그러나 CIF나 CIP(Cost and Insurance Paid) 조건으로 계약을 할 경우에는 수출업자가 부보의무를 지게 된다. 수출업자는 선박명과 출항예정일이 선화증권의 기재사항과 일치하도록 주의해야 하고, 보험조건의 선택은 매매당사자 간에 계약 시 합의한 조건으로 해야 한다. 수출업자가 보험계약을 할 경우에 수입업자는 가급적 부보를 확대하고자 하고, 수출업자는 이와 반대로 부보를 축소하기를 원하기 때문에 어느 정도 사전에 조정하는 것이 현명하다고 할 수 있다. 예를 들어 일반적으로 수입업자의 주장대로 ICC(A) 조건으로 부보하게 될 경우에는 보험료가 증가한 만큼 매출원가도 증가하게 된다.

11.2 수출통관과 선적

수출통관절차라 함은 상품을 수출하고자 하는 경우 반드시 이행하여야 하는 일련의 법정 세관절차를 뜻한다. 관세법에 의하면 수출은 내국물품을 외국으로 반출하는 것을 의미하기 때문에 내국물품은 반드시 수출통관절차를 마쳐야 외국물품으로 간주되고 비로소 선적이 가능하게 된다.

11.2.1 수출통관절차

1997년 이전까지는 일관되게 수출물품의 보세구역반입 및 장치 후 수출신고를 하도록 관세법상 규정되어 있었다. 그러나 전자문서교환(EDI) 시스템의 구축으로 관세청은 1997년부터 수출물품 통관제도를 개선하여 수출물품의 보세구역반입을 폐지하여 수출업자는 세관에 가지 않고 전자문서교환 수출통관 자동화 시스템에 의하여 컴퓨터로 신고를 마친 뒤 물품을 선적할 수 있다.

수출통관절차는 수출신고, 수출신고심사, 물품검사, 수출신고필증 교부 순서대로 진행된다. 수출신고는 수출물품을 적재하기 전에 해야 하나, 수출물품의 특성을 고려

하여 적재 후에 수출신고를 허용한다.[3]

11.2.2 검사 및 검역

수출물품을 선적하기 전에 선적물품이 계약물품으로 적합한지의 여부를 확인하는 선적 전 검사가 실시되기도 한다. 선적 전 검사는 수입업자의 요청 또는 수입국의 무역 정책에 따라서 선적지에서 실시되고 검사비용은 통상적으로 수입업자가 부담한다.

11.2.3 수출화물의 선적

1) 컨테이너 화물의 선적

FCL(Full Container Load) 화물은 컨테이너 1개 이상을 완전히 채울 수 있는 화물이기 때문에 컨테이너 안에 화물을 적입하는 것은 수출업자가 자신의 창고에서 한다. 그러나 LCL(Less than Container Load) 화물은 소량이기 때문에 운송주선업자들이 CFS(Container Freight Station)에서 다른 화물과 혼합하여 컨테이너 안에 적입한다.

2) 재래식 화물의 선적

화물이 보세구역에 반입되면 등록검량업자에 의하여 화물의 용적과 중량에 대한 척량검사를 받아 용적중량증명서를 발급받는다. 이 증명서와 수출신고가 수리되면 본선에 화물을 적재하기 전에 부두에서 화주와 선주대리인들의 입회 하에 검수인(tallyman)에 의하여 화물의 수량을 검수받는다. 본선에 적재하고, 선박 운항 책임자인 일등항해사(chief mate)가 선박회사에서 발급한 선적지시서와 대조해 가면서 화물을 수취하여 선창 내에 적재한다. 화물을 수취한 증거로서 본선의 일등항해사가 발행하는 수취증이 본선수취증(mate' s receipt)이다. 화주는 본선수취증을 선박회사에 제출하여 본선수취증을 제출하고 선화증권을 발급받는다.

3. 예를 들어 자동차운반전용 선박에 적재하여 수출하는 자동차, 현지수출 어패류 신고, 원양수산물 신고는 적재 후 수출신고가 허용된다.

11.2.4 적화목록 제출

수출물품의 선적이 완료되면 선박회사는 수출화물 적화목록을 정해진 기한까지 세관에 전자문서로 제출해야 한다. 적화목록은 선박 또는 항공기에 적재된 화물의 총괄목록이며, 선박회사 또는 운송주선업자가 작성한다.

11.3 운송서류의 구비

수출물품의 조달, 통관과 선적을 마치면 수출업자의 남은 의무는 매입은행에 가서 수출화물의 대금을 회수하고 운송서류를 수입업자에게 송부하는 일이 남게 된다. 운송서류는 송장과 선화증권과 같은 필수서류와 기타 부속서류로 구분된다.

11.3.1 송장(Invoice)

송장의 기능은 다음과 같다. 국내 상거래에서 송장은 상품의 적요서 역할을 하지만 국제무역에서는 구매서의 역할을 하기 때문에 매매당사자의 이름과 주소, 발행일자와 매수인의 주문참조번호, 계약상품의 규격 및 개수, 포장상태 등이 표시되어야 한다. 매도인이 운임 또는 운임과 보험료를 부담하는 CFR 또는 CIF인 경우에는 선화증권이나 보험증권이 계약과 일치되었음을 증명하는 특정 거래계약의 이행을 입증하는 자료가 된다. 송장은 계약상품의 순단가, 부대비용, 할인료, 지불방식, 지불시기 등을 정확히 표기한 매매계산서 역할을 한다. 따라서 송장에 적혀진 금액은 환어음의 발행금액과 일치하여야 한다. 대부분의 무역결제가 환어음에 의하여 이루어지고, 수출지은행에서 환어음을 매입할 경우에는 화환어음의 담보물권(collateral security)에 해당되는 운송서류에는 이 같은 담보물의 명세서 역할을 하는 송장이 포함되어야 한다. 부차적으로 송장은 수입업자로 하여금 화물 수취안내서 역할을 함으로써 세관신고의 증빙자료로 활용할 수 있게 한다. 송장은 상업송장과 공용송장으로 나누어진다.

1) 상업송장(Commercial Invoice)

상업송장은 수출업자가 작성 · 서명하여 환어음 및 다른 운송서류과 함께 수입업자에게 발송된다. 환어음 주요 기재사항으로는 상품명, 수량, 단가, 인도조건, 지불조건, 총금액, 매수인, 매도인, 포장방법 및 화인(Cargo Mark), 신용장 번호와 발행은행이다. 그리고 수출계약이 CIF 조건이라면 보험증권과 선화증권의 중요한 내용이 기재된다.

2) 공용송장(Official Invoice)

영사송장(Consular Invocie)은 수출업자가 작성한 송장을 수출국에 주재하고 있는 수입국의 영사가 그 내용의 진위를 확인한 송장이다. 세관송장(Customs Invoice)은 수입지 세관이 수입화물에 대하여 과세가격의 결정기준으로 참고하거나 전반적인 수입통계를 작성하기 위하여 사용되는 송장이다.[4]

11.3.2 선화증권

선화증권은 화물을 선적했다는 중요한 증거서류인 동시에 유통 가능한 유가증권이기 때문에 신중하게 취급할 필요가 있다. Air Waybill은 국제적 협약이 뒷받침해 주지 않기 때문에 선화증권과 같이 법적 한계가 분명하고 권위 있는 증권으로 자리잡지 못하고 있다.[5] 신용장거래에서 요구되면 선화증권의 대체서류 역할을 할 수 있는 운송서류로는 철도화물상환증(railway bill of lading), 내수로 항해증권(inland waterway bill of lading), 우편증명서(certificate of mailing), 항공운송수탁서(air consignment note) 등이 있다.

11.3.3 부속서류

부속서류로는 보험증권, 포장명세서(Packing List), 원산지증명서(Certificate of

4. 우리나라에서는 무역협회 또는 상공회의소가 발급업무를 수행하고 있다.
5. 사본 한 장으로도 화물을 찾을 수 있기 때문에 화물수취증으로 많은 문제점을 안고 있다.

Origin), 품질증명서(Certificate of Quality) 및 성분분석증명서(Certificate of Analysis), 검사증(Certificate of Inspection), 검역증(Certificate of Quarantine) 및 위생증명서(Sanitary Certificate), 용적중량증명서(Certificate of Measurement and/or Weight), 대변표(Credit Note ; C/N) 및 차변표(Debit Note ; D/N) 등이 있다.

11.4 수출대금의 회수

수출업자는 환어음과 운송서류의 매입을 거래은행에 의뢰하여 수출대금을 회수하게 된다. 무역거래에서 거래은행의 매입은 수출업자가 발행한 환어음과 운송서류를 은행의 자기자금으로 매입하는 과정이다. 이 과정은 수출업자의 입장에서 보면 수출대금을 지급받는 과정으로 볼 수 있지만, 매입은행의 입장에서 보면 환어음과 운송서류를 개설은행으로 보내어 대금을 상환받을 수 있다는 가정 하에서 자기자금으로 미리 지급한 것이다.

매입은행은 환어음과 운송서류를 신용장 개설은행 또는 수입업자로부터 추심하여 매입자금을 회수한다. 추심(collection)은 채권자가 채무자 앞으로 채무의 변제를 요청하는 환어음을 발행하여 채권을 회수하는 방식이다. 무역거래에서는 채권자는 수출업자가 되고, 채무자는 신용장 거래인 경우에는 개설은행이 되고, D/A 또는 D/P일 경우에는 수입업자가 된다.

11.4.1 운송서류 매입절차

1) 외국환거래약정의 체결

수출업자가 외국환은행과 매입거래를 하려면 매입은행과 외국환거래약정을 체결해야 하고, 주요 약정사항으로는 매입은행의 담보확보와 은행의 면책사항을 들 수 있다.

2) 운송서류의 매입의뢰

외국환거래약정 체결 후 수출업자는 수출환어음매입 신청서, 수출신용장 원본, 수출환어음, 신용장 또는 선수출계약서에서 요구하는 운송서류 전통(full set), 수출신고필증을 매입은행에 제출하고 추심 전 매입을 의뢰한다. 매입은행은 개설은행으로 환어음에 대한 지급이 이루어지기 전에 수출업자의 환어음을 매입하고 수출대금을 결제하기 때문에 추심 전 매입이라고 한다.[6]

3) 운송서류의 매입완료

매입은행은 수출업자가 제출한 환어음과 운송서류 등이 신용장 조건과 일치하는지, 운송서류 상호간에 일치하지 않는 점이 있는지를 검토한 후에 이상이 없으면 매입을 결정한다. 일단 매입이 결정되면 매입은행은 신용장 뒷면에 매입일자, 매입번호, 금액, 은행명 등을 기재한 후 매입대금을 지급한다.

11.4.2 운송서류의 조건부 매입

수출업자가 매입을 의뢰한 운송서류상에 하자사항이 발견되면 매입은행은 원칙적으로 매입을 거절하지만, 수출업자의 신용상태, 거래관계 등을 감안하여 다음과 같은 조건 하에서 매입한다. 개설은행 또는 수입업자로부터 추심이 완료된 후 수출대금을 결제한다. 매입은행이 개설은행에 전신으로 서류상의 하자 사항을 문의한 후 개설은행의 동의가 있을 경우에 매입한다. 신용장의 조건을 관련 서류와 일치하도록 변경하여 정상적인 상태로 매입한다. 하자사항이 있는 경우에는 하자사항에 대한 모든 책임을 수출업자가 부담한다는 화물선취보증서(letter of guarantee)을 첨부하여 매입한다.

11.4.3 운송서류의 발송

매입절차를 마치면 매입은행은 'Covering Letter' 를 작성하여 운송서류 및 환어음과 함께 신용장 개설은행으로 송부하여 매입대금을 상환 청구한다. 개설은행은 운송

6. D/P 또는 D/A 거래는 은행의 지급보증이 없이 수입업자의 신용을 토대로 거래가 이루어지기 때문에 수출업자로부터 추심을 의뢰받은 은행(remitting bank)은 반드시 수입업자로부터 추심이 완료되어야만 대금을 지급하기 때문에 추심 후 매입이라고 한다.

서류가 신용장 조건과 일치하면 상환대금을 개설은행에 예치된 매입은행의 계좌로 입금시켜 준다. 만일 개설은행이 지급거절을 하거나, 상당한 기간이 경과하여도 상환에 응하지 않으면 매입은행은 매입거래 건을 부도(defualt) 처리하게 된다. 매입은행은 부도등록과 수출업자에게 부도사실을 통지하고 해당 매입대금과 부도이자를 상환 청구한다. 수출업자가 이 같은 청구에 응하지 않을 경우 매입은행은 수출화물에 대한 채권보전절차를 실시하면서 통상적인 대출금 규정에 따라서 채권회수를 하게 된다.

11.5 수입거래절차와 신용장의 개설

11.5.1 수입거래절차

수입은 물품의 인수, 비거주자의 거주자에 대한 용역의 제공, 비거주자의 거주자에 대한 전자적 무체물의 전송이 포함된다. 우리나라에서는 수입을 크게 일반수입과 수출용 원자재수입으로 나누고 있다.

수입거래절차도 [그림 11-2]와 같이 수출거래절차와 마찬가지로 해외시장조사를 통하여 신뢰할 수 있는 공급업자를 선정하여 수입계약을 체결한 후 수입신용장을 개설한 후에 수출업자로부터 운송서류 및 환어음이 신용장 개설은행에 도착하면 수입대금을 결제하고 수입통관절차를 거쳐 물품을 수령하게 된다.

그림 11-2 수입거래절차의 단계

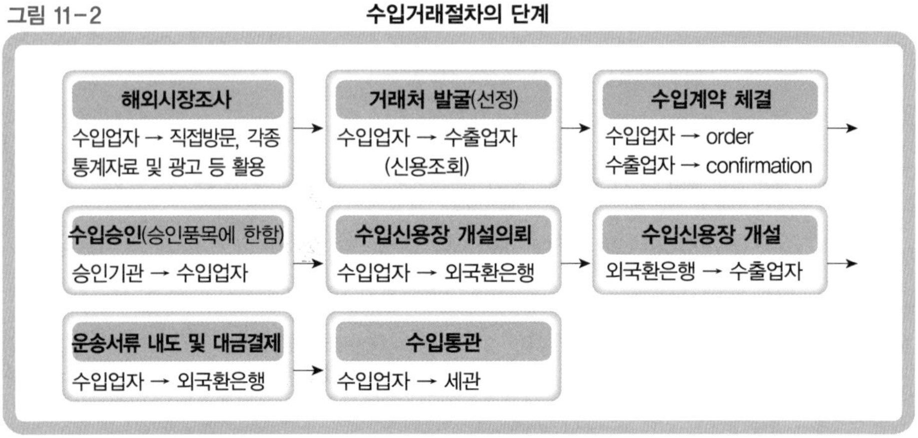

11.5.2 수입승인

물품의 수입도 수출과 마찬가지로 원칙적으로 자유롭게 할 수 있지만 수출입 공고 등에서 고시하는 특정 물품에 대해서는 개개의 수입거래별로 지식경제부 장관의 승인을 얻어야 한다. 수입승인의 유효기간은 승인한 날로부터 1년이다. 유효기간의 연장 또는 수입승인사항의 변경은 수입승인기관의 장으로부터 변경승인을 얻거나 변경신고를 하여야 한다.

11.5.3 수입신용장의 개설

수입업자는 수입승인을 받으면 유효기간 내에 외국환은행을 통하여 수입신용장을 개설해야 한다. 신용장을 개설해 주는 외국환은행의 입장에서 보면 취소불능신용장을 개설한다는 것은 여신의 한 가지 형태이기 때문에 부도위험이 따르게 된다. 따라서 신용장을 개설하기에 앞서 관련 수입업자와 수출업자의 신용상태와 해당 수입상품의 판매가능성 등을 고려하고 동시에 충분한 담보를 확보하고 신용장을 개설하게 된다.

수입업자는 개설은행과 외국환거래 약정을 하고, 거래를 할 때마다 신용장 개설신청서를 제출하여 신용장 개설을 의뢰한다. 신용장 개설신청서에 기재된 사항은 신용장 조건이 되기 때문에 모든 사항을 간단명료하고 정확하게 기재하여야 한다.[7] 신용장개설에 필요한 서류로는 신용장 개설신청서, 물품매도확약서, 보험서류,[8] 담보제공증서, 수입승인서를 들 수 있다.

신용장은 우편, 전신 및 SWIFT 방식으로 개설되는데 최근에는 SWIFT 방식이 가장 많이 이용되고 있다. SWIFT 신용장은 전자문서교환(EDI) 방식에 의한 신용장을 의미하고 개설방식은 전신신용장을 암호로 개설하는 것과 비슷하며 신용장의 양식이 표준화되고 코드화되어 있다. SWIFT 신용장은 암호화된 Authenticator Key[9]로 신용장

7. The applicant has to fill up the blanks in the application format in simple and succinct way with a full precision.
8. FOB 또는 CIF와 같이 수입업자가 적화보험계약을 체결하는 경우에 해당된다.
9. 진품일 경우에 genuine이라고 하고, 짝퉁일 때는 fake라고 한다. 신용장 같은 서류가 원본인 경우에는

의 진위 여부를 확인하기 때문에 위조가 불가능하다.

11.5.4 수입대금의 결제

1) 운송서류의 심사

개설은행은 은행영업일로 5일 이내에 수리 여부를 결정해야 하고 만약 모든 운송서류가 신용장 조건과 일치하면 서류를 수리하고 매입은행에 대금을 상환해야 한다. 개설은행은 신용장의 독립성·추상성에 따라 신용장 조건과 일치하는 서류인 경우에는 신용장 대금을 상환해야 할 의무가 있다.

2) 수입대금의 결제

수입업자는 운송서류가 상호 모순이 없고 신용장의 내용과 일치하면 개설은행에 수입대금을 지급하고 운송서류를 인수한다. 신용장 조건이 일람불인 경우에는 수입업자는 대금을 지급하는 즉시 운송서류를 인수할 수 있다. 이와 대조적으로 기한부 어음인 경우에는 운송서류 인수증만 제출하고 운송서류를 인수할 수 있다. 수입업자는 환어음 만기일에 이자를 추가하여 결제하게 된다.

3) 대도(Trust Receipt)

대도(貸渡)는 수입업자가 수입대금을 지급하지 않고 개설은행으로부터 운송서류를 인도받으면서 수입화물에 대하여 발생하는 일체의 손해에 대하여 자기가 책임을 지겠다고 개설은행에 서약하는 증서이다. 예를 들어 외화획득용 원료를 수입할 경우에는 원료가 곧 가공되어 수출될 수 있기 때문에 신용장 개설 담보 없이 신용장이 개설될 수 있다. 이와 같이 개설은행의 입장에서 수출업자의 담보 없이도 약간의 시차를 두고 발생하게 될 부가가치가 증가된 최종재의 수출을 통한 소득흐름을 확인할 수 있는 경우에는 수출업자는 수입대금을 결제하는 대신 대도를 개설은행에 제출하고 운송서류를 인수하여 원료를 수입하게 된다.

---

authentic이라고 한다.

11.5.5 수입화물의 입수 및 화물선취보증서

수입업자는 개설은행으로부터 인수한 운송서류 가운데 선화증권의 원본을 선박회사에 제출하여 수입화물을 찾는다. 선박회사는 선화증권을 받고 수입업자에게 화물을 인도할 것을 지시하는 화물인도지시서(deliverry order ; D/O)를 교부하는데 수입업자는 이 지시서를 본선에 제출하고 화물을 인수하게 된다.

수입항에 운송서류가 화물보다 먼저 도착하게 되면 수입화물의 입수에 아무런 문제가 없게 된다. 그러나 이와 반대인 경우에는 선화증권이 없어서 화물을 입수할 수 없게 된다. 이 같은 경우에 수입업자는 운송서류가 도착하기 전에 화물을 찾고자 개설은행에 화물선취보증서(letter of guarantee ; L/G) 발급을 신청하여 선화증권 대신 이 보증서를 선박회사에 제출하고 화물을 찾을 수 있다.[10]

11.6 수입통관

수입된 외국물품은 수입신고수리를 위한 통관절차를 마쳐야만 내국물품이 되어 국내로 반입이 허용된다. 우리나라는 1996년부터 전자문서교환(EDI) 수입통관자동화 시스템을 운영하여 수입통관절차가 매우 간소화되었다. 수입화물선별검사(cargo selectivity ; C/S) 시스템을 도입하여 전체 수입화물을 검사하지 않고 문제가 있다고 판단되는 수입화물에 대하여 선별적으로 검사를 함으로써 검사의 효율성을 증가시키고 있다.

수입물품을 적재한 선박이 입항한 후 부두를 배정받아 물품을 하역하면 수입업자는 해당 세관에 수입신고를 한다. 현품을 확인하거나 검사할 필요가 있으면 보세구역 등에 물품을 장치하고, 필요한 경우 수입신고서류심사와 물품검사를 거친 후 수입신고가 수리된다. 수입신고가 수리되면 수입물품에 대한 관세 및 내국세를 납부한 후 물품

10. 수입업자가 화물선취보증서를 신청할 경우 일정 수수료와 필요에 따라서는 수입보증금을 추가로 개설은행에 납부해야 한다.

을 국내로 반입한다. 이 과정에서 수입신고, 수입신고서류심사, 물품검사, 수입신고수리 등이 수입통관절차에 해당된다.

11.6.1 수입통관의 준비단계

수입통관 준비단계로는 적화목록의 제출, 수입화물의 하역, 부두 직통관 또는 보세구역장치 및 보세운송이 있다. 보세제도는 관세징수권을 확보하면서 동시에 통관질서를 확립하고, 통관업무를 효율적으로 수행하기 위하여 수입신고를 하기 전에 외국물품을 세관장의 관리 하에 두는 제도이다.

11.6.2 수입신고

수입업자는 수입물품의 품명, 규격, 수량, 가격 등을 세관장에게 EDI 방식으로 신고해야 한다. 수입신고는 화주, 관세사, 관세사법인 또는 통관취급법인의 명의로 해야 하고, 수입신고를 하는 시점에 수입과 관련된 적용법령, 과세물건, 납세의무자 등이 확정된다.

11.6.3 수입신고서 심사 및 물품검사

수입신고서를 접수한 세관은 통관시스템에 조회하여 화물선별검사(C/S)를 한 후에 통관검사에 특별한 주의를 할 사항이 있는지 확인하여 즉시수리, 심사대상 및 물품검사 중 한 가지 방안을 선택하여 수입신고서 처리방법을 결정한다.

11.6.4 수입신고수리

세관장은 수입신고가 관세법 규정에 따라 적법하고 정당하게 이루어진 경우 수입신고를 지체없이 수리하고 수입신고인에게 수입신고필증을 교부해야 한다. 즉시수리물품은 수입신고서 및 첨부서류에 대한 형식적 요건만을 확인한 후 즉시 수리하며, 심사

대상물품은 심사 후에 수리하고, 검사대상물품은 물품검사 후에 수입신고를 해야 한다.

11.6.5 수입신고의 취하와 각하

수입신고는 정당한 사유가 있는 경우에 한하여 세관장의 승인을 얻어 취하할 수 있다. 그러나 운수기관, 관세통로 또는 관세법에서 규정된 장치장소에서 물품을 반출한 후에는 취하하지 못한다.

수입신고의 각하는 세관장이 직권으로 해당 수입신고를 거절하거나 취소하는 강제적 절차이다. 예를 들어 수입신고 시 요건이 미비하였거나, 부정한 방법으로 수입신고된 경우 세관장은 수입신고를 각하할 수 있다.[11]

11.7 품목분류기준과 관세의 운영형태

11.7.1 품목분류기준

국제무역통계에는 SITC가, 관세부과에는 CCCN이 사용되어 왔다. 이같이 이원화된 상품분류에서 야기되는 불편을 감소시키고자 1988년부터 HS가 사용되고 있다.

1) 표준국제무역분류(SITC)

표준국제무역분류(Standard International Trade Classification ; SITC) 방식은 1950년 UN 경제사회이사회에서 선포되었고, 1960년에 전면 개정되었다. SITC는 산업내 무역지수 또는 무역특화지수와 같이 경제분석 및 상품별 무역자료의 통계를 산출하는 데 편리하도록 되어 있다.

11. 수입신고의 취하와 각하는 각각 관세법 제142조 제1항과 제2항에 명시되어 있다.

2) 관세협력이사회 품목분류(CCCN)

관세협력이사회 품목분류(Customs Cooperation Council Nomenclature ; CCCN)는 1955년 관세협력이사회에 의하여 제정되었고, 처음 명칭은 BTN(Brussels Tariff Nomenclature)이었다. 브뤼셀이라는 특정 도시의 이름을 계속 사용하는 것이 불합리하다고 하여 1977년부터 CCCN으로 부르게 되었다.

3) 신국제통일상품분류(HS)

관세협력이사회는 1988년 기존의 품목분류기준들을 하나로 통합한 신국제통일상품분류(Harmonized Commodity Description and Coding System ; HS) 방식을 제정하였다. 이 명칭을 줄여서 조화제도(Harmonized System) 또는 New CCCN이라고도 한다.

HS는 21부(section), 97류(heading)의 기본분류를 중심으로 10단위까지 분류가 가능하기 때문에 거의 모든 상품의 분류가 가능하다. 우리나라의 HS품목분류는 세계 공통의 6단위 분류에다 국내의 특수한 여건을 고려하여 자체적으로 분류한 4단위를 합해 모두 10단위로 품목을 분류하고 있다.

11.7.2 관세의 운영

1) 관세의 의의

관세(customs duty or tariff)는 한 국가의 관세선을 통과하는 물품에 대하여 부과되는 조세이다. 관세는 법률이 정한 바에 의하여 국가의 재정 권력에 의하여 강제적으로 징수하여 수량제한과 함께 자유무역을 제한하는 데 중요한 역할을 하고 있다.

2) 덤핑방지관세(Anti-dumping Duty)

수출국이 국내가격보다 싸게 수출하는 경우에 이 같은 부당염매를 방지하기 위하여 부과하는 관세이다. 덤핑은 3차가격차별에 해당된다. 유럽연합이 한국의 전자제품에 대하여 덤핑방지관세를 부과하였고, 미국이 중국의 공산품에 대하여 이따금 덤핑방지관세를 부과하고 있다.

3) 상계관세(Countervailign Duty)

수출국가가 수출촉진정책의 일환으로 수출기업에게 보조금을 제공할 경우에 수입국가가 이에 대처하기 위하여 보조금에 해당되는 만큼 부과하는 관세이다. 미국의 보잉과 유럽연합의 에어버스 간에 세계 대형비행기시장에 경쟁이 심화되자 미국과 유럽연합은 서로 상대 국가에 대하여 상계관세를 부과한 적이 있고, 자체적으로 해결이 안되어서 WTO의 분쟁해결기구(Dispute Settlement Body ; DSB)에 상호간에 제소한 적이 있다.

4) 긴급수입제한조치(safeguard measure)

반덤핑관세 또는 상계관세는 상대국가의 기업이 불공정한 행위를 한 경우에만 적용되는 데 반하여 긴급수입제한조치는 불공정한 경우뿐만 아니라, 공정한 경우일지라고 국내산업의 보호를 위하여 긴급한 조치가 필요할 때 실시할 수 있다. 미국의 Super 301조는 상대국가가 불공정한 경우에 적용하는 긴급수입제한조치이고, Super 201조는 상대국가가 공정한 경우에 적용하는 긴급수입제한조치이다.

5) 국제협력관세

국가 또는 국제경제기구는 자유무역을 촉진시키기 위하여 가능한 한 관세율을 인하시키고자 관세협정을 체결한다. 관세법 50조에 따르면 국제협력관세는 기본세율의 100분의 50의 범위를 초과하여 관세를 양허할 수 없다고 규정하고 있다.

11.7.3 관세환급제도(Duty Drawback)

수출용 원재료를 수입할 때 납부한 관세 및 내국세를 당해 원자재를 사용하여 만든 물품을 수출한 경우 수출업자에게 환급해 주는 제도를 관세환급제도라고 한다. 이 제도는 수출물품의 가격경쟁력을 약화시킬 우려가 있는 수출용 원재료에 대한 관세부담을 감소시켜 줌으로써 수출을 촉진하기 위한 세제상의 지원이라고 할 수 있다.

11.8 외화획득용 원료 및 기재 수입

우리나라는 수출상품의 국제경쟁력을 제고하고 외화획득을 증가시키기 위하여 외화획득에 기여할 물품을 제조·가공하는 데 소용되는 원료의 수입에 대해서는 내수용 수입에 비하여 행정, 금융, 세제 측면에서 다양한 혜택을 제공하고 있다.

11.8.1 외화획득용 원료 및 기재의 정의

대외무역법시행령 제2조의 7에 의하면 이 같은 원료 및 기재에는 외화획득용 원료, 시설기재 및 외화획득용 제품, 외화획득용 용역 및 외화획득용 전자적 형태의 무체물이 포함된다.

11.8.2 혜택의 범위

일반수입에 비하여 외화획득용 원료 및 기재의 수입은 다음과 같은 혜택을 받는다. 첫째, 원자재는 관세와 특별소비세를 포함한 내국세 부과에서 면제된다. 둘째, 수입승인대상품목으로 지정된 물품을 외화획득용 원료 및 기재로 수입하고자 할 경우에는 예외적으로 별도의 제한없이 지식경제부 장관이 위탁한 관계행정기관 또는 단체의 장의 승인을 받아서 수입할 수 있다. 셋째, 수출물품의 제조·가공 등에 소요되는 자금 부담을 완화시켜 주기 위하여 무역금융을 실시하고, 수입담보금의 적립과 신용장 개설 수수료에서도 우대조치를 제공한다.

11.8.3 외화획득의 범위

외화획득을 위하여 원료 및 기재를 수입하거나 수입을 위탁한 자는 일정 기간 내에 그 수입에 대응하는 외화획득을 이행해야 한다. 수출, 관광, 용역 및 건설의 해외진출, 주한 국제연합군 또는 외국 군기관에 대한 물품의 매도 등이 외화획득의 범위에 포함된다.

11.8.4 외화획득용 원료의 수입 및 사후관리

외화획득용 원료수입의 절차는 일반수입과 동일하고, 다른 점이 있다면 대응수출을 의무화하고 필요한 수량을 수입하도록 사후관리, 자율소요량 계산서 작성의 절차가 따른다. 사후관리제도는 외화획득용 원료를 수입한 자가 혜택을 받고 수입한 원료를 원래의 목적대로 사용하였는지 관리하는 제도이다.

11.8.5 자율소요량 계산서

정부는 필요한 수량만큼의 원료를 수입하도록 기준소요량을 고시하고 해당업체로 하여금 이를 기준으로 자율소요량 계산서를 작성하도록 한다. 기준소요량은 외화획득용 물품 등의 1단위를 생산하는 데 소요되는 원자재의 양을 뜻하고 단위실량과 평균손모량을 합한 양이다.[12]

11.9 수출입절차와 관련된 무역영어

01 The undersigned hereby approves the above-mentioned goods in accordance with Article 14(2) of the Foreign Trade Act and Article 26(1) of the Enforcement Decree of the said Act.

> 위의 신청사항을 대외무역법 제14조 제2항 및 동법시행령 제26조 제1항의 규정에 의하여 승인한다. (수입승인서 : Import License)

02 Whereas you have issued a Bill of Lading covering the above shipment and the above cargo has been arrived at the above port without production of the original Bill of Lading. (Letter of Guarantee)

12. 단위실량은 외화획득용 물품 1단위를 형성하는 원자재의 양이고, 평균손모량은 외화획득용 물품을 생산과정에서 발생하는 원자재의 평균손모량이다.

귀사가 위의 선적물을 포함하는 선화증권을 발행하였고, 위의 화물이 위에서 언급한 항구에 원래의 선화증권이 없이 도착하였습니다. (화물선취보증서)

E 화물선취보증서의 앞 부분에 있는 글이다.

03 We, the undersigned, have duly inspected the above merchandise at the time of shipment and certify the quality and condition of the goods are in accordance with buyer' s requirements.

아래에 서명한 당사는 선적 시에 위의 상품들을 적절하게 검사하였고, 구매자의 요구에 따라서 상품의 품질과 상태를 증명합니다.

11.10 해석 및 영작을 통한 무역영어

01 We are pleased to offer the under-mentioned articles as per conditions and details described as follows. (Offer Sheet)

당사는 아래에 적힌 물품들을 다음과 같은 조건과 명세에 따라서 오퍼하게 되어서 기쁩니다.

Re It is our pleasure to have such an opportunity to offer the under-mentioned items in accordance with the following conditions and details.

02 We have been doing business for over twenty years as exporters of stationary goods.

당사는 문구류의 수출업자로서 20년이 넘도록 거래해 오고 있습니다.

Re We have procured a good reputation as exporters of stationary items for more than twenty years.

03 We are much obliged for interest you showed on April 20 in our products.

당사는 귀사가 4월 20일에 당사의 제품에 대하여 보여주신 관심에 대해 매우 고맙게 생각한다.

Re We are grateful for your keen interests on our products on April 20.
당사는 귀사가 4월 20일에 당사의 제품에 대하여 아주 큰 관심을 보여준 데 대하여 감사한다.

04 We are engaged in exporting washing machines, TV, and so on, and willing to provide you with quality products at low prices.

당사는 세탁기, 텔레비전 등을 수출해 왔고, 귀사에 대하여 품질이 좋은 제품을 낮은 가격으로 수출할 의사가 있습니다.

Re We are ready to export washing machines, TV and so forth to you by fully making use of our intangible assets for maintaining both price and non-price competititon on these items.
당사는 세탁기, 텔레비전과 기타 전자제품에서 가격과 비가격 경쟁력을 유지하는 데 기여한 무형자산을 최대한으로 활용하여 귀사에 대하여 이 같은 제품을 수출할 준비가 되어 있습니다.

05 We accept your counter offer of August 23 requesting a reduction in price.

당사는 가격을 인하해 달라는 8월 23일자 귀사의 반대청약을 수용합니다.

Re We are willing to accommodate your counter offer dated August 23 demanding a further reduction in prices.
당사는 귀사가 8월 23일에 가격을 추가적으로 인하해 달라는 반대청약을 기꺼이 수용합니다.

E 확정청약(firm offer)과 반대되는 반대청약을 승낙하는 글이다.

06 Thank you for your counter offer of August 23 requesting a reduction in price. We regret that we cannot allow a 15% discount. However, a 12% discount is available for an order of 2,000 sets or more.

8월 23일자 귀사의 반대청약에 대하여 감사합니다. 유감스럽게도 당사는 15%의 할인을 해드릴 수 없습니다. 그러나 2,000세트 또는 그 이상 구매할 경우에는 12%까지는 할인해 드릴 수 있습니다.

Re It is kind of you to forward your counter offer dated on August 23 for a possible reduction in price. We are sorry to let you know that we are not in such a position of allowing a 15 percent discount. But we can allow a 12% discount on your order which exceeds more than 2,000 sets.

E 반대청약에 대한 거절이고 rewriting할 때 다소 유연하게 표현하였다.

07 Thank you very much for your order of May 15. After careful consideration on your request, we have come to the conclusion that it would be better for us to decline your order in this case.

> 귀사의 5월 15일자 주문에 대하여 감사합니다. 귀사의 요청을 신중하게 검토한 결과 이번에는 귀사의 주문을 거절하는 것이 낫다는 결론에 도달하였습니다.
>
> **Re** Despite our appreciation for your order dated May 15, it is beyond our capability at present to accommodate your order.
>
> **E** rewriting은 아무래도 사업을 하기 위해서는 상대방을 자극할 만한 표현을 피하는 것이 낫다고 판단되어서 다소 부드럽게 작성하였습니다.
> It does not make any sense for you to use such a provocative style even if there is no available options to accommodate it.
> 귀사가 상대방의 주문을 수용할 수 있는 이용 가능한 선택방안이 없을지라고 이 같이 자극적인 표현을 사용하는 것은 상식 밖의 일이다.

08 As to financial standing, our bank will supply you with necessary information.

> 재정상태에 대해서는 당사의 거래은행이 귀사에게 필요한 정보를 제공할 것입니다.
>
> **Re** We reckon that our bank will provide relevant informaton on the financial standing of the potential counterpart.
> 당사가 알기로는 당사의 거래은행이 잠재적 거래상대회사의 재정상태에 대하여 필요한 정보를 귀사에게 제공하게 됩니다.

09 We are making shipments to them only on a cash basis.

> 그 회사에 대한 선적은 현금조건으로만 하고 있습니다.
>
> **Re** Our sales pattern with them has been confined to the module of cash basis.
> 그 회사에 대한 당사의 판매형식은 현금판매형태로 제한되어 왔습니다.

10 We are in need of household sewing machines, and shall be glad if you will send us your lowest quotation CIF Hong Kong.

> 당사는 가정용 재봉틀이 필요한데 홍콩항 도착 운임 · 보험료 포함 최저가격을 알려주시면 감사하겠습니다.

Re1 We just wonder what is your lowest CIF Hong Kong price for household sewing machines.

Re2 We would like to import household sewing machine. We would like to have the available lowest CIF Hong Kong price to meet the newly developing demand for household sewing machines.

11 Prices are to be quoted in U.S. Dollars on the basis of CIF New York unless otherwise specified.

가격은 별도로 명시되지 않는 한, 뉴욕까지의 운임 · 보험료를 포함한 가격을 미국 달러로 나타내기로 한다.

Re Prices are expressed in U.S. Dollars based on CIF New York if there is no additional requirement for price quotations.

12 As the market becomes dull, we have decided to ask you to reduce your price to $20 in US Currency.

시장이 침체되었기 때문에 당사는 귀사에게 귀사의 가격을 미국통화로 20달러로 인하해 달라고 요청하기로 결정하였습니다.

Re We have reached an overall consensus to ask you to curtail your price to US$ 20 by taking into account the bearish market condition.

13 We offer you firm subject to your reply reaching us on or before May 15.

당사는 귀사의 회답이 5월 15일까지 당사에 도착하는 것을 조건으로 확정청약합니다.

Re This is our firm offer to you which is valid provided that your reply reach us on or before May 15.

14 This agreement is to be valid until August 31, 2011.

이 협정서는 2011년 8월 31일까지 유효하기로 합니다.

Re This agreement is expected to hold until August 31, 2011.

15 About to the settlement, we agree to your terms.

대금결제에 대하여 당사는 귀사의 조건에 동의합니다.

Re We have no objections on your settlement terms.

16 Although we are operating at full capacity, we will be unable to meet your further orders.

당사가 완전가동을 할지라도 귀사의 추가주문에는 대응할 수 없습니다.

Re It is beyond our capability to cater for your further orders even if we operate at full capacity.

17 The second consignment of your Order No. 357 will be ready for shipment on board of the 'Silver Wave' scheduled to sail from Busan on or about February 10.

귀사 주문 제357호의 두 번째 적화는 2월 10일 경에 부산을 출할할 예정인 '은파'호에 선적할 준비가 되었습니다.

Re We have arranged the second consignment of your Order No. 357 to the shipment on board of the 'Silver Wave' which departs Busan around February 10.

18 To cover this shipment we negotiated our draft through the Korea Exchange Bank and ask your kind protection of our draft on presentation.

이 선적품을 대금결제하기 위하여 한국외환은행을 통하여 당사 어음을 매도하였으며 제시되는 대로 당사 어음을 인수 · 지급해 주기 바랍니다.

Re We'll be grateful if you kindly honor our draft on presentation which has been negotiated by the Korea Exchange Bank.

19 We have drawn a draft on you at sight.

당사는 귀사를 지급인으로 하여 일람출급 환어음을 발행하였습니다.

Re We have issued a draft in favour of you at sight.

E 여기서 귀사가 Beneficiary이다.

20 We regret that we have troubled you by our oversight.

당사의 실수로 귀사에게 폐를 끼쳐 죄송합니다.

Re We are sorry to cause you such an inconvenience due to our negligence.
당사는 당사의 업무태만으로 인하여 귀사에 이 같은 불편을 끼친 데 대하여 죄송합니다.

21 The market is so much keen that your price is not competitive any more.

시장이 상당히 치열하기 때문에 귀사의 가격은 더 이상 경쟁력이 없습니다.

Re Your competitive edge have been eroded due to the fierce competition.

Voca fierce는 경쟁이 intense하다는 뜻이고, 더 강하게 표현할 때는 'cut-throat competition' 이라고도 한다.

22 We must bear large amount of confirming charge when opening confirmation credit. Therefore we will open such credit if you will bear the confirmation charges.

귀사가 요구한 확인신용장을 발행하는 데는 고액의 확인수수료가 지급되어야 합니다. 따라서 귀사가 수수료를 부담한다면 확인신용장을 발행해 드리겠습니다.

Re We can arrange to open a confirmation credit if you kindly pay additional cost of producing such a kind of credit.

23 We have sufficient capital for our requirements.

당사는 당사가 필요로 하는 충분한 자본금을 가지고 있습니다.

Re You don't need to worry about our own capital ratio to the total one which is recommended by the New Basel Capital Accord.
귀사는 신바젤자본협약에서 추천하는 자기자본비율에 대하여 우려할 필요가 없습니다.

E Basel Ⅰ은 'same level playground' 입장에서 은행에서 자기자본비율 8% 유지를 요구하고, Basel Ⅱ는 이 비율은 그대로 유지하고 추가로 운영위험과 공시(public notice)를 추가하였다. Basel Ⅲ는 금융기관의 부도를 감소시키기 위하여 우선주와 같이 유동성이 큰 자산을 보유할 비율을 상향조정하였다. 위의 글은 거래상대방으로 하여금 당사가 자기자본비율이 높고 부채가 적기 때문에 걱정하지 않아도 좋다는 글이고, 다르게 표현하면 아래와 같다.
You don't need to worry about any liquidity problem with us as we are not unercapitalized at all by any criterion.

당사가 어떤 기준으로 보아도 자본잠식이 없기 때문에 귀사는 당사의 유동성 문제를 걱정하지 않아도 됩니다.

Voca criterion을 standard로 바꾸어도 무방하다.

24 As far as we know, the firm has procured a good reputation here. But we are unable to make ourselves responsible for them.

우리가 알기로는 그 기업은 이곳에서 좋은 평판을 유지하고 있습니다. 그러나 우리는 이 같은 신용조회에 대하여 책임을 질 형편은 아닙니다.

Re We are pleased to inform you of a positive outcome on the financial standing of the firm in this region. But we are not in such a position of assuming any responsibility on our part.

25 This offer is valid until July 4, and we would like to know if you care to avail yourselves of this.

이 오퍼는 7월 4일까지 유효하고 귀사가 이 오퍼를 수용하는 여부를 알려주기 바랍니다.

Voca avail yourselves of this : 본 오퍼를 수락하다. accept this offer.

Re Could you kindly let us know your stance on this offer in a due time which is effective until July 4?

Voca is effective = holds

26 Would you be kind enough to look into the matter with reasonable speed so that we may effect the contracted shipment without the slightest hitch?

귀사가 이 문제를 적절한 속도로 처리하여서 우리가 어려움에 직면하지 않고 계약된 선적을 일정에 맞추어 진행하고자 합니다.

Voca without the slightest hitch : 어려움 없이

Re We would like to remind you to pay a due care in the matter which allows the contracted shipment on the right track by tracking down impediment factors in advance.

당사는 귀사가 이 문제에 적당한 주의를 기울여주기를 다시 알려드립니다. 이 같은 귀사의 주의는 사전에 장애요인들을 해결함으로써 당사로 하여금 계약된 선적을 정상적으로 할 수 있게 합니다.

27 Please open an irrevocable L/C in our favor as soon as possible.

당사를 수익자로 한 신용장을 가능한 한 조속하게 개설해 주기 바랍니다.

Re We are in a hurry to have an irrevocable L/C for the settlement of this transaction.

28 Please reserve a space of 300 CBM.

300입방미터의 선복을 예약해 주십시오.

Re We would like to book a space of 300 CBM.

29 According to the shipping advices, the s.s. 'Blue Star' is due to arrive on the 15th of May.

선적통지에 의하면 기선 '블루스타'는 5월 15일에 도착합니다.

Re The s.s. 'Blue Star' is expected to arrive on the 15th of May as stipulated in the shipping advices.

30 We opened a new branch office to increase our sales.

당사는 판매고를 증가시키기 위하여 새로운 지점을 개설하였습니다.

Re We just launched a new branch office as an effective means of increasing our market share.
당사는 시장에서의 자사의 점유율을 증가시키는 효과적인 방안으로 새 지점을 방금 개설하였습니다.

E 여기서 'just'는 강조하는 의미이다. Billy Joel의 'Just the Way You Are'에서 just는 강조를 나타낸다. 네가 있는 그대로 좋으니까 머리도 물들이지 말고, 어려운 얘기도 하지 말고 그냥 잘 지내자는 내용이다.

31 We are in a good position to furnish you with excellent merchandise at the most competitive prices.

당사는 귀사에게 우수한 상품을 가장 싼 가격으로 공급할 수 있습니다.

Re1 We are pleased to inform you of our high quality items with competititve edge in price.

자사는 가격경쟁력을 가지고 자사의 높은 품질의 제품을 알려드리게 되어서 기쁩니다.

Re2 We are one of the forerunners in both price and non-price competittion on these products.

자사는 이 같은 제품에서 가격 및 비가격 경쟁력을 갖춘 선도기업 중의 하나입니다.

32 We have the pleasure of confirming your order No. 150 for 100 pairs of Tennis Shoes.

당사는 귀사의 주문번호 150에 해당되는 테니스화 100벌을 확인하게 되어서 기쁩니다.

Re It is a privilege for us to make a confirmation on your order No. 150 for 100 pairs of Tennis Shoes.

33 We are sure that you will do your best to fulfill our orders.

당사는 귀사가 당사의 주문품을 조달하기 위하여 최선을 다하리라고 확신합니다.

Voca fulfill = execute = carry out : 수행하다.

Re We are convinced that our orders are on the right track boosted by your endeavor.

연습문제 Exercise

[1] Choose correct answers on the export and import procedures.

1 다음 수출거래절차에서 (　　) 안에 알맞은 말은?

매매계약 체결 → 신용장 내도 → 수출승인(필요시) → 수출물품 확보 → (　　) → 물품선적 → 수출대금 회수 → 사후관리

① 신용조회　② 수출물품검사　③ 해외시장조사　④ 수출신고

2 다음의 수출입절차 중 수입업자가 반드시 이행해야 할 업무는?

① 신용장 개설　② 운송계약 체결　③ 관세환급　④ 해상보험 부보

3 수출입 공고에서 "수산청장의 승인을 받아 수입할 수 있다" 라고 되어 있다면 이 품목은?

① 수입금지 품목　② 수입제한승인 품목
③ 수입자동승인 품목　④ 수출입금지 품목

4 상업송장에 대한 국제표준은행 관행이 아닌 것은?

① 요구된 원본과 사본의 수량은 반드시 기재되어야 한다.
② 송장은 반드시 수익자가 발행의뢰인 앞으로 작성되어야 한다.
③ 신용장에서 요구되더라도 상업송장은 서명되거나 일자가 기재될 필요가 없다.
④ 신용장이 상업송장이 아닌 견적송장을 제시하면 수리되지 아니한다.

5 타사제품을 신용장 건별로 국내에서 구매하여 수출하는 일반수출 절차의 진행순서가 맞는 것은?

① 수출신용장 내도 → 내국신용장 발행 → 완제품 국내 구매계약 → 완제품 공급
② 내국신용장 발행 → 수출신용장 내도 → 완제품 국내 구매계약 → 완제품 공급
③ 수출신용장 내도 → 완제품 국내 구매계약 → 내국신용장 발행 → 완제품 공급
④ 완제품 국내 구매계약 → 완제품 공급 → 내국신용장 발행 → 수출신용장 내도

6 화물선별검사(C/S)에 대한 설명이 맞는 것은?

① 화물의 성질상 전염병, 질병 등과 관련된 검역검사를 말하며, 검사에 오랜 시일이 소요된다.
② 우범화물 선별을 뜻하며 위장수출, 불법수출, 밀수입 등의 범죄에 관련된 화물을 선별하는 과정이다.
③ 수출업체에 대한 과거 관세납부의 성실성 여부를 면밀하게 검사하는 과정이며, 부적격 업체의 경우 수출신고를 취하한다.
④ 관세환급 대상 여부를 정밀검사하는 과정이면, 이미 환급받은 화물에 대해서는 수출신고를 취소할 수 있다.

7 EDI 방식의 수출신고에 대하여 맞는 것은?

① Paperless 방식을 원칙으로 한다.
② 물품의 생산이 완료된 후라야 수출신고를 할 수 있다.
③ P/L 방식에서 관세환급 대상물품도 적용대상이 된다.
④ 수출신고의뢰 전자문서를 무역업체는 세관에 팩스로 제출하여야 한다.

8 수출물품을 선적한 선박의 일등항해사가 선적품에 하자가 있음을 발견하고 본선수취증의 비고란에 이러한 사실을 기재하였을 경우, 이를 받게 된 화주가 취해야 할 조치는?

① Foul B/L을 발급받아 즉시 은행에 매입을 요청한다.
② L/G를 선박회사에 제출하고 Clean B/L을 발급받아 매입을 요청한다.
③ L/I를 선박회사에 제출하고 Clean B/L을 발급받아 매입을 요청한다.
④ M/R을 선박회사에 제출하고 Clean B/L을 발급받아 매입을 요청한다.

9 화인(cargo marks)에 대한 설명으로 올바르지 않은 것은?

① counter mark는 main mark가 다른 화물과 동일할 것에 대비하여 main mark의 보조로서 다른 화물과 식별을 용이하게 하기 위한 것이다.
② caution mark는 care mark라고도 하며, 화물의 수송 또는 보관 시 취급상의 주의를 표시한 것으로 이는 보통 목적항구의 표시 밑에 그림 또는 부호로서 표시한다.
③ 화물의 원산지가 우리나라인 경우에는 원산지 표시를 MADE IN KOREA로 한다.
④ 화인에는 화물의 선적 또는 양화작업을 용이하게 하고 화물이 오송되는 일이 없도록 목적항 또는 목적지를 표시하여야 한다.

10 상업송장에 관하여 옳지 않은 것은?

① L/C 개설의뢰인 앞으로 지정되어야 한다.
② 송장상의 청구금액은 신용장금액 범위를 넘지 않아야 한다.
③ 송장상에 표시된 상품명세는 신용장에 나타나 상품명세와 일치해야 한다.
④ 송장상의 금액이 신용장금액을 초과하여 작성되면 개설은행은 어떠한 경우라도 이의 수리를 거절할 수 있다.

Answer

1 ④ 2 ① 3 ② 4 ③ 5 ③ 6 ② 7 ① 8 ③ 9 ② 10 ④

E 9 caution mark는 포장된 화물의 외장면에 그 화물을 취급하는 운송인이나 작업원에게 주의를 환기시키기 위하여 표시한 간단한 그림 또는 문자로서 목적 항구의 표시 위에 표시한다. 이것은 포장의 측면에 표시되어 있기 때문에 side mark라고도 한다. counter mark는 동일한 선적물품의 다른 화물과 식별할 수 있도록 표시한 것이다.

10 신용장에 별도의 명시가 없는 한, 은행은 신용장에서 허용된 금액을 초과한 금액으로 발행한 상업송장을 거절할 수 있다. 그럼에도 불구하고 신용장 하에서 지급, 연지급확약의 형태로 어음을 인수 또는 매입하도록 수권된 은행이 이 같은 송장을 수리하는 경우, 이러한 결정은 모든 당사자를 구속한다.

[2] Choose correct answers on trade contract.

1 무역영어의 Basic Part에 포함되지 않는 것은?

① Inside Address ② Reference Number
③ Body of Letter ④ Saluatation

2 다음 중에서 영국식 날짜표기는?

① July 6th 2012 ② 2012 July, 6 ③ 6th July 2012 ④ July 6, 2012

3 다음 용어를 영어로 나타낼 때 잘못 나타낸 것은?

① 친전 : Private ② 인비 : Confidential
③ 항공우편 : Surface Mail ④ 등기우편 : Registered Mail

4 당사는 다양한 종류의 의류수출에 종사하여 왔습니다.

We have (　　) ourselves in the export of various kinds of garments.

① engaged ② supplier ③ introduced ④ interested

5 당사는 서울에 위치한 한국무역협회를 통하여 완구의 수입업자로서 귀사명과 주소를 알았습니다.

We ( ) your name and address to the KITA, Seoul as importers of toys.

① indent ② learn ③ owe ④ acquire

6 귀사의 상품이 가격에 있어서 적합하다고 입증되면, 귀사의 제의를 기꺼이 받아들이겠습니다.

If your goods prove ( ) to our market in price, we are prepared to ( ) your proposal.

① suitable – accept
② profitable – receive
③ suitable – establish
④ established – during

7 귀사가 금년 11월 이전에 인도를 보장해 주는 조건으로만 당사의 반대청약은 유효합니다.

Our ( ) offer is valid only if you can guarantee ( ) before this November.

① firm – delivery
② counter – purchase
③ free – acceptance
④ counter – delivery

Answer

1 ② **2** ③ **3** ③ **4** ① **5** ③ **6** ① **7** ④

[3] Choose most suitable answer with the underlined parts.

1 If you are interested in our latest products, we can send you our samples <u>gratis</u>.

① costing something
② without payment
③ with payment
④ whatsoever

2 Please <u>register</u> 30 cases of our goods on your ship 'Blue Star'.

① order ② offer ③ book ④ confirm

3 The Silk Road Company guarantees the quality <u>as indicated</u> in samples.

① as suggested ② as directing ③ as usual ④ as per

4 You may copy all of our particular samples <u>without charge</u>.

① without duty ② free of charge ③ immediately ④ at once

Answer

1 ② **2** ③ **3** ④ **4** ②

E **3** as indicated in samples = as per samples : 견본에 나타난 대로

[4] Choose correct answers.

1 A 15% discount will be (　　) for an order exceeding 50,000 dollars.

① granted ② placed ③ made ④ allowed

2 The letter of credit (　　) your order No. 78 dated May 10 has not yet been (　　) by us.

① covering, received ② for, arrived
③ to cover, reached ④ under, accepted

3 We have sent you (　　) separate cover our catalog and free samples.

① under ② upon ③ for ④ of

4 We trust you will (　　) this draft upon presentation.

① draw ② honor ③ pay with ④ settle with

5 It means "a method of marketing in which an agent pays sales commissions to the company only if and when the product is sold."

① consignment ② commission ③ franchise ④ bonus

Answer

1 ④ 2 ① 3 ① 4 ② 5 ①

E 5 위탁판매는 "제품이 판매될 때 및 판매되는 경우에만 대리인이 본사에 판매수수료를 지급하는 마케팅의 한 방법"을 뜻한다.

[5] Choose expressions which are not relevant with underlined parts.

1 We are convinced that our prices are competitive enough to attract your customers.

① cheap ② low ③ attractive ④ high

2 Could you kindly let us have your reply at your earlist convenience.

① promptly ② efficiently ③ with all speed ④ at an early date

3 We cannot clear the customs procedure unless we have the relevant shipping documents.

① Bill of Lading ② Commercial Invocie
③ Mate's Receipt ④ insurance Policy

Answer

1 ④ 2 ② 3 ③

E 2 at your earlist convenience : 사정이 허락하는 대로 빨리

[6] Fill up the blanks with a suitable word.

1 While all brace the idea of continuous improvement, higher performers are the ones who actually practice it, often viewing change itself as a (   ) competency.

2 Certificate of (   ): This is one which bears no superimposed clause or notation which expressly declares a defective condition of the goods and/or the package.

3 The description of the goods in the commercial (   ) must corresponds with the description in the credit, and it must be made out in the name of the (   ).

4 There is an equally defensible contrary view that agreement was only reached because tariffs has been superceded by (   ) interventions. All that the Tokyo Round did, therefore, was to continue the process whereby the industrial countries encouraged increased (   ) trade among themselves while doing little to prescribe the use of extra-legal instruments used in a discriminatory manner (   ) less-developed countries.

5 A free (   ) zone is an area located within a nation but is considered outside the custom' s territory of the nation.

6 우리나라는 '자유무역지역의 지정 및 운영에 관한 법률' 에 의해 자유무역지역에서 (   )가공무역이 이루어지고 있다.

7 수출입 공고의 적용이 배제되는 대상 : 가공무역(processing trade)에 의한 원자재와 가공품의 수출입, 산업설비(plant)의 수출의 이행을 위한 물품의 수출, (   )획득용 원료나 기재의 수입

Answer

1 core 2 quarantine 3 invoice, Applicant 4 non-tariff, intra-industry, against
5 trade 6 보세 7 외화

E 1 모두가 지속적인 개선의 아이디어만을 강하게 믿고 있는 반면에, 높은 수준의 성과자들은 종종 핵심가치로서 이 같은 아이디어를 변화시키는 것을 그들의 핵심역량으로 간주하면서 실행하는 사람들이다.

2 검역증은 주로 동식물의 수출에 혹시 전염성 균이 묻어 들어가는 것을 막기 위하여 당해 물품을 고립된 일정한 장소에 일정 기간 동안 장치하였다가 검역을 한 후에 발급해 주는 서류이다.

4 20세기의 항해조례라고 하는 케네디라운드에서 과세는 낮아진 반면에 비관세장벽이 높아지는 과정과 도쿄라운드는 선진국가 간의 산업내무역은 장려하고, 개도국과의 무역은 축소시키는 과정을 설명하는 글이다.

[7] Translate the following letters into Korean and rewrite them into another style.

1 계약서 초안 첨부 및 검토요구에 대한 글이다.[13]

Dear Sirs,

We have attached to this fax a draft of the agreement which approved at the May 20 meeting.

> 당사는 5월 20일에 합의에 도달한 합의서 초안을 이 팩스에 첨부합니다.
>
> **Re** We are attaching on the fax a draft of agreement which had been reached to mutual approvals on the May 20 meeting.

Would you please review and confirm that there are no errors or omissions. Then sign and send back to us. Also, if you have any comments, please let us know by E-mail or fax.

> 오류와 누락이 없는지 재검토하고 확인해 주시겠습니까? 별다른 이상이 없으면 서명하고 당사에 돌려주십시오. 그리고 언급해 줄 사항이 있으면 e메일 또는 팩스로 알려주기 바랍니다.
>
> **Re** Do not hesitate to get in touch with us if you come across with any errors or mistakes. We welcome your comments which may work as building blocks for our cooperation. We would like to have our agreement with your signature in a due time.

13. 김진환 · 방성철, p.106에서 인용하고, rewriting은 저자가 하였다.

We will prepare a formal agreement by May 30 and mail two copies to you for signature.

당사는 공식 협의서를 5월 30일까지 준비하여 귀사의 서명을 얻기 위하여 2부를 우편으로 보내겠습니다.

Re We will forward two copies of a formal agreement to you for your signature by May 30.

Yours faithfully,

2 Dear Sirs,

We have received your letter of May 15 together with samples and price lists. We have made the following selections, and are pleased to place this order.

자사는 5월 15일자 견본과 가격표가 동봉된 귀사의 편지를 받았습니다. 당사는 아래와 같이 선택한 물품에 대한 주문을 하게 되어서 기쁩니다.

Re Your letter of May 15 has arrived us with samples and price lists. We are happy to place our order with the selections below.

The Letter of Credit and shipping instructions will be cabled on receipt of your acknowledgement.

신용장과 선적지시서는 귀사의 승인을 받고나서 전보로 발송하겠습니다.

Re We are ready to cable the Letter of Credit and shipping instructions upon receipt of your consent.

We are sure that you will handle this order promptly.

당사는 귀사가 이 주문을 신속하게 처리해 주시리라고 확신합니다.

Re We are convinced with your endeavor for finalizing this order immediately.

Yours sincerely,
Hae-du Hwang
General Manager

[8] Translate the following paragraph into Korean. Could you kindly elaborate the policy implications of this paragraph on the economic deepening of the EU and international transportation practice in a succinct way.

아래 글을 우리말로 해석하시오. 이 글이 EU의 경제심화정책과 국제운송에 주는 정책 시사점이 무엇인가를 간략하게 기술하시오.

There has been a remarkable progress in the Monetary Union, the Schengen Treaty and the Common Foreign and Security Policy (CFSP). Nine EU members in the Schengen Treaty have abolished individual checks in the border controls and cooperated closely since March 1995. The willingness of EU to promote pan–European liberalization and integration actively has increased all the way since 1989 and seems to procure a pivotal momentum with the Eastern enlargement.

통화동맹과 쉔겐조약, 공동외교안보정책에서 괄목할 만한 진전이 있어 왔다. 쉔겐조약의 EU의 9개국 회원국들은 1995년 3월부터 개별 국가별로 국경통제를 폐지하였고, 긴밀하게 협력해 오고 있다. 범유럽주의에 의한 개방과 통합을 적극적으로 촉진하기 위한 EU의 의지는 1989년 이래로 모든 방면에서 증대되고 있으며 동부확장에 대하여 결정적으로 중요한 계기를 마련할 것 같이 보인다.

E 1992년에 달성한 공동시장은 노동과 자본과 같은 생산요소의 이동에 대한 제한을 철폐하게 되었고, 이 같은 움직임에 부응하고자 국경에서 EU 회원국이 개별적으로 확인하던 개인과 물자의 이동에 대한 검사를 통일하게 되었다. 이 같은 움직임은 2004년에 실시된 동부확장에 대한 결정적 계기를 마련하는 데 기여하였다는 글이다. 이 같은 정책의 변화는 2010년에 개정된 Incoterms 2010에서는 국제무역뿐만 아니라, 국내이동 및 지역무역협정국가 간의 이동에도 Incoterms를 그대로 적용할 수 있는 변화를 가져왔다.

Chapter 12

무역금융과 무역보험

12.1 무역금융 | 12.2 수출보험 | 12.3 무역보험의 종류 | 12.4 무역영어 해석 및 영작

12.5 영어독해 및 영작문 연습

12.1 무역금융

12.1.1 무역금융의 운영

무역금융은 크게 보면 무역거래에서 발생하는 모든 금융을 뜻하지만, 좁은 의미로는 정부가 정책적으로 무역거래에 필요한 각종 자금을 자금이용도(loan availability)와 이자율 측면에서 지원해 주는 금융을 뜻한다. 다르게 표현하면 자기자본의 비율이 낮은 상황에서 수출을 촉진하기 위하여 무역업자에게 낮은 이자율로 대출을 해 주는 정책금융(policy loan)이다. 농업과 서비스 산업의 개방을 주도하고, 공정무역(fair trade)를 추구하고자 1995년에 발족한 세계무역기구(WTO)[1]는 수출자율규제(voluntary export restraints ; VER)와 같은 자의적(arbitrary) 성격을 지닌 회색무역지대를 모두 철폐하였다.[2] 산업구제제도(industrial remedy measures)로는 반덤핑관세, 상계관세, 긴급수입제한조치만을 허용하였고, 이 같은 정책을 실시하고자 할 경우에는 엄격한 요건을 심사하고 있다.

무역금융은 크게 보면 수출에 대하여 보조금을 제시한 경우에 WTO에 제소할 수 있는 상계관세(countervailing duty)에 해당되기 때문에 수출지향적 공업화정책의 일환으로 제공되어 왔던 무역금융은 대출금의 규모와 이자율에서 WTO 출범 이후 지속적

1. WTO는 GATT1994와 우루과이 라운드가 결합되어(amalgamate) 형성되었고, 무역장벽을 제거하는 자유무역보다 더 나아가 규범(rule)을 만들어가는 공정무역을 도모한다고 할 수 있다. '환경과 무역'은 공정무역의 좋은 예가 될 수 있다.
2. 자율수출규제가 제도화된 다자간 섬유협정(Multifiber Agreement ; MFA)은 서부유럽국가들이 사양산업인 섬유산업의 고용자를 보호하기 위하여 2005년 1월까지 점진적으로 철폐(phase-out)되었다.

으로 감소되어 왔다. 다른 이유로는 정책적 무역금융은 통화량 증가의 원인이 되기도 하고, 다른 한편으로는 이 같은 자금이 투기성 자금으로 활용되기도 하는 부작용을 감소시키기 위한 정책전환의 필요성을 들 수 있다. 만일 이 같은 무역금융이 생산성의 제고, 수출경쟁력의 강화, 부가가치 증대에 기여하지 못한다면 일종의 경제지대(economic rent)로 그릇되게 사용되거나, 남용될 수도 있다.[3]

오늘날의 무역금융은 정부의 특혜적인 금융지원보다는 무역거래에 필요한 자금을 융자해 주는 상업적 차원에서의 금융으로 그 성격이 바뀌고 있다. 보다 쉽게 표현하면 자금 이용의 배분을 연관효과가 큰 분야에 수도물 공급하듯이 균형이자율보다 낮은 이자율로 제공되는 개발금융(development finance)[4]에서 이자 수입을 증가시키고자 하는 상업금융(commercial finance)으로 전환되고 있다. 무역금융의 특징은 다음과 같다. (i) 무역금융은 중앙은행의 자금지원으로 수행되는 정책금융이다. (ii) 무역금융의 대상은 포괄적이다. (iii) 무역금융은 생산자금, 원자재 수입자금, 원자재 구매자금, 완제품 구매자금으로 구분하여 지원하고 있다. (iv) 무역금융은 신용장기준 또는 실적기준으로 지원된다.

12.1.2 무역금융의 범위와 종류

무역금융은 국내 무역금융과 해외 무역금융으로 구분된다. 전자는 한국은행의 무역금융 취급세칙에 의해 시행되고 있는 단기간 제공되는 총액한도 무역금융이고, 후자는 해외에서 제공되는 단기성 금융이다(박대위 · 구종순 참조).

1) 총액한도 무역금융

한국은행은 총액한도를 설정해 두고 무역금융을 취급한 금융기관을 지원하게 된

3. The preferential credit system may be liable to be misused or abused for simply pursuing econmic rent instead of enhacing competitive edge. 정책금융이 경쟁력 제고에 사용되기보다는 단순히 경제지대를 추구하기 위하여 잘못 사용되거나, 남용되기 쉽다.

4. development는 발전이라고 해석하는 것이 개발보다는 나은데, 용도에 따라서 개발을 사용하기도 한다. Korea Development Institute는 한국개발원이라고 하고, Development Economics는 경제발전론이라고 하는 것이 낫게 들린다.

다.[5] 무역금융의 취급기관은 외국환은행으로 한정되어 있고, 무역금융을 받고자 하는 자는 거래외국환은행을 지정해야 한다. 거래외국환은행은 해당 업체의 수출실적관리카드상의 수출실적을 기초로 해당 업체 무역금융한도를 결정하게 된다.

2) 무역어음제도

이 제도는 수출업자가 수출신용장을 기초로 선적 전에 발행한 무역어음을 금융기관이 인수하고 이를 중개기관을 통하여 할인·매각하여 그 대금으로 수출자금을 지원하는 제도이다. 일반수출입금융과 다른 점은 중앙은행의 재원이 아닌 금융기관의 자체자금 또는 할인·매입한 무역어음을 일반 투자가에게 재매각하여 조달한 자금을 재원으로 한다는 점이다. 무역금융규정에 의거 무역금융을 융자받은 대출에 대해서는 무역어음을 인수할 수 없으며, 무역어음이 발행된 신용장으로 무역금융을 이용할 수 없다. 예를 들어 동일한 신용장으로 무역금융 또는 무역어음을 이용한 경우에는 원자재 조달을 위한 내국신용장 개설은 신용장 금액에서 무역금융 또는 무역어음을 발생시킨 부분을 제외한 범위 내에서 추가 대출이 가능하도록 제한하고 있다.

3) 수출환어음의 매입

이 제도는 수출신용장, 선수출계약서(D/A, D/P) 등에 따라 수출업자가 발행한 기한부어음을 은행이 추심 전에 매입함으로써 수출업자로 하여금 선적과 동시에 수출대금을 회수할 수 있도록 하는 선적 후 금융이다. 매입은행은 기한부 조건의 수출을 일람수출과 동일한 상태로 허용해 주는 제도로서 매입은행은 추심완료 전에 기한부어음을 매입함으로써 추가적 자금부담을 하게 된다. 외국환은행의 이 같은 추가적 부담을 감소시켜 주기 위하여 한국은행은 외국환은행이 매입한 수출환어음을 담보로 환어음에 해당하는 외화를 대출해 주는 수출환어음 담보대출제도를 운영하고 있다.

4) 내국수입 Usance 제도

내국수입 Usance 제도는 원자재 또는 연지급 수입대상품목을 수입하고자 하는 수

5. 시중은행의 입장에서는 수출업자에게 대출해 주고, 한국은행에 재차입을 신청하게 된다.

입업자의 신청에 의하여 우리나라의 개설은행 기한부 수입신용장을 개설하고 해외의 수출업자에게 일람출급조건으로 대금 전액을 지급해 주는 제도이다. 연지급 기간 중에 우리나라 수출업자가 부담해야 하는 이자부담을 국내 외국환은행이 부담하게 된다.

5) 기한부 원화수출환어음 담보대출

우리나라 수출업자들이 연지급 조건으로 수출할 경우 만기일 후에야 수출대금을 회수할 수 있게 된다. 수출업자들은 기한부 수출환어음을 담보로 은행으로부터 금융지원을 요청하지만 은행들은 수입업자의 신용상태를 보고 심사를 한 후에 지원하게 된다. 이 같은 수출업자에 대하여 금융지원을 확대하고자 금융기관이 기한부 수출환어음을 담보로 취급한 원화대출금에 대하여 한국은행이 원화자금을 지원하는 기한부 원화수출환어음 담보대출제도를 실시하고 있다.

6) 외화대출

외화대출은 국제수지개선과 국민경제생활의 발전에 기여하는 주요 물자를 수입하는 데 필요한 자금을 지원하기 위한 융자제도이다. 융자금액은 소요자금의 70% 내지 80% 이내로 하고, 융자기간은 자금별로 다양하게 운영되는 결과 단기금융과 장기금융의 성격을 다 지니고 있다.

7) 연불수출금융

제2차 세계대전 이후 미국이 대형 여객기와 같은 커다란 금액의 자본재를 외화가 부족한 동유럽 국가들로 수출하는 과정에서 연불수출금융이 시작되었다. 그리고 선박수출에 연불수출금융을 최초로 실시한 국가는 일본이었고, 우리나라도 1970년대 중반 이후 선박수출에 연불수출금융을 적극적으로 이용해 왔다. 수출입은행은 산업설비, 선박, 기계류 등의 품목 수출을 촉진하기 위하여 수출에 소요되는 장기 자금을 수출업자, 국내생산자 또는 해외수입업자에게 지원한다. 수출입은행자금은 차주가 누구인가에 따라서 공급자신용(supplier' s credit)과 구매자신용(buyer' s credit)으로 구분된다. 공급자신용이란 수출입은행이 국내의 수출업자에 대하여 자금을 공여하는 방식으로 이루어지고, 1980년대 초에 선박의 수출을 확대하고자 대형조선소에 지원되었다. 구매자신용은 외국의 수입업자 혹은 수입국가의 금융기관 또는 정부에 융자하여 우리나라 산업설비 등을 수입해 가도록 하는 방식이다. 수출입은행은 우리나라 기업의 자본재 또는 기술의 수입에 필요한 자금을 직접 대출하는 직접대출(direct loan)과 외국의 실수입업자에게 전대를 목적으로 수입국의 금융기관에 제공하는 전대자금대출(relending facility) 내지 전대차관을 제공하고 있다.

12.2 수출보험

수출보험이란 수출진흥제도의 일환으로 실시되고 있는 보험제도로서 국제 간의 무역거래에서 발생할 수 있는 위험 가운데 해상보험 등 통상의 보험으로 전보될 수 없는 위험에 대한 보증제도이다. 이 같은 위험으로는 수입업자로부터 대금미결제, 수입업자의 파산 또는 지급불능사유 등의 신용위험과 수입국의 전쟁, 내란, 환거래제한 등의 비상위험 및 수출업자의 수출계획의 예측에 착오가 생김으로써 발생하는 기업위험 등으로 인하여 수출업자, 수출물품 생산업자, 해외투자자 및 수출지원금융을 담당하는 은행 등이 입게 될 기업위험으로 인하여 수출업자, 수출물품 생산업자, 해외투자자 및 수출지원금융을 담당하는 은행 등이 입게 될 손실을 보상해 줌으로써 수출진흥을 도모하고자 하는 일종의 비영리국영보험이다. 무역금융과 수출보험은 수출을 확대한다는 공통의 목적을 지니고 있지만, 무역금융은 대출인 반면에 수출보험은 보증이라는 점에서 다르다.

수출보험은 수출거래에서 발생하는 각종 위험에 대비하여 1920년대부터 각국에서 산업정책의 일환으로 실시하고 있는 일종의 정책보험(public insurance)이다. 역사적으로 수출보험제도가 가장 발달된 국가는 프랑스이다. 우리나라에서는 수출보험공사가 수출보험을 담당해 오다가 2010년에 수입거래에서 발생하는 위험을 담보하는 수입보험을 운영하며서 수출보험을 무역보험으로 변경하였고 명칭도 무역보험공사로 변경하였다.[6] 한국은행에서 외환업무를 분장하면서 독립한 은행이 한국외환은행이고,

6. 수자원공사를 'K-water'라고 하듯이, 무역보험공사를 'K-sure'라고 부른다. '확실하니?' 하고 문의할 때에는 "Are you sure?"라고 한다.

중장기 플랜트 수출과 선박수출을 확대하고자 한국외환은행에서 수출입은행이 독립하여 설립되었다. 수출입은행이 연불수출과 수출보험업무를 수행하다가, 재보험공사와 협력하여 설립한 기구가 수출보험공사이다. 따라서 수출입은행과 무역보험공사는 상호 간에 업무가 중복되는 측면도 있기 때문에 수출입은행은 연불수출에, 무역보험공사는 무역보험에 중점을 두는 방향으로 특화를 하고 있는 듯하다.[7] 재보험공사는 'Korean Re' 로 명칭을 바꾸었다.[8]

12.2.1 무역보험의 기능

무역보험은 수출업자가 입게 될 수 있는 손실을 보상해 줌으로써 수출거래에 따르는 불안을 해소해 주기 때문에 국제무역거래의 환경에서 야기될 수 있는 위험과 불확실성을 제거하거나 감소시키는 역할을 한다. 부차적 기능으로는 금융의 기능, 무역관리제도로서의 기능, 수출진흥 및 수입안정화, 신용조사 기능을 들 수 있다.

12.2.2 무역보험의 담보범위

우리나라의 무역보험은 수출업자나 수출품 생산업자가 대금결제과정에서 발생하는 손실과 수출업자나 생산업자에게 수출금융을 제공한 금융기관이 융자금 회수불능으로 인하여 야기되는 손실을 보상해 주고 있다.

1) 비상위험(Political Risk)

비상위험이란 수입국에서의 수입금지나 제한조치, 환거래의 제한 또는 금지조치, 외국에서의 전쟁 · 내란 · 파업과 같은 비상사태 등 수출계약 당사자에게 책임을 전가

7. 수출입은행은 기획재정부 출연기관인 반면에 무역보험공사는 지식경제부 출연기관이어서 업무영역 조정이 상대적으로 용이하지는 않은 편이다.
8. 대한재보험공사는 공기업에서 사기업으로 전환되면서 'Korean Re' 로 명칭을 변경하고 동시에 세계적인 선도기업으로 성장하였다. 포터가 언급한 바 있는 정부의 역할과 기회가 유리하게 'Korean Re' 에 작용하였다. 그 결과 사기업(private enterprise)이지만 시장지배력이 있는 점에서는 공기업의 장점을, 그리고 인적자원관리에서 얘기하는 보상체계(compensation system)에서는 사기업으로서 압도적으로 상위를 차지하고 있다.

할 수 없는 원인으로 인한 수출불능 또는 수출회수불능의 위험을 뜻한다. 여기서 비상위험은 1960년대 해외직접투자가 활발하게 진행될 때 투자대상국을 선정하는 데 고려하였던 2가지 원인과 유사하다. 해외직접투자의 자산이 압류되는 경우를 피하기 위하여 정치적 안정성(political stability)과 노사문제가 가급적 없는 노동의 유순성(labor docility)의 정도를 분석하는 방법과 유사하다고 할 수 있다.

2) 신용위험(Credit Risk)

신용위험은 수입업자의 일방적인 계약파기 또는 수입업자의 파산 등으로 인한 수출불능 및 대금회수불능의 위험이나 수입업자의 재정상태 악화로 인한 대금지불 지연의 위험을 뜻한다. 신용위험은 자기자본비율이 높거나, 자산과 부채를 평가할 때 보수적으로 할 경우에는 상대적으로 감소한다고 볼 수 있다. 여기서 보수적(conservative)이라고 하면 위험부담은 크게 하고, 자산평가는 적게 하는 관행을 뜻한다.[9]

3) 운영위험(Operation Risk)

자기자본비율이 동일하게 8%라고 할지라고 마케팅과 연구 · 개발 간의 괴리가 발생하지 않도록 시장조사를 지속적으로 하는 기업은 그렇지 않은 기업에 비하여 소득흐름(income stream)이 좋다고 볼 수 있다. 일본의 토요타와 미국의 GM은 환경기술에 대한 기업전략에서 토요타는 미래지향적으로 기업의 사회적 책임과 경쟁우위 강화 측면에서 적극적으로 개발한 데 비하여, GM은 환경기술개발에 대하여 등한시한 결과 기업의 수익률에 커다란 격차가 발생하게 되었다.

12.2.3 무역보험의 운영방법

1) 포괄보험과 개별보험

포괄보험은 전반적인 사항이 모두 포함된 보험인 반면에, 개별보험은 개별적으로

9. 우발채무(contingent liability)에 대하여 적립하는 대손충당금의 비율을 상향조정하는 기업의 결정은 보수적(conservative) 관행이라고 볼 수 있다.

관련된 사항을 검토하는 보험이다. 쉽게 표현하면 포괄보험은 하나의 큰 묶음으로 체결하고 그 다음의 보험은 자동적으로 이 큰 묶음과 동일하게 취급하는 반면에, 개별보험은 각 보험이 독립적으로 검토된다는 점에서 다르다.[10] 포괄보험은 보험계약자가 보험자와 특약을 맺고 특정 상품 및 결제조건의 전반적 사항을 자동적으로 보험에 부보하고 보험자는 이를 의무적으로 인수하는 제도이다. 개별보험은 보험계약자가 보험청약을 할 때마다 보험자가 그 내용을 심사하여 인수 여부를 결정하는 방식이다.

포괄보험제도는 개별보험제도에 비하여 거래비용이 적게 소요되고, 정태적 규모경제뿐만 아니라 동태적 규모경제도 실현할 수 있다는 점에서 비용이 추가적으로 인하될 수도 있는 장점을 지니고 있다.[11] 보험자의 입장에서는 대상물품의 전부를 보험에 부보하도록 함으로써 특정 위험만을 집중적으로 부보하고자 하는 피보험자의 의도를 벗어날 수 있다는 점에서 역선택(adverse selection)[12]을 회피할 수 있다는 장점이 있다. 더 나아가 포괄보험은 개별보험에 비하여 보험료율이 50% 할인되어 보험계약자인 수출자의 부담이 감소되는 만큼 비용인하 효과를 통한 수출경쟁력 강화에 도움을 줄 수 있다.

2) 보험계약의 체결한도

무역보험의 종류별 계약체결 한도는 지식경제부 장관이 사전에 국회의 의결을 얻어서 정하도록 되어 있다. 정부가 체결할 수 있는 보험계약에 의한 보험금액의 총액을

10. "I just wonder this price is comprehensive or not."이라는 글은 예를 들어 호텔에서 국제회의를 할 경우에 회의장 비용, 객실 숙박비용, 식사비용, 통역비용 등이 모두 포함된 경우인가 아닌가를 궁금해하는 경우에 사용된다. 보험에서도 comprehensive는 부보의 범위(insurance coverage)가 위의 예문과 같이 광범위하다고 보아도 무방하다.
11. 정태적 규모경제는 자동차산업과 같이 시설을 확장할수록 단위당 평균비용이 감소하는 현상을 뜻하고, 동태적 규모경제는 공장 크기는 동일하지만 오랫동안 생산(longer time length)하거나, 누적적 산출량(cumulative output)이 많을 때 평균비용이 감소하는 현상을 뜻한다. 동태적 규모경제를 학습효과(learning-by-doing)라고도 한다.
12. 역선택이란 정보의 비대칭성으로 평균 이하 품질을 선택하는 과정을 뜻한다. 예를 들어 중고차 판매상은 일년에 1,000대의 중고차를 판매한다고 하자. 어떤 소비자가 몇 년에 한 번 중고차를 구매한다고 가정할 때 소비자는 중고차의 성능에 대하여 중고상에 비하여 훨씬 뒤지게 된다. 이 같은 상황에서 배기관이 고장난 중고차를 중고상은 약 2주 정도 소리가 나지 않게 수리하여 판매하게 될 때 소비자는 계약하는 순간에 역선택을 하게 된다. 이 같은 맥락에서 역선택을 감추어진 정보(hidden information)라고도 하고, 이를 감소시키기 위한 방법으로는 보증서(guarantee)를 제공하는 방법, 레몬을 품질에 따라서 등급으로 나누어 판매하는 방법 등을 활용하게 된다.

사전에 필요에 따라서 책정하는 방안은 무역보험의 활성화를 도모하고 보험인수 한도에 탄력성을 부여하고, 재정의 효율성을 증가시킬 수 있는 장점을 지니고 있다.

3) 보험료율

우리나라의 보험료율은 무역보험기금의 수지균형에 최우선 순위를 두기보다는 수출경쟁력 강화를 통한 수출확대에 중점을 두기 때문에 다른 국가의 보험료율에 비하여 낮게 책정되어 있다. 다르게 표현하면 "기능적 재정의 목표는 완전고용이고, 균형은 부차적이다."[13]는 정부의 재량적 개입을 주장하는 케인즈 학파의 주장과 유사하다. 남은 과제는 만일 이같이 지원해 준 무역보험이 효율적이 아닌 경우에 어떻게 이 같은 손실이나 재정적자를 보전하는가에 대한 해결방안이다.

4) 보상방법

무역보험은 손실액에 대하여 전액을 보상하지 않고, 수출금액에 해당되는 보험가액의 90% 범위 내에서만 보상된다. 중소기업의 경우에는 신용등급이 뒤지거나, 담보가 적다는 불리한 점을 고려하여 95%까지 보상하고 있다. 무역보험공사가 손해 발생 시에 90%를 보상해 주고, 나머지 10%는 수출업자로 하여금 부담하게 하는 이유는 도덕적 해이(moral hazard)[14]를 감소시키기 위한 방안이라고 볼 수 있다. 다르게 표현하면 이 같은 제도는 도덕적 해이를 감소시키기 위한 공동보험(coinsurance)[15]에 가깝다고 볼 수도 있다.

---

13. The prime objective of functional finance is the achievement of full employment and the balanced budget may be the secondary one.
14. 자동차 보험에 가입한 경우에 가입하지 않은 경우에 비하여 도난 또는 교통사고에 대하여 정당한 주의(due care)를 기울이지 않는 것을 도덕적 해이라고 한다. 도덕적 해이가 역선택과 동일한 점은 비대칭적 정보로 야기되는 시장실패의 원인이라는 것이고, 다른 점은 도덕적 해이에서 언급되는 일은 발생할 수도, 않을 수도 있는 우발적(contingent) 사건인 데 반하여, 역선택은 계약서에 서명하는 순간 소비자가 감추어진 정보를 모르기 때문에 역선택의 결과 추가부담을 이전받게 된다는 점이다.
15. 의료보험에 가입한 피보험자가 필요 이상의 검사를 할 경우에 보험자는 어느 상한 이상의 검사를 할 경우에는 피보험자의 추가 금액의 일정 비율을 부담하라고 하는 제도가 공동보험이다.

12.3 무역보험의 종류

12.3.1 단기성 거래 수출보험

1) **수출신용보증**(선적 전)

수출업자가 외국환은행, 수출지원금융기관으로부터 수출물품의 제조, 가공, 조달 등에 필요한 자금을 대출받을 경우 수출보험공사가 수출신용보증서를 발행하여 연대보증하는 제도이다. 이 보증의 대상으로는 "독점규제 및 공정거래에 관한 법률" 에 의한 출자총액제한 기업집단에 속하지 않은 기업으로서 신용상 문제가 없는 수출기업이다.

2) **단기수출보험**(선적 후)

단기수출보험은 계약기간 2년 이하의 수출계약을 체결하고 수출물품을 선적한 후 수입업자 또는 신용장 개설은행으로부터 수출대금을 받을 수 없게 된 경우에 부담하게 되는 손실을 보상하는 종목이다. 담보위험은 지급불능, 지급지체, 수입화물의 인수거절 등의 신용위험과 전쟁, 송금 중지, 환거래 제한과 같은 비상위험이다.

3) **단기수출보험**(포페이팅)

포페이팅(Forfaiting)은 수출업자가 발행한 기한부 어음을 포페이터(forfaiter)가 할인 · 매입해 주는 금융기법이다. 단기수출보험(포페이팅)은 포페이팅 수출금융을 취급한 은행, 즉 포페이터가 신용장 개설은행으로부터 수출대금을 회수하지 못하여 입게 되는 손실을 무역보험공사가 보상해 주는 종목이다. 이 제도는 기한부 신용장이 사용거래에 적용되고 결제기간은 720일 이내이다.

4) **수출신용보증**(선적 후)

이 제도는 수출업자가 선적 후 발행한 기한부 환어음을 외국환은행이 매입할 수 있도록 수출보험공사가 수출신용보증서를 발행하는 제도이다. 수출업자가 기한부 조건으로 수출한 경우 선적하더라고 대금회수까지는 시간이 소요되기 마련인데 수출보험공사가 발행한 수출신용보증서를 담보로 수출과 동시에 외국환은행으로부터 수출대금을 회수할 수 있게 된다. 만일 외국환은행이 만기일이 도래하여 수입업자로부터 수출대금이 결제되지 않으면 수출보험공사로부터 수출보상을 받을 수 있다.

5) 기타 단기수출보험제도

중소기업 플러스 보험, 농수산물 수출보험, 농수산물 패키지 보험, 해외마케팅 보험 등이 있다.

12.3.2 중장기성 거래 수출보험

1) 중장기수출보험

중장기수출보험은 결제기간이 2년을 초과하는 중장기 수출계약에서 수출불능으로 인하여 수출업자가 입는 손실을 담보하는 제도이다. 선박, 산업설비, 플랜트 등과 같은 자본재의 수출은 통상적으로 수출가액이 거액일 뿐만 아니라 제작기간이나 결제기간이 장기간이면, 수출대상국에 정치적, 경제적 위험이 상대적으로 크기 때문에 신용위험과 비상위험이 발생할 확률이 높은 편이다.

2) 해외투자보험

해외투자는 투자를 받아들이는 국가(hosting country)에서 전쟁, 혁명, 내란 등으로 해외사업을 지속적으로 수행하는 것이 불가능하거나 투자국 정부에 의한 투자자산의 몰수, 수용 등과 같은 여러 가지 위험이 발생한다. 불가항력에 해당되는 비상위험으로부터 해외투자자를 보호하고 해외투자를 장려하기 위한 제도로서 해외투자자를 보호하는 종목과 해외투자에 필요한 자금을 대출한 금융기관을 보호하는 종목이 있다.

3) 해외사업금융보험

국내외 금융기관이 외국인에게 수출증진이나 외화획득의 효과가 있을 것으로 예상되는 해외사업에 필요한 자금을 2년 초과 조건으로 제공하는 금융계약을 체결한 후 대출 원리금을 상환받을 수 없는 경우에 손실을 보상하는 제도이다. 이 제도는 해외사업이 종래와 같이 단순한 발주형이 아니고 사업기획에서 금융까지 포함하는 투자 개발형으로 전환되는 기업환경변화에 부합되는 종목을 개발한 것이다.

4) 해외자원개발펀드보험

해외자원개발사업에는 위험도가 높고, 미래 수익이 불확실하고 대규모 투자가 이루어져야 하기 때문에 펀드 조성이 매우 어렵다. 다르게 표현하면 상업적 수익률 또는 비용편익분석으로는 추진하기 어렵기 때문에 뒤늦게 해외자원개발에 참여하는 국가는 대부분의 경우 정부가 직접 하거나, 아니면 정부의 지원자금으로 수행하게 된다.[16] 해외자원개발펀드보험은 해외자원개발 투자거래의 안정성을 제고함으로써 펀드에 대한 민간 자금의 유입을 촉진하고 주요 전략 자원의 장기 안정적인 확보를 도모하기 위하여 만든 보험이다.

5) 해외공사보험

이 제도는 해외공사계약 상대방의 신용위험 발생, 해외공사 발주국 또는 지급국에서의 비상위험 발생에 따른 손실을 보상해 주는 보험이다. 해외공사보험은 건설 및 기술용역 거래와 이 같은 수출이행을 위하여 반입된 관련 장비의 손실을 대상으로 한다.

6) 수출보증보험

플랜트 수출이나 해외 건설 수출 등은 일시에 거액이 필요하거나, 장기간이 필요하고 해외 발주자는 과연 수주자가 약속한 대로 공사를 완공할지에 대한 확신이 적기 때문에 자금이 확고한 은행이나 보험회사가 발행한 보증서를 요구하게 되고, 이 같은 보증서를 본드(bond)라고 한다. 국제입찰에 참가하거나, 수출계약 또는 기술제공계약을 체결하기 위해서는 반드시 본드의 제출이 필수적이지만, 금융기관은 위험부담이 큰 본드를 발행하기를 꺼려 한다. 이 같은 장애요인을 극복하고자 본드를 발행한 은행이 해외 발주자로부터 부당한 청구를 받아 입게 되는 손실을 보상해 줌으로써 수출업자 또

16. 석유화학산업에서 우리는 해외에서 수입한 석유자원을 다시 가공해서 수입액의 약 반 정도를 다시 수출하고 있다. 그러나 중국은 한국이 석유화학산업과의 기술격차를 감소시키고자 하지만, 석유화학산업의 상방(up-stream)을 대규모로 개발하였다. 우리나라는 해외자원확보에서 상당히 뒤진 상태이다.

는 해외건설업자의 본드조달을 용이하게 하는 제도가 수출보증보험으로서, 입찰보증(Bid Bond), 계약이행 보증(Performanace Bond), 선수금 환급보증(Advance Payment Bond), 유보금 환급보증(Retension Payment Bond), 하자 보증(Maintemance Bond) 등을 들 수 있다.

7) 이자율변동보험

이 제도는 결제기간이 2년을 초과하는 수출계약에 대하여 수출대금 금융계약을 체결하고 무역보험공사와 구매자신용으로 중장기무역보험에 가입한 금융기관이 이자율변동에 따라 입게 되는 손실을 보전하기 위한 종목이다. 중장기무역보험은 장기간의 대출에 수반되는 이자율 변동에 의한 손실을 보상하지 않기 때문에 이를 보완하기 위하여 이자율 변동보험제도가 제정되었다. 이 제도는 이자율 변동에 따라 손실이 발생하면 보험자가 보상하지만, 이와 반대로 이익이 발생하면 이를 환수하게 된다.

12.3.3 환변동보험

환변동보험은 환율변동에 따라 수출업체들이 입는 환차손을 보전하기 위하여 마련된 제도로서, 선물환 방식의 환변동보험, 입찰에 따른 환변동보험, 장기 분할되는 수출대금을 보증하기 위하여 자동적으로 연장되는(rollover) 환변동보험이 있다.

12.3.4 기타 보험종목 및 서비스

기타 보험종목은 유치산업론, 지식기반경제의 활성화, 서비스 산업의 해외진출방안 입장에서 고안된 종목들과, 예비단계로 수입업자 신용조사와 사후단계로 해외미회수채권 추심대행 서비스 종목이 있다.

1) 신뢰성보험

부품이나 소재산업에서 브랜드 자산을 확보하기 위해서는 상당한 투자와 학습효과, 연구개발전략이 필요하다. 신뢰성보험은 국산부품이나 소재를 사용하는 기업이 이

들 제품의 결함으로 인하여 대내외적으로 입을 수 있는 재산 피해를 담보하는 보험이다. 신뢰성보험에서는 자기부담금(deductible) 제도를 운영하고 있는데 이는 보험금 지급 시 보험자가 보상해야 할 금액에서 공제하는 금액으로 보험계약자가 부담함으로써 보험계약자의 도덕적 해이를 어느 정도 저지할 수 있다. 무역보험공사의 입장에서는 손해발생을 줄이고, 피보험자는 자기부담금만큼 보험료 할인을 받게 된다.

2) 지식서비스보험

지식기반경제와 그렇지 못한 경제 간의 소득격차를 디지털 격차(digital divide)[17] 라고 한다. 유럽연합의 리스본 전략(Lisbon Strategy)은 미국과의 디지털 격차를 감소시키거나 소멸시키기 위하여 2000년에 실시하였고, 2005년 재출범 이후 '유럽 2020'으로 유럽사회모형를 포함한 고용확대전략, 친환경정책에 중점을 두고 진행되고 있다. 지식집약산업의 발달은 산업공동화 현상을 저지하고, 부가가치를 증가시키고 고용증가를 위한 지식서비스 산업을 발달시킬 필요가 있다. 지식서비스보험은 국내수출업체가 정보통신, 문화 콘텐츠, 기술, 엔지니어링 등의 지식서비스를 수출하고, 이에 따른 특허개발[18]에 소요된 지출비용을 회수하지 못함으로써 입게 되는 손실을 보상하는 제도이다.

3) 문화수출보험(영화)

영화는 서비스 산업이기도 하고 문화산업이기도 하다. OECD가 1993년 제기한 다자간 투자협정(multilateral agreement on investment ; MAI)을 프랑스가 반대한 이유로는 영화 또는 대중매체(mass media)에 외국자본이 유입될 경우에는 자유경쟁의 원리에는 부합되지만, 자본이 취약한 국가가 문화적 독창성을 유지하는 데 문제가 야기될 수 있다고 보고 반대하였고, MAI는 1998년에 무산되고, 대부분의 2006년 도하발전의제(Doha Development Agenda ; DDA) 정체(suspension) 이후 해외직접투자는 자유

17. 디지털 격차는 남녀 간에 여성의 이동성 부족으로 야기되는 소득격차(gender gap)와 대조적으로 지식기반 또는 지식집약산업에 따라서 소득격차가 발생하는 현상을 뜻한다. Gender gap refers to the income difference between man and woman due to the immobility of woman.

18. 연구개발(R&D)이 input이라면 특허권(patent)는 output이라고 볼 수도 있다.

무역협정(Free Trade Agreement ; FTA)에서 논의되고 있다.[19] 미국은 독과점에 대하여 상대적으로 엄격한 규제를 하고 있지만 지나치게 경쟁력이 뒤진 산업과 월등하게 국제 경쟁력이 강한 산업은 카르텔 형성을 허용하고 있다. 미국의 철강산업은 전자에 해당되고, 미국 영상산업의 해외상영에 대한 직접배당은 후자에 해당된다. 개별 영화에 대한 투자, 대출거래 또는 영화펀드에 대한 투자거래에 수반되는 위험을 담보하는 문화수출보험은 거래의 특성을 반영하여 투자형, 대출형 및 펀드형으로 구분하여 운영된다.

12.3.5 수입보험

수입보험은 우리나라의 수입업자가 수입거래에서 입는 손실을 보상하는 제도로서 2011년부터 시행되고 있다. 수입보험의 주요 내용은 수출보험과 동일하고 현재 수입업자용 및 금융기관용으로 운영되고 있다.

12.4 무역영어 해석 및 영작

01 This contract may be terminated by another party upon three months' written notice delivered or sent by registered mail, and may be terminated at any time, without notice, upon breach of any of its terms and conditions.

이 계약은 등기우편으로 전달되거나 송부된 3개월 전의 서면통지로 당사자 어느 쪽에 의하여도 종료될 수 있고, 또 계약의 제조건 위반 시에는 통고없이 언제나 종료될 수도 있다.

Re This contract may become invalid by another party with three months' advance notice via registered mail or in person, and may become ineffective at any time without notice if any of its terms and conditions are violated.

Voca violate = breach. He has been intimidated by his colleagues as he violates the internal code of conduct. 그는 내부규정을 위반하여 그의 동료로부터 왕따당하고 있다.

19. DDA는 2006년 7월에 정체되었다가 2007년 1월에 재개(resume)되었으나 중환자실(intensive care unit ; ICU)의 환자같이 활력이 많이 감소된 상태이고, 상당한 부분이 FTA로 이관되었다.

02 The Credit can be transferred only on the terms and conditions specified in the original credit, with the exception of: the amount of Credit, any unit price stated therein, the validity date and the period of shipment.

신용장은 다음의 조건을 제외하고는 원신용장에 명시된 조건에 의해서만 양도될 수 있다: 신용장의 금액, 신용장에 적힌 단가, 유효기간, 선적기간.

Re The Credit can be changed into transferable Credit except the amount of Credit, any unit price stated therein, the validity date and the period of shipment if the relevant terms and conditions are specified on the original Credit.

03 To avoid difficulties with the Customs Authorities here, please make sure that our Shipping Instructions should be carefully observed.

이곳에서의 세관당국과의 어려움을 회피하기 위하여 당사의 선적지시를 반드시 준수해 주기 바랍니다.

Re It may be sensible for you to abide by our Shipping Instructions with a due care in order to avoid any impediment factors during clearing the Customes Authorities here.

04 The seller is liable in accordance with the contract for any lack of conformity which exists at the time when the risk passes to the buyer, even though the lack of conformity becomes apparent after the time.

매도인은 계약에 따라 비록 그 불일치가 매수인에게 이전된 이후에 발생하였음이 명백할지라도 위험이 매수인에게 이전될 때 존재하는 불일치에 대하여 책임을 진다.

Re The seller resumes any violation on maintaining conformity which deviates from the contract even if such a risk has been transferred to the buyer since the launch of contract.

05 We entered into the forward exchange contract at the buying rate of 1,200.50 won per US dollar for 30 d/s.

당사는 일람 후 30일 출급 환어음에 대해서 미화 1달러당 1,200.50원의 매입률로 선물환계약을 체결하였습니다.

Re We reach on the forward exchange contract at the buying rate of 1,200.50 won per US dollar for 30 days.

06 Shipping marks identify the shipment easily, and make it to be so natural as to allow no conclusion upon the consignee.

화인은 적송품을 용이하게 식별하게 하며, 매우 평범하게 하여 수화인에 대한 어떤 추정도 할 수 없게 하는 데 있다.

Re The primary aim of shipping marks may allow shippers identify shipment easily without providing any hindsight on the consignee.

07 There is a heavy demand in European market for our products, thus, to our regret we can' t help declining your order as it stands.

유럽시장에서 당사의 제품에 대한 대량의 수요가 존재하여서, 유감스럽게도 당사는 현재의 상태로는 귀사의 주문을 거절할 수밖에 없습니다.

08 The commodity we order must comply with our specifications in every details.

당사가 주문한 상품은 당사의 명세서와 모든 면에서 일치해야 합니다.

Re We are convinced that you will deliver our order in accordance with our specifications in every aspects.

09 In order to cover ourselves for this shipment, we have drawn on the HSBC at sight for US$ 3,000 under their L/C No. 125 and negotiated it through Korea Exchange Bank.

본 선적의 지급을 충당할 목적으로 당사는 신용장 제125호에 의거하여 HSBC 은행 앞으로 미화 3,000달러의 일람불어음을 발행하였으며, 한국외환은행을 통하여 이 어음을 매입하도록 하였습니다.

Re We have asked the HSBC to issue L/C No. 125 which will be negotiated at sight by Korea Exchange Bank.

10 A bank is under no obligation to transfer a credit except to the extent and in the manner expressly consented to by that bank.

은행은 그 은행에 의하여 명시적으로 동의된 범위 및 방법에 의한 경우를 제외하고는 신용장을 양도할 의무를 부담하지 아니한다.

Re There is no obligation for the banks to transfer a credit unless the issuing bank explicitly stipulated the range and pattern on transferable credit.

12.5 영어독해 및 영작문 연습

01 Two thoughtful books, by Daniel Barenboim and Edward Said, explain the often underrate influence of music on society.

Daniel Barenboim과 Edward Said가 발표한 두 권의 사색적인 책은 음악이 사회에 미치는 영향이 대부분의 경우에 과소평가되고 있음을 지적한다.

Re Daniel Baremboim and Edward Said contend in their contemplative book written respectively that the influence of music on society has been underestimated.

02 81% of energy experts think smart grid technology is important for creating a cleaner, stronger system of the future.

81%의 에너지 전문가가 지능형 그리드(smart grid)가 미래의 깨끗하고 강한 에너지 시스템 구축을 위해 중요하다고 생각한다.

Re Opinions are not divided among the 81% of enegry experts on the important role of smart grid technology in realizing a clearner and stronger system of the future.

E 스마트 그리드란 기존의 전력방식처럼 수요량을 예측해서 결정하는 것이 아니라 IT 기술을 통해 양방향 정보 교환을 통해 실시간으로 에너지 효율을 최적화하는 것이다.

03 By allowing newcomers to enter the market, Brussel has achieved that rare thing: an unambiguous triumph both for European consumers and for the ideal of "ever closer" in Europe.

브뤼셀은 시장에 새로운 참가자가 진입하는 것을 허가함으로써 유럽 소비자들과 유럽이 더 가까워지는 양쪽으로 명백하고 드문 성공을 성취하였다.

Re Low-cost founders has accomplished two major advancements both for European consumers and for the facilitation of "ever closer" in Europe in a vivid way by allowing newcomers to enter the market. Such an achievement is a rare thing if one takes into account many impediment factors to push through such a scheme under the circumstances of complicated 'emission control law' and the 'consumer's right for a full reimbursement' on cancelled ticket.

04 Norsa thinks that it is no longer possible for new designers to grow into global businesses. "But there are still a lot of companies in Italy owned by families, or the founders, whose brands have not been built to anything like their full potential," he said. (*HT* Feb. 25)

패션세계가 기업화되어서 디자이너 개인의 재능만으로는 세계적 기업이 되기는 어렵지만, 이탈리아에는 잠재력 전부를 발휘하지 못한 경우이지만 가족 또는 설립자에 의하여 소유된 기업들이 있다.

Re Norsa gathers that it is very unlikely for new designers to grow into global businesses. But there are many exceptional cases in Italy whose brands has been shaped and owned by families or the founders. If these brands have been nurtured with the relevant management know-how or big caps (capital), they may successfully realize their full potentials on a global basis.

E 이 글은 세계화와 지역화가 진행됨에 따라서 자본이 글로벌하게 됨에 따라서 진입장벽이 낮아지면서 과점(oligopoly) 시장보다 독점적 경쟁(monopolistic competition) 시장의 중요성이 증가함을 제시한다. 이어서 패션업계에서는 제품차별화가 중요한데 이탈리아의 일부 기업은 가족단위의 기업들이 이미 브랜드 자산을 확보해 두어서 기업전략만 잘 구사하면 경쟁우위를 지속할 수 있음을 지적하는 글이다.

Voca 이 글에서 'gather'은 '모으다'라는 뜻이 아니고 '종합해서 판단하건대'라는 뜻이다. 그리고 'nurture'는 '영양분을 주면서 키운다'는 뜻으로 'foster'보다 정성이 들어감을 암시하는 단어이다.

연습문제 Exercise

[1] Translate the following sentences into Korean.

1 Trade between fast-growing emerging markets may eclipse their ties with the West.

2 There' s a New Silk Road, and it doesn' t lead to the U.S.

3 Trade routes bring Brazilian buses to Egypt and Chinese trains to the Mideast. There are now massive trading connections between the emerging markets. (*Bloomberg Businessweek*, August 9–15, p 13)

4 The present global trading system seems to be the a proliferation of regional trade agreements as illustrated mostly in the free trade agreement.

5 The idea of academic exchange sounds good. If I have a chance to help on the proposal, please let me know.

Answer

1 빠르게 성장하는 신흥시장들 사이에서 무역은 서방국가들과의 그들의 관계를 무색하게 할 수도 있다.

Voca eclipse는 일식이나 월식을 나타내지만 이 글에서는 추월하다, 격퇴하다는 뜻으로 사용된다. outweigh로 해석해도 좋다.

2 뉴실크로드가 있으며, 그리고 이것은 미국으로 통하지 않는다.

E 이 글은 제2차 세계대전 이후 세계 경제를 주도한 국가는 미국이었지만 신흥시장의 부상은 미국이 세계 경제에서 중심부 역할을 하기는 하지만 그 영향력이 감소하고 있음을 시사한다.

3 통상로는 브라질 버스를 이집트에 있게 하고 중국 기차를 중동에 있게 한다. 신흥시장들 사이에 지금 거대한 무역 연관(관계)이 있다.

E 동일한 산업 간의 산업내무역(intra-industry trade)은 원래 선진공업국 간에 특히 서부유럽 국가 간에 활발하였는데 최근에 와서는 신흥시장을 보유한 국가들 간에 활성화되고 있음을 보여 주는 글이다.

4 현 시점의 글로벌 무역체계는 세계무역기구로 구현되는 다자주의와 빈도수가 높은 자유무역협정으로 나타나는 지역무역협정의 확산이 공존하는 듯이 보인다.

Re One of the salient features of the present global trading system seems to be the prevalence of multi-track trade policy which encompasses the multilateralism as embedded in the GATT1994/WTO and a looming of regional trade agreement as exhibited mostly by the free trade agreement.

Voca looming = thriving = proliferating : 번성하는

5 학문적 교류는 좋은 생각이다. 내가 당신의 제안에 대하여 도울 기회가 있다면 알려주기 바란다.

Re It sounds marvelous to launch academic exchange. Do not hesitate to get in touch with me if you need any help on this scheme.

[2] Choose the correct or relevant answers.

1 This Memorandum of General Terms and Conditions of Business made and entered into between the Seller and the Buyer witnesses as follows. This is ( ).

① entirement agreement clause ② escalation clause
③ frustration clasue ④ whereas clause

2 This credit is subject to the Uniform Customs and Practive for Credit, ICC Publication No. 600 which may be called as ( ).

① Arbitration Law ② Governing Law
③ Force Majeure Law ④ Engagement Law

3 Which word is not appropriate for the blank?
The World Intellectual Property Organization (WIPO) is responsible for the promotion of the protection of intellectual property such as ( ).

① copyrights ② trademarks
③ fakes ④ patents

4 Who is the most appropriate consignee to present a negotiable B/L for the following case? "Full set of clean shipped B/L made out of our order."

① To order of Issuing Bank ② The name of exporter
③ The name of Importer ④ To order of negotiating Bank

5 A contract of marine insurance is a contract whereby the insurer undertakes to ( ) the assured, in manner and to the extent thereby agreed, against losses, that is to say, the loss incident to marine adventure.

① pay ② indemnify ③ warrant ④ cover

6 The amount of any draft under this credit must endorsed ( ) on the reverse hereof.

① by the post office
② by your company
③ by the negotiating bank
④ by your agent

7 It is the process in which the firm buys the outstanding invoices of a manufacturer' s customers, keeps the accounts, in order to obtain payment.

① Loaning ② Delayed Payment ③ Default ④ Factoring

8 Which one is not suitable for the blank?

We have been compelled to raise our price ( ).

① due to increased labor cost
② due to the prolonged depression
③ due to the won depreciation
④ due to the upsurge of raw material costs

9 Any deviation from the terms and conditions of a credit, or the documents presented thereunder, or any inconsistency between the documents themselves.

① Defect ② Compliance ③ Discrepancy ④ Deference

10 ( ) has a condition that the amount is renewed or automatic reinstated without specific amendments to the credit.

① Red Clause L/C
② Back-to-Back L/C
③ Transferable L/C
④ Revolving L/C

11 (　　) is the purchase of a series of notes, usually bills of exchange, or other freely negotiable instruments on a non-recourse basis. Accordingly there is no comeback on the exporter even if the importer does not pay.

① Reimbursemet　② Forfaiting
③ Frustration　④ Negotiation

12 A beneficiay can in no case avail himself of the contractual relationships existing between the banks or between (　　).

① the insurer and the insured
② the insurance company and advising bank
③ the applicant and the issuing bank
④ the beneficiary and advising bank

Answer

1 ④. 판매자와 구매자 간에 체결된 일반거래조건협정서는 다음과 같이 합의한다.
E 이 글은 계약이 체결된 과정을 설명하는 설명조항(whereas clause)에 해당된다. escalation clause는 신축조항이고, frustration clause는 계약목적달성불능조항이다.

2 ②. 본 신용장은 국제상업회의소 간행물 제600호의 화환신용장통일규칙에 따른다.
E 무역거래에서 계약내용의 해석에 대한 의견차이나 분쟁에 대해서는 거래당사자가 미리 어느 나라의 법률 또는 국제규범에 따를 것인가를 정해 둘 필요가 있다. 이 같은 법률 또는 규범을 준거법(governing law)이라고 한다.

3 ③. 세계지적자산기구는 저작권, 상표, 특허권과 같은 지적재산권 보호의 촉진을 책임지는 기구이다.

4 ①. "개설은행 지시식으로 작성된 무사고 선적 선화증권 전통."
E 신용장거래에서 개설은행은 화물의 담보권을 확보하기 위하여 선화증권의 수화인을 자신으로 표기할 것을 요구한다.

5 ②. 해상보험계약이란 보험자가 피보험자에게 손실에 대해 합의한 한도와 방식으로 다시 말해 해상항해에 부수적으로 발생하는 손실에 대하여 배상할 것을 확약하는 계약을 말한다.

6 ③. 이 신용장에 의거하여 발행된 모든 어음의 총액에는 이것의 이면에 매입은행에 의한 배서가 있어야 한다.
E reverse : 뒷면의. reversible : 되돌릴 수 있는, 더 강하게 표현할 경우에는 'putty-putty clay'라고 한다. irreversible : 되돌릴 수 없는. 무차별곡선, 등량곡선, 사회후생함수가 직선이면 reversible한 경우이고, L-자형이면 irreverible한 경우이다. 후자의 경우는 왼손, 오른손 장갑, 버스는 10대, 운전사가 5인, 후생함수가 직선인 경우는 벤담(Benthan)적, L-자형인 경우에는 롤즈(Rawls)적이 된다.

7 ④
E 팩터링이란 특정 회사가 제조회사 거래처의 미불의 송장을 매수하고 거래를 유지하면서 대금을 회수하는 과정을 뜻한다.

8 ③

E 원화가 평가절하되면 수출상품의 가격은 하락하게 되고, 원화가 평가절하되면 수출상품의 가격은 상승하게 된다. 미국이 중국한테 위안화를 평가절상하라는 이유는 평가절상하게 되면 중국 수출품의 가격이 상승하게 되어 경쟁력이 약화되고, 그만큼 미국이 무역수지가 감소할 수 있다고 판단하기 때문이다.

9 ③. 신용장 조건 또는 신용장에 의거하여 제시된 서류로부터의 어떤 일탈, 또는 서류 그 자체 간에 어떤 불일치.

E 불일치를 discrepancy, divergence라고 한다. 경제학에서 균형가격에서 벗어나는 현상을 divergence or discrepancy라고 하고, 전문용어(jargon)로는 왜곡(distortion)이라고 한다.

10 ④. 회전신용장은 신용장에 대한 특별한 수정 없이 금액이 갱신되거나 자동적으로 환원되는 조건을 가진다.

11 ②. 포페이팅은 소급되지 않는 방식으로 환어음 또는 다른 형태의 매입 가능한 금융수단과 같은 유가증권의 연속적인 구매이다. 따라서 수입업자가 지불을 하지 않더라고 수출업자가 대금을 돌려주는 일이 없게 된다.

12 ③. 수익자는 은행들 간에 또는 발행은행과 수익자 간의 계약관계를 다른 목적으로 이용해서는 안 된다.

[3] Choose the correct answers.

1 계약 시 수입업자가 화물도착지에서 수입상품의 최종인수자를 결정하지 못한 경우에 발행하는 B/L은?

① Straight B/L ② Stale B/L ③ Order B/L ④ On Board B/L

2 한국의 대외무역법상 수출실적에 해당되지 않는 것은?

① 수출통관액 ② 국제연합군에 대한 생수 판매
③ 무역금융 수혜 시 산정되는 가득액 ④ 내국신용장에 의한 물품의 국내공급액

3 Usance L/C와 관련된 사항 중 틀린 항목은?

① 연지급신용장은 환어음을 발행하지 않는 것이 원칙이다.
② Usance 어음에는 at sight와 after sight가 있다.
③ 인수신용장으로 거래 시 반드시 환어음을 발행한다.
④ 기한부 어음은 D/A나 Usance 거래 시 발행된다.

4 추심방식과 신용장 방식의 차이점이 아닌 것은?

① D/P · D/A 거래는 신용장 거래와는 달리 원칙적으로 수입상에 대한 은행의 신용제공이 없다.

② D/P · D/A 거래에 있어 은행은 수출상의 추심의뢰서에 의거하여 대금 추심 업무만 취급할 뿐 신용장 방식에서와 같이 개설은행 등이 수출상에 대한 지급채무를 부담하지 않는다.

③ D/P · D/A 거래는 선적서류 등이 신용장 방식과 같은 경로로 작성되지만 환어음 지급인과 선화증권상의 수화인은 신용장 방식과 같이 원칙적으로 개설은행이 된다.

④ D/P · D/A 거래도 신용장 방식과 같이 은행 간 중개에 의하여 대금이 결제되지만 '신용장 통일규칙'이 적용되는 것이 아니라 '추심에 관한 통일 규칙'(Uniform Rules for Collections ; URC)이 적용된다.

5 다음 중 서로 직접적인 관련이 있는 것으로 연결된 것은?

① M/L Clause – piece, set, dozon

② Strikes, Lockouts – Arbitration Clause

③ Shipper's Load & Count – Unknown Clause

④ Escalation Clause – Offer on sale or return

6 WTO에 가입하지 아니한 국가에서 수입하는 물품에 대한 관세상의 혜택부여와 가장 밀접한 관련이 있는 것은?

① 편익관세 ② 일반특혜관세 ③ 할당관세 ④ 국제협력관세

7 다음 결제방법 중 수출자가 결제수단으로 반드시 환어음을 사용해야 하는 경우는?

① 물품대금을 Open Account 방식으로 결제하는 경우

② 신용장상 결제조항이 'Available with Hana Bank by payment'로 명시되어 있는 경우

③ 신용장상 결제조항이 'Available with Hana Bank by acceptance'로 명시되어 있는 경우

④ Cash Against Document 방식으로 수출자가 선적서류를 은행을 통해 송부하는 경우

8 다음 설명 중 틀린 것은?

① CAD는 선적서류와 상환으로 대금을 결제하는 방식으로 추심결제조건의 지급인도방식인 D/P의 유럽방식이라고도 부른다.

② D/P · D/A 거래는 선적서류 등이 신용장 방식과 같은 경로로 작성되지만 환어음 지급인과 선화증권상의 수화인은 신용장 방식과 달리 원칙적으로 수입상이 된다.

③ 수출상이 유리한 결제방식은 사전송금방식, 확인 신용장, 신용장, D/P, D/A의 순서이다.
④ 수출업자의 입장에서 '90 d/s'는 '90 d/d'보다 결제일이 빨라지기 때문에 유리하다.

9 최근 석유화학 제품의 가격은 국제원유시세의 변동에 따라서 크게 변화하고 있다. 석유화학 제품을 수출하는 기업은 오퍼를 낼 때 어떤 조항을 추가하면 이 같은 위험을 감소시킬 수 있게 되는가?

① Insurance Clause
② Escalation Clause
③ Arbitration Clause
④ M/L Clause

10 품질의 결정시기에 대하여 "fair average quality of the season's shipments at the time and place of shipment"라고 약정될 경우에 일반적으로 적용되는 물품의 종류는?

① 곡물류
② 냉동어류
③ 목재류
④ 원면

11 신용장의 거래원칙과 거리가 먼 것은?

① 독립추상성의 원칙
② 서류거래의 원칙
③ 엄밀일치의 원칙
④ 정확성 및 완전성의 원칙

12 다음의 무역계약관련법이나 규칙 가운데 정형무역조건(trade terms) 내용이 매매당사자의 법률관계를 규정하지 않는 것은?

① Incoterms, 2010
② Vienna Convention, 1980
③ Warsaw-Oxford Rules, 1932
④ Revised American Foreign Trade Definitions, 1942

13 외화획득용 원료 · 기재를 수입한 자가 직접 외화획득의 이행을 하는 경우 외화획득 이행기간은?

① 생산에 소요되는 기간
② 수입통관일로부터 2년
③ 수출통관일로부터 2년
④ 수출 제공일로부터 2년

14 대외무역법에 의하여 지식경제부 장관이 발표하는 수출입공고의 내용과 체제를 서술한 다음 글 중 틀린 것은?

① 수출 또는 수입의 승인대상품목과 그 수출 또는 수입의 요령을 정한 것이다.
② 품목분류방법은 HS(Harmonized Commodity Description and Coding System)에 의한다.
③ 지식경제부 장관의 별도 공고에 의하도록 한 품목이나 수출입에 관한 것도 정하고 있다.
④ 수출입제한품목의 지정방식에 관하여는 Positive List System에 의한 편제를 채택하고 있다.

Answer

1 ③
E 지시식선화증권이다.

2 ③
E 무역금융 수혜 시 산정되는 가득액은 부가가치 또는 외화획득을 기준으로 보는 것이지만 만일 수출실적에 포함시키게 되면 이중계산(double countin)이 된다. 정부의 이전지출을 국민총생산(GNP) 계산에 포함시키면 이중계산이 되는 것과 동일하다.

3 ②
E Usance L/C(기한부 신용장)는 신용장에 의하여 발행되는 어음이 기한부 어음(Usance Bill)일 것을 조건으로 하는 신용장이고, 일종의 외상거래이기 때문에 일람출급(at sight)과 양립할 수 없다.

4 ③
E 신용장 방식에서 환어음의 지급인은 '개설은행'이나, D/P · D/A 거래에서는 환어음의 지급인은 수입상이다.

5 ③
E shippers' load & count(송화인의 적재 및 계측)는 Unknown Clause(부지조항)와 관계가 있다. M/L Clause(과부족용인조항)는 곡물(grains)과 같은 무포장화물, Strikes, Lockouts는 Force Majeure Clause(불가항력조항), Escalation Clause(신축조항)는 시황의 변동(Fluctuation of Market Situation)과 관계가 있다. 신축조항은 물가변동에 따라서 임금을 조정하는 sliding scale wage system과 유사하다.

6 ①
E 편익관세(Beneficial Duty)는 조약이나 협정관계가 없는 국가에 대해서도 기존 외국과의 조약이나 협정에 의하여 부여하고 있는 편익의 한도 내에서 부과하는 관세이다.

7 ③
E 인수신용장인 경우에는 환어음이 있어야 인수할 수 있다.

8 ④
E '90 d/d'는 어음발행 후 90일이 되는 것이고, '90 d/s'는 어음발행 후 90일이 경과하는 것이다.

9 ②
E 이 문제는 가격이 변동성(volatility)를 감소시키기 위한 방안으로 Escalation Clause(신축조항)을 추가할 필요 여부에 대한 질문이다.

10 ①

E 평균중등품질조건(Fair Average Quality ; FAQ)는 곡물, 과실, 면화, 차 등 매매에서 많이 사용되고 선적지에서 해당 계절 출하품의 평균중등품을 표준으로 한다.

11 ④

E 신용장 거래의 기본원칙은 "독립 · 추상성의 원칙, 서류거래의 원칙, 엄밀일치의 원칙"이다.

12 ②

E 비엔나협약은 국제물품매매계약에 관한 UN협약(United Nation Convention on Contracts for the International Sale of Goods)이다.

13 ②

14 ④

E Negative List System을 사용하고 있다.

[4] Fill up the blanks with suitable words.

1 The ( )-area measures refer to those capricious or ( ) implementation of trade policies such as voluntary export restraints or administrative control which are neither legal nor ( ).

2 The WTO can exert more leverage in settling down trade disputes as it is equipped with a ( ) identity. But it takes a lot of time and energy to reach an overall ( ), thus, the United States and Japan facilitated bilateral FTA negations in order to expedite those items on which they have procured competitive ( ) globally.

3 The U.S. trade law states that ( ) occurs when imports are sold below the home-country price or when the import price is less than the "( ) value" or average cost of production.

4 The Export-Import Bank is an independent U.S. government agency that plays a crucial role in promoting exports by helping ( ) the sale of U.S. exports primarily to emerging markets throughout the world by providing loans, guarantees and insurance.

5 Methods of payment include advance payment, open account, consignment sale, documents against payment, documents against ( ), and letter of ( ).

6 CIP means that the seller has the same obligations as under CPT but with the addition the seller has to procure cargo ( ) against the buyer' s risk of loss of or damage to the goods during the carriage. The CIP term may be used for any mode of transport including multimodal transport.

7 Where, after the commencement of the risk, the destination of ship is voluntarily changes from the destination contemplated by the policy, this reaction is said to be a change of ( ).

8 We usually use the ( ) divide to explain the income gaps among the different development stages of knowledge-based economy.

9 A ( ) analysis divides the information into two main categories (internal factors and external factors) and then into positive aspects and negative ones.

Answer

1 grey, arbitrary, illegal. 회색무역정책은 적법도 아니고 불법도 아닌 수출자율규제 또는 행정적 규제와 같이 무역정책의 자의적 또는 임의적 실시를 언급한다.

E capricious는 법을 해석하는 데 자의성이 높다는 뜻으로 코에 걸면 코걸이, 귀에 걸면 귀걸이가 되는 경우이다.

2 legal, consensus, edges. WTO는 법인격을 갖추었기 때문에 무역분쟁를 해결하는 데 더 유리한 입장에 있다. 그러나 WTO가 전반적 합의에 도착하기까지는 상당한 시간과 노력이 소요되기 때문에 미국과 일본은 전 세계적으로 경쟁우위를 확보한 상품의 수출을 촉진시키기 위하여 양자간 자유무역협정을 촉진시키고 있다.

E WTO는 법인격을 구비하여서 GATT에 비하여 구속력은 강해졌는데, 전체적으로 합의에 도달하는 데 상당한 노력과 시간이 소요되기 때문에 글로벌 경쟁력을 확보한 선진공업국들은 FTA를 추구하고 있다.

3 dumping, constructive

Voca constructive value : 추정가치

4 finance 5 acceptance, credit 6 insurance 7 voyage
8 digital
9 SWOT
E SWOT stands for the strong point, weak point, potential opportunity and potential threat. 전자 둘은 내부적 요인이고, 후자 둘은 외부적 요인이다.

[5] Rewrite the following sentences into another style.

1 Dear Sirs,
We have completed the shipment for your order No. 132 on November 23 and drawn on you a draft for the full invoice amount US$ 100,000 at 60 days after sight under Letter of Credit No. 076655.

2 We know that you have cleared your accounts punctually on the due date, however, we draw your attention that your account this time is now three weeks overdue.

3 We are of an opinion that you may have overlooked for some reason, and we want you to honor the draft immediately after you receive this letter.

Answer

1 Having completed the shipment for your order No. 132 on November 23, we have drawn on you a draft for a full coverage of your invoice amount U$ 100,000 at 60 days after sight under Letter of Credit No. 076655.
2 To our best judgement, you have earned a good repuation of clearing our credits punctually. We are sorry to point out that there still exist an uncleared draft for three weeks.
3 We reckon you may, somehow, have overlooked this matter due to your hectic situation. We will be grateful if you kindly honor this pending draft as soon as possible.

[6] Rewrite the following sentences, which are quoted from other textbooks, into another style.

1 당사가 주문할 때 당사가 고객들에게 7월 말에 공급할 수 있다고 확약하였기 때문에 적시의 선적이 특별히 중요하다고 지적한 바 있습니다.
When we placed the order we pointed out that puctual shipment was of special importance because we had given our customers a definite assurance that we could supply by the end of July.

2 귀사의 지연으로 당사는 상당한 곤란에 처하게 되었으므로 당사는 귀사가 나머지 주문품을 가능한 한 신속하게 발송하도록 최선의 노력을 기울일 것을 요청하지 않을 수 없습니다.
Your delay causes us considerable difficulties and we must ask you to do your utmost care to dispatch the overdue products as soon as possible.

3 그것을 선적할 수 있는 확실한 시기를 빨리 알려주십시오. 그래야 당사가 이 주문을 취소하겠다고 제의하고 있는 당사 고객에게 책임있는 인도시기를 약속할 수 있을 것입니다.
Please inform us by return when you can ship them with certainty so that we can promise the responsible time of delivery to our customers who are proposing to cancel this order.

4 주문 8431호의 화물이 San Diego를 향해 10월 15일 부산을 출항할 한국해운회사의 발동기선 선샤인호에 선적되었습니다. 당사는 해운회사로부터 선화증권이 도착하기를 기다리고 있으며, 통상적인 절차에 따라 상업송장과 보험증명서와 함께 영사송장을 귀사에 항공편으로 보내겠습니다.
The cargo covering your order No. 8431 has been shipped on M/S Sunshine of the Korean Shipping Company scheduled to leave Busan for San Diego on October 15. We are looking forward to the arrival of B/L from the shipping company and will send you a Consular Invoice and Insurance

Policy by air as usual.

Answer

1. By taking into account our commitment to our customers to deliver the shipment by the end of July, we had attached our utmost importnace on the puctual shipment.
2. There is no choice but plunge ourselves to considerable difficulties due to such a delay. We appreciate your endeavor to expedite to deliver the overdue shipment ASAP.
3. Please let us know the possbile earlist shipment date by return mail with which we can give assurances to our customers. We would like to avert such a situation that some customers may put forward the possible cancellations of this order to minimize their losses.
4. We have dispatched the cargo stipulated in your order No. 8431 on M/S Sunshine of the Korean Shipping Company which will embark Busan for San Diego on October 15. We will forward you a Consular Invoice and Insurance Policy via air mail as usual after having received a corresponding B/L from the shipping company.

Chapter 13

클레임과 중재

무역거래에서 클레임은 매매계약의 한 당사자가 그 계약을 위반함으로써 계약의 다른 당사자가 그것으로 인하여 피해를 입어 계약의 해제, 인도 또는 인수의 거절, 가격인하로 발생되는 손해에 대한 배상을 청구하는 것을 뜻한다. 무역거래에서 품질이 불량이거나, 상품을 적기에 조달하지 못할 경우에는 수입업자는 클레임을 청구하게 된다. 대부분 무역거래에서 수입업자가 수출업자에게 클레임을 제기하고, 대금지불이 안 된 경우에는 수출업자가 수입업자에게 클레임을 제기한다.

13.1 클레임

13.1.1 클레임의 청구내용

1) 계약의 해지

수입업자는 계약된 선적기일이 경과하여도 선적이 이행되지 않으면 선적중지요청과 함께 계약 자체를 해약하고 그동안의 경비 등을 변제해 줄 것을 요구하게 된다.

2) 물품의 대체

도착된 물품 중 일부가 불량품이거나 규격 미달일 경우에는 단순히 그 불량물품에 대해서만 대체상품을 요구하게 된다. 물품의 대체요구는 판매자 시장인 경우에 발생하기 때문에 상품의 대체만 이루어지면 원만하게 해결될 수 있다.

3) 대금의 변제

수입지에서 당해 상품의 시황이 좋지 않을 경우(bearish market)에는 대체품으로 대체하여도 판매될 가능성이 크지 않기 쉽다. 이 같은 상황에서는 불량품에 대하여 대체를 요구하지 않고 당해 상품을 수입 · 통관하는 데 소요된 실제 비용의 변상을 요구하게 된다.

4) 기회비용의 보상

당해 수입품이 정상적으로 수입되어 판매되었더라면 얻을 수 있는 이익을 못 얻은 경우에 상실된 기회비용을 보상해 달하는 클레임이다. 다르게 표현하면, 실현되지 못한 예상수익(expected profit)을 보상해 달라는 클레임이다.

13.1.2 클레임의 종류

1) 상품에 대한 클레임

품질 불량, 규격 상위, 수량 과부족, 내용 상이가 이 같은 클레임에 해당된다. 계약 시에 견본을 교환하여 약간의 융통성을 주기 위하여 계약서에 'as per sample' 과 같은 단서를 삽입하게 된다. 그러나 대량생산을 할 경우에 불량품이 나올 수도 있고,[1] 운송 도중에 변질, 파손되는 경우도 있다. 공산품의 경우에는 규격의 차이가 거의 없지만, 1차산품(primary product)인 농수산품의 경우에는 규격을 정확히 규정하기 어렵기 때문에 평균중등품질(FAQ) 조건 또는 판매적격품질(Good Merchantable Quality ; GMQ) 조건 등의 방법이 사용된다. GMQ 조건은 목재나 냉동어류에 많이 적용되는 조건으로 내부가 부패되어도 외관상으로 구별하기 어렵기 때문에 수입지에서 현물인수 때 내부의 사용하지 못할 부분이 발견되면 매도인에게 변상요구를 할 수 있는 표준품 매매의 품질결정방법이다. 상품의 단위는 작지만 그 총수량이 많은 물품은 계약 시 '과부족용인' (more or less ; M/L) 조건으로 5% 초과 또는 부족은 인정받을 수도 있다.

1. 생산관리에서 강조하는 Total Quality Management이다. Six sigma도 이 범주에 속한다.

2) 포장에 대한 클레임

불량 포장, 부정 포장, 포장결함으로 야기되는 클레임이다.

3) 선적에 대한 클레임

계절에 민감한 제품은 적시에 도착하지 못할 경우에 판매기회를 상실하여 1년간이나 재고로 남게 될 수도 있다. 이같이 계절상품이 적시에 도착하지 못한 경우에 수입상은 상품대금과 재고관리의 기회비용을 클레임하게 된다. 선적 불이행은 계약 당시보다 상품의 가격이 상승하였거나, 원자재 가격이 폭등하여 채산이 맞지 않을 경우에 발생하고, 수출상은 클레임이 제기될 것을 예측하고 고의적으로 하는 경우도 있다. 선적이 불가항력에 의하여 못 할 경우에 계약서에 불가항력에 의한 면책조항이 있으면 클레임으로부터 자유로울 수도 있다.

4) 시황 클레임(Market Claim)

매수인이 계약 당시에 비하여 당해 상품의 국제가격의 폭락으로 상품을 팔 수 없을 때 여러 가지 이유를 들어 계약 상품의 인수를 거부하는 경우에 야기된다. 이 같은 클레임은 시황이 불황인 경우에 많이 발생하게 된다.

5) 운송에 대한 클레임

운송 도중에 풍랑, 기온의 변화가 상품의 품질에 영향을 주기도 한다. 누손, 증발, 혼합, 기름, 빗물과 담수, 땀과 열, 곰팡이의 위험이 있고, 그 외에 투하(jettison), 굴곡(bending) 등의 위험이 있다. 수출업자 또는 수입업자는 해상보험에 가입함으로써 이 같은 클레임을 감소시키고자 한다.

6) 결제에 대한 클레임

신용장은 서류에 의한 대금결제이기 때문에 선적서류상에 하자가 발견될 경우에 이 같은 하자를 빌미삼아 대금결제를 회피하는 경우가 있다. 상품이 아무런 하자 없이 도착하였더라도 신용장과 관련된 서류상의 작은 잘못이 발견될 경우에 결제 클레임이 야기될 수 있다. 이를 예방하기 위해서는 서류작성 과정에 오류가 발생하지 않도록 주의할 필요가 있다.

13.1.3 클레임의 제기

무역거래에서 클레임의 상대방은 계약당사자이기 때문에 대부분의 경우 수출업자 또는 수입업자가 된다. 그러나 선박회사, 보험회사, 관련 은행도 클레임의 당사자가 될 수도 있다. 클레임은 합의된 기간 내에 적절한 절차에 따라 제기되어야만 보상받을 수 있다. 무역계약을 체결할 때 클레임 해결에 대한 사항을 약정하지 않은 경우에는 클레임은 국제상관습, 국제규칙, 국내법 등에 따른다. 클레임을 제기할 경우 통상적으로 클레임 진술서, 손실명세서, 검사보고서, 기타 청구서나 증빙서류를 첨부해야 한다.

13.1.4 클레임 접수 및 해결방안

무역거래 상대방으로부터 클레임이 제기되면 클레임의 제기시기와 내용을 검토하고 상대방에게 자신의 입장과 해결방안을 통보한다. 모든 클레임은 당사자 간의 합의에 의하여 해결한다는 원칙 하에 각 개별거래의 특성을 감안하여 대응한다. 상대방의 클레임 제기 사유가 불분명하거나 부당하거나 사소할 경우에는 반대 자료를 첨부해서 항변할 필요가 있다.

클레임 해결에 대하여는 "중재는 재판보다 낫고, 조정은 중재보다 낫고, 분쟁의 예방은 조정보다 낫다"고 한다. 그러나 분쟁의 예방에는 한계가 있고, 우호적으로 클레임을 해결하지 못할 경우에 대비하여 알선, 조정, 중재, 소송(litigation)이 이용 가능하다. 소송은 당사자의 일방이 국가기관인 법원에 제소하여 이의 판결에 의해 분쟁을 강제적으로 해결하는 방법이다. 그러나 국가 간에 상대 국가의 주권을 인정하고 존중하기 때문에 한 국가의 재판권은 다른 국가에까지 미치지 못하게 된다. 따라서 어떤 특정 국가에서 소송에 의한 판결은 외국에서의 승인 및 집행을 보장하기 어렵게 된다.[2] 이

2. 유럽연합과 같이 연방법원이 설치되어 있거나 국가 간에 소송에 대한 협정을 체결한 경우에는 소송이 국경을 넘어서 구속력을 가질 수도 있다.

같은 제약점을 고려할 때 국제무역거래에서 거래당사자가 소송을 통하여 분쟁을 해결하는 경우는 거의 없고, 대부분의 경우에는 알선, 조정 및 중재에 의하여 해결하고 있다.

13.2 대체적 분쟁해결(Alternative Dispute Resoultuion ; ADR)

ADR은 재판 외의 대체적 분쟁해결제도를 뜻한다. 무역거래를 포함한 사적 거래에서 발생하는 분쟁을 재판에 의하지 않고 알선, 조정, 중재와 같이 다른 방법으로 해결하는 제도이다. 일반 소송제도와 비교한 ADR의 장점으로는 시간과 비용의 절약, 개인의 비밀보장, 분쟁당사자 간의 합의존중, 해당분야의 전문성(expertise) 활용 등을 들 수 있다.

13.2.1 온라인 ADR

ADR은 소송에 비하여 시간과 비용이 절약되고, 온라인 ADR을 활용할 경우에는 비용이 더욱 절약된다. 온라인 ADR은 소규모의 전자상거래 분쟁뿐만 아니라 지식재산권의 분쟁, 명예훼손, 프라이버시 분쟁, 국제상사 분쟁 등에 많이 이용되고 있다. ADR은 인터넷을 활용함으로써 시간과 공간상의 제약을 초월하여 분쟁해결을 할 수 있다는 장점을 지니고 있다.

13.2.2 알선(Conciliation)

알선은 공정한 제3자가 클레임에 개입하여 당사자 간의 원만한 타협이 이루어지도록 유도함으로써 분쟁을 해결하는 방안이다. 알선이 성공할 경우에는 당사자 간에 비밀이 보장되고 거래관계를 지속할 수 있다는 장점은 있지만 당사자 간의 자발적 합의이기 때문에 법적 구속력은 없다.

13.2.3 조정(Mediation)

조정은 당사자 일방 또는 쌍방의 요청에 의하여 중립적인 제3자를 조정인으로 선정하고 조정인이 제시하는 조정안을 양 당사자가 합의함으로써 클레임을 해결하는 방안이다. 해당분야에서 전문성을 지닌 전문가들이 전문적 지식을 바탕으로 거래관행, 상관습, 거래의 특성 등을 고려하여 상호 만족할 만한 조정안을 제시하여 당사자들로 하여금 스스로 분쟁을 해결하도록 유도한다. 조정도 알선과 마찬가지로 합의에 의한 해결방안이기 때문에 법적 구속력을 지니고 있지 않다. 조정은 다시 무역분쟁 조정과 신뢰성 분쟁 조정으로 구분된다.

조정에서 사용하는 분쟁은 국제통상규범에서 언급되는 무역분쟁과 공법(public law)이 적용되지 않는다는 점에서 다르다. 예를 들어 반덤핑조치, 상계관세, 긴급수입제한조치와 같은 산업구제제도는 WTO에서 제시한 규정을 위배한 경우에 분쟁해결기구(Dispute Settlement Body)의 판정을 거쳐서 실시된다는 점에서 민법적 해석을 하는 조정과 다르다고 할 수 있다.

13.2.4 중재(Arbitration)

중재도 조정의 경우과 같이 당사자가 공정한 제3자를 중재인으로 선정하여 중재인의 판정에 복종함으로써 최종적으로 분쟁을 해결하는, 민간인에 의한 자주적 분쟁 해결방안이다. 중재판정이 알선과 조정과 다른 점은 당사자 간에 확정적이고 그 효력은 법원의 판결과 동일한 효력을 가진다는 점이다. 중재제도의 장점으로는 자유합의에 의한 개시, 평화로운 분위기에서의 진행, 비공개적인 절차, 심문절차의 비공개, 절차의 신속성, 저렴한 비용, 외국중재판정의 승인 및 집행의 보장을 들 수 있다.

중재의 요건은 당사자의 계약에 의하여 성립해야 하고, 재판을 받을 수 있는 권리를 포기해야 하고, 제3자의 판정은 최종적이어야 하고, 당사자는 그 판정에 복종해야 하는 것이다. 중재합의(중재계약)은 민사나 상사분쟁에 국한되고, 형사사건이나 행정사건에는 적용되지 않는다. 중재계약은 사법상 계약법의 성립요건과 동일하기 때문에 민법의 계약통칙규정이 적용된다.

1) 표준중재조항

국내 매매거래에서는 표준중재조항을 삽입함으로써 분쟁을 중재에 의하여 신속하게 해결할 수 있다. 무역거래에서 중재를 어느 나라에서 할 것인가를 결정하는 것이 중요하고, 중재국을 신청하는 방안에는 클레임을 제기한 기업이 위치한 국가에서 중재를 하는 신청주의, 클레임을 제기당한 기업이 위치한 국가에서 중재를 하는 피신청주의, 당사자가 아닌 제3국에서 중재를 하는 제3국 주의가 있다. 우리나라에서 체결되는 무역계약서에는 신청주의에 입각한 표준중재조항이 삽입되어 있다. 제3국 중재기관으로는 국제상업회의소 부설 국제중재법원(International Court of Arbitration ; ICA)을 활용하기도 한다.

국내표준 중재조항 : "이 계약으로부터 발생되는 모든 분쟁은 대한상사중재원에서 상사중개규칙에 따라 중재로서 최종 해결한다."

2) 중재절차

중재절차는 당사자 간 합의에 의한 중재계약으로 정할 수 있다. 그러나 당사자 간의 합의가 없거나 당사자의 의사가 명확하지 않은 경우에는 상재중재규칙에 따라서 진행한다. 중재절차는 중재신청, 중재신청의 접수 통지, 답변서 제출 및 반대신청, 중재인 신청, 심리절차, 중재판정 순서대로 진행된다. 상사중재원 사무국은 판정의 원본을 당사자 또는 대리인에게 송부하고, 원부는 송부사실을 증명하는 서면을 첨부하여 관할법원에 송부한다.

3) 중재판정

중재판정은 분쟁의 해결과정에서 중재인이 내린 최종적인 결정이기 때문에 중재계약에 의한 당사자들은 이 판정에 구속받게 된다. 중재인은 중재판정의 범위 내에서 계약의 현실이행뿐만 아니라 공정하고 정당한 배상이나 기타의 구제 등에 대하여 명할 수 있다. 중재계약에서 별도로 정한 경우를 제외하고는 중재인이 다수인 경우에는 그 과반수의 찬성으로 판정하게 된다. 가부동수인 경우에는 당해 중재판정은 그 효력을 상실하게 된다.

4) 신속절차

당사자 간에 신속절차에 따르기로 하는 별도의 합의가 있는 중재사건 또는 신청금액이 2천만원 이하인 국내중재의 경우에는 신속절차를 적용할 수 있다. 중재인의 선정에 대하여 별도의 합의가 없는 경우에는 사무국이 중재인 명부 중에서 1인의 중재인을 선정하고, 심리는 1회에 종결함을 원칙으로 한다.

5) 뉴욕협약(New York Convention)

관세 및 무역에 관한 일반협정(General Agreement on Tariffs and Trade ; GATT)은 자유무역의 촉진에 기여하였다. 특히 1960년대 초 항목별 관세감소에서 선형적(linear) 관세감소로 전환시킨 케네디 라운드는 국제무역의 전례없는 확장에 기여하였다. 무역량의 증가에 거의 비례하여 국제 상사분쟁도 증가하였다. 다양한 국제 상사분쟁의 효율적 해결을 도모하고자 각국 간에 외국 중재판정에 대한 보장이 필요하게 되었다.

이 같은 시대적 요청을 수용하고자 국제상업회의소와 UN의 경제사회이사회는 '외국 중재판정의 승인 및 집행에 관한 협약'(United Nations Convention on the Recognition and Enforcement of Foreign Arbitral Awards)의 체결을 주도하여 1958년 6월 UN에서 48개국 대표가 참석한 가운데 외국 중재판정의 승인과 집행을 보장하는 국제협약으로 채택되었다. 이 협약은 뉴욕에서 채택되었기 때문에 약칭으로 뉴욕협약이라고도 한다. 이 협약은 전문 16조로 되어 있고, 중재판정의 승인 및 집행뿐만 아니라 중재계약의 승인 및 집행도 규정하고 있다. 우리나라는 1973년 5월에 42번째 회원국으로 가입하였다.

13.3 클레임 관련 무역영어

01 Any claim or complaint by buyer of whatsoever nature arising under this contract, shall be made in cable within ten days after arrival of the cargo in the destination port. Full particulars of such claim shall be made in writing and forwarded by air mail to seller within 15 days after cabling.

이 계약 하에서 어떤 성격을 지닌 어떤 종류인가를 불문하고 구매자의 클레임 또는 불평은 화물이 목적지항에 도착한 지 10일 이내에 전신으로 통지하여야 한다. 이 같은 클레임의 완전한 명세는 전신으로 발송한 지 15일 이내에 항공우편으로 판매자에게 통지하여야 한다.

02 All disputes, controversies, or differences which may arise between the parties out of or in relation with the Agreement or for the breach thereof, shall be finally settled by the arbitration in Seoul, Korea in accordance with the Commercial Arbitration Board. The award rendered by arbitrator(s) shall be final and binding upon both parties concerned.

이 계약으로부터, 이 계약과 관련하여 또는 이 계약의 불이행으로 말미암아 당사자 간에 발생하는 모든 분쟁, 논쟁 또는 의견차이는 대한민국 서울에서 대한상사중재원의 상사중재규칙에 따라 중재에 의하여 최종적으로 해결한다. 중재인(들)에 의하여 내려지는 판정은 최종적인 것으로 당사자 쌍방에 대하여 구속력을 가진다.

03 All disputes arising out in connection with the present contract shall be finally settled under the Rules of Arbitration of the International Chamber of Commerce by one or more arbitrators appointed in accordance with the said Rules.

현재의 계약과 관련되어서 야기되는 모든 분쟁은 위에서 국제상업회의소의 중재규칙에 의하여 임명된 1인의 중재자 또는 1인 이상의 중재자들에 의하여 최종적으로 해결된다.

04 We must disclaim all liability in this case. In support of this statement we point out that we hold clean B/L.

이 경우 당사는 모든 책임이 면책됩니다. 이를 뒷받침하기 위하여 당사는 무사고 선화증권을 보유하고 있음을 지적합니다.

Voca disclaim : 면책되다 | liability : 부채

05 At common law where the bill of lading is to the order of the seller or the buyer, as long as the seller or his agent has made the bill of lading available to the buyer or his agent, that is strong indication of this intention to pass the title to him.

관습법에서 선화증권이 매도인 또는 매수인에 대하여 지시식인 경우, 그리고 매도인 또는 그 대리인이 선화증권을 매수인 또는 그 대리인에게 이용할 수 있게 한다면, 이것은 소유권을 매수인에게 이전하고자 하는 매도자의 강한 의사표시이다.

13.4 계약과 관련된 무역영어

01 Your account is now two months overdue. Please favor us with your check for U$ 200 for the settlement of pending transaction.

귀 계정은 현재 2달이나 기간이 경과되었습니다. 지연된 거래를 결제하기 위하여 미화 200달러의 수표를 보내주기 바랍니다.

Re Could you kindly settle down your pending account for two months by forwarding your check with the corresponding amount in a due time?

02 A dreadful typhoon struck this part of country on August 20 which devastated our factory. It left a trail of destruction behind it, thus, it is impossible for us to ship designated goods within L/C validity.

극심한 태풍이 8월 20일 이 지역을 강타하여서 자사 공장을 초토화시켰습니다. 이 태풍이 파괴의 흔적을 남기고 지나갔기 때문에 신용장 유효기일 내의 선적이 불가능하게 되었습니다.

Re A dreadful typhoon left a trail of destruction behind it and our factory is no exception from such damages. We will be grateful if you kindly extend the expiry date of L/C until the production facilities are restored.

03 The Sellers shall supply the Buyers with the samples free of charge, and the quality of the goods to be shipped shall be fully equal to the samples on which an order is given.

매도인은 매수인에게 무료로 견품을 제공하며 선적하는 물품의 품질은 주문의 기초가 되는 견품과 완전히 일치하여야 한다.

04 Bill of exchange is an order sent by the drawer to the drawee stating that the drawee will pay on demand or at a specified time the amount shown on the bill.

환어음이란 지급인이 어음에 기재된 금액을 요구하자마자 또는 정해진 기일에 지급할 것을 기재한 발행인이 지급인에게 보내는 지시이다.

05 Any information you can afford us will be kept in strict confidence and expenses will be gladly paid by us upon receipt of your report.

당행이 제공할 수 있는 모든 정보는 극비로 취급될 것이며 귀행의 보고서를 받는 즉시 기꺼이 비용을 지급하겠습니다.

06 Judging from the fact that they have not always settled their account with us on time since last year, they seem to be faced with some financial problems.

동사가 작년 이후로 빈번히 당사와의 계정을 제때에 청산하지 못하였다는 사실로 판단하건대 동사는 어떤 재정적인 문제에 직면하고 있는 것 같다.

07 If you find your cargo dirty on the verge of shipment, you will have to tender letter of indemnity to the shipping company to get clean B/L.

만일 선적 전에 귀사의 화물이 손상되었을 경우에는 선박회사에 가서 파손화물보상장을 제출하고 무사고 선화증권을 발급받아야 한다.

08 The bill of lading is prima facie evidence of the taking over or, where a shipped B/L is issued, loading by the carrier of the goods.

선화증권은 운송인이 화물을 접수하였다는 것 또는 선적선화증권이 발행된 때에는 화물을 인수하였다는 추정증거이다.

Voca prima facie : 얼핏보기에는, 추정하기로는

09 Damages for breach of contract by one party consist of a sum equal to the loss, including loss of profit, suffered by the other party as a consequence of the breach.

> 일방의 계약위반에 대한 손해배상액은 계약위반의 결과로 상대방이 입은 것으로서 이익의 손실을 포함한 손실과 동등한 금액이 된다.

10 The 'F' term requires the seller to deliver the goods for carriage as instructed by the buyer.

> 'F' 조건은 매수인의 지시에 따라 운송을 위하여 물품을 인도할 것을 매도인에게 요구하고 있다.

13.5 국제운송과 해상보험과 관련된 무역영어

01 Could you kindly quote your rate for freight and send us details of your sailing schedule for the relevant voyage. We understand that S.S. 'Silver Wave' is due to sail on the 20th of August, but we should like to have an earlier sailing if possible.

> 관련되는 항해에 대한 귀사의 운임요율과 일정표를 보내주기 바랍니다. 우리는 기선 '은파' 호가 8월 20일에 출항하는 것으로 아는데 혹시 그 이전에 출항하는 선박이 이용 가능한지도 알고 싶습니다.

02 We hope you will forward us your Marine Cargo Insurance Policy in duplicate and five copies, and your invoice for the insurance premium concurrently.

> 우리는 귀사가 해상운송보험증권 2통과 사본 5통, 그리고 보험료 송장을 동시에 보내주기 바랍니다.

03 The chosen place of delivery has an important impact on the obligation of loading and unloading the goods at the place. This term may be used irrespective of the mode of transport including multimodal transport.

인도장소의 선택은 그 장소에서의 물품의 적재와 양화에 대한 의무에 중대한 영향을 미치게 된다. 이 조건은 복합운송을 포함하여 운송방식에 관계없이 적용될 수 있다.

04 Currency adjustment factor or currency surcharge refers to an additional surcharge which is levied by shipping company to cover a foreign exchange loss from the fluctuation of exchange rate of the currency of its own country and US Dollars in which freight is paid.

통화조정요인 또는 통화할증료는 운임이 지급되는 자국통화와 미국 달러화의 환율의 변동으로부터 외환손실을 보상하기 위하여 선박회사가 화주에게 부과하는 할증요금을 뜻한다.

05 Since we received a report showing damage as the result of faculty packing, we ask you reship the new items at your expense. Upon arrival we will return the faulty cargo with freight forward.

포장불량의 결과로 손상을 보여주는 보고서를 수취하였기 때문에 당사는 귀사에게 귀사의 비용으로 새 품목을 선적할 것을 요청합니다. 이미 선적한 제품이 도착하자마자 당사는 운임후불로 불량화물을 반송할 것입니다.

Re We regret to inform you of defective items caused by faulty package. We would like to make a modest proposal for the shipment of new items and collection of the faulty cargo at your expense.

06 The delayed shipment is entirely attributable to the absence of timely instruction.

선적이 지연된 것은 전적으로 귀사의 지시서가 제때에 발송되지 않았기 때문입니다.

연습문제 Exercise

[1] Fill up the blanks with suitable words.

1 (   ): An alternative method of dispute resolution, where a third party plays a facilative role. The aim is to arrive at a mutually acceptable solution while preserving the business relationship.

2 (   ): An agreement for taking and abiding by the judgement of selected persons in some disputed matter, instead of carrying it to established tribunals of justice. And the award shall be binding upon both parties concerned.

3 A credit may be advised to a Beneficiary through another bank without engagement on the part of the advising bank, but the bank, if it elects to advise the credit, shall take reasonable care to check the apparent (   ) of the Credit which it advises.

4 "Delivered at Place" (DAP) means that the (   ) delivers when the goods are placed at the disposal of the buyer on the arriving means of transport ready for unloading at the named place of destination.

5 The global (   ) business is out of control, targeting everything from computer chips to life–saving medicines. It' s getting so bad that even China may need to crack down as a means of protecting intellectual property right.

Answer

1 Conciliation 2 Arbitration
3 authenticity
E 외관상의 진정성

4 seller

5 counerfeit or fake. 컴퓨터 칩부터 생명구조기계에 이르기까지 모든 물건을 목표로 하는 글로벌 모조품 사업은 통제 밖에 있다. 모조품 사업이 너무 악화되어서 심지어 중국도 지적소유권을 보호하기 위한 수단으로서 모조품을 규제할 필요가 있게 될 수도 있다.

E 1967년에 창설된 세계지적재산권기구(World Intellectual Property Organization ; WIPO)가 1974년 UN전문기구로 격상되면서 전세계에 걸쳐서 지적재산권 보호기능을 수행하고 있다. 지적재산권 보호문제에 대해 WIPO를 중심으로 여러 국제협약이 있었음에도 불구하고 1986년 UR 출범과 더불어 '위조상품을 포함한 무역관련 지적재산권 협상그룹'(Negotiation Group on Trade-Related Aspects of Intellectual Property Rights ; TRIPs Negotiation Group, including Trade in Counterfeit Goods)이 활동을 개시하면서 GATT 내에서 본격적으로 논의되기 시작하였다.

[2] Fill up the blanks with suitable words.

1 당사자 간에 원만하게 해결할 수 없을 경우에는 제3자가 개입하여 분쟁을 해결하게 된다. 이 같은 방법에는 알선, (　　), 중재 등이 있다.

2 (　　)은 국가공권력에 의한 분쟁해결방법인데, 이에 대한 판결은 외국에서 승인 및 집행이 어렵다는 문제점을 안고 있다.

3 Warsaw-Oxford Rules(1932)는 국제법협회(Internatinal Law Association ; ILA)가 제정한 (　　)계약에 관한 통일규칙으로서 서문과 21개 조문으로 구성되어 있으며 이 같은 계약을 체결하려는 당사자들이 임의로 채택할 수 있는 통일적 해석기준을 제공하고 있다.

Answer

1 조정 2 소송 3 CIF

[3] Choose correct answers for Alternative Dispute Resoultuion.

1 Any claim shall be (　　) by cable within 20 days after arrival of the goods at the destination.

① reported　② admitted　③ filed　④ avoided

2 We can not comply ( ) your claim on the ( ) goods.

① with – damaged ② to – wrong
③ for – damaged ④ with – delayed

3 What is the name of claim which may be brought forth for minor errors or defectives under the adverse economic situations? Otherwise buyers may bypass such a claim.

① customer claim ② economic claim
③ market claim ④ agent claim

4 As these breakages are due to your carelessness, we are enclosing a surveyer' s report and ( ).

① a receipt ② a check ③ a credit not ④ a debit note

5 Claim shall be reported to the seller within ten days after arrival of the goods at the destination. Otherwise claim shall be ( ).

① accepted ② rejected ③ suggested ④ concluded

6 The award rendered by the arbitrator(s) shall be final and ( ) upon both parties.

① resting ② binding ③ relying ④ depending

7 Commercial Arbitration에서 Arbitrator' s Action에 해당되는 것은?

① Litigation ② Waiver of Claim ③ Award ④ Verdict

8 Which jargon keeps a certain distance from the content of following statement?

"The act of the third person in intermidiating between two contending parties with a view of persuading them to adjust or settle their dispute."

① compromise ② intercession ③ mediation ④ arbitration

9 Which is relevant with the sentence below?

"The award rendered by arbitrators shall be final and binding upon both parties concerned."

① ICC ② Kyoto Protocol
③ Vienna Convention ④ New York Convention

10 The award (　　) by the arbitrators shall be final and binding (　　) both parties concerned.

① displayed – to ② shown – over
③ rendered – upon ④ held – in

11 "Expiry date means the last date for (　　) of document by the beneficiary in the Documentary Credit transaction."

① shipment ② presentation ③ dispatch ④ inquiry

Answer

1 ③. 어떠한 클레임이든 목적지에 상품이 도착 후 20일 이내에 전신으로 제출되어져야 한다.

2 ④. 우리는 지연된 상품에 대한 당신의 클레임을 수용할 수 없습니다.

3 ③. 불리한 경제 상황에서 사소한 실수나 작은 결함으로 야기할 수도 있는 클레임을 무엇이라고 합니까? 경제상황이 어렵지 않은 경우라면 매수인은 이러한 클레임을 제기하지 않고 지나칠 수도 있습니다. 영국에서는 surveyor라고도 한다.

4 ④. 이러한 파손은 귀사의 부주의로 인한 것이기 때문에, 우리는 감정보고서와 자사의 차변표를 동봉합니다.

E debit note는 수입업자가 수출업자로부터 받아야 할 돈에 대한 금액을 청구하기 위한 수입업자의 차변표를 뜻한다. 복식부기의 원리에 따라서 수출업자는 대변표에 기입하게 된다.

5 ②. 클레임은 목적지에 상품의 도착 후 10일 이내에 매도인에게 보고되어야만 합니다. 그렇지 않으면 클레임이 거절될 것입니다.

6 ②. 중재자들에 의한 판정은 관련되는 양측에 대하여 최종적이고 구속력을 가지게 된다.

7 ③. 상사중재에서 중재자의 조치에 해당되는 것은?

Voca arbitrator's action : 중재인의 행위 | award : 중재재정, 판정 | litigation : 소송 | waiver of claim : 클레임의 포기 | verdict : (배심원의) 판결

8 ①. 다음 진술의 내용과 관련이 없는 용어는? "분쟁상태에 있는 양측의 분쟁을 조정하거나 해결하기를 설득하고자 양측을 중재하는 제3자의 행위."

Voca compromise = reconciliation : 타협 | intercession : 중재, 조정, 알선 | in intermediating between two contending parties : 두 당사자 간의 분쟁을 중재하는 데 있어서

9 ④. 아래 문장과 관련이 있는 것은? "중재자들에 의한 판정은 관련되는 양측에 대하여 최종적이고 구속력을 가지게 된다."

10 ③. 중재자들에 의한 판정은 관련되는 양측에 대하여 최종적이고 구속력을 갖게 된다.

Voca render은 제정되다, 판정되다는 뜻으로 사용된다.

11 ②. 만기일은 화환신용장 거래에서 수출자에 의한 문서의 제시를 위한 최종 날짜를 의미한다.

[4] Choose correct answers for Commercial English.

1 Which is not belong to the interest group of 'Uniform Rules for Collection' ?

① Principal ② Remitting bank ③ Accepting bank ④ Presenting bank

2 Which contract is appropritate for the paragraph below?

Party A grants to party B the right of sole distributorship for the brand of special sports shoes in the European Union. Party B will work to the best of their ability in order to develop and establish the largest possible sales in the region and its tentative market share of approximately 1 million euros per calendar year.

① Bonded Processing Trade Contract ② Joint Venture Agreement
③ Technical License Agreement ④ Exclusive Sales Contract

3 What is the main contention of the following paragraph?

Credits, by their nature, are separate transactions from the sales or other contracts on which they may be based and banks are in no way concerned with or bound by such contracts.

① doctrine of strict compliance ② autonomy of the Credit
③ abstraction of the Credit ④ remedy of the Credit

4 Which jargon is most relevant with the underlinded part?

Received in apparent good order and condition unless otherwise stated herein, the total number or quantity of containers or packages or units enumerated below for transportation from the port of loading to the final destination.

① clean bill of lading ② straight bill of lading
③ multimodal transport bill of lading ④ on board bill of lading

5 Choose the correct explanation on the jargon.

① Force Majeure : A violent act of nature such as lightning, flood, and earthquake
② Arrival Notice : A notice to exporter by freight forwarder concerning shipment which has just landed or is due to land
③ CWO : Payment for goods in which the buyer pays when offering goods
④ Clean Draft : A bill of exchange to which shipping documents have been attached

6 Which is the most suitable pattern of contract for having consecutive transactions with the same counterpart with long time span?

① Master Contract ② Case by Case Contract
③ Franchise ④ Agency Contract

7 A place at the quay, jetty or dockside where the ship may load, discharge or lie.

① Dock ② Berth ③ Cargo Station ④ Alongside Ship

8 We are prepared to give you a 20% allowance (   ) in the goods.

① to reimburse the amount ② to compensate the defects
③ to claim for loss ④ to complain the trouble

9 If an offeror wants to bind the offeree to accept an offer within a reasonable time, he must make (   ).

① Transit Offer ② Firm Offer ③ Free Offer ④ Counter Offer

10 Which term is most relevant with the following sentence?

"Draft(s) shall be drawn at sight, documents attached, for the full invoice amount under an irrevocable credit which shall be established within 10 days after the conclusion of the contract."

① claims ② trde terms ③ quality ④ payment terms

Answer

1 ③

E 추심통일규칙에 의하면 추심결제방식의 기본당사자는 추심의뢰인(principal), 송금은행(remitting bank), 추심은행(collecting bank), 제시은행(presenting bank)이다.

2 ④

E 당사자 A는 당사자 B에게 미국에서 제작된 특수한 테니스화의 독점판매권을 허락한다. 당사자 B는 그 지역에서 다량의 판매를 확립하고 소개하기 위하여 최선의 노력을 해야 하며, 연간 판매 목표액이 잠정적으로 일백만 유로가 되어야 한다.

Voca exclusive sales contract : 독점판매계약 | joint venture agreement : 합작회사 합의서 | technical license agreemetn : 기술면허계약

3 ②

E 신용장은 그 성질상 매매계약 또는 기타 계약에 근거를 두고 있더라도 그러한 계약과 별개의 거래이며, 은행은 그러한 계약과는 아무런 관계가 없으며, 또한 구속되지 아니한다. 이 글은 신용장의 독립성(autonomy of the Credit)에 관한 내용이다.

Voca abstract of the Credit : 신용장의 추상성 | doctrine of strict compliance : 엄격일치의 원칙 | stringent 반 lenient

4 ①

E 여기에 달리 명시되지 않는 한 그것의 조건에 따라 선적항으로부터 최종목적지까지 운송을 위하여 아래에 열거된 컨테이너나 포장이나 단위의 총수량을 외견상 양호한 상태로 수령함. clean B/L(무사고선화증권)에는 'Shipped on board in apparent good order and condition'이라는 문언이 기재되어 있다.

5 ①

E Force Majeure : 불가항력, Arrival Notice → Shipping Notice(선적통지), offering → ordering, Clean Draft : A bill which is not accompanied by any transport documents.

6 ①

E 매 거래 시 개별계약을 체결하는 것이 불편하므로 장기간 거래할 경우에는 포괄계약(master contract)을 하게 된다.

7 ②

E 선박이 짐을 싣고 부리거나 정박하는 안벽, 잔교 또는 선창은 정박장소(berth)이다.

8 ②

E 당사는 물품의 결함을 보상하기 위하여 귀사에게 20%의 할인을 제공할 준비가 되어 있습니다.

Voca compensation effect : 보상효과

9 ③

E 만일 청약자가 피청약자에게 온당한 기간 내에 청약을 승낙할 의무를 지우고자 한다면, 청약자는 자유오퍼를 해야 한다.

10 ④

E 환어음은 계약체결 후 10일 이내에 개설되어야 하는 취소불능신용장에 의거한 송장총액에 대하여 첨부된 서류와 함께 일람출급으로 발행되어야 한다.

[5] Choose correct answers for ADR.

1 중재(arbitration)의 판정의 내용 중 옳은 것은?

① Arbitral Awards는 중재인이 분쟁해결에 있어 내리는 최종결정이며, 양 당사자를 구속하기 때문에 공평하고 정당한 판정이 되도록 제 요건을 갖추어야 한다.
② 중재판정은 신속성이 없어도 무방하며, 당사자의 합의 또는 규정에 따른 결함이 없는 한 심문종결일로부터 60일 이내에 판정하여야 한다.
③ 중재판정은 양 당사자 간에 법원의 확정판결과 동일한 효력을 발생시키지 못한다.
④ 중재판정은 국제적으로 '외국 중재판정의 승인 및 집행에 관한 런던협약'이라 한다.

2 기관중재를 위한 중재계약의 3요소가 아닌 것은?

① 중재기관 ② 중재지 ③ 중재규칙 ④ 중재판정의 효력

3 중재계약에 대한 다음 설명 중 내용이 잘못된 것은?

① 당사자 간에 합의가 있어야 한다.
② 민사나 상사분쟁에 한한다.
③ 중재계약이 있으면 직소금지의 효력이 있다.
④ 중재는 단심제이며 증인은 법원처럼 필히 선서를 해야 한다.

4 중재제도와 헌법상의 기본권에 대한 설명 중 맞지 않는 것은?

① 중재제도는 우리나라 헙법상 인정되는 재판청구권을 침해하는 제도이다.
② 그러나 헌법상 보장되고 있는 재산권과 상치되지 않는다.
③ 중재제도는 사적자치를 인정하는 제도이다.
④ 따라서 중재제도는 국민의 기본권을 존중하는 제도이다.

5 무역 클레임의 해결방안 중에서 제3자를 통한 해결방안이 아닌 것은?

① 타협 ② 알선 ③ 조정 ④ 중재

6 중재에 대한 설명 중에서 내용이 틀린 것은?

① 분쟁발생의 전후에 관계없이 당사자 간에 중재합의 또는 중재계약이 있는 경우에 한하여 중개가 가능하다.
② 중재계약은 계약자유의 원칙을 갖는다.
③ 중재판정의 효력은 중재국에서만 미치는 속지주의에 의한다.
④ 중재인은 일차적으로 당사자가 선정하고, 중재인의 자격은 원칙적으로 제한이 없다.

7 중재에 대한 특징에 대한 설명으로 틀린 것은?

① 중재는 국제적인 단심제이므로 어느 나라에서 중재판정이 내려졌다 해도 그것이 최종적인 것이 되므로 판정결과에 불복하여 다시 중재신청을 할 수 없다.
② 중재는 그 절차가 공개되므로 공정한 분쟁해결을 도모할 수 없다.
③ 중재는 당사자 간에 중재에 의하여 분쟁을 해결하자는 중재합의가 있어야만 가능하다.
④ 중재판정의 결과는 외국의 어느 나라에서든 법원의 간단한 집행판결만을 거쳐 강제집행을 할 수 있다.

8 다음 중 무역분쟁을 해결하기 위하여 가장 바람직한 방법은?

① 조정 ② 화해 ③ 알선 ④ 중재

9 무역 클레임을 방지하기 위한 방법에 해당되지 않는 것은?

① 엄격한 신용조사 ② 계약서 작성상의 주의
③ 수출상품의 가격인하 ④ 국제상관습의 이해

10 무역 클레임 발생의 원인에 해당되지 않는 것은?

① 수량부족과 품질차이 ② 포장소홀로 인한 물품파손
③ 신용장과 운송서류의 불일치 ④ 태풍으로 인한 물품도착지연

Answer

1 ①

E 중재판정의 장점은 절차의 신속성이고, 중재판정은 법원의 확정판결과 동일하다. 중재와 관련된 협약은 '뉴욕협약' 이다.

2 ④

E 중재계약의 요소는 중재기관, 중재지, 준거법(중재규칙)이다.

3 ④

E 중재제도는 자유합의에 의한 평화로운 분위기에서 비공개적인 절차에 의한다. 그러나 중재제

도는 상소제도의 결여, 절충주의에 입각한 중재판정이라는 단점이 있다.

4 ①

E 중재제도는 사적자치를 인정하나 이는 국민의 기본권 존중이지 재판청구권을 침해하는 제도가 아니다.

5 ①

6 ④

E 중재판정의 효력은 뉴욕협약, 즉 '중재판정의 승인과 집행에 관한 UN협약'의 가입국에서 집행이 가능하다.

7 ②

E 중재제도는 자유합의에 의한 평화로운 분위기에서 비공개적인 절차에 따라서 진행된다. 심문절차도 예외가 아니다.

8 ② 9 ③ 10 ④

[6] Choose correct answers.

1 '금수산' 선박이 항해 중 태풍을 만나 다행히 인근 중간항에 태풍이 지나갈 때까지 10일간 기항하고 항해를 계속하여 목적지에 안전하게 도착하였다. 그러나 중간항에서 화물의 양륙비, 창고 보관료, 재포장에 소요된 비용 미화 5만 달러를 지불해야 하였다. '금수산' 호에 화물은 모두 부도된 상태이다. 이 추가 비용처리에 대하여 타당한 것은?

① 이것은 선장의 임의의 조치이므로 선주가 부담해야 한다.
② 이것은 구조비로서 피보험자가 부담해야 한다.
③ 이것은 손해방지비용으로서 보험자가 보상해야 한다.
④ 이것은 특별비용으로서 비용손해의 일종이며 보험자가 보상해야 한다.

2 무역계약과 수출입화물운송 흐름으로 가장 적합한 것은?

① 무역계약 → 수출신고 → L/C 개설 → 운송계약 → B/L 입수 → D/O 발급 → B/L 제출 → 수입신고 → 화물반출
② 무역계약 → L/C 개설 → 수출신고 → 운송계약 → B/L 입수 → 수입신고 → B/L 제출 → D/O 발급 → 화물반출
③ 무역계약 → L/C 개설 → 운송계약 → B/L 입수 → 수입신고 → B/L 제출 → D/O 발급 → 화물반출
④ 무역계약 → 수출신고 → 운송계약 → L/C 개설 → B/L 발급 → D/O 발급 → 수입신고 → B/L 제출 → 화물반출

3 무역계약 시 'FCA(Free Carrier) Seoul' 이라는 정형거래조건을 사용하기로 약정할 경우에 가장 적합한 운송서류는?

① Marine B/L
② Multimodel Transport B/L
③ Sea-Waybill
④ Charter Party B/L

4 'Warsaw-Oxford Rules, 1932' 에 대한 내용이 아닌 것은?

① CIF 계약에 관한 통일적 규칙이다.
② 이 규칙은 서문과 30개조로 구성되어 있다.
③ 이 규칙은 Incoterms와 마찬가지로 계약당사자의 합의에 의해 계약서상에 명시적으로 규정하는 경우에 한하여 적용된다.
④ 이 규칙은 CIF의 위험 이전시기를 물품이 본선에 적재된 때로 규정한다.

5 A/R 또는 ICC(A) 조건 하에서 피보험자가 보상받을 수 있는 조건은?

① 전쟁으로 입은 손해
② 포장불량으로 인한 손해
③ 피보험자의 고의 또는 불법행위
④ 화물의 자연소모

6 환어음을 은행에서 추심 전에 매입할 경우 이자 명목으로 고객이 매입은행에 지불해야 할 수수료는?

① 추심수수료 ② 환가료 ③ 대체료 ④ 매입료

Answer

1 ④

E 특별비용이란 피보험목적물의 손해를 담보위험으로부터 방지하기 위하여 피보험자나 그 대리인이 지출한 비용으로 긴급사태 발생결과 피안항에서 지출하게 된 양륙비, 창고료, 재선적비, 재포장비, 재운송비 등이 포함된다. 비용손해에는 구조비, 손해방지비용, 특별비용이 있다.

2 ② **3** ②

4 ②

E 서문과 21조로 구성되어 있다.

5 ①

E 전쟁으로 입은 손해는 특약담보사항이고, 화물의 자연소모 · 고유의 하자, 포장불량으로 인한 손해, 피보험자의 고의 또는 불법행위는 면책사항이다.

6 ②

E 매입은행이 화환어음을 매입하는 경우 환율은 표준추심일수인 9~20일의 이자를 차감한 일람 · 출급환어음매입률을 적용하는데 이때 표준추심일수의 이자를 환가료(periodic interest)라 한다. 환가료는 만기일 이전의 결제에 따른 이자에 해당되는 수수료인 반면에, 대체료(in lien of exchange commission)는 은행이 봉사하는 수고에 대한 수수료이다.

[7] All grea-area measures has been abolished with the launch of WTO in 1995 except the Multifiber Agreement (MFA), which had been phased out over the period 1995-2005. A sentence on the role of voluntary export restraint (VER) is introduced to highlight an example of international trade law. Answer the following questions.

WTO가 출범하면서 회색무역지대는 다자간 섬유협정(Multifiber Agreement ; MFA)를 제외하고 모두 철폐되었다. MFA는 10년의 기간을 두고 2005년에 철폐되었다. 통상법의 예를 보여주기 위하여 수출자율규제의 역할에 대한 글을 소개한다. 아래 설문에 답하시오.

Under the auspices of an immensely complex international agreement the EC has persuaded the developing world and Eastern European voluntarily to restrict their exports to the EU, using the term 'voluntary' in the sense of 'your money or your life'.

1 우리말로 번역해 보시오.

2 그리고 회색무역지대는 자의적(artitrary)이기 때문에 모두 철폐되고 산업구제제도만 3개 남게 되었는데 그 명칭을 적어보시오.

3 이 글의 의미를 일상생활의 표현으로 영작해 보시오.

Answer

1 매우 복잡한 국제적 합의에 의한 후원을 바탕으로, 유럽공동체는 당신의 돈과 당신의 생명 간의 선택의 의미로 자발적이라는 용어를 사용하면서 개발도상국과 동유럽 국가들이 자발적으로 유럽에 대한 그들의 수출을 규제하도록 설득해 왔다.

2 반덤핑관세(Anti-dumping Duty), 상계관세(Countervailing Duty), 긴급수입제한조치(Safeguard Measure)

3 You can do whatever you like at your own risk. 당신이 당신의 위험을 부담하고자 한다면, 어떤 일이라도 할 수 있습니다.

Chapter

14

전자무역

이 장에서는 전자무역을 설명하고, 무역실무 또는 무역영어 분야에서 빠진 부분을 보충설명하고, 경영정보체제가 기업전략과 글로벌 마케팅에 어떻게 활용되는지도 설명하고자 한다.

14.1 전자무역

오늘날 정보통신기술의 발달과 컴퓨터의 보급으로 무역업무 중 많은 부분이 인터넷, 전자문서교환 등 전자적 수단에 의하여 수행되고 있다. 인터넷을 활용하여 해외시장정보를 얻어 거래를 제의하고 계약을 체결하기도 하며, 종이서류를 사용하지 않고 전자문서교환 방식으로 정보를 전달한다.

최근 개방형 네트워크인 웹을 통한 서비스가 가능해짐에 따라 상당 부분의 무역업무가 인터넷에 의하여 처리되고 있다. 이와 같이 무역거래에서 인터넷을 포함한 정보통신기술을 활용하여 이루어지는 형태를 기존의 무역형태와 구분하여 전자무역(e-Trade)이라고 한다. 다르게 표현하면 전자무역이란 마케팅, 거래상담, 계약, 원자재 조달, 운송, 대금경제, 보험계약체결, 클레임 제기 및 중재 등과 같은 무역업무를 가상공간(cyber space)을 통해 시간과 공간의 제약 없이 처리하는 무역거래 형태를 뜻한다.

14.1.1 전자무역의 특징

전자무역은 인터넷을 통해 해외시장 정보를 검색하거나, 무역 유관기관에서 운영하는 거래알선 사이트 등을 이용하고 있다. 전자무역거래는 종이서류 대신 전자문서를 사용하고, 전자문서교환(Electronic Data Interchange ; EDI) 방식으로 전달한다. 예를 들어 우리나라 수출입통관 절차는 반드시 종이서류를 사용하지 않는 EDI 방식으로 이루어지고 있다. 전자무역은 거래지역의 확대와 시간제약이 없이 무역을 진행할 수 있다는 장점이 있다.

14.1.2 전자무역의 수단

사람을 구별할 때 이름을 사용하는 것과 마찬가지로 인터넷에 연결된 통신망을 구분할 때에는 도메인 네임(domain name)[1]과 IP 주소(internet peotocol address)를 이용한다. 도메인 네임은 특정 도메인의 위치를 나타내기 위한 경로를 뜻하고, 도메인은 도메인 네임 공간에서의 영역을 뜻하는데, 특별히 구분하지 않으면서 사용되고 있다.[2] IP 주소는 인터넷에 연결된 모든 통신망과 그 통신망에 연결된 컴퓨터에 부여되는 식별주소를 의미한다.

전자우편(e-mail)은 인터넷상에서 특정 사용자 간에 컴퓨터를 통하여 파일 형태의 텍스트, 그림, 형식이 있는 문서 등을 주고받는 것을 뜻하고 표준통신규약(Simple Mail Transfer Protocol ; SMPT)[3]에 따라서 송수신이 이루어진다. 웹 메일은 광고가 목적인 회사에서 운영하는 메일 송수신이고 홍보효과가 큰 편이다. 유즈넷(Usenet)은 인터넷을 통해 알리고 싶은 글(article)을 주제에 맞는 뉴스 그룹(newsgroup)에 올리면 전세계 이용자들이 이를 열람할 수 있도록 설계된 공동게시판이다. 메일링 리스트(mailing list)는 전자우편으로 인터넷상의 토론그룹을 의미하고 이 리스트 회원이 메일을 발송하면 가입한 모든 회원에게 재전송된다. 검색엔진으로는 단어 또는 저자명 또는 학술지명을 치면 관련된 정보를 검색할 수 있는 구글이 있다. 우리나라의 naver 또는 daum도 지도찾기를 포함한 다양한 검색기능을 제공하고 있다.

---

1. 도메인은 영역이라는 뜻이다.
2. These two concepts are adopted interchangeably in our daily life in an analogous way that the comparative advantage and competitive one are used interchangeably.
3. portocol은 의전, 접속이란 뜻이다. 'Chief of Protocol'은 의전실장을 나타내고, 경영학에서 protocol이라고 하면 한 분야에서 다른 분야로 이동하는 접경을 뜻하고, *Interface*라는 학술지가 이 같은 특징을 잘 나타내고 있다.

14.1.3 전자무역 관련법규

1) 전자무역 관련 국내법규

전자무역은 무역을 전자적 수단에 의하여 수행되는 거래이기 때문에 대외무역법의 적용을 받는다. 전자무역은 전자상거래의 한 분야이기 때문에 전자상거래와 관련된 법규의 적용을 받는다. 전자상거래를 기존의 상거래 같이 안전하게 수행할 수 있도록 하기 위하여 전자거래기본법(법률 제5834호)이 제정되었고, 1999년부터 시행되고 있다. 전자서명법(법률 제5792호)은 전자서명에 대한 법적 효력을 부여한 법으로서 1999년부터 시행되고 있다.

2) 전자무역 관련 규제법규

세계 각국이 전자상거래 관련법을 제정할 때 안내지침서로 사용하기 위하여 유엔국제무역법위원회(United Nations on International Trade Law)가 제정한 지침이 전자상거래법(Model Law on Electronic Commerce)이다. 이 법은 모델법의 형식을 취하고 있는데 정보가 데이터 메시지 형태라는 이유만으로 법적 효력, 유효성 및 집행력이 부인되어서는 안 된다고 규정하고 있다. 유엔 무역법위원회는 국제상거래의 핵심 요소인 전자서명과 인증기관에 대한 문제를 규율하기 위해 2000년에 표준전자서명법(Model Law on Electronic Signature)을 제정하였다. 국제상업회의소(ICC)도 인터넷 국제상거래를 표준화하기 위하여 금융부분, 운송부분, 서비스 및 보험 등에서 사용되는 용어를 표준화하기 위한 지침을 제시하였다.

14.1.4 전자무역 관련 기반사업자

1) 전자무역 기반사업자

전자무역 기반사업자는 전자무역을 활성화하기 위하여 실제로 전자무역을 하려는 기업에게 무역거래의 알선, 전자무역문서의 전달 등 전자무역에 필요한 제반 서비스를 제공하는 전자무역 종합지원기관이다. 전자무역 기반사업자로는 한국무역정보통신이 단독으로 지정되어 있다.

2) 전자무역 전문서비스업자

전자무역 기반시설을 이용하여 중개알선, 온라인 해외마케팅, 전자무역 대행 등 부가서비스를 제공하는 업체를 전자무역 전문서비스업자라고 한다. 자본금과 전문인력에서 대통령령이 정하는 등록요건을 갖추어 지식경제부 장관에게 전자무역 서비스업자로 등록해야 한다.

14.2 전자문서교환(Electronic Data Interchange ; EDI)

EDI는 컴퓨터와 정보통신기술을 결합하여 보다 효율적으로 정보를 전달하는 전자문서교환을 의미한다. EDI 통신망을 이용하면 발신인은 보내고자 하는 정보를 표준전자문서로 전환하여 데이터 통신망을 통해 전송하게 된다. 그 결과 정보전달의 신속성 및 효율성을 달성하고, 부차적으로 재고의 감소, 고객서비스의 강화에도 도움이 된다.

14.2.1 EDI 표준

EDI를 통해 자료를 효율적으로 전달하고 수신하기 위해서는 EDI 표준(standard)이 이루어져야 한다. EDI 표준은 사용자가 동의하고 따라야 하는 표준양식(format) 및 구문(syntex)을 정한 규칙으로서 의사소통에 필요한 공통언어(common language)라고 할 수 있다.

EDI 표준은 전송방식에 따라 전자문서표준(formatting standard)과 통신표준(communication standard)으로 구분된다. 전자문서표준은 문서, 정보, 순서와 형태 등의 의미에 대한 지침을 뜻한다. 통신표준은 송수신 규약으로 어떤 정보를 어떤 방식으로 전송할 것인가에 대한 사용자 간의 합의를 뜻한다. 통상적으로 EDI 표준이라고 하면 전자문서표준을 뜻한다.

EDI 표준은 적용범위에 따라 전용표준과 공통표준으로 구분된다. 전용표준은 특정 기업 또는 조직만이 활용할 수 있는 표준으로서 사설표준(private standard)이라고도 한다. 공통표준은 다른 조직 간에 활용할 수 있는 표준으로 국가 간에 거래를 위하여 모든 산업에 공통되면서도 사용자들이 함께 사용할 수 있는 국제표준을 들 수 있다. UN 산하의 유럽경제위원회에서 EDI 국제표준으로 '행정, 무역 및 운송에 관한 EDI 국제표준'(Electronic Data Interchange for Administration, Commerce and Transportation ; UN/EDIFACT)을 개발하였고, 각국의 EDI 단체로부터 좋은 반응을 받아 1987년 국제표준화기구에 의하여 EDI 국제표준으로 승인되었다.

14.2.2 EDI 사용자 시스템

EDI는 컴퓨터에 의한 정보전달 방식이기 때문에 다양한 업종의 참여자들을 활용하기 위해서는 여러 가지 형태의 사용자 서류들을 EDI 표준으로 전환하는 변환 소프트웨어 및 모뎀과 같은 통신장비가 필요하다. 사용자 시스템 중에서도 변환 소프트웨어가 매우 중요하다.

14.2.3 EDI 네트워크

직접 네트워크는 보통 모뎀을 통하여 거래상대방의 컴퓨터와 직접적으로 연결된다. 제3자 네트워크는 단순하게 데이터만 전송하는 것이 아니고 정보의 축적, 가공, 변환처리 등을 통해 부가가치 서비스라고 하기 때문에 부가가치통신망(value added network ; VAN)이라고도 한다. 우리나라의 무역업무 자동화 시스템에서는 한국무역정보통신(KTNET), DACOM 등이 VAN 사업자로 지정되어 무역업체와 관련 기관을 연결해 주고 있다. 인터넷이 확대됨에 비례하여 저렴한 비용으로 글로벌하게 거래상대방들과 전자문서로 주고받을 수 있는 인터넷을 EDI의 네트워크로 활용하는 경우도 증가하고 있다. 인터넷 네트워크는 제3자 네트워크에 비하여 추가비용이 없어서 선호되고 있다.

14.2.4 인터넷 EDI의 장점

인터넷은 비상업적 네트워크이기 때문에 기존의(conventional) EDI를 이용할 경우에 소요되는 부대장비 비용과 운영비용을 절약할 수 있다. 접속이 용이하고 대상이 광범위하다.[4] 통합성을 지니고 있기 때문에 업무 간에 연계가 쉬운 편이다. 우리나라의 수출입 통관절차에도 2004년부터 인터넷 EDI가 도입되었다.

14.2.5 교환약정

EDI도 기업 간의 거래의 한 형태이기 때문에 관련 당사자 간에 거래약정을 맺을 필요가 있다. 교환약정은 EDI 네트워크를 구축하기 위한 전제조건(prerequistite condition)이라고 볼 수도 있다. 교환약정은 네트워크 약정과 거래약정으로 나눌 수 있다. 네트워크 약정은 사용자와 VAN 사업자 간의 EDI 서비스 이용에 따른 제반사항을 약정하는 것으로 무역업무 자동화 시스템에서는 무역업체, 은행, 선박회사, 보험회사, 세관 등이 사업자와 서비스 이용 약정을 체결한다. 거래약정(interchange agreement)은 사용자와 사용자 간의 EDI 거래에 수반되는 사항을 약정하는 것으로서 우리나라에서는 EDIFACT 위원회(KEC)가 고시한 표준안과 각 은행에서 공동으로 사용 중인 거래약정이 있다.

14.3 무역자동화

14.3.1 무역자동화의 특성

무역자동화는 수출입에 관련된 각종 행정 및 상거래 서류를 컴퓨터가 읽을 수 있는 표준화된 전자문서의 형태로 전환하여 컴퓨터로 송수신함으로써 궁극적으로 종이 없는 무역(paperless trade)을 실현하고자 하는 기업전략과 공공정책을 의미한다. 무역자동화 시스템에 의하면 지정 사업자가 수출입절차 전반에 걸쳐 중앙에서 무역업체와 무

4. The internet EDI may be featrued by easy and free accesses compared with the conventional version such as VAN access.

역 유관기관을 유기적으로 연결하여 무역관련 각종 전자문서와 무역정보를 24시간 중계 및 전송하게 된다.[5] 무역자동화의 장점으로는 시간과 공간의 제약을 벗어나서 의사소통을 원활하게(facilitate) 할 수 있다는 점이다.

14.3.2 무역자동화의 효과

무역자동화는 거래비용 감소를 통한 무역 부대비용의 절감, 공간제약을 극복함에 따른 기업의 지방분산, 거래량 증가에 따른 정보산업의 수요창출, 비용절감과 조정(coordination) 기능의 향상을 통한 기업경쟁력 제고를 들 수 있다.

14.3.3 무역자동화 사업의 추진현황

우리나라에서 추진하는 무역자동화 사업은 기본적으로 상역, 외환, 통관, 운송, 보험 등 수출입절차 전반에 걸쳐서 무역업체와 무역관련 기관이 컴퓨터로 업무를 처리할 수 있도록 신뢰성이 있고 보안 및 안전성이 보장되는 사용자 중심[6]의 시스템 구축에 역점을 두고 있다.

14.4 전자무역과 관련된 무역영어

01 Electronic signiture refers to a data process attached to or logically associated with an electronic record and executed or adopted by a person in order to identify that person and to indicate that person' s authentication of the electronic record.

> 전자서명은 전자서명한 사람 또는 전자기록에서 그 사람을 인증하기 위하여 그 사람의 전자기록과 결부되거나, 논리적으로 연관된 정보처리과정이거나 또는 그 사람에 의하여 실시되거

5. hub-spoke 개념과 유사하다.
6. 'end-user friendly'란 뜻이다.

나 채용된 정보처리과정을 뜻한다.

02 If an e–UCP Credit allows for presentation of one or more electronic records, the Beneficiary is responsible for providing a notice to the Bank to which presentation is made signifying when the presentation is complete. The notice of completeness may be given as an electronic record or paper document and must identify the e–UCP Credit to which it relates. Presentation is deemed not to have been made if the Beneficiary' s notice is not received.

만일 e-UCP 신용장이 하나 혹은 그 이상의 전자기록의 제시를 허용하고 있다면, 수익자는 제시가 완료될 때 제시가 표명된 은행에 통지할 책임이 있다. 완료의 통지는 전자기록 또는 종이문서로서 이루어질 수 있으면 관련된 e-UCP 신용장을 반드시 확인해야 한다. 만일 수익자의 통지가 수신되지 않은 경우에는 제시가 이루어지지 않은 것으로 간주된다.

03 Electronic record procedure: A set of information constituted of one or more electronic messages and, where applicable, being functionally equivalent with the corresponding paper document.

전자기록절차 : 적용이 가능한 경우에 하나 또는 그 이상의 전자 메시지로 구성되는 정보의 집합은 기능적으로 이에 상응되는 종이서류와 동일하게 취급된다.

04 Putting the envelop technology and competition together is putting huge pressure on the world' s postal system.

봉인(종전의 우편) 기술과 경쟁을 결합시키는 것은 세계의 우편 시스템에 거대한 압력을 가한다.

Voca putting = imposing | put together = lump together = amalgamate

05 Meanwhile parcels and express delivery services have become more important: e–commerce could not function without them. Globalization has placed greater emphasis on logistics and freight delivery, as companies manage complex supply chains.

한편으로는 소포와 빠른 배송 서비스는 좀 더 중요해졌다: 전자상거래는 배송 서비스의 도움 없이는 제 구실을 하지 못한다. 세계화는 기업들이 복잡한 공급사슬을 관리하는 것과 같이 물류와 화물 배달을 더욱 중요하게 만들고 있다.

Voca placed = attached

06 Twitter, Twitter, Little Stars

Companies are rushing to hire social media director and figure out what they do.

트위터, 트위터, 작은 별들

회사들은 Social media director를 고용하기 위해 서두르고 있다. 또한 그들이 무엇을 할 것인지 알아내고자 한다.

E Social Media를 기업의 사회적 책임(CSR)을 전달하는 도구로 활용하면서 기업의 홍보 및 마케팅도 동시에 구사하고자 하고, 더 나아가 opinion leader 역할도 분담하고자 한다.

Re Companies are in a hurry to recruit social media directors who will run their twitters as an effective means of coordinating possible conflicts among stake-holders. Some companies take proactive stances in deploying their twitter strategies.

07 I am planning to change my e-mail address. As soon as I get a new one, I will write and let you know.

저의 전자우편주소를 변경하려고 합니다. 변경되는 대로 알려드리겠습니다.

Re It may be a due time for me to change my e-mail address. I will inform you of such a change as soon as possible.

14.5 경영정보 시스템의 역할

14.5.1 경영정보 시스템과 경쟁력

정보기술체계는 경쟁자로부터 가치를 가져옴으로써 해당기업의 상대적 위치를 강화시킬 수 있다. 이것은 정보기술체계가 고객의 교섭력, 경쟁자의 시장지분, 공급자에 대한 지출, 고용원에 대한 보수, 정부의 세금과 규제를 감소시킴을 의미한다.

> An information technology system can strengthen the relative advantage of a company by allowing it to capture value away from its rivals. This means the information technology system will result in reductions in ① the bargaining power of customers, ② the market share of competitors, ③ expenditure on suppliers, ④ employee payrolls, or ⑤ government taxes and regulations.

14.5.2 IT기업의 영역확대

Intel is partnering with global energy leaders to make the smart grid a reality.

> 인텔은 스마트 그리드를 실현화하기 위하여 에너지 선도기업들과 전략적 제휴를 하고 있다.
> **Re** Intel attempts to shape strategic alliances with forerunners in energy industry in order to expedite the realization of the smart grid.

14.6 무역영어 복습(Review)

01 The simple type of contract is a verbal one. Typically, the buyer and seller meet face to face and discuss the basic conditions of sale. Having reached a mutually satisfactory agreement they shake hands to indicate their agreement and willingness to live up with the terms negotiated.

가장 단순한 형태의 계약은 구두계약이다. 전형적으로 매수인과 매도인은 서로 만나서 매매에 대한 기본조건을 논의하게 된다. 그래서 쌍방이 만족할 만한 합의에 도달하게 되면 그들이 협정을 준수하겠다는 합의와 의지의 표시로 악수를 하게 된다.

Re The most primitive stage of contract is a verbal one. The buyer and seller have a meeting for discussing feasible contours for business. If they successfully reach an overall consensus, all they have to do is to abide by the basic terms and conditons of sale.

Voca primitive = toddler' s stagez : 아주 초보단계의

02 Telegraphic transfer is a speedy method of settlements as the importer' s bankers will send to their correspondents in the exporter' s country a coded message ordering that the seller' s account should be credited accordingly.

전신환은 수입상의 거래은행이 수출국 내에 있는 그들의 환거래은행에게 매도인의 계정이 적절히 이체되도록 명령하는 암호화된 메시지를 보냄으로써 신속하게 대금을 결제하는 한 방법이다.

03 A bank is under no obligation to transfer a credit except to the extent and in the manner expressly consented to by that bank.

은행은 그 은행에 의하여 명시적으로 동의된 범위 및 방법에 의한 경우를 제외하고는 신용장을 양도할 의부를 부담하지 아니한다.

04 Article 34 of UCP: Disclaimer on Effectiveness of Documents

A bank assumes no liability for the form, sufficiency, accuracy, genuinesness, falsification or legal effect of any document, or for the general or particular conditions stipulated in a document or superimposed thereon; nor does it assume any liability or responsibility for the description, quantity, weight, quality, condition, packing, delivery, value or existence of the goods, services or other performance represented by any document, or for the good faith or acts or omissions, solvency, performance or standing of the consignor, the carrier, the forwarder, the consignee or the insurer of the goods or any other person.

은행은 모든 서류의 형식, 충분성, 정확성, 진정성, 위조성 또는 법적 효력에 대하여 또는 서류에 명시되거나 또는 이에 부가된 일반조건 또는 특별조건에 대하여 어떠한 의무 또는 책임도 부담하지 아니하며, 또한 은행은 모든 서류에 표시되어 있는 물품, 용역 또는 기타 이행의 명세, 수량, 중량, 품질, 상태, 포장, 인도, 가치 또는 존재에 대하여 또는 물품의 송화인, 운송인, 운송주선인, 수화인 또는 신용상태에 대하여 어떠한 의무 또는 책임도 부담하지 아니한다.

05 The Issuing Bank of Credit shall be bound by and shall indemnify the Reimbursement Bank against all obligations and responsibilities by foregin laws and usages.

신용장 발행은행은 외국의 법과 사용용도에 의한 책임의 모든 의무에 구속을 받고, 상환은행에 대하여 보상해야 한다.

06 Reimbursement Bank assumes no liability or responsibility for the consequences arising out of the interruption of their business by acts of god, riots, civil commotions, insurrections, wars or any other causes beyond their control, or by any strikes or lockouts.

상환은행은 그들의 영업을 하는데 불가항력, 소동, 시민소요, 폭동, 전쟁 또는 그들의 조정의 넘어서 다른 원인 또는 어떠한 형태의 파업과 공장폐쇄로 인하여 야기되는 결과에 대하여 책임을 지지 않는다.

14.7 무역실무 복습 및 현안과제

14.7.1 수입화물대도(trust receipt ; T/R)

신용장 발행은행인 수입화물에 대한 담보권과 소유권을 유지하면서 수입업자가 수입대금을 결제하기 전에 수입화물을 처분할 수 있도록 하는 제도이다. 수입상이 수입자금의 부족으로 은행에 수입화물대도를 신청할 때에는 ① 수입화물대도신청서, ②

수입담보화물보관 및 처분약정서, ③ 선화증권, 상업송장 및 포장명세서의 사본, ④ 수입신용장 및 수입신청서 등의 서류를 구비하여야 한다.

14.7.2 선적에 관한 조건

선적에 대한 대부분의 클레임은 지적(Delayed Shipment)에 의하여 발생하기 때문에 선적일(Date of Shipment)을 매매계약서에 명시하는 것이 바람직하다. 지적은 불가항력(Force Majeure)에 기인하는 경우와 매도인의 과실 또는 고의에 기인하는 경우로 구분된다. 후자의 경우에는 계약불이행의 책임을 면하기 어렵다. 전자의 경우에는 매도인은 그 책임을 면하게 되고 보통은 계약서에 "불가항력에 기인한 지적에 대해서는 매도인은 면책된다" 라고 기재한다.

14.7.3 항공물류에서 한국의 위상

대한항공은 2010년에 연속 세계 5위를 차지하였고, 아시아나는 세계 14위를 차지하였다. 대한항공은 대기업 물량을 다량확보한 상태로 영업에서 아주 우위를 선점하고 있다. 그러나 대한항공은 비용인하를 하지 않고서는 경쟁우위를 유지하기가 어려울 수도 있다. 대한항공이 추진하고 있는 우즈베키스탄의 NAVOI 지역을 물류의 중심지로 집중 개발하고 있다.

14.7.4 비공식 형식의 증가 및 포맷(Format)화된 서식

요즘 수출 영업부서에서는 예전처럼 무역서신이 아니라 간략한 e-mail 또는 내부 MSN성의 메신저로 대신하고 있고, 그나마 자회사의 현지 직원에게는 요청/지시성의 단문 내용이어서 무역영어 영작에 도움이 될 만한 형식을 갖춘 서신이 상당히 적은 편이다. 더 나아가 Swift L/C에서 나타난 바와 같이 포맷된 형식에 빈 칸을 메꾸는 경우가 증가하고 있다.

14.7.5 신용장의 비중 감소

〈표 14-1〉이 보여주는 바와 같이 무역대금결제에서 신용장이 차지하는 비중은 점차적으로 감소하고 있다.

표 14-1 **대금결제방법에서 신용장이 차지하는 비중의 변화**

방법 \ 연도	1990	1999	2005	2011
L/C	79	36	24	18
추심	15	26	13	10
송금	6	40	60	72

자료 : 한국무역협회, www.kita.net

14.8 E-mail letters

01 If you kindly accommodate our invitation, please browse on our website at www.silkroad.co.kr. We are ready to allow you a 10% trade discount on all trial sales received by the end of September.

귀사가 우리 초대를 받아주신다면 우리의 웹사이트에 와서 전체적으로 살펴보기 바랍니다. 9월 말까지 받는 시험적 판매에 대해서는 10% 할인해 줄 준비가 되어 있습니다.

02 University of Sussex has contracted a specialist external agency to undertake the 50th anniversary survey. Our records are used to support a range of alumni activities, including mailing of publications and notification of alumni events, fundraising programmes and the promotion of benefits and services.

서섹스 대학은 50주년 조사를 수행할 외부전문가 기관과 계약을 하였습니다. 우리의 기록은 출판물의 우송과 동창회 행사의 통지, 기금모금 계획, 혜택과 서비스 촉진을 포함한 광범위한 동창회 활동을 하는 데 사용하게 됩니다.

E 편의상 range 앞에 wide를 넣어서 해석하였다. e-mail 서신은 형식이 없고, 보통 편지보다 약 반 정도 분량으로 간단명료하게 작성하게 된다.

03 Thank you for subscribing to the SussexNews newsletter. You can remove yourself from the list at any time by replying to a message with the word 'Unsubscribe' in the subject line or body of the message.

The most recent SussexNews email can usually be found in the News and Events section on this site.

서섹스뉴스 뉴스레터에 가입신청해 주셔서 감사합니다. 메시지의 제목 또는 본문에 '가입거부'라는 메시지로 답하면 언제라도 가입자 명단에서 탈퇴할 수 있습니다.
가장 최근 서섹스뉴스 이메일은 통상적으로 이 사이트의 소식과 행사에서 찾아볼 수 있습니다.

04 국제전보

Letter We will accept your order if you allow shipment during August.

Cable ACCEPTING ORDER FOR SEPTEMBER SHIPMENT

8월 중에 선적이 가능하다면 당신의 주문을 받겠습니다.

Re We are pleased to accommodate your order with your approval of shipment in August.

Letter We have not yet received your L/C. Please open L/C as soon as possible.

Cable L/C UNRECEIVED. OPEN L/C ASAP

신용장이 도착하지 않았습니다. 가능한 한 신속하게 신용장을 개설해 주기 바랍니다.

Re We urgently request you to open L/C because we have not yet received your L/C.

Letter We regret to inform you that the goods reached us are far inferior to your sample you submitted. We have, therefore, to claim an allowance of at least 20 percent.

Cable MUST CLAIM ALLOWANCE 20 PERCENT BECAUSE YOUR GOODS FAR INFERIOR SAMPLE

당사는 당사에 도착한 물건들이 귀사가 제시하였던 견본보다 상당히 품질이 못하다는 것을 알리게 되어서 죄송합니다. 당사는 귀사가 적어도 20%의 할인을 해줄 것을 클레임하게 되었습니다.

Re We are sorry to raise our claim of rendering 20 percent allowance as an effective means of covering our losses caused by the far inferior quality of goods to your sample.

05 Official e-mail without translation

Dear Prof Hwang,

Mr. KIM, CHULSU (50000777838) has applied for admission to the MSc in Economics program at The Hong Kong University of Science and Technology (HKUST) and he/she has given your name as a referee who may provide reference in support for his/her application.

If you are willing to provide reference, We will be grateful if you would click the following ACCEPT Link and fill in the online Reference Form before 22 January 2013:

ACCEPT Link

Under the provision of the Personal Data (Privacy) Ordinance, information contained in this report will be shown to the applicant upon request.

If you do not want to provide reference, please click DECLINE Link as below.

DECLINE Link

Should you have any queries, please feel free to contact us at gradmit@ust.hk.

Thank you very much.

With best regards,

06 Private e-mail without translation

Dear Hae-du,

Good to hear from you! Your article sounds interesting, what is it about more precisely? any developmental issues?

Btw I have moved back to France and will leave France for good in 10 days time to develop my own entrepreneurial projects and my university affiliations in Strategy and Entrepreneurship.

If you/r institution was interested maybe we could try to build a more intensive staff/student exchange programme.

Just let me know.

Best wishes

Rita

07 Swift Credit

kpexkrse는 한국외환은행의 swift code로 전세계적으로 통용되는 은행 code이고, Negotiation은 신용장 결제방식의 하나로 '매입방식' 이고 줄여서 '네고' 라고도 한다.

08 내국신용장 온라인 이용의무화

한국은행 무역금융 세칙('총액한도대출관련 무역금융세칙' 12. 15. 16조) 개정으로 내국신용장 개설 및 통지는 2013년 2월부터 매입신청은 2014년 2월부터 국가전자무역시스템(eTradeHub)을 통한 전자문서 송수신을 활용하는 온라인방식으로 전면 일원화되어, 기존 은행방문을 통한 개설과 매입은 완전히 폐지됩니다.

연습문제 Exercise

[1] Translate the sentence below into Korean.

International Data Corporation (IDC) is the premier global provider of market intelligence, advisory services, and events for the information technology, telecommunications, and consumer technology markets.

Answer

IDC는 전세계적으로 시장에 대한 정보와 자문서비스, 그리고 정보기술과 통신시장, 소비자 기술시장의 변화에 대한 정보를 제공하는 선도적 기업이다.

[2] Choose correct answers.

1 e-marketplace에서 매일 새로이 발생되는 오퍼정보 중 회원이 등록한 키워드에 해당되는 오퍼자료를 자동 검색하여 회원의 e-mail로 송신하는 기능은?

① Offer to Buy ② Offer on Demand ③ Post an Offer ④ Biz Offer

2 e-UCP에 대한 설명으로 적절하지 않은 것은?

① e-UCP는 UCP를 개정한 규칙이 아닌, 종이서류에 상응하는 전자적 제시를 위해 필요한 규칙을 제공하게 될 UCP의 보칙이다.

② e-UCP는 전체를 전자서류(기록)로 제시 또는 전자서류(기록)와 종이서류를 같이 제시하는 일부 전자서류의 제시 모두 허용하고 있다.

③ 전자서류(기록)의 제시를 요구하는 전자신용장은 e-UCP가 준거법으로 적용된다.

④ e-UCP에서 '서류'는 '전자서류(기록)'를 포함하고, 전자서류(기록)의 '제시장소'는 '전자주소'를 의미한다.

3 다음 중 무역 EDI에 대한 설명으로 가장 타당한 설명은?

① 무역 EDI란 상거래업무에 따르는 각종 문서를 정보처리능력을 가진 장치(컴퓨터)와 통신회선을 사용하여 자율적인 형식에 따라 전자적으로 교환되는 방식이다.

② 컴퓨터를 이용하여 E-mail로 물품주문서를 발송하였다면 무역 EDI에 해당된다.

③ EDI 표준이란 EDI 사용자 간에 교환되는 전자문서의 내용과 통신방법 등에 관한 일련의

규칙이고 지침이며, EDI의 국제표준은 UN/EDIFACT이다.

④ EDI에서 VAN을 통해 거래상대방과 네트워크를 구축하기 위해서는 제3자 네트워크-VAN을 이용하여야 한다.

Answer

1 ②

E 'Offer on demand'는 '주문형 오퍼정보수신'을, 'Offer to buy'는 '매수청약'을, 'Post Offer'는 '오퍼등록'을, 'Biz Offer'는 'business offer'를 뜻한다.

2 ③

E 전자신용자 모두가 e-UCP를 준거법으로 하는 것은 아니며, 신용장상에 명시적인 준거문언이 있어야 적용 가능하게 된다.

3 ②

E 무역 EDI란 자율적인 형식이 아닌 '표준화'된 형식에 따르고, 단순한 이메일 오퍼는 무역 EDI에 해당되지 않으며, 제3자 네트워크-VAN뿐만 아니라 인터넷 EDI로 증가 추세에 있다.

[3] Fill up the blanks with suitable words.

1 Googles' new advertising service could make the ( ) an even more valuable marketing medium.

2 Boeing wins $24 billion deal with U.S. Navy: It' s a prestigious ( ) for the winner and a chink in the armor for the loser.

3 I am afraid I sent my e-mail message to the ( ) address.

4 The quest to find a better ( ) engine. Google' s success on the web has put pressure on large organizations to come up with efficient ways to sort through mountains of information.

5 Rather than buying gadgets, toys and clothes ready-made, consumers may one day prefer to ( ) the designs and make them at home.

6 These networks not only represent a system for transporting data but make it possible to create (   ) space in which products and services are offered and sold worldwide.

7 I reckon the role of Overseas (   ) Assistance will be increased.

Answer

1 internet. 구글의 새로운 광고서비스는 인터넷을 더 가치 있는 마케팅 수단으로 만들 수도 있다.
2 contract or reward. Boeing은 미국 해군에서 240억 달러의 수주를 얻었다: 승자에게는 우위를 점할 수 있는 계약인 반면에, 패자에게는 감당하기 어려운 손실이다.
3 wrong
E 전화를 잘못 건 상대방에게는 'I am afraid you got the wrong number.'라고 한다.
4 search. 보다 나은 탐색엔진에 대한 모색. 웹에서 구글의 성공은 커다란 조직들에게 정보의 뭉치들을 분류하고 처리하는 효과적인 방법들에 도달하는 압력을 가하고 있다.
E data mining 분야에서 Google이 선전하고 있음을 보여준다.
5 download. 소비자들이 만들어진 가전제품, 장난감, 의류를 구매하는 대신에 언젠가는 디자인을 다운받아서 집에서 이 같은 제품을 만드는 것을 선호하게 될지도 모른다.
6 virtual. 이들 네트워크는 데이터 전송뿐만 아니라 전세계적으로 제공되고 판매되는 제품과 용역에 가상공간을 나타낸다.
7 Development. 정부개발원조의 역할이 증가할 것으로 예상된다.
E 최근에 와서 우리나라는 원조를 받는 국가에서 원조를 제공하는 국가로 전환되었다. 일본은 동남아 국가들에 대하여 원조를 제공하면서 동시에 산업재의 마케팅을 간접적으로 지원해 주고 있다.

[4] Fill the blanks by changing the vocabulary in italics and translate into Korean.

1 In order to capitalize a full (   ) of IB and English proficiency, this lecture may follow a step-by-step approach. *cover*

2 I will (   ) the basic content of my lecture and relevant materials on this site to facilitate your understanding on IB. *load*

3 How much money do you spend on your yacht as a (   ) cost per annum. *maintain*

4 A ( ) reader can capture the meaning between the lines. *perceive*

5 The white elephant is in danger of becoming extinct. Such species are called ( ) ones. *danger*

6 I promise you this that I' ll send all my love everyday in a letter ( ) with a kiss. *seal*

7 We are the ( ) agent of the Johnson & Johnson in this country. *exclude*

8 The delivery note is ( ) that we' ve taken delivery of the goods. *prove*

Answer

1 coverage 2 upload 3 maintenace 4 perceptive 5 endangered 6 sealed
7 exclusive 8 proof

[5] Fill up with suitable words.

1 Break–even analysis compares a firm' s revenue with its fixed and variable costs to identify the ( ) sales level needed to make a profit. This can be shown in a graph known as a break–even chart.

2 Smaller companies may pursue a limited differentiation by keeping a ( ) in the market.

Answer

1 minimum. 손익분기점 분석은 이윤을 확보하기 위해 필요한 최소한의 판매 수준을 알아내기 위하여 회사의 이익을 회사의 고정비용과 가변비용으로 비교한 것이다. 이것은 손익분기점 차트로 알려진 그래프로 나타낼 수도 있다.

2 niche. 작은 크기의 기업들은 틈새시장을 유지하기 위하여 제한된 제품차별화를 추구하게 된다.
E 규모경제의 실현이 어렵기 때문에, 그리고 시장지배력을 확보하기도 어렵기 때문에 세분화된 시장(segmented market)에서 시장지배력을 강화시키고자 제품차별화를 추구하게 된다.

[6] Translate the following paragraphs into Korean.

1 The "C"-terms require the seller to contract for carriage on usual terms at his own expense. Therefore, a point up to which he would have to pay transport costs must necessarily be indicated after the respective "C"-terms. Under the CIF and CIP terms the seller also has to take out insurance and bear the insurance cost. Since the point for the division of costs is fixed at a point in the country of destination, the "C"-terms are frequently mistakenly believed to be arrival contracts, in which the seller would bear all risks and costs until the goods have actually arrived at the agreed point. However, it must be stressed that the "C"-terms are of the same nature as the "F"-terms in that the seller fulfills the contract in the country of shipment or dispatch. Thus, the contracts of sale under the "C"-terms, like the contracts under the "F"-terms, fall within the category of shipment countries.

"C" 조건은 매도인이 자신의 비용으로 통상적인 조건의 운송계약을 체결할 것을 요구하고 있다. 그러므로 매도인이 운송비를 지급해야 할 지점은 각 "C" 조건의 다음에 반드시 표시되어야 한다. CIF 및 CIP 조건 하에서 매도인은 또한 보험계약을 체결하고 보험료를 부담해야 한다. 비용의 분기점이 목적지 국가의 지점으로 결정되기 때문에, "C" 조건은 물품이 합의된 지점에 실제로 도착될 때까지 매도인이 모든 위험과 비용을 부담하는 도착지 계약(arrival contracts)으로 자주 잘못 인식되고 있다. 그러나 "C" 조건은 매도인이 선적지 또는 발송지의 국가에서 계약을 이행한다는 점에서 "F" 조건과 동일한 성질이라는 것이 강조되어야 한다. 따라서 "C" 조건 하의 매매계약은 "F" 조건 하의 계약과 마찬가지로 선적지 계약(shipment cotracts)의 범주에 속한다.

2 Thanks for your message

I apologize for the inconvenience you have experienced.

Thanks for your message. The applicant generated the follow-up recommendation request you received because your recommendation has *not* been submitted.

당신이 겪은 불편에 사과를 드립니다.

당신의 메시지에 감사합니다. 지원자는 당신의 추천서가 제출되지 않았기 때문에 다음과 같은 추천서를 당신에게 보내게 되었습니다.

Voca generator는 발전기라는 뜻이고, 여기서는 '보내다, 만들게 되었다'로 해석하면 됩니다.

If the status of your recommendation is "Complete", this is misleading. The status must change to "Submitted" in order for the institution to receive it.

당신의 추천서 상태가 "완료"라고 되어 있다면 이것은 잘못된 것입니다. 이 상태가 (요청한) 기관이 받기 위해서는 "제출"로 나타나야 합니다.

It shows that you have logged into the recommendation site and started your recommendation. To finish the process, please log back in to the recommendation site, and check to ensure all pages of your recommendation are complete.

나는 당신이 추천서 사이트에 접속해서 당신의 추천서를 시작하는 것을 보여줍니다. 이 과정을 마치기 위해서는 다시 추천서 사이트로 돌아와서 당신이 기입한 모든 사항이 종료되었는지를 확인해 보십시오.

To submit your recommendation:

- Log in to your recommendation.
- Click on the link for "Preview and Submit" on the right side navigation menu.

추천서 제출

- 당신 추천서에 연결하시오.
- 네비 메뉴 오른쪽의 "사전 보기와 제출"을 클릭하시오.

Voca navigation : 선박을 운전하기 위한 방향을 잡는 작업

- You can submit ONLY if all required questions are answered; if required questions still need to be answered, you will be provided with links to the ones that need to be completed.
- Click "Submit Recommendation."

- 당신은 요구되는 모든 질문들이 대답되어야만 제출할 수 있습니다; 만일 요구되는 질문들이

여전히 대답되어야 할 경우에는 완료될 필요가 있는 질문들과 연결되게 됩니다.

Voca provide는 '제공하다'인데 문맥상 'allowed to be linked to the ones'로 해석하였다.

▪ Your recommendation submission will be confirmed and you will see the words "Recommendation Submission Complete!"

▪ 당신의 추천서 제출은 확인되고 "추천서 제출 완료!"라는 단어들을 보게 될 것이다.

If you experience technical difficulties we will be happy to assist you. Please let us know how we can help you further.

Regards,

Hobsons Technical Support

만일 당신이 기술적 어려움을 마주치게 될 경우에 우리는 당신을 도와주는 것을 기쁘게 생각합니다. 우리가 당신을 어떻게 알려주는지 더 자세하게 알려주기 바랍니다.

Voca 'Regards'는 'With compliments'로 해석해도 좋다.

Ticket Information:

Ticket #: 5493-10227848

Date Created: 25/5/2012 10:33 PM GMT

관련되는 표 정보 : 표번호와 일자

E GMT는 London에 위치한 Greenwich Mean Time

[7] Translate the following sentences into Korean and rewrite them into another style.

1. We will be pleased to place a regular order if you guarantee the same quality up to the former shipment.

2. This is a sort of force majeure, and there is no other vessel scheduled to sail for your port during June.

3 We should require you to open a confirmed and irrevocable credit in our favor for the invoice amount with a leading Korean bank.

4 Please note that this information should be treated as strictly confidential.

5 We regret to inform you that the quality is inferior to the samples for which we placed the order.

6 We are very sorry to have kept you waiting, but hope you will realize that we have no intention to delay our payment purposely.

7 We would like to convey our sincere apologies for these damages which are both incomplete packing procedures.

8 We proved our claim statement, No. 19746 correct.

9 We wish to suggest to you that you approach the buyer once again and persuade them into the claim No. 1004.

10 The damage was caused by improper packing. A machine should be blocked in position inside the export case.

11 In order to adjust your claim at this time, we would like either to send you the right goods as soon as possible or to give you a special allowance of 10 percent off the invoice amount. Please accept our apologies for the inconvenience we have caused you.

12 As requested, two non-negotiable copies of the Bill of Lading, three copies of Shipping Invoice and Packing List together with Insurance Certificate are also enclosed. We also provide you with the shipping samples right away.

Answer

1 귀사가 전의 선적과 동일한 품질을 보증한다면 정기적으로 주문을 하고자 합니다.

Re We are ready to place a regular order if you maintain the quality management up to the level of previous shipment.

2 이 일은 불가항력의 종류에 해당되고, 6월 중에 귀사가 있는 항구로 가는 화물선은 없습니다.

Re We regret to inform you that there is no available vessel bounded for your habor during June. Such a delay has been caused by force majeure.

3 귀사께서는 당사 앞으로 송장금액 상당의 확인 및 취소불능신용장을 한국의 선도적인 은행 앞으로 개설해 주셔야 합니다.

Re We cordially request you to issue a confirmed and irrevocable credit in favour of us which corresponds with the invoice amount with one of prominent Korean banks.

4 이 정보는 엄격하게 비밀로 취급되어야 함을 주지하기 바랍니다.

Re It is a great concern for us that you have to attach the utmost importance on confidentiality of this information.

5 품질이 당사가 주문한 견본보다 불량이라는 것을 알려드려서 유감입니다.

Re It is a lamentable event for us to inform you of our present situation that the quality of your goods is far inferior to the samples of our order.

6 귀사를 기다리게 해서 미안합니다만 일부러 지급을 지연하려는 의도는 없었습니다.

Re We are sorry for such a delay in settling down our payment. But we would like to convey that it has been suspended by accident, not by design.

7 당사는 불완전한 포장으로 인하여 야기된 손해에 대해 진심으로 사과를 전하고 싶습니다.

Re We will be grateful if you kindly accommodate our sincere apologies for our faulty procedures on packing which brought forth considerable losses on your company.

8 우리는 No.19746가 여전히 유효함을 증명했다.

Re We have just confirmed that our claim statement, No. 19746 is still valid.

Voca valid = effective | invalid = ineffective

9 우리는 당신이 바이어에게 다시 연락하여 No.1004에 대한 그들의 불만에 대해 그들을 설득하기를 제안한다.

Re1 We wish you to suggest to address your buyers once more for a possible dissuasion for their claim No. 1004.

Re2 We reckon that it may be sensible for you to try once more to dissuade your buyers to withdraw their claim No. 1004.

E Buyer가 배상을 요구하는 claim을 제기하였기 때문에 claim을 제기하지 않도록 dissuade 해야 한다고 판단되어서 Re2에서 dissuade로 바꾸었습니다.

10 손상은 포장불량으로 인하여 발생하였습니다. 기계는 수출상자 안에 받침대로 고정시켰어야 했습니다.

Re We found that the improper packing was the main reason for such a damage which may be avoided by rendering the machine blocked in inside position.

11 이번에 귀사의 클레임을 해결하기 위하여 당사는 가능하면 신속하게 정품을 보내드리거나 송장금액에서 특별히 5%를 할인해 드리겠습니다. 당사가 귀사에게 불편을 끼친 것에 대하여 진심으로 사과합니다.

Re We formulate an adjustment plan to resolve your claim by either fowarding you the right goods on the earlist possible date or providing you a special discount of 10 percent of the invoice amount. We'll be grateful if you kindly accommodate our sincere apologies for the inconveniences caused by such defectives.

12 귀사의 요구대로 양도불가능한 선화증권 2통, 보험증명서와 함께 상업송장 및 포장명세서 3통을 동봉합니다. 선적 견본도 곧 제공하겠습니다.

Re We are enclosing two non-negotiable copies of the Bill of Lading, three copies of Shipping Invoice and Packing List together with insurance certificate. We also forward the shipping samples to you as soon as possible.

[8] Refer to the business patterns from the following e-mails.

1 From: Susan
Sent: Monday, July 23, 2012 11:20 AM
To: dwindle@hananet.net
Subject: Re: YOUN, TAE-JUN/Sodium Formate/Hongye Chemical Co., Ltd.

Dear Sir,

We got the information that you are importers of Sodium Formate. We are so glad to tell you that we are manufacturers of Sodium Formate, and we have more than ten years experience on manufacturing and exporting it. I wish our kind cooperation!

Here is our detailed information about our company information and product information. Hongye Chemical Co., Ltd. can produce 50000 MT Sodium Formate per year.

Sodium Formate Used in leather industry, serves as camouflage salt in the chrome tanning method. Used in catalyst and stabilizer compositions, and in the printing and dyeing of textiles as reducing agent. Used as the raw material in the manufacturers of sodium hydrosulfite, formic acid & Oxalic acid, etc.

Please inform me if you are interested in our product. We are manufacturers, so we can gurantee the competitive price and quick delivery. If you need other chemical products, pls inform me also, we can supply more than 100 kind of chemical products.

Keep waiting for your positive reply!

Susan Lee

Hongye Chemical Company Ltd.

우리는 귀사가 포름산나트륨(Sodium Formate)의 수입업자라는 정보를 얻었습니다. 우리는 Sodium Formate 제조업자이며, Sodium Formate 제조와 수출에 대한 경험이 10년이 넘게 있다는 사실을 당신에게 알려드리게 되어 기쁘게 생각합니다. 당사는 귀사와 좋은 협력관계가 되기를 바랍니다.
여기에 우리 회사와 제품에 대한 상세한 정보가 있습니다. Hongye Chemical Co., Ltd.는 매년 50000MT의 Sodium Formate를 생산할 수 있습니다.
Sodium Formate은 피혁업에서 사용되며, 크롬 코팅 단계에서 소금을 대신해서 사용됩니다. 공정에서 촉매와 안정제로 사용되며, 섬유의 염색과 날염에서 환원제로 사용됩니다. 그리고 제조업에서 sodium hydrosulfite와 formic acid & Oxalic acid 등의 원료로도 사용됩니다. 만약 귀사가 우리 제품에 관심이 있으시다면 알려주시기 바랍니다. 우리는 제조업자이기에, 저렴한 가격과 빠른 배송을 보장해 드릴 수 있습니다.
만약 귀사가 다른 화학제품이 필요한 경우에도 100종류 이상의 화학제품을 제공할 수 있는 저희에게 알려주시기 바랍니다.
귀사의 긍정적 답변을 기대합니다.

Voca camouflage : 위장이지만 이 글에서는 대체재와 유사한 의미로 사용된다.

2 From: bghosh
Sent: Thursday, November 17, 2011 5:53 PM
To: Daewha Corp.
Subject: Supply of Chloroform (Source: Samsung)

Dear Mr. T.J. Yoon,
We are attaching herewith Purchase Order No. 1112H00187 dt. 14.11.11 (6 pages) for supply of Chloroform (Source: Samsung).

Kindly return the copy of the above Purchase Order over mail/fax duly signed & stamped (each page) by the manufacturer to enable us to open L/C.

Regards,

Bijoy Ghosh
Vice President
DCM SHRIRAM INDUSTRIES LTD

③ Dear Mr. T.J. Yoon,

Kindly find attached of copy of L/C No. 0960111IM0000392 dt. 25.10.11 for supply of 40 MT of Potassium Carbonate by mid Nov. '11 & not before.

We will revert shortly with shipment schedule for balance quantity.

Regards,

Bijoy Ghosh

2012년 11월 중순 전이 아니고 중순까지 Potassium Carbonate의 공급을 위한 L/C No. 0960111IM0000392 dt. 25.10.11의 사본이 첨부되었습니다.
우리는 남은 물량에 대한 선적일정을 곧 착수하겠습니다.
E 원래 글은 "첨부된 사본을 친절하게 발견하세요"인데 편의상 의역하고 "선적일정으로 되돌아가겠습니다"인데 이해를 쉽게 하도록 의역하였다.

[9] Translation and Rewriting on Procurement

Reappraisal of procurement and sourcing begins quietly. The tools have matured, enabling more complex purchasing.

Answer

물자확보와 소싱에 대한 재평가는 조용하게 시작되고 있다. 연장방법이 성숙됨에 따라서 더 복잡한 구매를 가능하게 한다.
E Supply Chain Management와 Customer Relationship Management가 발달하게 됨에 따라서 procurement 분야에서 경영혁신이 발생하고 있음을 알려주는 글이다.
Voca tool = instruments = measures = approaches
Re There emerges a paradigm shift in procurement and sourcing as avaliable instruments have been matured enough to implement more complicated patterns of purchasing.

A. 중급 단어 및 숙어 ● B. 경제통합과 세계화 ● C. 국제통상법 ● D. 시사문제와 대중매체
E. 무역실무 보완 ● F. 영어독해 및 영작문 연습

Appendix

부록

부록을 쓰면서

무역영어(English for International Trade)는 크게 보면 기업영어의 연장이다. 무역영어를 Commercial English라고 하였지만, 무역정책이 1970년대 이후에 Commercial Policy에서 Trade Policy로 대치된 것과 마찬가지로 무역영어를 Trade English로 전환하고 싶어도, Trade English는 영국이나 미국에서는 거의 사용되지 않기에 무역영어를 Commercial English라고 부르는 것이 무난하다고 생각된다.

1990년대 이후에 해외직접투자의 증가율이 국제무역의 증가율보다 약 5배 정도 빠르다는 현실을 고려하거나, 국경에서 무역흐름을 규제하는 "얕은 세계화"(shallow integration)에서 외국기업도 국내기업과 같은 입장에서 기업을 하게 해달라는 "깊은 세계화"(deep integration)[1]가 진행되는 현상을 보면 무역영어의 고유영역은 점차적으로 축소되고 있다고 볼 수도 있다. 예를 들어 회계법인에 입사한 공인회계사가 처음 부딪히는 인수 · 합병(merger and acquisition ; M&A) 문제는 국제계약법을 이해한 후에 계약서 또는 보고서를 작성하는 일이지, 신용장 통일규칙을 해석하는 일은 아니라고 할 수 있다. 그리고 국제금융공사(IFC)[2]에서 일하는 한국인이 사용하는 영어는 무역영어라기보다는 생활영어와 기업영어가 대부분이다. 이 같은 추세는 무역이 해외직접투자와 같이 진행되거나, 본점과 지점 간의 기업내무역의 경우에는 무역서신을 작성하기보다는 일정한 형식(format)의 빈 칸을 채우는 식으로 진행되는 경우에는 더 가속화된다. 현지에서 서비스를 제공하는 투자(Commercial Presence of Mode Ⅲ),[3] SWIFT 신용장, e-mail에 의한 교류 등도 이 같은 추세를 강화시키는 요인이다.

이 같은 상황에서 무역영어가 고유의 영역을 확보하기 위해서는 무역실무(trade practice)에 대한 이해를 단순한 무역실무절차를 벗어나서 전략적 의사결정을 포함할 수 있어야 한다고 판단된다. 부록은 이 같은 모형의 전환(paradigm shift)을 시도해 보았다. 우리가 관찰할 수 있는 현상으로부터 영어의 기본과 무역현상을 보면서 관련학문이 되는 국제경제, 국제경영, 국제통상법을 같이 보면서 무역실무와 무역영어를 설명하고, 이 중에서 중요한 내용으로 골격을 짓고 나서 다시 시사성이 높은 다른 분야를 접목시키는 방향으로 전개하였다.

1. 통상용어로는 국내경쟁정책의 국제적 조화(harmonization of competition policy)라고 한다.

2. 여기서 IFC는 세계은행은 협력기구(affiliate)가 아니라 우리나라에서 외환위기를 감시하는(surveillance) 기구를 뜻한다.

3. 독일의 발전소가 이탈리아에 해외직접투자를 해서 전기를 공급하는 경우에 해당된다.

부록 A 중급 단어 및 숙어

A.1 단어와 문장구성

Your vocabulary is the foundation of your ability to think and your ability to share your thoughts with other people.

> 여러분의 어휘는 여러분이 사고하는 능력의 기초이고, 다른 사람과 함께 사고를 공유하는 여러분의 능력의 기초이다.

A.2 단어의 뜻과 사용사례 : A to G

01 accost : to approach or to speak to someone, 다른 사람에게 다가가다

02 astute : keen in judgement, shrewd, 날카로운, 빈틈없는

> Simon was an astute judge of character.
> 사이몬은 날카로운 판단의 소유자이다.

03 baffle : 당황하게 하다, 낭패하게 하다, 좌절시키다

04 belie : to give a false impression of, to contradict, 반대되는 표현을 하다

> Gordon's smile belied the grief he was feeling; despite his happy expression he was awfully sad inside.
> 고든의 미소는 그가 느끼는 슬픔을 감추고 있었다. 그의 행복한 표정에도 불구하고 그는 마음속으로 대단히 슬퍼하고 있었다.

05 capitulate : surrender, 포기하다, 항복하다

On the seventh day of the strike, the workers capitulated and went back to work.
파업 7일째에 노동자들은 (파업을) 포기하고 직장으로 돌아갔다.

Voca To recapitulate is to summarize. 앞에 한 내용을 요약해서 쓰고 다시 글을 전개시키고자 할 때는 recapitulate를 사용한다.

06 charlatan : fraud, 사기꾼

07 cogent : powerfully convincing, 상당히 확신하는, 설득력이 있는

The chairman was cogent in explaining why he needs a special committee.
의장은 왜 특별위원회가 필요한가를 설명할 때 설득력이 있었다.

08 commensurate : equal, proportionate, 비례하다

The remuneration[4] structure of the firm is designed to be commensurate with the capabilities of each individual.
그 회사의 보수체계는 각 개개인의 능력들과 비례하도록 설계되었다.

09 connoisseur : an expert, specially in matters of art or taste, 음식이나 포도주를 맛보는 사람

The traditional fish dish was exquisite enough to impress a connoisseur.
전통적인 생선요리는 음식 감별사를 감동시키고도 남을 만큼 훌륭하였다.

10 debilitate : to weaken, enfeeble, 약화시키다

The football player declared he was ready to divert his career from a professional to football coach by taking into account a debilitating injury to his knee.

---

4. 최근에는 'remuneration'보다 월급, fringe benefit, holidays, pension scheme을 모두 포함하여 (lump together) 'compensation'이라고 한다.

그 축구 선수는 그의 무릎을 약화시킨 부상을 고려하여 전문직에서부터 축구 코치로 그의 직업을 변환할 준비가 되었다고 선언하였다.

11 **digress** : to stray from the main subject, 이탈하다

12 **efface** : to erase, 지우다, 삭제하다

13 **endemic** : native, 고유의

14 **entail** : involve as a necessary consequence, impose, 강제적으로 포함하다, 발생시키다, 부과하다

15 **euphemism** : an inoffensive expression used in place of an offensive one, 완곡어법, 넌지시 둘러서 하는 표현

16 **furtive** : secretive, sly, 은밀한, 수상한

17 **gloss** : 광택, 겉치레, 허영

The gloss is off their image, but they are fighting back.
허영은 그들의 이미지를 가리지만, 그들은 저항하고 있다.

18 **glut** : an overabundance, 충분한 공급, 공급과잉

Cf glue : 붙이는 풀

19 **gratuitous** : said or done without a good reason or unnecessarily

To our big surprise, these children's book series include gratuitous violence.
놀랍게도 아이들의 책 시리즈들은 불필요한 폭력성을 담고 있다.

A.3 단어의 뜻과 사용사례 : H to N

01 heresy : 기존의 주장과 정반대되는 주장

> Galileo Galilei insisted his heresy of suggesting that the earth revolved around the sun.
> 갈릴레오 갈릴레이는 지구가 태양 주위로 공전한다고 제안하는 그의 이설(지동설)을 주장했다.

02 husbandry : thrifty management of resources, 자원을 아껴서 경영하는 것, 절약

> Husbandry is the practice of conserving money or resources.
> 절약은 돈과 자원들을 보존하고자 하는 실천이다.

03 illicit : illegal, 불법의

04 impervious : 어떤 것도 통과시키지 않는, 침입을 저지하는

> A raincoat, if it is any good, is impervious to water. Put it another way, water cannot be permeated into this coat.
> 좋은 우의라면 물이 통과할 수 없다. 다르게 표현하면 물이 이 우의를 스며들 수 없다.

05 impetuous : impulsive, 아주 참을성이 없는

06 incense : 매우 화나게 하다

07 inexorable : inevitable, unavoidable, relentless, 불가피한

08 insolent = arrogant : 교만한, 모욕적인

09 introspective : 자신에 대하여 생각하는, 내성적인

10 luminous : glowing, 빛을 발하는

The dial on her watch is luminous: it casts a green glow in the dark.
그녀의 시계 다이얼은 빛을 발하는데, 그것은 어둠속에서 초록빛을 발한다.

11 **mortify** : to humiliate, 모욕을 주다

A.4 단어의 사용사례 : O to R

01 **oblique** : slanting, indirect at an angle, 간접의, 다른 각도에서

02 **onerous** : burdensome, oppressive, 짐이 되는

03 **patrician** : an aristocrat, 귀족

04 **poignant** : painfully emotional, 가슴에 사무치는

05 **polemic** : a powerful argument often made to attack or refute a controversial issue, 논쟁, 반박

06 **preclude** : to prevent something from ever happening, 방해하다

07 **prodigy** : 천재성

08 **procrastinate** : put off things that should be done until later, postpone, 지체하다, 연기하다.

09 **protagonist** : 주인공, 지도자

10 **rebuke** : to criticize sharply, 비난하다

11 **rebut** : to contradict, to argue in opposition to, 반박하다

12 **reclusive** : withdrawn from society, 은둔한

13 **recrimination** : a bitter counter-accusation, 되받아치는 비난, 맞고소

14 **relegate** : to banish, 추방하다

15 **relinquish** : abandon, surrender, 포기하다

16 **reparation** : paying back, 보상, 배상

17 **reproach** : to scold, 꾸짖다, 비난하다

18 **repudiate** : to reject, to renounce, 거부하다, 거절하다

19 **ruminate** : to contemplate, to ponder, 숙고하다

A.5 단어의 사용사례 : S to Z

01 **scrupulous** : strict, careful, 신중한, 꼼꼼한

> Simon is scrupulous in keeping his accounts.
> 사이먼은 그의 계좌들을 관리하는 데 있어 꼼꼼하다.

02 **sensory** : having to do with the senses, 감각의

03 **sordid** : vile, filthy, 더러운

04 **specious** : deceptively plausible or attractive, 허울이 좋은, 그럴듯한

05 **stump** : 나무를 잘라서 그루터기로 만들다, 과감하게 하다, 유세하다

06 sublime : awesome, extremely exalted, lofty, 고상한, 장엄한

07 superfluous : extra, unnecessary, redundant, 여분의, 불필요한

> Comments on this topic would be superfluous.

08 sly : 교활한, 음흉한

> He made a sly face towards her.
> 그는 그녀를 향해 교활한 표정을 지어보였다.

09 tenable : defensible, 방어가 가능한

10 transcend : to surpass, 초월하다

11 unremitting : unceasing, relentless, 끊임없는

12 venerate : to revere, 공경하다

13 willful : deliberate, 고의의, 계획적인

14 wistful : yearning, 생각에 잠긴

A.6 숙어

01 Achilles' heel : the one and only weakness, but a fatal one

02 to be off colour[5] : to be not quite at one's best, 최상의 상태가 아니다

03 watershed : a decisive turning point, 결정적인 전환점

5. color를 영국식 영어로는 colour라 한다. dispatch는 despatch라고 한다.

04 beat about the bush : to broach a subject indirectly, 주제를 간접적으로 표현하다.

> **E** 'about' 대신 'around'도 사용한다.

05 to draw a red herring[6] across the path : to introduce an irrelevant issue into a discussion, 필요가 없는 주제를 가져오다

06 to be out an a limb : having taken the initiative

07 to wear the trousers : to be the dominant position

08 give out : become exhausted

> His patience gave out and he slapped the child hard.
> 그의 인내심은 바닥이 났고 그는 그 아이를 세게 때렸다.

09 draw a parallel : to point to similarities between the two historic events

> It is difficult to draw a parallel between the ancient and the modern world.
> 고대 세계와 현대세계 사이의 유사점을 찾는 것은 어려운 일이다.

A.7 영국과 미국에서 다르게 사용되는 단어

영국식 표현을 먼저 쓰고, 그 다음에 미국식 표현을 썼다.

01 aerial	**antenna**	안테나, 공중선
02 autumn	**fall**	가을
03 bank note	**bill**	은행지폐, 은행어음

6. 청어에 버터를 발라서 grill에 구워먹으면 맛이 있다. 일본에서 겨울에 '청어 알'을 오독오독 씹히게끔 노란 물감을 들여서 먹기도 한다. 'red herring'과 'white elephant'는 어린 상태를 뜻한다.

04 biscuit (sweet)	cookie	쿠키(단맛이 있는 작은 과자)
05 biscuit	cracker	크래커 (딱딱하게 구운 얇은 과자) (unsweetened)
06 bonnet (car)	hood	(자동차 엔진의) 뚜껑
07 boot (car)	trunk	(자동차 뒷부분의) 짐 싣는 곳
08 caravan	trailer	이동주택
09 chairman (business)	president	회장
10 cheque	check	수표
11 chemist's shop	pharmacy/ drugstore	약국
12 crisps (potato)	chips	(얇게 썰어 기름에 튀긴 감자) (얇은 한 조각)
13 cupboard	closet	찬장
14 dummy	pacifier	고무 젖꼭지
15 dustbin	garbage/trash can	쓰레기통
16 first floor	second floor	2층
17 flat	apartment	아파트
18 fortnight	two weeks	2주간
19 full stop	period	(글의) 종지부

20	garden	yard	뜰
21	grill	broil	굽다
22	holiday	vacation	휴일
23	interval	intermission	막간, 휴식시간
24	jug	pitcher	(손잡이가 달린) 주전자
25	kerb market	curb market	사채시장(카드 할인시장)

E 영국인들은 curb를 restrain이라고만 이해한다.

26	lavatory/loo/w.c	toilet/bathroom/ restroom	화장실
27	lift	elevator	승강기
28	motorway	freeway	고속도로
29	parcel	package	소포, 소화물
30	pavement	sidewalk	사람이 걷는 길
31	petrol	gas	가솔린
32	postal code	zip code	우편번호
33	queue ⓓ, ⓜ	line up	줄을 서다, 줄
34	reception (hotel)	front desk	접수처
35	shop	store	가게
36	state school	public school	공립학교

E 영국에서 public school은 사립학교를 뜻한다.

37 term	semester	학기
38 towards	toward	향하여
39 tube/underground	subway	지하철
40 car park	parking lot	주차장
41 full stop	period	마침표
42 kerb market	curb market	사채시장

연습문제 Exercise

[1] Fill up the blanks with suitable words.

1 the ( ) column : 고충 상담란, 신문이나 잡지에 독자가 하소연하는 지면

2 bee ( ) : 벌집　　3 media ( ) : 대중매체의 선풍

4 ( ) Glass : 물감으로 장식한 유리

5 ( ) family : 직계가족

6 ( ) and blood : 살과 피, 혈육　　7 ( ) Bomb : 시한폭탄

8 Your time is ( ) : 당신의 시간이 다 되었다 또는 지나갔다.

Answer

1 agony 2 hives 3 hype 4 Stained 5 immediate 6 flesh 7 Ticking 8 up

[2] Write the synonyms of the underlined words.

1 Detectives were succeeded in tracing out the murder.

2 He is well known for his intractable personality.

3 The big shake–out

4 Allen with buddy Bill Gates

5 This reports bears out my theory.

6 Russia' s political battle looms.

7 He theorizes the pressing matters such as post–modernism and politics.

8 I think you are overstating the case.

9 Fast–food restaurants are not indigenous to Korea.

Answer

1 identifying 2 stubborn 3 reshauffling[7] 4 good friend 5 support 6 thrives
7 imperative or grave 8 exaggerating or amplifying 9 native

[3] Write the antonyms of the underlined words.

1 a cool day

2 some enchanted evening

3 salt water

4 dry wine

7. 더 큰 변혁은 'overhaul' 이라고 한다.

5 a <u>solid</u> cylinder

6 <u>inner</u> beauty

7 great leap <u>forward</u>

8 The drugs had been <u>loaded</u> from Mexico.

9 We <u>won</u> the civil war.

Answer

1 warm 2 disenchanted 3 fresh 4 sweet 5 hollow 6 outer 7 backward 8 unloaded 9 lost

[4] Choose suitable words.

1 The post office in the village has been (robbed, stolen) twice this year.

2 I was (stolen, robbed) my watch.

3 I must (compliment, complement) you on your handling of a very difficult situation.

4 The room is filled with the (odor, aroma) of Mocha coffee.

5 The warm (odor, aroma) of freshly baked scones was wafted in.

6 The man had been (accused, charged) with armed robbery.

7 He is (accused, charged) of killing two young women.

8 They' re opposed to abortion under any (environments, circumstances).

9 I' d rather commit myself suicide than reconcile myself to (fate, destiny).

10 The film is not suitable with people of a nervous (temper, disposition).

Answer

1 robbed 2 stolen 3 compliment 4 aroma 5 odor 6 charged 7 accused 8 circumstances 9 fate 10 disposition

[5] Fill the blanks with suitable words.

1 Criket matches and school parties are ( ) forgotten, but homeworks are frequently forgotten.

2 After three years suspension, publication of the magazine will ( ) next month.

3 The enemy' s intention is to capture him ( ). 산채로

4 The warranty will ( ) after six months. 소멸하다

5 Our top ( ) is to increase net profits. 우선순위

6 Everyone sees life through their job. To the doctor, the world is a ( ). To truck drivers, it' s a road system.

7 China, beware. The leaders meet, the cities grow, the peasants are left ( ).

8 Please ( ) a table for 15 people in the Italian restaurant.

9 Vanguarding isn' t about being fearless. Vanguarding is about fearing ( ).

10 This is the place to bring visitors. The vegetarian dishes are wonderful. Prices are high, but food and ( ) are always superb.

Answer

1 seldom or rarely or hardly 2 resume 3 alive 4 expire 5 priority 6 hospital
7 behind 8 book 9 less 10 service

[6] Choose the synonyms of the underlined words.

1 The term "automation" was <u>coined</u> in the 1940' s.

① invented ② outdated ③ criticized ④ modified

2 More <u>lenient</u> laws make people violate some rules.

① severe ② harsh ③ exact ④ generous

3 The doctor prescribed a liver <u>scanning</u> for him.

① portraying ② examining ③ announcing ④ recording

4 The dealer has a <u>provisional</u> license to act as an exclusive agent of Polar Whisky.

① professional ② permanent ③ corrupt ④ temporary

5 Krugman is a <u>renowned</u> economist.

① famous ② wealth ③ skillful ④ shabby

6 My nephew has an <u>inquisitive</u> mind; he put a mobile phone to the electronic rage.

① complex ② mature ③ brilliant ④ curious

7 Benjamin Franklin is known as the beholder of peculiar <u>traits</u> that have been admired by many people over the year.

① stories ② inventions ③ adventures ④ characters

8 The official visit of China was <u>called off</u> due to the storm.

① recommended ② canceled ③ amended ④ demanded

9 Eileen really <u>cherishes</u> those meetings with us.

① participates in ② prohibits ③ enjoys ④ regrets

10 My sister was <u>stunned</u> by their reaction to her suggestion.

① pleased ② infuriated ③ shocked ④ soothed

11 You are getting <u>stout</u>, John.

① confused ② fat ③ old ④ thin

12 <u>Drudgery</u> best describes this job.

① challenge ② quick response ③ tedious work ④ employment

13 Two lovers are <u>in clusters</u> in the barn dance party.

① together ② separation ③ running ④ walking

14 The leaves on the willow tree were <u>quivering</u>.

① growing ② trembling ③ falling ④ shrinking

15 The <u>odds</u> are in your favour.

① strange matters ② uneven things ③ probabilities ④ even things

16 Why is Simon <u>grinning</u>?

① crying ② smiling ③ laughing ④ walking

17 David <u>hitched</u> his trailer to the back of his car.

① pushed ② pulled ③ loosened ④ fastened

Answer

1 ①. 자동화는 1940년대에 만들어진 말이다.
Voca coinage : introduce a new word, terminology or jargon

2 ④. 보다 관대한 법은 사람들로 하여금 어떤 규칙을 위배하게 만든다.
Voca lenient. 반 stringent

3 ②. 의사는 그에게 간 동위원소 검사를 하였다.
Voca liver scanning : 동위원소(isotope) 촬영검사

4 ④. 그 딜러는 폴라위스키에 대한 독점대리인으로 행동할 수 있는 임시 허가증을 갖고 있다.
Voca provisional driving license : 임시 운전면허증

5 ①. 크루그만은 유명한 경제학자이다.

6 ④. 내 조카는 궁금한 마음을 가지고 있다; 그는 휴대전화를 전자레인지에다 넣었다.
Voca mobile phone = cellular phone | mature. 반 immature

7 ④. 벤자민 프랭클린은 수년간 많은 사람들로부터 존경받아 온 특이한 특성의 소유자로서 알려져 있다.
Voca traitor = betrayer : 배신자

8 ②. 그의 중국 공식방문은 폭풍으로 취소되었다.
Voca call off = cancel

9 ③. 아이린은 우리와 함께 한 여러 모임들을 소중히 간직하고 있다.
Voca cherish : 좋아서 추적하다

10 ③. 나의 여동생은 그녀의 제안에 대한 그들의 반응에 놀랐다.
Voca stunt man : 대역

11 ②. 존, 당신은 점점 뚱뚱해진다.
Re You are gaining weight.

12 ③.
Re This job is rather monotonous and tedious.

13 ①. 두 연인은 헛간 댄스파티에서 서로 껴안고 있다.
Voca cluster : 같이 붙어 있는 상태

14 ②. 버드나무의 잎들은 흔들리고 있었다.
Voca quiver : 흔들리다

15 ③. 승산은 당신에게 유리하게 되어 있다.
Voca odds : 여기서는 확률을 뜻하지만, 불리한 일을 뜻하는 경우도 있다.

16 ②. 사이몬은 왜 (크게) 웃는가?
Voca grin. 반 grim

17 ④. 데이비드는 그의 차 뒤에다 트레일러를 잡아 묶었다.

[7] Fill the blanks with the most suitable words.

1 The right (   ) ends soon. Be prepared to merge left.

① alley　② road　③ street　④ lane

2 I might say this to a woman: ( ), could you show me the way to the seafront?"

① Mrs ② Lady ③ Madam ④ Miss

3 Don' t panic. Stay ( ).

① quite ② peaceful ③ tranquil ④ calm

4 The music aroused an ( ) feeling of homesickness in her.

① international ② intense ③ intensive ④ intending

5 A ( ) woman is needed to take care of two children.

① reliable ② confidential ③ faithful ④ dependent

6 The floods did not start to ( ) three days after the rain had stopped.

① retreat ② recede ③ depart ④ retire

7 Most countries have now succeeded in ( ) the malarial mosquitos.

① abolishing ② demolishing ③ eradicating ④ erasing

8 A person who studies the origins of universe is a ( ).

① physician ② physicist ③ physics ④ chemist

9 The person who would service our car is ( ).

① an engineer ② a technician ③ a mechanic ④ a designer

10 Besides washing the wound, it may be recommended to put some ( ) on it.

① disinfectant ② antidote ③ antiseptic ④ medicine

11 The vicar preached a farewell sermon to a(n) ( ) that filled up.

① audience ② procession ③ crowd ④ congregation

Answer

1 ④. 오른쪽 길은 곧 끝난다. 왼쪽으로 합칠 준비를 하라.
E lane은 차도를 나타내기도 하지만, 작은 골목길도 나타낸다.
2 ③. 이 일을 어떤 여자에게 얘기하고자 한다. 아주머니 저에게 바다로 가는 길을 알려주실 수 있습니까?
3 ④. 너무 크게 놀라지 말거라. 침착하게 있어라.
4 ②. 음악은 그녀로 하여금 격렬한 향수를 느끼게 하였다.
5 ①. 우리는 두 아이를 돌볼 믿을 만한 여성을 필요로 합니다.
6 ②. 홍수는 비가 그친 후 3일 뒤에 물이 빠지기 시작하였다.
7 ③. 대부분의 국가들은 말라리아 모기를 박멸하는 데 성공하였다.
8 ②. 우주의 원리에 대하여 연구하는 사람은 물리학자이다.
9 ③. 우리의 차를 수리하는 사람은 기능공이라고 한다.
10 ③. 상처를 씻고 나서 그 위치에다 살균약를 바르라고 추천한다.
11 ④. 목사는 모인 신도들에게 고별설교를 하였다.

[8] Choose those words which carry the most similar meaning with the underlined words.

1 George spoke about the new project with <u>zeal</u>.

① enthusiasm ② optimism ③ knowledge ④ pessimism

2 Nancy <u>pondered</u> over what should be done first.

① discussed ② made reports of ③ considered carefully ④ disseminated

3 Jane has <u>highbrow</u> interests.

① various ② intellectual ③ expensive ④ physical

4 Most party members were <u>elated</u> at the news.

① made happy ② made angry ③ made sad ④ informed

5 He is one of the <u>tycoons</u> of the electronics industry.

① inventors ② great engineers
③ powerful business leaders ④ technicians

6 Can you find a <u>flaw</u> in these ceramic dishes?

① flower ② design ③ defect ④ merit

7 Losing the forthcoming election will be a considerable <u>setback</u> for Smith.

① disappointment ② disaster ③ hindrance ④ progress

8 Debbi is much happier as a <u>freelance</u> writer.

① a full-time ② a part-time ③ an independent ④ a professional

9 Aunt Susan is quite <u>stingy</u> when it comes to money.

① uninterested ② disinterested ③ careless ④ mean

10 I am going to the campus bookshop to <u>browse</u>.

① just to look ② to buy something
③ to ask a question ④ just to talk

11 I always have a pencil <u>handy</u>.

① sharpened ② in my hand ③ nearby ④ changed

12 I have a <u>pebble</u> in my shoe.

① string ② small rock ③ grain of sand ④ lose

13 The ex-president was discovered to be a <u>crook</u>.

① a fine cook ② a dishonest person
③ an insurance adjuster ④ a fine artist

14 Taylor had shown a <u>belligerent</u> attitude towards his colleagues.

① indifferent ② aggressive ③ domineering ④ submissive

15 The application of input-output tables to economic analysis is bound to encounter the loopholes problem of circular flow of national incomes.

① unprofitable sections ② logical argument
③ ways of evading rules ④ undeniable merits

Answer

1 ①. 조지는 그의 새 프로젝트에 대해 열정적으로 이야기하였다.
Voca zeal : 열정
Re He announced the new project in an elated mood.

2 ③. 낸시는 무엇을 첫 번째로 할지 깊이 생각했다.
Re She contemplated on the priorities of her pending works.

3 ②. 제인은 교양이 있는 취미를 가지고 있다.
Re She is quite keen on intellectual works.

4 ①. 그 뉴스는 대부분의 당원들을 고무시켰다.
Re The news brought forth a happy climate (or atmosphere) to most party members.

5 ③. 그는 전자산업의 거물 중 한 명이다.
Re He is one of renowned CEOs (or one of leading figures) in the electronic industry.

6 ③. 이 세라믹 그릇의 결함을 찾을 수 있습니까?
Re1 Can you detect any defect in these ceramic dishes?
Re2 Are you sure that these ceramics are in a perfect condition?
Re3 I just wonder how these ceramics are reflected to your eyes?

7 ③. 다가오는 선거에서의 패배는 스미스에게 상당한 후퇴가 될 것이다.
Re It may be a reasonable retreat for Smith if he fails to become the winner in the forthcoming election.

8 ③. 데비는 독립 작가로서 더 행복하다.

9 ④. 수잔 이모는 돈에 관한 한 인색하다.

10 ①. 나는 학교 서점을 둘러보러 갈 것이다.

11 ③. 나는 늘 연필을 가까이 둔다.

12 ③. 신발에 자갈이 들어가 있다.
Voca pebble beach golf course : 자갈이 널려 있는 골프 코스

13 ②
Re He was turned out a dishonest person.

14 ②
Re He had shown an aggressive stance to his colleagues.

15 ③. 경제분석에 투입산출표의 분석의 적용은 국민소득의 순환적 흐름에서 빠져 나가는 허점문제에 직면하게 된다.
Voca evade = elude = dodge

부록 B 경제통합과 세계화

B.1 무역정책과 통상정책

무역관리의 방법으로는 무역업의 제한, 수출입거래의 제한, 수출입물품과 지역의 한정, 무역결제관리, 수입의 억제, 수출의 장려를 들 수 있다. 무역실무의 이 같은 표현은 구체적으로 구분하면 국제통상법 또는 규범을 고려하지 않고 경제적 측면만을 보는 무역정책, 더 확대해서 보는 산업조정정책, 기술획득 및 확산정책으로 구분할 수 있고 국제통상규범을 고려할 경우는 경제적 측면뿐만 아니라, 통상규범과 국제관계를 반영하는 국제통상문제로 발전하게 된다.

무역이론은 자원배분이 최적상태를 달성한 파레토 최적을 국가 간에 달성하는 과정을 보여주는 반면에, 무역정책은 국내의 시장실패뿐만 아니라 해외의 시장실패가 무역흐름에 가져오는 왜곡(distortion)을 보여준다. 통상정책을 설명하기 위해서는 국제통상법과 무역정책을, 그리고 무역정책을 이해하기 위해서는 무역이론[8]을 이해할 필요가 있다.

B.2 대체적 무역이론의 가정

Explain to what extent the assumptions of the alternative trade theory are different from the traditional one with respect to the market structure and technology? The Heckscher-Ohlin theorem and intra-industry trade well represents the traditional and alternative theory respectively.

8. 무역이론을 이해하기 위해서는 소비자최적, 생산자최적, 교환의 최적을 동시에 설명하는 일반균형이론을 이해할 필요가 있다.

대체적 무역이론의 가정들은 시장구조와 기술측면에서 정통적 무역이론의 가정과 어떤 점에서 다른가를 설명하시오. 헥셔-오린이론과 산업내 무역이론은 정통적 무역이론과 대체적 무역이론을 잘 대표하고 있다.

Answer The alternative trade theory assumes a market of monopolistic competition and technology differences whereas the conventional one assumes a market of perfect competition and same technology.

정통적 무역이론이 완전경쟁시장과 동일한 기술수준을 가정하고 있는 반면 대체적 무역이론은 독점적 경쟁시장과 기술격차를 가정하고 있다.

E 무역흐름을 분석하는 데 있어서 산업구조가 역할을 미치는 현상을 시사하는 글이다.

Voca conventional = orthodox = traditional

B.3 Inception of th EU

It began as a dream in the 1950s to dissuade European countries from ever again contemplating war again. The European Coal and Steel Community of 1952 grew into the European Economic Community of and, after the Maastricht treaty of 1991, the European Union. Whatever the label, the vision has alway been to create a single, borderless economic area with common standards and without barriers.

유럽연합의 발족
유럽연합은 1950년대에 유럽에서 또 다른 전쟁을 고려하지 않도록 설득하기 위한 꿈으로부터 시작되었다. 1952년에 설립된 유럽석탄철강공동체는 유럽경제공동체로 발전하였고, 그 후 1991년에 마스트리히트 조약에서 유럽연합으로 발전하였다. 명칭이 무엇이든지 불문하고 유럽공동체 또는 유럽연합은 언제나 장벽이 없이 공통되는 표준을 사용하고 경계선이 없는 단일 경제공동지역의 창조에 최우선순위를 두어왔다.

E "They attach their utmost importance of realizing the single European Union by all means"가 윗글의 thrust라고 볼 수 있기 때문에 해석 뒷부분은 약간 의역하였다.

B.4 FTA와 무역굴절현상

관세동맹(customs union)과는 달리 역외국에 대하여 회원국 개별적으로 관세를 부과하는 FTA에서는 우회수입(trans-shipment)이 발생하게 되는데, 역외국은 관세상의 특혜조치를 적용받기 위해 관세율이 낮은 회원국을 경유하여 특정 시장에 진입하려는 유인을 갖게 된다. 이러한 우회수입은 FTA를 통한 역내국가 간 교역확대효과를 감소시킬 수 있을 뿐만 아니라, 역외국으로부터의 MFN 관세수입을 교역상대국에 이전시킴으로써 실질적인 FTA의 긍정적 효과를 상쇄시키는 역할을 한다. 이때 선별적 원산지규정(preferential ROO)은 관세율 차이로 인해 발생하는 무역굴절(trade deflection)을 차단하기 위한 목적으로 이용된다. 모든 FTA에서는 역외국에 의한 우회수입 방지, 역내 생산 및 교역의 촉진 그리고 외국인직접투자 유인 등의 목적으로 원산지규정을 도입하고 있다. 이러한 원산지규정의 도입은 역외국에 대한 공동외부관세(common external tariff)를 부과하는 관세동맹에서는 그 중요성이 낮아지지만 FTA에서는 필수불가결한 요소라고 할 수 있다.

B.5 Monetary Union

Thirty years before the euro was born, Mundell compared the benefits of a common currency with those of flexible rates.

> 유로가 탄생하기 30년 전에 먼델은 단일 통화의 편익을 변동환율제가 주는 이익과 비교하였다.
>
> **E** 이 경우에는 ago를 사용하지 않고 before를 사용한다.

B.6 Recent Development of RTAs in North East Asia[9]

Abstract: This paper explores the recent development of regional trade agreements (RTAs) in North East Asia since China' s accession to the WTO in

9. Hae-du Hwang (2006) 참조

2001. After having successfully achieved high growth rates since its accesssion to the WTO, China' s stance towards RTAs has become more positive. In particular, an RTA in North East Asia will be facilitated if China, Japan, and Korea fully acknowledge the positive spillover effect from launching such an RTA. This paper further argues that all three nations have to endeavor to resolve the prolonged confrontation in their collective defense system if they would like to expedite any real progress towards a federal RTA in North East Asia.

최근 동북아에서의 지역무역협정의 발전

요약 : 이 논문은 중국이 WTO에 가입한 2001년 이후부터 최근까지의 동북아 지역에서의 지역무역협정(RTAs)을 연구한다. 중국이 WTO의 회원국이 되고 나서, 성공적으로 높은 성장률을 달성한 이후 중국은 지역무역협정에 더 긍정적 자세를 갖게 되었다. 특히, 중국, 일본, 그리고 한국이 동북아 지역무역협정의 발효로 인한 긍정적인 유출효과를 전적으로 향유하게 됨을 인식할 경우에는 이 같은 지역무역협정의 발전이 촉진될 수 있다. 이 논문은 동북아 지역에서의 연방적 성격을 지닌 지역무역협정을 향하여 실질적인 진전을 앞당기기를 원한다면 세 국가는 모두 그들 간에 오랫동안 지속되어 온 집단적 방위체제의 대치를 해결하기 위한 노력을 해야만 한다.

E 여기서 연방적(federal)의 반대는 기능적(functional)이다. 1957년에 출범한 유럽공동체(European Economic Community ; EEC) 출범과정에서 독일과 프랑스는 연방주의를, 영국은 기능주의를 주장하였다. 다르게 표현하면 연방주의는 경제적 심화를 통하여 연방국가를 지향하는 반면에, 기능주의는 정부 간 협력(inter-governmental cooperation)을 지향한다.

연습문제 Exercise

[1] Choose correct answers.

1 다음 두 괄호에 들어갈 단어로 적당한 것은?

(　　) 세계화, (　　) 지역화

① 경쟁력 있는, 조화된　　② 제품차별화 된, 개성 있는

③ 협력적인, 준비된　　④ 지엽적인, 폭넓은

2 각 산업별 특징이 바르게 연결된 것은?

① 섬유산업 – 개도국 산업경쟁력 약화
② 철강산업 – 냉전 종식 이후 CRM 중요성 증가
③ 자동차산업 – 다른 연관산업과의 낮은 외부효과
④ 전자산업 – 한국의 앞선 ASICs 기술

3 반덤핑조치는 아래의 어떤 형태의 가격차별에 해당되는가?

① 제1차 ② 제2차 ③ 제3차 ④ 제4차

4 다음 중 산업구제제도에 해당되지 않는 것은?

① 반덤핑관세 ② 금지관세 ③ 긴급수입제한조치 ④ 상계관세

5 무역에 대한 장벽(TBT)에 대하여 맞지 않는 항목은?

① 도쿄 라운드의 TBT 협정은 복수국 간 협정을 체결하였다.
② 케네디라운드에서 TBT협정을 보완 · 강화하는 작업이 추진되었다.
③ 1980년대에 와서 기술장벽과 관련된 통상마찰은 증가하였다.
④ UR 협상의 타결과 함께 WTO TBT 협정이 체결되었다.

6 다음 중 중상주의와 고전학파의 비교가 맞지 않는 것은?

	중상주의	고전학파
①	행정규제	자유방임
②	절대왕정	야경국가
③	분업과 특화	순수출의 확대
④	국가이익 우선	시장기능 우선

7 가맹국 간에 관세의 철폐뿐만 아니라 생산요소의 이동까지도 자유롭게 허용하는 형태의 경제통합을 무엇이라고 하는가?

① 자유무역협정(free trade agreement) ② 관세동맹(customs union)
③ 공동시장(common market) ④ 경제동맹(economic integration)

8 EEC가 출범한 1957년에 회원국이 아니었던 국가는?

① 프랑스 ② 독일 ③ 영국 ④ 이탈리아

9 제품수명주기의 어느 단계에서 선진국의 해외직접투자가 발생하게 되는가?

① 도입기(introductory stage) ② 성장기(matured stage)
③ 표준화시기(standardized stage) ④ 쇠퇴기(receding stage)

10 헥셔-오린이론의 주장이 아닌 것은?

① 동일한 생산기술 ② 요소부존도 이론
③ 요소가격균등화 이론 ④ 노동가치설

11 아일랜드나 헝가리와 같이 해외직접투자를 유치하는 정부정책의 중요성이 반영되는 해외직접투자이론은?

① 무역-해외입지절충이론 ② 내부화이론
③ 독점적 우위이론 ④ 거시경제적 접근이론

12 헥셔-오린의 비교우위이론와 상반되는 실증적인 증거를 제시한 사람은?

① Hicks ② Leontief ③ Keynes ④ Samuelson

13 다음 설명에 해당되는 것은?

다국적기업은 시장을 통하지 않고 기업 내에서 발생하는 기술획득 및 확산의 외부효과를 기업 내에서 확보하기 위하여 기업내무역을 통한 투자를 하게 된다.

① 종속이론 ② 독점적 우위론 ③ 내부화이론 ④ 절충이론

14 마케팅믹스에 포함되지 않는 것은?

① 가격정책 ② 제품정책 ③ 판매촉진정책 ④ 인사고과정책

15 GATT의 New Round에 해당되지 않는 것은?

① 선진국 간의 산업내무역 촉진
② 1973년 Tokyo Round 이후의 모임들
③ 선진국의 농업보호벽이 낮아짐
④ 신보호무역주의의 대두가 문제시 됨

16 지역화의 진행 정도로 볼 때 유럽연합(EU)은 어느 단계에 있다고 할 수 있는가?

① 자유무역협정(free trade agreement) ② 관세동맹(customs union)
③ 공동시장(common market) ④ 경제동맹(economic union)

17 Meade의 삼각형 또는 무역삼각형에 대한 설명으로 틀린 것은?

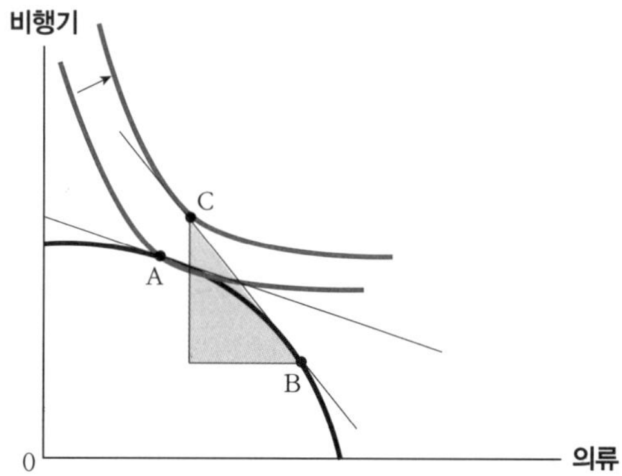

① A점은 자급자족점으로 무역을 하지 않을 경우 생산가능곡선과 무차별곡선의 접점이다.
② B점은 폐쇄경제 하에서의 특화점이다.
③ C점은 개방경제 하에서의 무역점이다.
④ C점을 통과하는 무차별곡선은 무역을 통한 사회후생의 증가를 보여준다.

18 기업의 사회적 책임은 투자의 지표가 되기도 하는데 이와 관련하여 가장 거리가 먼 것은?

① 기업윤리 ② 분식회계 ③ ISO 9000 ④ 집단소송제

19 어떤 경제체제이든 간에 경제발전의 근본 요인은 혁신이라고 주장한 사람은?

① Marx ② Ricardo ③ Hayek ④ Schumpeter

20 자본이나 노동이 풍부한 산업에 특화하면 비교우위 이익을 향유할 수 있기 때문에 무역이 발생하게 된다고 설명하는 이론으로 1960~1970년대 자본집약적 산업의 미국과 노동집약적 산업이었던 우리나라와의 무역을 예로 들 수 있는 이론은?

① 요소부존도이론 ② 요소가격 균등화이론
③ 요소가격역전 ④ 산업내무역이론

21 다음 중 경영학 발달과정에 대한 설명 중 옳은 것은?

① 전통적 관리론은 인간에 대한 긍정을 바탕으로 한다.
② 호손공장 실험에서 인간은 감정에 의해 움직이는 심리적 존재임을 보여준다.
③ 맥그리거는 Y이론을 통해 근대적 관리론을 주장했다.
④ 통합적 관리론은 페욜(Fayol)의 X이론에서 발전되었다.

22 다국적기업이 해외직접투자보다 Licensing을 선호하는 경우가 아닌 것은?

① 투자대상국의 정치적인 불안정
② 긴 제품수명주기로 인한 효용성
③ 지체할 수 없는 시장진출의 긴급성
④ 어려움이 없는 신제품 개발

23 다음 중 단일유럽법(Single European Act)의 목적으로 맞는 것은?

① 1992년까지 공동시장 진입
② 1993년까지 경제통합 달성
③ 2002년까지 공동통화의 상용화
④ 2004년까지 EU의 중 · 동구 확장

24 다음 중 신보호무역주의에 대한 설명으로 틀린 것은?

① 개발도상국과 후진국 중심의 노동집약적 분야의 수출에 따른 선진국 재정 압박이 배경이다.
② 대표적으로 1970년대 유럽의 섬유산업과 조선산업을 들 수 있다.
③ 따라서 선진국들은 관세장벽을 통하여 자국산업을 보호하고자 했다.
④ 유치산업보호론과는 그 등장시기가 다르다.

25 다음 빈칸에 들어갈 용어의 조합이 바른 것은?

Vernon and Wells have simply added the concept of (　　　) and Foreign Direct Investment to the original version of (　　) developed by Posner and Hufbauer.

① Product Life Cycle Theory, Technological Gap Theory
② Alternative Trade Theory, Product Life Cycle Theory
③ Technological Gap Theory, Alternative Trade Theory
④ Product Life Cycle Theory, Alternative Trade Theory

26 연구집약도(Research Intensity)를 계산하는 데 불필요한 요소는?

① 연구개발비　② 매출액　③ GDP　④ 임금총액

27 다음 중 자유무역을 주장한 경제학자가 아닌 사람은?

① Adam Smith
② David Ricardo
③ Alexander Hamilton
④ John Stuart Mill

28 광고의 기능 중 불필요한 구매를 설득하는 '조작된 구매' 를 역설한 학자는?

① Kenneth Galbraith
② Jeffrey Sachs
③ Milton Friedman
④ Paul Samuelson

29 경영활동을 위한 기업 외부자원 활용방안에 대해 Porter가 말한 것이 아닌 것은?

① 인수 · 합병
② 전략적 제휴
③ 외주
④ 프로젝트 파이낸스

30 최근 국제금융시장의 특징이라고 볼 수 없는 것은?

① 국제자본거래 규모의 증가
② 국제자본시장의 통합
③ 직접금융방식의 비중 증가
④ 금융자산가격의 변동성(volatility) 감소

31 서비스무역에 대한 일반협정(General Agreement on Trade in Service ; GATS)에서 분류하는 서비스무역의 어떤 형태가 해외직접투자를 동시에 발생시키게 되는가?

① Mode 1
② Mode 2
③ Mode 3
④ Mode 4

32 유럽연합의 공동정책 중에서 무역전환효과가 가장 큰 정책은?

① 공동산업정책
② 공동농업정책
③ 공동기술정책
④ 공동에너지정책

33 산업내무역의 발생원인을 설명한 S.B. Linder의 대표수요이론(representative demand)은 다음 중 무엇에 근거하고 있는가?

① 동일한 소비자 선호(identical tastes)
② 비숙련 노동(unskilled labor)
③ 비슷한 소득 묶음(similar income brackets)
④ 소득격차(income wedge)

34 H. Gurbel과 P. Lloyd는 산업내무역(intra-industry trade)에서 무엇이 가장 중요한 특징이라고 하였는가?

① 수확체감, 동태적 규모의 경제　② 수확불편, 정태적 규모의 경제
③ 수확체감, 동태적 규모의 경제　④ 제품차별화, 동태적 규모의 경제

35 다음 중 다국적기업(Multinational Enterprises)의 특징이라고 볼 수 없는 것은?

① 세계화의 주체
② 수출, 해외직접투자, 기술이전을 package로 수행
③ 세계화의 촉매역할
④ Global Logistics System을 수행하지 않음

36 자유무역에 대한 많은 논쟁들 가운데 다음의 어떤 주장이 자유무역의 주장에 대한 경제적 합리성을 지닌 예외가 될 수 있는가?

① 가격안정성을 위한 다양화　② 국내 임금수준의 보호
③ 유치산업보호론　④ 군사적으로의 자급자족

37 Porter의 Diamond Model의 요소가 아닌 것은?

① Factor Condition　② Structure, Conduct, Performance
③ Firm, Strategy, and Rivalry
④ Supporting and Related Industry

38 EEC(European Economic Community)의 출범과 직접 관련이 없는 항목은?

① European Coal and Steel Community　② Rome Treaty
③ European Atomic Energy Community　④ Maastricht Treaty

39 유럽연합의 주요 기구 중 하나로 브뤼셀에 본부를 두고 있고, 국가의 행정부와 유사한 성격(각 부처에 해당)을 지녔지만 권한은 이보다 약한 기구는?

① 유럽위원회(European Council)
② 유럽집행위원회(European Commission)
③ 유럽의회(Parliament)　④ 각료회의(Council of Ministers)

40 다음 중 연결이 바르지 못한 것은?

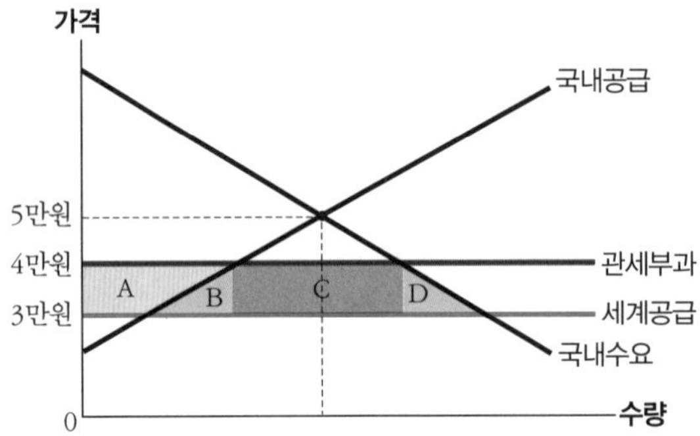

① A-공급자에게 귀속 ② B-자중손실
③ C-관세수입 ④ D-수요자에게 귀속

41 전문경영자 형성과 관련이 없는 사항은?

① 버남(J. Burnham) ② 소유와 경영의 분리
③ 주식회사의 발달 ④ 합자회사의 발달

42 생산요소시장에서 잔여적(residual) 개념에 해당되는 것은?

① 임금 ② 지대 ③ 이자 ④ 이윤

43 산업내무역, 신산업조직론, 내생적 성장이론, 새경제지리학과 관련이 없는 항목은?

① 규모에 대한 수익체증 ② 누적적 인관관계
③ 규모에 대한 수익불변 ④ 연관효과

44 『렉서스와 올리브 나무』라는 책은 세계화에 대한 긍정적 견해를 가지고 있다. 이와 반대되는 견해를 가진 경제학자 또는 국제모임은?

① Thomas Friedman ② Davos Forum
③ Jagdish Bhagwati ④ World Social Forum

45 다음 그림에서 독점적 경쟁기업의 수요곡선을 남서 방향으로 이동시키는 움직임 A를 경제학에서 무엇이라고 하는가?

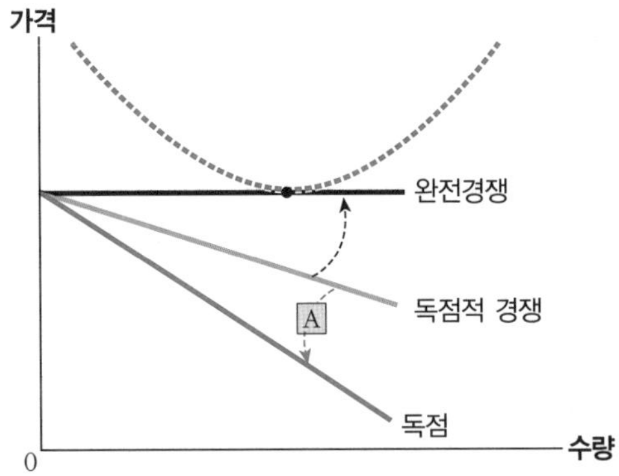

① 산업지원금 ② 조세혜택 ③ 제품차별화 ④ 다운사이징

Answer

1 ② 2 ② 3 ③ 4 ② 5 ② 6 ③ 7 ③ 8 ③ 9 ③ 10 ④ 11 ① 12 ② 13 ③
14 ④ 15 ③ 16 ④ 17 ② 18 ③ 19 ④ 20 ① 21 ② 22 ② 23 ① 24 ③ 25 ① 26 ④
27 ③ 28 ① 29 ④ 30 ④ 31 ③ 32 ② 33 ③ 34 ④ 35 ④ 36 ③ 37 ② 38 ④ 39 ②
40 ④ 41 ④ 42 ④ 43 ③ 44 ④ 45 ③

E 17 B점은 개방경제 하에서의 특화점이다. 18 ISO9000은 품질관리에 대한 보증서이다. 24 역사적 보호주의는 유치산업을 관세를 사용하여 보호한 반면에, 신보호무역주의는 사양산업(declining or flagging industry)을 보조금과 같은 비관세장벽을 사용하여 보호하였다. 30 금융자산가격의 변동성(volatility)이 크게 증가하고 있다. 32 무역창출은 지역무역협정 회원국 중에서 더 효율적인 국가가 생산을 증가시키는 경우인 반면에, 무역전환은 역외국이 더 효율적임에도 불구하고 수입품에 대하여 높은 관세를 부과한 결과 비효율적이 회원국의 생산이 증가하는 현상을 뜻한다. 33 Trade thrives among similar income brackets. 37 산업조직론에서 중요한 역할을 하는 Structure, Conduct, Performance는 Five Forces의 기반을 제공하고, Diamond 모형과는 관계가 없다. 38 Maastricht Treaty는 유럽연합(EU) 출범의 기반을 제공한 조약이다. 40 D도 자중손실을 나타낸다. 45 제품차별화를 경영학에서는 Merchandizing이라고 한다.

[2] Fill up the blanks with suitable words.

1 SWOT stands for strength, weakness, potential opportunity, and potential ( ).

2 UNCTAD를 설립을 주장한 프레비쉬(Prebisch)는 순교역조건의 악화를 방지하거나 완화하기 위하여 (　　) 공업화정책을 주장하였다.

3 (　　)이란 관세동맹에 의하여 효율적인 재화의 공급원이 비효율적인 공급원으로 대체됨을 의미한다.

4 유럽연합(EU)은 1957년 (　　) 조약에 의하여 출발한 유럽경제공동체(European Economic Community ; EEC)에서 시작되었다.

5 GATT promotes free trade whereas WTO aims at promoting (　　) trade.

6 공급이 인위적으로 제한되는 경우에 전용수입보다 많은 수입을 받는 경우를 (　　) 지대라고 한다.

7 Empirical evidence has shown that it may be a moot point to argue the superiority between an (　　)–oriented policy and an import substitution one in inducing industrial development.

8 Christopher Hill, U.S. ambassador to Seoul, strongly urged Korea yesterday to drop its film (　　) quota so that trade negotiations between the United States and Korea can move forward.

9 "The world is going through an incredible amount of change. (　　) has affected almost everything we touch, from economies to capital markets, to communications, to trade policies, to environmental issues.

10 Open regionalism was adopted to proclaim to the rest of the world that APEC doesn' t seek a trade bloc or an (　　) FTA.

11 독일의 리스트가 주장한 유치산업보호론은 경제활동에 플러스의 (　　)가 있을 경

우에 한시적으로 관세를 사용하여 보호할 수 있다는 주장이다.

12 국내 인플레이션이 외국의 인플레이션보다 높으면 그 차이만큼 환율이 상승한다는 것을 (　　)이라고 한다.

13 (　　) 조약은 2006년 프랑스와 네덜란드에서 부결된 유럽헌법을 우회하여 통과시키고자 합의한 조약이다.

Answer

1 threat 2 수입대체공업화 3 무역전환(trade diversion) 4 로마 5 fair 6 경제
7 export 8 screen 9 globalization 10 exclusive 11 외부 12 구매력평가설 13 리스본
E 7 실증적 자료들은 수출지향적 공업화정책과 수입대체 공업화정책 간에 우월을 논쟁하는 것은 쟁점이 없음을 보여준다. 8에서 'drop'을 다른 용어로 바꾸면 'lift'가 된다.

[3] Mark T if the following statement is true and make F if it is false. You may replace the wrong words with the correct ones if you can fix it.

1 FTA 회원국 간에는 특혜원산지 규정을 적용한다. 일괄관세인하협정(General System of Preference ; GSP)도 특혜원산지 규정이라고 할 수 있다.

2 The share of tertiary industry in GNP will be reduced in parallel with economic development.

3 Taylor's view of human nature was that of 'economic man'.

4 FTA 또는 관세동맹과 같은 지역무역협정이 진행되는 경우에는 장기평균비용곡선 자체가 상방으로 이동하게 된다.

5 우루과이협정에서 다자간섬유협정을 2010년까지 철폐하기로 합의하였다.

6 경제통합이 진행되면 기존에 존재하던 X-inefficiency는 감소하게 된다.

7 노동과 자본의 추가적인 요소투입 없이 조직과 기술혁신을 통해 성장하는 것을 외연적 성장이라 한다.

8 산업내무역지수가 높을수록 경제통합은 어려워진다.

9 경제통합의 심화는 경제통합의 기능적 요인이 강화되는 현상을 뜻한다.

10 Public administration have some affinities with business administration.

11 중국은 최근에 와서 FTA에 대하여 적극적 자세를 취하고 있다.

12 최근에 와서 우리나라의 순교역조건이 개선된 결과 GNI(Gross National Income)가 GNP를 초과하고 있다.

13 수출자율규제와 같은 회색무역지대는 WTO 출범 이후에도 그대로 적용되고 있다.

14 유럽연합이 미국과의 디지털 격차(digital divide)를 감소 또는 소멸시키고자 하는 정책은 리스본조약(Lisbon Treaty)이다.

15 독점이 가져오는 피해는 자연독점인 경우에도 적용될 수 있다.

16 자본유입이 증가하여 외환의 공급이 증가하게 됨에 따라서 환율은 상승하게 된다.

17 국내의 인플레이션이 외국에 비하여 크다면 환율은 상승하게 된다.

18 선진국과 후진국 간에 소득격차는 1960년대에 와서 중요한 국제문제로 대두되었는데 이를 동서문제라고 한다.

19 세계화 과정에서 생산활동은 분산되고(fragmented) 있지만 생산과정은 다국적기업의 모기업을 중심으로 더 강하게 결합되고(integrate) 있다.

20 세계화 과정에서 다국적기업의 지식집약 서비스산업에 대한 독점력은 증가해 왔다.

21 산업내무역, 신산업조직론, 내생적 성장이론, 새경제지리학은 모두 규모에 대한 수익체증을 가정한다.

22 무경쟁집단(non-competing group) 이론도 요소이동을 증가시키면 요소가격균등화 이론과 같이 임금수준의 격차가 감소하게 된다고 설명한다.

23 EU는 그 전신이 EC 이외에도 공동외교 · 안보정책 및 공동사법 · 내무정책의 세 기둥으로 구성된 일종의 우산과 같은 의미를 갖고 있다.

24 유럽헌법의 통과 후에 입법과정에서 유럽의회의 권한이 크게 감소하고 있다.

Answer

1 T 2 F. reduced 3 T 4 F. 하방으로 5 F. 2005년 6 T 7 F. 내연적 8 F. 쉬워진다 9 F. 연방적 10 T 11 T 12 F. 악화, 미달 13 F. 철폐되었다 14 F. 전략 15 F. 없다 16 F. 하락하게 된다 17 T 18 F. 남북문제 19 T 20 T 21 T 22 F. 감소하지 않는다 23 T 24 F. 증가하고

E 3 경제가 발달함에 따라서 post-industrial society로 진전되면서 서비스산업의 비중이 증가하게 된다. 18 동서무역은 자본주의국가와 사회주의국가 간의 무역을 뜻한다. 24 삼권분립체제가 수립되고, 강화되어 가는 과정에서 의회의 권한은 증가하는 반면에, 유럽집행위원회의 권한은 감소하고 있다.

[4] Change the given words into appropriate usage.

1 Economic integration is an (   ) of trade policy. [extend]

2 We know sometimes your view isn' t clear. So we' ve added an available Forward (   ) Warning to help keep an eye on the road ahead in those moments when you don' t. [collide]

Answer

1 extension. 경제통합은 무역정책의 연장이다.
2 collision. 당신의 시야가 때때로 분명하지 않을 수도 있는 것을 안다. 그래서 우리는 당신의 시야가 분명하지 않을 경우에 당신의 시계를 돕기 위하여 앞 방향의 추돌주의 장치를 추가하였다.

부록 C 국제통상법

C.1 Need for the International Trade Law

아래 글은 국제통상규범의 헌법에 해당되는 역할을 하는 세계무역기구에 대한 미시건 대학의 Jackson 교수의 글이다. 여러분의 이해를 돕기 위하여 우리말로 번역하고, 다른 형태로 rewriting하였다.

The World Trade Organization (WTO) would appear to have sufficient institutional flexibility to address a number of the questions and concerns that I raised. But it still remains to be seen whether the WTO can mediate such a wide landscape of policy goals as we have outlined in the previous section, or will the WTO be essentially a somewhat more narrow trade organization. Can it successfully accommodate many diverse policy approaches in areas such as environment, competition policy, labor standards, economies in transition, particular needs of developing countries, and so on? (Jackson, *The World Trading System*, second edition, p. 351)

WTO는 내가 전에 제기했던 많은 문제와 우려를 다루기 위해서 충분한 기관의 유연성을 구비한 것 같이 보인다. 그러나 WTO가 앞 장에 우리가 전반적으로 설명한 정책목표들의 광범위한 영역을 조정할 수 있는지, 아니면 WTO가 근본적으로 종전의 GATT와 유사하게 다소 더 작은 범위의 영역을 취급하는 무역기구가 되는지는 시간이 어느 정도 지나야 알 수 있다. 과연 WTO가 환경, 경쟁정책, 노동기준, 전환경제체제, 개발도상국의 특정한 요구와 같은 많은 다양한 정책적 접근을 성공적으로 수용할 수 있을 것인가?

Re I am convinced that the WTO has been equipped with sufficient institutional maneuvering capability to resolve those pending issues in trade policies as mentioned in the previous chapter. But it may be premature for us what will be the long-term outcome of WTO compared with the GATT which focused on the promotion of free trade. The WTO aims at promoting fair trade which covers a wide range of issues such as trade and environment, competition policy, labor standards, economies in transition, specific needs of developing nations, and so forth. It seems that the ultimate role of WTO may be determined by the mutual interactions among multilateralism, regionalism, and competing national interests.

C.2 Countervailing Duty between the U.S. and the EU

The subsidy row between America and Europe is becoming an eternal triangle. In 1992, Europe and America agreed that Airbus' s launch aid would be limited to one–third of development costs, while indirect aid to Boeing would be capped at 4% of its total revenues. But last year America tore up this bilateral deal and demanded an end to Airbus' s launch aid, declaring that the 1992 agreement had required it to be phased out over time. (*Economist*, April 1st, 2005)

미국과 유럽 사이의 보조금 소동은 영원한 삼각관계가 되어가고 있다. 1992년 유럽과 미국은 에어버스가 사업을 착수할 때 보조금을 개발비의 1/3 수준으로 제한하는 반면에, 보잉은 그들의 총수익의 4%선에서 간접적으로 보조해줄 것에 대해 합의하였다. 그러나 작년 미국은 이러한 양측의 합의를 파기하였고, 에어버스의 보조금 제공의 종결을 요구했으며 1992년 합의는 단계적으로 철폐되어야 할 필요가 있다고 선언하였다.

Voca capped = restrained or allowed

Re The subsidy row between the Boeing and Airbus is on the verge of entering into an eternal triangular relationship due to the possible involvement of the WTO. Both sides reached a consensus to limit the Airbus' s launch aid to one–third of development costs and to set the indirect aid of Boeing at proxy 4% of its total revenues. But America breached and scrapped this bilateral agreement and urged to terminate the launch aid of Airbus by making an official announcement for the abolition of the 1992 deal on the basis of gradual step.

C.3 States' Rights vs. Free Trade

As trade pacts proliferate, states start to contemplate how to restore the lost sovereignty. What troubles the states now comprises the following cases: (a)

WTO rules overriding state laws on everything from gambling to recycling; (b) The WTO reviewing state court rulings, thus, giving foreign investors extra rights.

국가 권력과 자유무역과의 비교
무역협정이 급격히 늘면서 국가들은 상실한 주권에 대해 강하게 언급하고 있다. 현재 국가를 어렵게 하는 문제들은 다음과 같은 경우를 포함한다. (a) 도박에서 재활용까지 거의 모든 분야에서 세계무역기구는 연방 법률을 초월하여 지배하고 있다. (b) 세계무역기구가 국가법원의 판결을 재검토함으로써 외국투자자에게 별도의 권리를 부여한다.

Voca override = outweigh

Re The conflicts between states' rights and free trade have shown an amplifying tendency in that WTO rules outweigh state laws in a wide range of issues. Furthermore foreign investors have been discriminated for by accruing additional right via the reviews of WTO on state court rulings.

C.4 Salient features of Kennedy, Tokyo, and Uruguay Round

The Secretariat, which is located in Geneva, resumes routine official tasks whereas Rounds are held among ministers of trade and industry on a regular basis. The Kennedy Round in the early 1960s achieved a remarkable progress in trade liberalization by implementing a unified approach to tariff reductions instead of imposing tariffs on the basis of item–by–item approach. The Tokyo Round in the early 1970s contributed for boosting the intra–industry trade among industrialized countries while clamping down the exports of labor–intensive manufactures and agricultural products from developing countries by curtailing the scope of applying the General System of Preference (GSP). Despite having achieved a substantial reduction in tariff barriers, non–tariff barriers increased nearly to the same extent of tariff reductions. The Uruguay Round has achieved an unprecedented progress in liberalizing the agricultural sector and service industry.

라운드는 산업자원부의 장관들이 정기적으로 만나는 모임인 데 반하여 제네바에 위치한 사무국은 정규적이고 공식적인 업무를 수행한다. 1960년대의 케네디 라운드는 개별적으로(item-by-item) 관세를 부과하는 방식에서 단일화된(unified) 형태로 관세를 부과하는 방식으로 전환됨에 따라서 무역자유화에 괄목할 만한 진전을 달성하였다. 1970년대 초의 도쿄 라운드는 일괄관세인하협정의 적용범위를 축소시킴으로써 개도국의 노동집약 공산품과 농산품의 수출을 억제하는 반면에 선진공업국 간의 산업내무역을 촉진시키는 데 기여하였다. 상당한 관세인하를 달성하였음에도 불구하고 비관세장벽은 거의 관세인하와 같은 크기만큼 증가하였다. 우루과이 라운드는 농산물과 서비스 산업의 개방에 전례없는 진전을 가져왔다.

E 케네디 라운드는 관세를 선형화(linear)시킴으로써 미국의 수출증대에 크게 기여하였다는 점에서 '20세기의 항해조례' 라고도 한다. 영국의 크롬웰 장군은 영국 상선이 아닌 다른 국가의 상선이 공산품을 선적하고 갈 경우에 해군을 이용하여 격침시켰다. 단일화 또는 선형화는 모든 품목에 걸쳐서 같은 관세인하율을 적용하는 방법으로서 항목마다 다르게 관세를 인하하는 방법보다 개방적이면서도 급진적이라고 할 수 있다.

C.5 To what extent is the WTO different with the GATT?

The WTO may be interpreted as an amalgamation of the GATT and UR. The common threads between the WTO and GATT are the adoption of most-favored-nations clause and the national treatment one. But there exist several differences. The WTO promotes fair trade through rule-making procedures whereas the GATT promotes free trade by reducing or abolishing tariff and non-tariff barriers. The former is equipped with a legal identity, thus, its decision is more binding than that of GATT. But the demerit of WTO may be stemmed from the long gestation time period to reach an overall consensus in terms of time and energy. This renders several industrial nations pursue bilateral FTAs as a means of expediting the export on which they have procured global competitive edges.

국제무역기구는 관세 및 무역에 대한 일반협정과 어떻게 다른가?
WTO는 GATT와 UR의 결합이라고 해석될 수도 있다. WTO와 GATT의 공통분모는 최혜국약관과 내국민 대우이다. 그러나 두 기관 간에 몇 가지 다른 점이 있다. GATT가 관세 및 비관세장벽을 감소시킴으로써 자유무역을 촉진하는 데 반하여 WTO는 규정을 만들어가면서 공정무역을 추구한다. WTO는 법적 자격을 구비하고 있기 때문에 GATT보다 그 결정이 구속력을 가지게 된다. WTO의 단점은 시간과 노력 측면에서 전체적 합의에 도달하는 데 회임기간이 상당히 길다는 데 있다. 이 같은 단점은 몇몇 선진공업국들로 하여금 그들이 글로벌하게 경쟁력을 가진 상품의 수출을 앞당기기 위하여 양자간 자유무역협정을 추구하게 유도하였다.

E GATT는 자유무역을, WTO는 공정무역을 도모한다. WTO는 법인격을 갖추어서 GATT에 비하여 구속력이 강하지만, 만장일치에 도달하기 위해서는 시간과 노력이 소요되기도 한다.

C.6 On what grounds has FTA become nearly omnipotent in the international trade norm compared with the WTO since the suspension of DDA in 2006?

According to the World Trade Organization there are more than 200 FTAs in force. Besides its proliferation, its leverage has been also upsurged for the following reasons. Although the DDA has been resumed in January 2007 from its suspension since the July 2006, its impulse has become so feeble like patients in the intensive care unit.

A further liberalization attempt on the tertiary sector and agricultural items has been virtually halted, thus, a substantial part on these issues has been shifted or resumed to the negotiation table of FTA. The investment issues have been also delegated to the FTA since the collapse of multilateral agreement of investment which was initiated by the OECD over the period 1993–1998. The trade–related investment measures and the mode 3 in GATS only take about 15 percent of total investment, thus, the remaining part is dealt by the FTA. Finally the economic integration has been reinforced by reflecting the strategic need for improving their leverages on economic and international relations among leading nations. We can gather it may be almost impossible to explain the on–going global issues without fully reflecting the complicated attributes of FTA.

어떤 이유에서 2006년에 DDA가 정체된 이후에 FTA가 국제통상규범에서 거의 전지전능하게 되었는가?

WTO에 의하면 약 200여 개의 FTA가 실시되고 있다고 한다. 이 같이 FTA가 번성하게 된 것 이외에 FTA의 영향력도 다음과 같은 이유에서 강화되어 왔다. 비록 DDA가 2006년 7월 정체 이후에 2007년 1월에 재개되었지만, DDA의 맥박은 중환자실의 환자같이 너무 취약해졌다. 서비스 산업과 농산품의 추가적 자유화 시도는 거의 중단되어서, 그 결과 이 같은 문제들의 상당히 많은 부분들이 FTA 협상 테이블로 이동하거나, FTA 협상 테이블에서 재개되고 있다. 1993-1998년에 걸쳐서 OECD에 의하여 주도된 다자간 투자협정이 붕괴된 이후에 투자현안들도 역시 FTA로 위임되었다. 무역과 관련된 투자조치와 서비스에 대한 일반무역협정에서 형태(mode) 3은 총투자의 약 15%에 지나지 않기 때문에 남은 85%는 FTA에서 취급하게 된다. 마지막으로 지도적 위치에 있는 국가들이 경제 및 국제관계에서 그들의 영향력을 개선할 전략적 필요성을 반영함으로써 경제통합은 강화되고 있다. 우리들이 종합적으로 판단해 보건대(We gather) 현재시점의 글로벌 현안을 설명하기 위해서는 FTA의 복잡한 속성을 완전하게 반영하지 않고는 거의 불가능하다.

C.7 Multi-track Trade Policy

01 The present global trading system seems to be the coexistence of multilateralism as embodied in the WTO and a proliferation of regional trade agreements as illustrated mostly in the free trade agreement.

현시점의 글로벌 무역체계는 세계무역기구에 의하여 구현된 다자주의와 가장 자주 자유무역협정으로 나타나는 지역무역협정의 확산이 공존하는 것 같이 보인다.

Re One of the salient features of the present global trading system seems to be the prevalence of multi-track trade one which encompasses the multilateralism as embedded in the GATT1994/WTO and a looming of regional trade agreement as exhibited mostly by the free trade agreement.

02 A WTO report points out, so much of world trade is now conducted through trade preferences — special deals that are, perhaps understandably, sometimes more sought after than multilateral advances — the commercial impact of the Doha result may be diminished. (*Herald Tribune*, Jan. 29-30 2005)

WTO의 한 보고서는 세계무역의 상당히 많은 부분이—다자주의 진전보다 아마도 특별한 혜택을 더 추구하는—선별적 무역으로 이루어지고 있고, 그 결과 도하발전의제의 상업적 영향이 감소하게 되리라고 지적한다.

E GATT/WTO의 다자주의에서 가장 중요한 약관은 최혜국약관(Most Favoured Nations Clause)이다. 즉, 148개 회원국 가운데 어떤 특정 국가에게 제공된 혜택은 나머지 국가에도 동일한 정도로 적용되어야 한다는 내용이다. 따라서 역외국에 대해서는 역내국보다 불리하게

무역정책을 실시하는 자유무역협정(FTA)과 개도국을 위한 일괄관세인하협정(General System of Preference)은 다자주의에 어긋난다. 이 글은 선별적 무역정책의 확산(prevalence)으로 Doha Development Agenda의 효력이 약화될 수 있음을 시사한다.

Voca so much of = substantial | 양방의 : bilateral. 일방의 : unilateral

C.8 International Economic Law

Translate the following paragraphs into Korean and explain how it is related with the international trade law and trade practice.

Increasingly in recent years one has heard references to "international economic law." Unfortunately, this phrase is not well defined. Various scholars and practitioners have differing ideas about the meaning of this term. Some would have it cast a very wide net, and embrace almost any aspect of international law that relates to any sort of economic matter. Considered this broadly, almost all international law could called international economic law, because almost every aspect of international relations touched in one way or another on economics. Indeed, it can be argued from the latter observation that there cannot be any separate subject denominated as 'international economic law.'

최근 몇 년 동안 사람들은 '국제 경제법'에 대한 언급을 점점 자주 접해 오고 있다. 그러나 불행하게도, 이 구문은 잘 정의되어진 것은 아니다. 다양한 학자들과 전문가들은 이 용어의 의미에 대한 의견이 엇갈려 왔다. 몇몇은 그것을 아주 넓은 연결망으로서, 대부분의 어떠한 경제 관련 국제법이라도 아우르는 것으로 간주하고는 한다. 이같이 광범위하게 보면 대부분의 국제관계의 각 측면들이 한 방법으로든 다른 방법으로든 경제학과 관련되어 있기 때문에 모든 국제법은 국제경제법이라고 분류될 수 있다. 진정으로 후자의 관점에서 보게 된다면 (국제법과 별도로) 국제경제법이라고 불리우는 별도의 주제가 있을 수 없다고 주장할 수도 있다.

A more restrained definition of "international economic law" would, however, embrace trade, investment, services when they are involved in transactions that cross national borders and those subject that involve the establishment on national territory of economic activity of persons or firms originating from outside that territory.

그렇지만 좀 더 제한된 "국제 경제법"의 정의는 국경을 넘나드는 거래와 관계되는 무역, 투자, 서비스, 그리고 국경의 외부에 근거를 두고 있는 개인들과 기업들의 경제행위의 국가적 영역의 구분과 관계되는 주제들을 포함할 수도 있게 된다.

C.9 International Trade Law(Private Aspects)

01 Focus of Consideration(선화증권의 법적 해석에 대한 초점)

It is possible to have a cash sale international transaction which does not involve a letter of credit. Such a transaction uses the negotiable bill of lading and a series of collecting banks to require the buyer to pay before it can obtain physical possession of the bill of lading and therefore control of the goods. These principles are at the heart of the CIF transaction. "CIF", as a term of a contract, is typically not just a price term, but is also a payment term (payment is due against tenders of documents) and a delivery term (at shipment). The CIF transaction can be diagramed in exactly the same way as the overall transaction flows, but deleting the letter of credit.

신용장을 사용하지 않은 국제현금판매거래를 하는 것은 가능하다. 이 같은 현금거래는 구매자(수입업자)가 선화증권의 물리적 소유를 확보함으로써 선적화물에 대한 통제권을 확보하기 전에 수입업자로 하여금 거래대금의 지불을 요구하는 협상 가능한 선화증권과 추심은행들을 이용하게 된다. 이러한 원칙들은 CIF 거래의 중심 원칙이 된다. 계약상의 용어로서 "CIF"는 단순하게 전형적인 가격조건이 아니고 (서류의 발행자 또는 소지자에 대하여 거래대금을 지불하여야 하는 대금결제조건이고, (선적할 때에는) 인도조건이 되기도 한다. CIF 거래는 정확하게 전반적인 거래 흐름에서 신용장을 제외하고 정확하게 동일한 도표로 그려질 수 있다.

02 As to regulation of the terms of the bill of lading, i.e., the relationship of the carrier and its customers, this is the subject of three international conventions and two United States federal statutes. The Three conventions — the Hague Rules, the Hague-Visby Rules, and the Hamburg Rules, respectively — all cover the same subject matter, but are progressively more customer-oriented. The United States has enacted the Hague Rules into its domestic law as the Carriage of Goods by Sea Act

(COGSA), but also has non-confirming pre-COGSA legislation (the Harter Act) in force. English law is based on the Hague-Visby Rules. (Folsom, Gordon and Spanogle, *International Business Transactions*, p. 88)

세 개의 국제관습과 두 개의 미국 연방 법규가 운송인과 그의 고객과의 관계를 취급하는 선화증권의 조건에 대한 규제를 취급하고 있다. 이 세 가지 별도의 국제관습에 해당되는 헤이그 규칙, 헤이그/비스비 규칙, 그리고 햄버그 규칙은 모두 동일한 (선화증권의 권리)에 대한 주제를 취급하고 있지만, (최근의 관습일수록 진보적 자세로 소비자 지향적 측면이 강화되어 왔다. 미국은 헤이그 규칙을 "해상운송에 대한 국내 법규"(COGSA)로 제정하였고, 이 국내법 제정 이전의 확인하지 않은 COGSA 이전의 법규인 (하터) 법도 유효하다고 발표하였다. (해상운송에 대한) 영국 법규는 헤이그/비스비 규칙에 기초하고 있다.

03 Impracticability and Impossibility under CISG

There are three things which the party claiming exemption [under CISG Article 79] has to prove. (i) The non-performance must be "due to an impediment" ; (ii) the impediment must have been "beyond his control" ; (iii) it must be one which he could not reasonably have been expected to take into account when the contract was made and which (or the consequences of which) he could not reasonably have been expected to avoid or overcome. This is obviously not the language of the common law; it echoes in fact that of French law and the systems derived from it, which speak in terms of *force majeure* is the like as a justification or excuse for non-performance; and *force majeure* is characterized as unforeseeable, insurmountable, irresistible. But the common lawyer should have no difficulty in working with this concept. (*Op. cit*, p. 129)

국제물품매매계약에 대한 UN협약에서의 실현불가사항과 실행불가사항

CISG 79조에 의거, 의무 면제를 주장하는 계약당사자가 입증해야 하는 세 가지 사항이 있다. 첫째, 계약 불이행은 장애요인으로 인한 것이어야 한다. 둘째, 그 장애요인은 계약당사자로서는 통제 불가능한 것이어야 한다. 셋째, 장애요인은 계약초기 계약당사자가 고려할 것으로 기대되지 못했던 것이어야 하며, 그 결과로 계약당사자가 합리적으로 예방하거나 극복할 것으로 기대되지 못하는 것이어야 한다. (그러나) 이것은 명백히 영미법에서 사용하는 용어가 아니다. 그것은 사실상 대륙법의 사용 사례와 맥을 같이한다. 여기에서 파생되어 나온 이 법적 체계는 "*force majeure*"(법적으로 볼 때 불가항력적인 재난, 특히 법적 의무 수행을 못하도록 방해

하는 환경들, 프랑스어)라는 것을 언급하는데, 계약불이행에 대한 정당화나 변명과도 같다. 이 불가항력은 예측불가능하고, 극복불가능하며, 압도적이라는 특징을 가진다. 그러나 영미법 변호사들은 이러한 개념을 다루는 데 별다른 어려움에 직면하지 않게 된다.

04 The "fraud exception" for letters of credit started, as many other legal concepts have, with a Cardozo dissent. "I dissent from the view that, it [the issuing bank] chooses to investigate and discovers thereby that the merchandise tendered is not in truth the merchandise which the documents describe, it may be forced by the delinquent seller to make payment of the price irrespective of its knowledge." The Cardozo concept was in direct contravention of the general rule that a breach of the sales contract did not create a breach of the letter of credit contract, as long as the documents in fact confirmed. (Folsom, Gordon and Spanogle, *Op, cit.*, p. 243)

신용장의 "예외적 사기원칙"은, 다른 수많은 법적 개념이 그러하였던 것과 마찬가지로, 카르도조 판사[10]의 다음과 같은 이의로 시작되었다. "신용장 개설은행이 조사하는 것을 선택하고, 그 과정에서 제출된 상품이 서류에 기재된 바로 그 상품이 아니라는 것을 발견하게 되면 그것은 아마 계약불이행 매도자가 상품상태에 대해 알고 있음에도 불구하고 상품의 판매 대가를 받기 위해 의도적으로 조작한 경우에 해당하기 때문에 나는 신용장 거래는 상품 자체의 거래와 별개의 독립적 거래라는 관습적(conventional) 해석을 따를 수 없다." 이 카르도조 개념은 신용장 관련 문서가 확인되는 한 판매계약의 위반은 신용장 계약의 위반을 가져오지 않는다는 종전의 일반적으로 인정되어 온 관습적 규칙에 해석과 정면으로 배치되는 판례가 되었다.

연습문제 Exercise

[1] Fill up the blanks with suitable words.

1 All roads lead to Rome. By the same analogy, all (   ) laws lead to the WTO. The articles of WTO are regarded as (   ) of global trade law.

---

10. Benjamin Nathan Cardozo(1870–1938)는 미국의 법률가로서 연방 대법원 배석 판사(1932–38) 기간에 훌륭한 판례를 많이 남겼다.

2 The (   )–area measures refer to those capricious or (   ) implementation of trade policies such as voluntary export restraints or administrative control which are neither legal nor (   ).

3 The WTO can exert more leverage in settling down trade disputes as it is equipped with a (   ) identity. But it takes a lot of time and energy to reach an overall (   ), thus, the United States and Japan facilitated bilateral FTA negations in order to expedite those items on which they have procured competitive (   ) globally.

4 German precision machinery producers have registered the U.S. (   ) as an effective means of circumventing the unduly high tariff barriers.

5 The global (   ) business is out of control, targeting everything from computer chips to life–saving medicines. It' s getting so bad that even China may need to crack down as a means of protecting intellectual property right.

6 The evidence supports the conclusion that multinational activity and trade are complimentary activities, particularly multinational activity and (   ) trade.

7 When selling outside of their home market, they want to protect their (   ) right.

Answer

1 trade, constitution 2 grey, arbitrary, illegal 3 legal, consensus, edges 4 patent 5 fake or piracy, forged, counterfeit 6 intra–firm 7 patent

E 1 analogy = token. 유추는 생활과 학문을 익히는 데 중요하다. 예를 들어 필립스곡선의 부상과 소멸(rise and fall)을 헥셔–이론과 비교하라고 하면 전자는 거시경제모형 III에서 물가가 상승할 때 산출량과 고용이 비례적이라는 분석이 납득이 가지 않기(implausible) 때문에 물가가 상승할 때 산출량과 고용의 변화를 파악하기 위하여 해결방안을 모색하던 중 Phillips가 영국의 명목임금과 고용량 간에는 반비례 관계가 있다고 주장하였고, Lipsey가 캐나다의 노동생산성이 연 3%란 점을 고안하여 세로축의 명목임금 상승률을 물가상승률로 바꾸어 놓았다. 이 같은 Original Version of Phillips Curve은 이론적으로는 Friedman–Phelps가 자연실업률가설[11]과 기대가 첨가된 필립스곡

선을 가지고 공격하면서 필립스곡선이 단기적으로 우하향하지만 장기적으로는 수직이 된다고 주장하였다. 스태그플레이션이 대두되면서 필립스곡선은 우하향, 수직선이 아니라 우상향하게 되었다. 케인즈학파가 필립스곡선을 환영했던 이유는 가격분석을 포함한 의미에서 미완성교향곡을 완성교향곡으로 전환하였기 때문이다. 이 같은 통화론자의 반론에 대하여 케인즈학파는 시장지배력을 가진 노동조합, OPEC이 생산성보다는 임금이나 가격을 더 받기 때문에 이를 해결하기 위해서는 소득정책이나, 총공급관리정책을 사용하면 단기 필립스곡선을 원점으로, 총공급곡선은 남동 방향으로 이동하게 된다고 주장한다.[12] 실증적으로는 실업수당을 많이 받게 되는 노동자는 실업자로 있기를 선호하기 때문에 자연실업률이 증가할 수도 있다고 주장한다.[13]

헥셔-오린이론은 리카도의 비교우위론이 노동가치설과 기술우위에 두고 있음을 비판하면서 노동 이외에 자본을 생산요소로 보고, 기술수준이 동일하다고 보고 요소부존에 의하여 비교우위가 결정된다고 주장하였다. McDogull이 영국과 미국 간의 무역을 회귀분석해 본 결과 실증적으로 타당하다고 뒷받침하였다. 그러나 이론적으로는 인도의 Minhas가 지적한 바와 같이 요소집약도 역전(factor intensity reversal)[14]이 있을 경우에는 L/K, w/r, P_x/P_y 간에 유일한 관계가 성립되지 않기 때문에[15] 이론이 틀리다는 반론이 있었다. 미국의 레온티에프는 투입산출표(input-output table)를 분석한 결과 미국이 자본집약적 재화를 수출하지 않고, 이와 반대로 노동집약적 재화를 수출하다는 Leontief's paradox를 주장하였다. 요소집약도 역전은 이 같은 생산함수가 거의 없다는 사실로부터 무시할 수 있다는 견해가 지배적이 되었고, Peter Kenen은 노동자에게 체화된(embodied) 인적자본(human capital)을 포함하여 분석하면 미국이 자본집약재를 수출하는 것으로 해석된다고 주장하면서 헥셔-오린이론은 이론으로 자리를 되찾게 되었다.[16]

[2] Fill up the blanks with suitable words.

1 관세를 부과하는 방식에 따라서 크게 분류하면 상품가격의 일정 비율을 부과하는 (　　)와 상품의 물리적 단위당 구체적 액수가 부과되는 종량세로 나누어진다.

2 GATT의 관세인하협상은 각국이 제품별로 관세를 일정 수준 이상 올리지 않겠다는 약속을 이끌어내는 것을 주된 내용으로 하고 있다. GATT 협상에서 이 같은 약속을 (　　)라고 지칭한다.

11. 자연실업률은 Wicksell의 자연이자율에서 유래되었다. 노동시장에서 노동의 공급과 노동에 대한 수요에 장애요인이 없을 때 달성되는 실업률로서 직장을 모색하는 마찰적 실업을 반영하면 플러스의 값을 갖게 된다.
12. 구체적인 정책수단은 기술혁신, 조직개선과 같은 미시경제정책이다.
13. 월 150만원 받는 노동자가 실직 상태로 있는데 실업수당이 50만원에서 80만원으로 인상되었다고 하자. 집에서 놀고 쉬는 효용이 60만원이라면 복직할 기회가 있더라도 실업상태를 선택하게 된다. 이렇게 오래 놀다보면 직장에 되돌아가서 일할 능력을 상실하게 될 수도 있다는 이력현상(hysteresis)이 발생하게 된다.
14. 쉽게 설명하면 농업이 태국에서는 노동집약적인 데 반하여, 미국에서는 자본집약재가 되는 현상이다.
15. 완전경쟁시장이 아닌 시장에서는 가격과 공급량 간에 유일한 관계가 성립하지 못하는 경우와 유사하다.
16. Heckscher-Ohlin theory has been, somehow, restored boosted by the paucity of factor intensity reversal and the inclusion of human capital.

3 만일 정상적인 국내가격이 존재하지 않을 경우 (　　　)을 구성가격(constructive value)과 비교하여 덤핑 여부를 결정하도록 규정하고 있다.

4 수출보조금이 특정한 목적에 사용되지 않고 단순한 특혜를 얻기 위하여 사용되어진다면 특정 업자들 간에 (　　) 추구경쟁을 하기 쉽다.

5 GATT는 국제무역기구가 아닌 매우 초보적 수준의 국제무역규범일 뿐이었으며, (　　) 및 (　　) 무역은 규율대상에 포함되어 있지도 아니하였다.

6 모조품(fakes)의 확대는 (　　)의 필요성을 증가시켜 왔다.

7 최혜국약관 및 (　　　) 원칙에 의하면 모든 가입국들은 타가입국의 조달공급자를 자국의 공급자들과 동등하게 대우해야 하며 특정 공급자에 대한 특별우대조치는 금지된다.

8 GATT 제11조는 수량제한 (　　)을(를) 규정하고 있으나, 다자간 섬유협정(MFA)은 수량제한을 목적으로 해왔다.

9 미국과 EU가 농업협상에서 미국은 EU에 대하여 (　　　)을 감소시키라고 요구하고, 이에 대하여 EU는 미국에 대하여 국내보조금을 감소시키라고 요구하였다.

10 러시아는 지하자원의 수직적 국유화를 강화시킴으로써 독점력 강화와 (　　)를 증가시키고 있다.

Answer

1 종가세 2 양허(concession) 3 수출가격 4 경제지대(economic rent) 5 농업, 서비스
6 지적재산권 보호 7 내국민 대우 8 철폐 9 수출보조 10 경제지대
E 7 최혜국 약관과 내국민 대우 원칙을 합하여 '무차별의 원칙'이라고 한다.

[3] Answer the following questions.

1 신용장통일규칙, Incoterms, CISG(국제물품매매계약에 관한 UN협약)은 엄격한 의

미로 국제통상법에 포함되는가, 아닌가를 설명하시오. 그리고 어떤 이유에서 그런지도 설명하시오.

2 GATT가 환경와 무역에 대한 Guideline을 설정하기 위하여 1992년에 개최한 국제환경회의의 이름과 catch-phrase는?

3 WTO에서 농산물관련 국제통상규범의 변화에 따른 두 가지 무역정책의 변화를 설명하고, 한국과 일본은 각각 어떤 형태를 선택하였는지도 설명하시오.

4 덤핑은 가격정책 중에서 어떤 경우에 해당되고, 어떤 전문가가 문제를 발견하고, 분석하고, WTO Trade Dispute Paner에 제소하는지 각 분야별 전문가 3가지 형태를 설명하시오.

5 DDA에서 중점적으로 취급한 분야의 두 가지 예를 들고, 국제통상규범에 어떤 기여를 하였는지도 설명하시오.

6 전자상거래에 대하여 미국과 유럽연합은 1998년에 무관세에는 합의하였다. 내국세부과에 대해서도 동일한 태도를 취하는지, 아닌지 설명하시오.

7 선별적 무역정책을 최초로 실시한 국가 또는 지역경제통합은?

Answer

1 엄격한 의미에서 국제통상법에 해당되지 않는다. 위의 세 가지는 규범이자 암묵적 관행 및 약속일 뿐 지켜지지 않았을 시 강제적 제재를 할 수 없기 때문이다. 그러나 넓은 의미로 해석할 경우에는 포함된다.
2 리우 회의(Rio Conference), 지속 가능한 발전(sustainable development)
3 관세화(Tariffication)와 최소시장접근(Minimum Market Access)이다. 한국은 후자를 선택하였고, 일본은 전자를 선택하였다.
4 3차 가격차별, 회계사, 경제학자, 국제통상 법학자
5 DDA에서는 미국을 중심으로 농업과 서비스에 대한 협상이 중점적으로 취급되었다.
6 미국은 내국세 부과에 대하여 찬성하는 반면에, 유럽연합은 내국세 부과에 대하여 반대하였다.
7 서부유럽국가 또는 EU이다. EU는 피라미드구조의 무역정책을 구사하였고, 지중해 연안국가 또는 식민지국가들에게 혜택을 제공하다가, 냉전 종식 후에는 중 · 동구 국가에게 혜택을 제공하고 있다. EU와 가깝다고 판단되는 국가에게 제공하는 점에서 경제통합은 우리가 누구인가에 대한 답을 제

시하는 측면도 있다. The Western European nations implemented their preferential trade policies as an extension of their diplomatic policy. Could you tell us who we are?

[4] Translate the following sentences into Korean and elaborate the contents.

1 All the fuss about sponsorship obscures a far bigger problem. Trade policy in America and the EU is in hock to producer lobbies.

2 Comparative advantage will change differently if the regionalism route is adopted instead of multi-lateralism. (kym Anderson)

3 If certain high-technology industries result in large technological benefits to the rest of the community, it may make sense to use subsidies or tariffs to promote and protect these sectors. (Paul Krugman)

Answer

1 후원자의 소동은 더 큰 (무역정책) 문제를 흐리게 만들었다. 미국과 유럽연합의 무역정책은 생산자의 로비에 의하여 영향을 받고 있다.

E 1999년 미국 Seattle에서 개최된 WTO 정상회의가 미국의 Microsoft와 Boeing의 후원을 받으면서 세계화 추진기구와 이를 반대하는 시민모임과의 심각한 대치를 묘사하는 글이다.

2 다자주의 대신에 지역주의가 채택된다면 비교우위를 다르게 영향을 받게 된다.

3 어떤 기술집약산업이 그 경제의 나머지 부분에 대하여 많은 기술적 혜택을 가져온다면 이 같은 산업을 보호하고 육성하기 위하여 보조금을 제공하거나, 관세를 사용하는 것이 타당할 수도 있다.

[5] Mark T if the following statement is true and make F if it is false. You may replace the wrong words with the correct ones if you can fix it.

1 선진국들은 거의 모든 제품에 대하여 양허하고 있는 반면에 개도국은 여전히 양허 비율이 선진국에 비하여 낮다.

2 긴급수입제한조치는 상대국가가 공정한 무역을 한 경우에는 적용할 수 없다.

3 WTO 회원국인 수입국이 safeguard를 발동하기 위해서는 수입증가와 국내산업 피해 간의 인과관계(cause and effect)를 증명해야 한다.

4 수출자율규제는 자유무역에서의 균형가격에 비하여 국제가격을 하락시키는 효과가 있다.

5 UR 농산물협정은 '예외 있는 관세화' 를 기본원칙으로 하고 있다.

6 서비스 교역에 대한 일반협정(GATS)은 원칙적으로 회원국들에게 최혜국원칙을 적용하도록 규정하고 있고, 예외적 일탈을 허용하지 않고 있다.

7 WTO는 경쟁법의 비차별성 · 투명성과 같은 핵심원칙과 경성카르텔 규제 등 다자간 무역체제와 경쟁정책의 공통된 기본가치에 중점을 둠으로써 각국의 경쟁상황과 집행능력을 고려한 맞춤형 접근방법을 제시하고 있다.

8 DDA가 원만하게 진행되어서 농산물과 서비스 개방의 상당 부분이 FTA협상에 취급하지 않게 되었다.

9 국제표준에 기초하여 제정되는 표준화제도는 자동적으로 기술장벽이 아닌 것으로 간주되므로, 가능한 한 국제표준을 최대한으로 활용할 필요가 있다.

10 자금조달이나 운용방식에 있어서 금융의 증권화를 통한 직접금융방식의 비중이 크게 증가되었다.

11 TRIPs(Trade-related Intellectual Property Rights) 협정은 동물과 식물은 특허로 보호받을 수 없으나 미생물은 특허로 보호하도록 하고 식물변종은 특별법으로 보호하도록 규정하고 있다.

12 유럽연합은 로마조약(1957)에 의해 기업 간 공동행위, 시장지배력의 남용 등에 대해 공동의 경쟁정책을 실시해 왔다.

⑬ 연방주의보다 기능주의를 선호하는 영국은 역사적으로 원만한 협력관계를 유지한 국가들과 EFTA(European Free Trade Area)를 발족하였다.

⑭ 남미의 구조론자는 인플레이션의 인과관계를 통화론자의 주장과 같이 통화량이 많아서 발생한 것이 아니라 산업구조가 잘못된 결과 통화량이 많아진 결과라고 설명한다.

Answer

① T ② F. 적용할 수 있다 ③ T ④ F. 상승시키는 ⑤ F. 예외없는 ⑥ F. 허용하고 ⑦ T
⑧ F. 진행되지 않아서, 취급하게 ⑨ T ⑩ T ⑪ T ⑫ T ⑬ T ⑭ T

[6] Answer the folloiwng questions in a simple and succinct way after reading the following paragraph.

My lecture is about trade policy. But it is about trade policy in the context of the legal, constitutional, institutional, and political realities that constrain it. These constraints mold policy so much that its resultant form scarcely, if at all, resembles the pure logic of the economic theorist. Yet, the economic theory is clearly part of the "reality." Without theory, the policy would often be directionless, lurching from one inconsistent approach to another. (Jackson, *Op. cit.*, p. 9)

① To what extent the economic explanation on trade policy alters if one takes into account other factors mentioned above?

② What is your personal opinion on the author' s view of the relevance of economics in analyzing trade issues?

Answer

① It departs to a greater extent, thus, one can hardly capture the original framework.
② It is still valid in providing the edifice or threshold for the analysis on the basis of economic rationale.

부록 D 시사문제와 대중매체

D.1 Paradigm Shift of Investment Banking

The driving force behind all this has been an unusually benign economic climate. The global economy is at its least volatile since the 1960s, real interest rates are low and companies are generating huge profits. What some call "the great moderation has been a boon to financial markets around the world, particularly those trading in the multifarious debt instruments concocted in the laboratories of Wall Street and the City of London. The opening up of Asian economies had brought down the price of traded goods, helping to fight inflation. Meanwhile, high savings rates in that part of the world, combined with ageing populations in the West, have helped to push up demand for long-term investment instruments such as bonds. (*Economist*, 2005)

이러한 모든 호황 뒤에서 영향력이 큰 힘은 몹시 온난한 경제적 여건을 조성해 왔다. 1960년대 이래로, 세계경제는 변동성이 적었고, 실질이자율은 낮았으며, 기업들은 막대한 이익을 창출하였다. '가장 큰 안정기'(The Great Moderation)라고 불리는 경제여건은 전 세계의 금융시장에 큰 혜택이 되어왔다. 특히, Wall Street와 the City of London의 연구소들에서 만들어지는 다양한 부채기구에서 이루어지는 매매거래에서 큰 혜택을 보았다. 아시아경제의 개방은 교역물품의 가격인하를 가져왔고, 인플레이션을 억제하는 데 도움을 주었다. 그동안, 아시아지역의 높은 저축률은 서구의 인구노화현상과 결부되어, 채권과 같은 장기투자기법에 대한 수요를 증가시키는 데 도움을 주었다.

E 자본주의 번영시기에 해당되는 1960년대까지 금융기관이 안정적으로 성장을 구현함을 알리는 글이다.

D.2 Business Ethics

01 The Lawgiver as a moral entrepreneur

Both Plato and Aristotle maintained that great humans do not specifically excel in short-term success with practical affairs, because they might share that feature equally with frauds and less respectable persons. Moreover they maintained that many great people display qualities related to artistic and intellectual activities; they excel in theoretical understanding or creative expression. (Peter Pratley, *Essence of Business Ethics*, p. 200)

윤리기업으로서의 입법자

플라톤과 아리스토텔레스 두 학자는 모두 뛰어난 인간이 구체적으로 실무에 있어서 단기간의 성공에 특별히 능한 것은 아니라는 주장을 옹호해 왔다. 그 이유는 플라톤과 아리스토텔레스는 그러한 특징은(단기간의 성공에 능하다는 것) 동등하게 사기꾼이나 덜 존경받는 사람들과 공유할지도 모르기 때문이다. (이러한 주장은 사기꾼이나 덜 존경받는 사람들이나 하는 것이다.) 게다가 그들은 수많은 좋은 인간들이 예술과 지적인 활동에 관련된 특징들을 보여준다고 주장하였다. 그들은 이론적인 이해 혹은 창조적인 표현을 초월하고 있다.

E 기업의 사회적 책임과 기업윤리가 강조되고 있다. 이 글은 고대에도 기업윤리에 대한 논의가 어느 정도 있었음을 보여주는 글이다.

02 Economic Bubbles and Tobin' s *q*

A new book advocates a ratio called "Tobin' s *q*" as the best way to judge whether stockmarkets are soundly valued — and concludes that Wall Street is, oh, about two-and-a-half times higher than it should be. (*Economist*, June 24th 2000, p. 106)

금융시장에서의 거품

새로운 책은 "Tobin의 *q*"라고 불리는 비율이 주식시장이 바르게 평가되었는지 판단하기 위한 최고의 방법이라고 주장한다. 그리고 이 책은 월 스트리트의 주식시장의 가치는 실제보다 대략 두 배 반 더 과대평가되었다고 주장한다.

Re An author contends with a convincing voice that the most appropriate index for the evaluation on the soundness of stockmarkets is the "Tobin' s *q*" in his new book. According to this analysis, the stockprice of Wall Street is overvalued roughly two-and-a-half times than its real value. Put it another way, the magnitude of bubbles in the stockmarket in New York is enormous, thus, nobody knows exactly what kind of drastic downturn will be erupted in the near future.

E 원래 토빈의 *q*는 경영학의 재무관리에서 어떤 사업자가 공장을 짓는 것이 좋은지, 아니면 주식으로 기업을 매입하는지를 결정하기 위한 지표로 사용된다. 이 개념은 신축적 가속도원리를 간단하게 표현한 것이고, Norway의 Haavelmo가 투자를 유량(flow)으로 측정할 경우에는 속도가 0에서 무한대까지 큰 폭으로 변하기 때문에 (due to the capricious short-run variations or fluctuations in the rate of private investment) 저량(stock)으로 측정할 필요가 있다고 하고 신축적 가속도원리(flexible acceleration theory)를 발전시켰다. 그는 적정자본량과 실제자본량 간의 괴리를 보전하는 과정을 투자로 보았고, 투자는 국민소득과 물가에 비례하고, 이자율에 반비례한다고 설명한다.

03 Something' s Rotten in Banking — and It' s Not Just Barclays

On June 27, Barclays, the U.K.' s second largest bank by assets, admitted that it deliberately reported artificial borrowing costs from 2005 to 2009. The false reports were used to set a benchmark rate, the London interbank rate, which affects the value of trillions of dollars of derivatives contracts, mortages and consumer loans. The bank agreed to pay a hefty $455 million to settle charges with U.S. and regulators, and on July 2, Chairman Marcus Agius resigned.

은행의 부패한 운영—바클레이즈 은행만이 아니다.
지난 6월 27일, 영국에서 자산규모면으로 두 번째로 큰 은행인 바클레이즈는 2005년부터 2009년까지 차입비용을 조작해 왔다고 시인했다. 그 허위 보고서는 수조 달러가량의 파생상품 계약이나 주택담보대출, 가계신용대출에 영향을 미치는 기준금리, 즉 리보금리(런던 유로 금융시장의 은행 간 대출금리)를 책정하는 데 사용되었다. 바클레이즈는 미국과 영국의 금융감독기관이 제시한 4억5천5백만 달러의 엄청난 벌금에 합의했고, 마커스 에이저스 회장은 사임하였다.

The real tragedy of the scandal is the apparent lack of ethics or self-restraint among the people involved. Following billions of dollars of trading losses at JPMorgan Chase' s out-of-control London unit, the latest installment of the Big Bank Follies offers yet more proof that the industry shouldn' t be trusted to regulate itself. (*BB*, July 9, p. 8)

이 금융사기 사건의 진정한 비극은 관련인사들 가운데 나타난 윤리의식과 자기규제의 명백한 결핍에 있다. 지난 2012년 5월 11일 보고된 JP모건 체이스의 통제불능 런던지사에서 나온 수십억 달러의 거래손실 다음으로 최근 불거진 대형 은행의 실책은, 금융산업에 대하여 자체적으로 규율 감독을 부여해서는 안 된다는 더욱 많은 증거를 제시한다.

E 금융기관의 자체감사가 아닌 외부감사 또는 외부규제기관의 감독이 필요하다는 주장이다. 마지막 문장의 trust는 '신뢰하다'보다는 '위임하다' 또는 '맡긴다'라는 뜻을 지닌 'entrust'로 해석하는 것이 낫다.

D.3 Gravel and the Robe

Constitutional courts have no direct power of their own. Courts have no vast bureaucracy, revenue–raising ability, army or police force at their command — no way, in fact, to enforce their rulings. If other branches of government ignore them, they can do nothing. Their power and legitimacy, especially when they oppose the executive or legislature, depend largely on their moral authority and credibility.

의사봉과 재판관의 법복

헌법재판소는 직접적인 그들 자신의 권력을 갖지 않는다. 법정은 그들의 지배력을 강화하기 위한 그들의 명령에 따르는 군대와 경찰력, 세입증가능력, 방대한 관료조직을 전혀 갖지 않고 있다. 만약 다른 정부조직들이 그들을 무시한다면, 그들은 실질적으로 아무것도 할 수 없다. 특히 그들이 행정부나 입법부에 반대할 때 그들의 힘과 합법성은 도적적인 권위와 신뢰에 달려 있다.

E '실질적으로'는 해석을 부각되게 하기 위하여 "they can do virtually do nothing"와 같이 'virtually'를 추가하였습니다. 공공선택이론(Public Choice Theory)을 경제학의 헌법이라고도 한다.

D.4 Possibilities on National Bankruptcies

01 Financial Liabilities

"There is no practice more dangerous than that of borrowing money", advised George Washington. The great man couldn' t tell a lie, yet while his saying is true, if it were taken too literally capitalism would grind to a halt. The world' s two largest economies — America and Japan — are deeply in debt. Japan' s huge public debts are more immediately debilitating, but America' s private debts are likely to be more dangerous.

"돈을 빌리는 것보다 위험한 행위는 없다."고 George Washington이 충고했다. 그런 훌륭한 사람이 거짓말을 할 수는 없겠지만, 그의 말이 사실이고, 그것을 지나치게 글자 그대로 받아들였다면, 자본주의 (기능은) 정지했을 것이다.
세계에서 가장 큰 경제(미국과 일본)는 부채가 상당히 많다. 일본의 엄청난 공적 부채는 좀 더 즉각적으로 줄어들 것 같지만, 미국의 사적 부채는 좀 위험해지기 쉽다.

E 이 글에서 정지는 자본주의의 기능이기 때문에 'the parametric funcion of price mechanism' or 'viability of resource allocation via invisible hand'로 해석을 확대할 필요가 있다. 'viability'의 반대는 '불태화'라는 뜻을 지닌 'sterilization'이다. '불태화정책'이란 '세균을 박멸하다'라는 뜻보다는 vector를 반대 방향으로 이동시킨다는 뜻으로 사용된다. 국제수지가 흑자가 되면 중앙은행의 대차대조표에서 자산이 증가하기 때문에 복식부기 원리에 따라서 부채도 증가하게 된다. 중앙은행을 부채가 본원통화인데, 예를 들어, 본원통화가 200억원이고 통화승수가 2라면 통화량을 400억원이 된다. 국제수지흑자가 100억원이 증가하게 된다면 통화량은 본원통화가 300억원이 되어서 통화량이 600억원이 된다. 중앙은행 총재가 판단하기에 인플레이션 압력이 증가할 우려가 있어서 통화량을 100억원 감소시킬 필요가 있다고 판단하고, 공개시장정책(open market policy)을 사용하여 국채를 100억원 감소시키는 정책을 '불태화정책'이라고 한다.

02 Radical Approach of Bernanke

Inside Ben Bernanke are two birds. The hawk hates inflation. The dove hates unemployment. On Aug. 1 the chairman of the Federal Reserve expressed his inner hawk. Despite the longest period of high unemployment since the Great Depression and inflation that' s actually below the Fed' s target, the rate setting committee that he runs stood pat. At the end of a two-day meeting in Washington, the Federal Open Market Committe issued a statement acknowledging that the U.S. economy has "decelerated somewhat" but did not announce any fresh measures to stimulate growth. Doves were dismayed, if not surprised: "They really took a pass," says University of Oregon economist Tim Duy, who runs the Fed Watch blog. (*BB*, August 6, 2012, p. 6)

버냉키의 급진적 처방
벤 버냉키의 마음 속에는 두 마리 새가 있다. 매와 비둘기인데 각각 인플레이션과 실업을 싫어한다. 지난 8월 1일 연준위는 마음 속의 매를 표출했다. 대공황 이후의 가장 장기간의 대량 실업 상태임에도 불구하고, 인플레이션 수치는 연준위가 적절하다고 설정한 목표하는 수준보다 실제로 낮은 수준이다. 이틀간의 워싱턴 미팅을 마칠 즈음에 연방공개시장 위원회는 미국 경제가 다소 감속하고 있다고 밝혔으나 새로운 경기 부양책에 대한 어떤 언급도 없었다. 실업을 우려하는 비둘기 학파는 놀라지 않았다면 실망했을 것이다: "그들은 정말로 어려운 문제를 직면하기보다는 오히려 넘겨버렸다"라고 연방은행 감시블로그를 운영하는 미국의 페트 왓쳐 팀 듀이는 논평한다.

03 The Fiscal Cliff We All Saw Coming

Now, more than a decade' s worth of tax cuts, are set to come due in six months, each dreamed up and extended under the fiction that it would be temporary. In 2011 they contributed $1.1 trillion to the debt. In total, since 2001, the CBO calculated that tax cuts have put the Treasury $6.1 trillion in red. This is what Washington now calls a crisis: completely predictable arithmetic, compounded over a decade by a consistent refusal to acknowledge reality. The fiscal cliff has been clearly visible in the distance for years. The reason we' re talking it now is that, right on the schedule, it' s finally become too big to ignore. (*BB*, August 6, 2012, p. 28)

우리 모두가 지켜본 재정절벽이 다가왔다
이제, 10년 이상의 세금절감의 가치보다 큰 정부의 채무가 6개월 이내에 만기일이 도래한다. 정부의 각 채무는 일시적이라는 허구 하에서 가식되고 연장되어 왔다. 2011년에 그들은 1.1조 달러의 채무를 발행하였다. 의회예산처(Congress Budget Office ; CBO)가 2001년 이후의 감세 합계는 미국 재무부로 하여금 6.1조 달러의 적자를 가져왔다고 산출하였다. 이것이 워싱턴이 위기라고 부르는 것이다: 현실을 일관되게 인정하기를 거절함에 의하여 지난 10여 년간의 채무는 복합적으로 커졌기 때문에 수리적으로 아무런 어려움 없이 예상 가능하였다. 재정절벽은 수년 전부터 먼 거리에서도 분명히 보였다. 우리가 지금 재정절벽에 대하여 얘기하는 이유는 국가의 채무상환계획에 따르면 재정절벽은 무시하기에는 너무 확대되었기 때문이다.

E 1920년대 말에 시작된 대공황 시기에 무역량과 통화량이 각각 1/3로 감소하였다. 'compound'를 복합적으로 커졌다고 해석해도 좋고, 아니면 국가부채의 이자가 복리적으로 증가하였다고 해석해도 무방하다.

04 Congressional Budget Office

The Congressional Budget Office (CBO) has produced objective and impartial analyses on budgetary and economic issues in order to support the Congressional budget process since its establishment in 1974. This agency, as a nonpartisan entity, has successfully procured its worldwide reputation as an independent fiscal institutions.

예산심의위원회는 1974년 설립 이후 예산심의 과정을 지원하기 위해 예산과 경제 이슈에 대한 객관적이고 중립적인 분석을 제시해 왔다. 이 단체는 독립적인 단체이며, 세계적으로 독립적인 재정기구라는 평판을 확보하였다.

D.5 The euro-area economy

The credit crunch started in America, but Europe may yet prove the bigger victim. A first article at the euro area, a second at eastern Europe. (*Economist*, August 16, 2008, p. 46)

미국에서 신용경색이 시작되었으나, 유럽이 더 큰 희생자일 수도 있다. 첫 번째 글은 유로지역, 두 번째 글은 동유럽에 대한 글이다.

E 1957년 로마조약을 기초로 출범한 유럽경제공동체(European Economic Community)는 1951년에 또 다른 전쟁을 막기 위한 초정부적 기구인 유럽철강공동체(European Coal and Steel Community)와 프랑스의 불만을 해소하기 위한 또 다른 로마조약을 기초로 한 유럽핵협력기구(European Atomic Energy Community ; Euratom)는 경제적이라기보다 정치적 주도(political initiative)라고 보아야 하고, 그 후에 위 세 기구의 사무국을 합쳐서 유럽공동체(European Community)라고 하거나, 산업조정을 앞당기고, 만장일치에서 'Qualified Majority Voting System'으로 전환한 단일유럽법(Single European Act ; SEA)은 경제적 움직임이라고 볼 수 있다. SEA의 목표인 공동시장(common market)을 1992년에 달성하고, EC의 명칭을 유럽연합(EU)으로 바꾼 Masstricht Treaty는 본격적으로 유럽연합을 한 국가와 같이 삼권분립으로 나누는 정치적 시도를 하였고, 1999년에 Monetary Union을 달성할 목표를 설정하였다. 2000년의 Nice Treaty는 독자적인 외교 및 국방정책의 수립을 모색하였고, 그리고 1997년의 Amsterdam Treaty는 어느 정도의 경제적 문제를 해결하였기 때문에 사회적 문제 또는 유럽연합의 정체성을 강조하였다. 리스본 조약(Lisbon Treaty)은 유럽연합이 미합중국 같이 보다 강한 연방국가를 지향을 도모하고 있다. 이 같은 이유는 현재와 같이 회원국의 2%의 지원금을 연방국가의 세금으로 전환하게 되면

유럽위기를 해결할 수 있다고 보는 견해와 이와 반대로 유럽이 분열되기를 원하는 영국의 견해가 정면으로 대치(confrontation)하고 있다. 유럽연합은 중국과의 무역이 문제가 있다고 인정하지만, 장기적으로 무역을 포함한 투자, 기술협력의 커다란 협력자라고 보고 교역을 확대하고 있다. 아시아와 유럽 간의 협력은 물류에서 언급하는 Silk Road가 아닌, 경제, 경영, 정치, 문화 측면에서 교류가 확대될 가능성이 크다고 볼 수도 있다.

D.6 It' s Global Warming, Stupid

If Hurricane Sandy doesn' t persuade Americans to get serious about climate change, nothing will. Sandy featured a scary extra twist implicating climate change. An Atlantic Hurricane moving up the East Coast crashed into cold air dipping south from Canada. The collision supercharged the storm' s energy level and extended its geographical reach. Climate scientists Charles Greene and Bruce Monger of Cornell University, writing earlier this year in *Oceanograpy*, provided evidence that Arctic ice–melts linked to global warming contribute to the very atmospheric pattern that sent the frigid burst down across Canada and the eastern U.S. Pushing that cold air south was an atmospheric pattern, known as a blocking high, above the Arctic Ocean.

그것은 지구온난화이다. 어리석다.
허리케인 Sandy가 미국인들로 하여금 기후변화에 대하여 심각한 자세를 갖도록 설득하는 데 실패하였다면, 어떤 방안도 기후변화를 설득하기 어렵다. Sandy는 위협적인 허리케인이 기후변화와 관련되어 있다는 것을 보여주었다. 대서양의 허리케인이 동해안으로 이동하여 캐나다에서 내려온 냉기류와 충돌하였다. 그 충돌은 허리케인의 에너지를 크게 증가시키고, 지리적 영향범위를 확장하였다. 냉기류를 남쪽으로 보내는 것은 "북극해 넘어서 높은 차단"이라고 알려진 기후패턴이다. 기후학자인 코넬대학의 Charles Greene과 Bruce Monger는 올해 초 *Oceanograpy* 기고에서, 지구온난화와 관련된 북해의 해빙은 캐나다 전체와 동부 미국에 혹한을 가지고 왔다는 증거를 제시하였다.

E 지구온난화 과정으로 기후변화가 발생한다는 주장도 있고, 이와 반대로 온난화는 전체적 과정에서 일부분이고 빙하기로 간다는 주장도 있다. 유럽연합(European Union ; EU)이 미국과의 'digital divide'를 축소시키고자 하는 '리스본 전략'을 재구성한 'Europe 2020'에서도 녹색기술이 강조되면서 'smart grid'도 강조되고 있다. 그러나 더 심도있게 보면 '핵발

> 전소' 산업의 확대를 위하여 화석연료(fossil fuel) 사용을 억제해야 한다는 주장은 경제적이기도 하지만, 정치적 이유가 되기도 한다.

D.7 Global Imbalance

The real blame for America' s currnt–account deficit lies with its lack of saving, not the Chinese Yuan. It would indeed be ironic if a change in China' s exchange–rate policy came not as a result of American pressure, but from China' s own disillusion with the dollar as an international reserve currency.

> 미국 경상적자의 실질적 비난은 중국의 위안화에 있는 것이 아니라, 미국의 마이너스 저축에 있다. 중국의 환율정책의 변화가 미국의 압력의 결과가 아니라, 국제준비통화로서의 달러에 대한 중국 자신의 환멸에 근거를 두게 된다면 실로 풍자적일 수도 있다.
>
> **Re** The underlying reason for the increasing trade deficits of America may be its lack of saving, not the overvalued Yuan. The worst possible scenario may be the disillusion of China with the dollar as an international reserve currency. China is, thus, forced to change its exchange–rate policy for its own sake instead of accommodating the sporadic pressure for a further appreciation from the United States.

D.8 Monopolistic Competition and Contingency Theory

1) 독점적 경쟁의 중요성

적어도 1977년 독점적 경쟁시장에 대한 이론이 체계적으로 수립되기 전에는 대부분의 교과서가 완전경쟁시장과 독점시장, 과점시장에 대하여 설명하였다. 그러나 Stiglitz and Dixit가 이론을 완성한 후에는 미시경제학에서 독점적 경쟁시장이 중요할 뿐만 아니라, 무역이론, 무역정책, 성장이론, 경영전략, 지리학에도 전례없이 (unprecedentedly) 큰 영향을 미치고 있다. 산업내무역이론, 전략적 무역정책, 내생적 성장이론, 관리회계 및 기업전략, 새경제지리학이 좋은 예가 될 수 있고, 특징은 내생변수의 추가와 규모에 대한 수익체증으로 요약될 수 있다. 거시경제학의 양 기둥

(pillar)은 균형경기변동이론과 새케인즈 경제학인데 후자가 독점적 경쟁시장의 영향을 직접 받았고, Menu cost는 좋은 예가 될 수 있다.

E 위의 글은 어떤 학문분야에서 아주 두드러진(breakthrough) 진전이 있게 되면, 다른 학문에도 영향을 미치면서 평행적으로 발전하게 됨을 보여주기 위한 글이다. 경제학에서 alignment는 foreign exchange alignment가 많이 사용되고, 경제발전론에서는 이자율이 억압된(repressed) 경우를 나타낼 때 사용되기도 한다. 일상생활에서는 자동차 앞의 두 바퀴의 균형이 맞지 않을 경우에 'wheel alignment'가 맞지 않는다고 하고, 심한 경우에는 타이어 편마모가 발생하여 주행 중에 타이어가 펑크(puncture)나기도 한다.
무역이론의 예로 든다면 리카도의 비교우위와 헥셔-오린의 요소부존도 이론이 지배적이 되다가, 제2차 세계대전 이후에는 경제적 여건이 완전경쟁시장에서 독점적 경쟁시장, 동일한 기술 또는 생산함수에서 상이한 기술 또는 생산함수로 전환됨에 따라서 기술격차이론, 제품수명주기설, 산업내무역으로 발전하였다. 1980년대에 와서 다국적기업은 무역, 해외직접투자, 기술이전을 하나의 묶음(package)으로 보고 글로벌하게 생산과 기술의 재배치를 하고 있다. 이 같은 변화는 무역과 무역실무에 영향을 미치게 된다. 예를 들어 본 · 지점 간의 무역이 활성화됨에 따라서 무역서신이 정형적 형식에서 비정형적(informal) 형식으로 전환되고, 신용장거래보다는 T/T로 결제하게 되거나, 나중에 대변표와 차변표를 비교해 보고 잔액만 결제하게 된다. 해외에 비자금을 마련할 필요가 있다면 이전가격(transfer pricing)을 사용할 수도 있다.
무역이론에는 1977년에 영국의 Warwick대학에서 가진 학회에서 무역이론의 전반적 검토를 하면서 쌍대이론(duality theory)을 활용하여 무역이론을 설명하고, 이 결과를 책으로 출판한 것이 Bertil Ohlin의 *International Allocation of Economic Activities*이다. 최근 크게 발달하는 새경제지리학의 출발점의 하나로 얘기되는 *International Trade and Interregional Trade*도 Bertil Ohlin의 저서이다.

2) 상황적합이론

통화론자는 화폐수요는 소득에 비례하기 때문에 화폐공급을 실질경제성장률과 일치되게 하는 준칙(Rule)을 주장한다. 이 같은 주장은 재량적 개입(discretionary policy)을 주장하는 케인즈학파와 대조적이다. 뉴케인즈학파는 가격의 경직성을 사회제도 또는 정보의 불완전성이라고 하지 않고, 가격의 경직성을 효율성 임금이론(efficient

17. 유능한 노동자에게 유인을 제공하기 위하여 지배적인 임금률(prevalent wage rate)보다 높은 임금률을 지급하는 경우를 뜻한다. 예를 들어 조선산업의 부품산업(ancillary industry)에서 지배적 임금률 또는 균형임금률이 한 달에 300만원이라고 하자. 효율성 임금이론모형을 지지하는 기업가는 추가로 50만원을 더하여

wage theory hypothesis)[17]을 가지고 설명한다. 다르게 설명하면 동태적 효율성(dynamic efficiency)을 유지하기 위한 방향 모색(steering)이 중요하다고 설명하고, 이 같은 stance는 경영학 또는 행정학에서는 상황적합이론(contingency theory)으로 발달하고 있다.

E 동태적 균형을 설명하기 좋은 예는 1990년대에 대두된 인플레이션 목표(inflation targeting)를 들 수 있다. 인플레이션 대책으로 통화론자의 주장을 따르면 너무 엄격하고(stringent), 케인즈학파의 주장을 따르면 너무 방만해서(lenient) 일정한 범위(band)를 정해 놓고, 상황을 보고 이 범위 내에서 조정하는 정책을 inflation targeting이라고 한다.

D.9 Cultural Heritage

Opinions are still divided on the role of Western dominance and its cultural influence on Asia during this period. Proponents for the material well-being emphasize the positive aspects of Western civilization on the modernization of Asia. Opponents, who are against the setback of traditional value or cultural heritage, demonstrate that the overall balanced scorecard may be negative by pointing out the wide spread attributes of development of underdevelopment due to the poor linkage effects with the indigenous industries.

문화적 유산
이 기간 동안 아시아에서의 서구 통치자들의 역할과 문화적 영향에 대한 의견은 여전히 나누어져 있다. 지지자들은 물질적인 측면에서 아시아의 근대화에 대한 서구문명의 긍정적인 역할을 강조한다. 전통적인 가치와 문화유산의 퇴보에 반대하는 반대론자들은 토착산업과의 연관효과가 거의 없음으로 인하여 경제발전의 퇴보를 지적하면서 종합적 성과는 마이너스가 될 수 있다고 강조한다.

한 달에 350만원을 지급할 경우에 유능한 노동자를 고용하게 된다. 이 같은 고용자가 주어진 일을 제대로 하지 않을(shirk) 경우 해고될 경우에는 추가적으로 받아오던 50만원을 받지 못하게 된다. 이 모형은 가격 또는 임금의 경직성이 케인즈 혁명에서와 같이 폐쇄적 노동조합과 같은 사회적 제약, 또는 케인즈 이론의 재해석에서와 같이 정보의 불완전성에서 야기되는 것이 아니고 오히려 합리적 의사결정과정의 결과라고 설명한다.

연습문제 Exercise

[1] Translate the following sentences into Korean.

1 George Marshall, U.S Secretary of State, knew that helping Europe recover from the devastation of WWII would mean restimulating its economies, not just building its structure. So, Citi decided to help support the funding for the Marshall Plan. In under three years, 16 nations had received nearly $13 billion in aid, and postwar Europe was fast becoming prosperous Europe. For the past 200 years, we have helped individuals, communities, institutions and nations turn their ambitions into achievements. We' re proud to look back on so much forward thinking. (*BB*, May 21, 2012, p. 9)

2 Worldwide strength has never been this personal.
Private Wealth Management: Innovative services tailored to your needs. (Deutsche Bank)

Answer

1 미 국무장관인 조지 마샬은 제2차 세계대전으로 황폐화된 유럽이 회복되도록 돕는 것은 단순히 그들의 구조를 짓는 것뿐만 아니라, 경제를 재건하는 것이라는 것을 알았다. 그래서 Citi는 마샬 플랜을 위한 기금을 지원하기로 결정했다. 3년 동안 16개 국가가 13억 달러에 가까운 보조금을 지원받았고, 전후 유럽은 빠르게 번창해 갔다. 지난 200년 동안 우리는 개인과 단체들, 기관들과 국가들이 야망을 성취할 수 있도록 도와왔다. 과거를 돌이켜보면서 우리가 미래지향적 사고를 크게 할 수 있었다는 것을 자랑스럽게 생각한다.

2 전 세계적인 힘은 결코 개인적이지 않았다. 개인자산관리 : 독일은행은 당신의 요구를 맞추기 위한 혁신적인 서비스를 제공한다.

E 독일은행은 개인적인 특성을 고려하여 unified approach가 아닌 tailor-made approach를 실시함으로써 전세계적으로 경쟁력을 강화하고 있음 알리는 광고문이다.

[2] Fill up the blanks with suitable works.

1 The Big (　　) go begging: There are on fewer shelves as Europe' s private-label business takes off. The rapid expansion of discounters has fueled private-label sales.

2 But the World Economic Forum is much more than a platform for discussion. Accenture has been actively involved in several of the Forum' s key initiatives—addressing issues from corporate citizenship and the (　　) divide to global health.

3 Many microfinance institutions claim to be able to reach the (　　) among the poor.

4 Freedoms are not only the primary ends of development, they are also among its principal (　　).

5 China' s reaction to US predominance is a mix of challenging, (　　) and accommodation. (Denny Roy, *Foreign Affairs*)

6 The provision of microfinance in European countries is affected by a number of environmental factors, including the entrepreneurial culture, the financial system and welfare system, the (　　) framework as well as financial support given to microfinance institutions.

7 Most companies have reacted to globalization by cutting costs. But now, pressure is on the top line—growth. Creating new, clearly differentiated value, and defending it. In a word, (　　). (*HBR*, April 2006)

Answer

1 brand 2 digital 3 poorest 4 means 5 balancing 6 legal 7 innovation

E 4 자유는 발전의 중요한 목적일 뿐만 아니라 또한 주된 수단이기도 하다. 5 미국의 지배에 대한 중국의 반응은 도전적이고, 균형적이고, 수용적인 것이 복합되어 있다. 7 대부분의 기업들은 비용을 절감함으로써 세계화에 대처해 왔다. 그러나 지금, 압력은 전제적 우위확보에 있고 성장이 문제가 된다. 새롭고 분명하게 제품차별화 된 가치를 창조하고, 독점적 경쟁시장에서의 우위를 유지해야 한다. 한마디로 하면 기술혁신이다.

[3] Translate the following sentences into Korean.

1 Love it or hate it, new Nepali film 'Highway' makes waves in fledging industry.

2 Automaker' s latest windfall may be one-off if FTA 'safeguard' is activated.

3 Not content to simply host the 2012 Summer Olympics, the city is transforming its poorest neighborhood into a display of what the Games can mean beyond medals.

4 English classical economics was an offspring of liberalism and the Enlightenment.

Answer

1 좋아하든 싫어하든, 새로운 네팔리의 영화 'Highway(고속도로)'가 막 시작한 신생 산업에 열풍을 불러일으키고 있다.

Re There has emerged a hype for the toddler's stage of the new industry stimulated by Nepali film 'Highway'.

2 최근에 발생한 자동차회사의 부차적 횡재는 아마 한미 FTA의 세이프가드가 적용될 경우에는 일시적 일이 될 수도 있다.

Re The latest windfall gains for the Korean auto-makers may become futile if the United States reinforces its safeguard. (*HT*, JoongAng Daily, July 27, 2012)

3 (런던 대도시는) 단순히 2012년 하계 올림픽을 개최하는 데 만족하지 않고, 그 도시에 위치한 도시의 극빈층 거주 지역을 올림픽게임 메달 이상의 의미를 지닐 수 있는 전시장으로 전환하고 있다.

4 영국의 고전학파는 자유주의와 계몽의 태동이었다.

E 4 개인의 경제활동 자유를 최대한 보장해야 한다고 설명하는 애덤 스미스의 국부론이 사회에 끼친 영향 중 하나는 자유방임주의의 태도이고, 그 이후로 탈규제가 가속화되고 이 같은 흐름은 1930년까지 이어졌다.

[4] English Composition Exercise

1 반독점정책은 경쟁을 촉진시키는 데 관심이 있다.

2 세계는 점차적으로 작아지고 있지만, 세계의 도전들은 분명히 그렇지 않다.

Answer

1 Antitrust policy is concerned with promoting competition.
2 While the world may be getting smaller, its challenges clearly aren't.
Re Although the world has become smaller boosted by the development of improved transportation and communication, the challenges imposed on mankind has not been reduced at all.

[5] Choose the correct answers.

1 Welcome to the (hub, spoke) of Asian Cinema, Busan International Film Festival.

2 Volkswagen chooses to swim (for, against) the current. Volkswagen chief Bernd Pischetsrieder is seeing his company move production away from lower–cost countries to a high–cost nation.

Answer

1 hub
2 against
E 2 Volkswagen은 급류에 대하여 반대방향으로 수영하기를 선택한다. Volkswagen의 사장인 Bernd Pischetsrieder는 그의 회사가 저비용이 드는 국가에서 생산을 철수하고 고비용의 국가로 생산을 이동하고 있는 것을 지켜보고 있다. 일본 기업과 같이 일본을 연구소, 해외를 생산기지로 하고자 하든지, 아니면 다른 형태로 비용절감을 할 수 있다고 보고 기업전략에서 비용 이외의 요인을 고려하면서 대세와 반대방향으로 움직인다는 내용이다. current는 전기흐름, 시사의 급류라는 뜻을 가지고 있으나, 여기서는 현 세계정세의 흐름 또는 추세로 볼 수 있다.

부록 E 무역실무 보완

E.1 Flow Chart of Trade and Letter of Credit

1) 국제상거래(International Business Transaction) 측면에서 본 무역흐름

01 Letter from Buyer Requesting Proforma Invoice

02 Proforma Invoice

03 Purchase Order

04 Letter of Credit—Confirmed and Irrevocable

05 Shipper' s Letter of Instruction

06 Commercial Invoice

07 Shipper' s Export Declaration

08 Certificate of Origin

09 Dock Receipt

10 Bill of Lading

11 Insurance Certificate

12 Sight Draft

2) Easy Version on the Letter of Credit

01 A letter of credit, abbreviated as L/C, stands at the center of international commercial transactions.

> 줄여서 L/C라고 하는 신용장은 국제무역거래의 중심적 역할을 한다.

02 Issued by a bank at the request of an importer, the letter of credit states that the bank will pay a specified sum of money to a beneficiary, normally the exporter, on presentation of particular, specified documents.

수입업자에 의해 은행에서 발행되는 신용장은 은행이 일반적으로 수출업자인 수익자에게 상세하고 일정한 서류에 근거하여 일정하게 명시된 총액을 지불하는 증서이다.

03 Consider the example of the U.S. exporter and the French importer.

미국 수출업자와 프랑스 수입업자의 예를 고려해 보자.

04 The French importer applies to her local bank, say, the Bank of Paris, for the issuance of a letter of credit.

프랑스 수입업자는 그 지역은행인 파리은행에 신용장 발행을 신청한다.

05 The Bank of Paris then undertakes a credit check of the importer.

(그 다음 순서로) 파리은행은 수입업자의 신용도를 조사한다.

Voca credit check = credit standing = credit inquiry = credit investigation

06 If the Bank of Paris is satisfied with her creditworthiness, it will issue a letter of credit.

만일 파리은행이 그 수입업자의 신용도에 대하여 만족한다면, 그 은행은 신용장을 발행할 것이다.

07 However, the Bank of Paris might require a cash deposit or some other form of collateral from her first client.

그러나 파리은행은 처음 고객인 (수입상에게) 현금예금이나 어떤 형태의 담보를 요구할 수도 있다.

08 In addition, the Bank of Paris will charge the importer a commission fee for this service.

추가적으로 파리은행은 이 서비스에 대한 수수료를 수입업자에게 부과하게 된다.

09 Typically this amount is between 0.5 percent and 2.0 percent of the value of the letter of credit, depending on the importer' s creditworthiness and the size of the transaction.

전형적으로 신용장 금액의 0.5~2% 사이에서 부과되는 수수료의 금액은 수입업자의 신용상태와 거래의 크기에 따라 결정된다.

10 Assume the Bank of Paris is satisfied with the French importer' s creditworthiness and agrees to issue a letter of credit.

파리은행이 프랑스 수입업자의 신용도에 만족하고 신용장 발행에 동의한다고 가정하자.

11 The letter states that the Bank of Paris will pay the U.S. exporter for the merchandise as long as it is shipped in accordance with specified instructions and conditions.

신용장은 수출업자가 상품을 신용장에 명시된 지시사항과 조건에 부합된 상태로 선적한다면 파리은행이 미국 수출업자에게 (선적된) 상품에 대한 대금을 결제할 것을 명시한다.

12 At this point, the letter of credit becomes a financial contract between the Bank of Paris and the U.S. exporters.

이 같은 관점에서 보면 신용장은 파리은행과 미국 수출업자 사이의 금융계약서가 된다.

E 신용장 발행은행은 수출업자와 수입업자 간의 물품매매를 대신하여 금융거래계약을 하게 된다. 물품거래와 신용장 거래는 독립적 사건이다.

13 The Bank of Paris then sends the letter of credit to the U.S. exporter' s bank, say, the Bank of New York.

파리은행은 신용장을 미국수출업자의 거래은행인 뉴욕은행에 보낸다.

14 The Bank of New York tells the exporter that it has received a letter of credit and that he can ship the merchandise.

뉴욕은행은 수출업자에게 신용장을 받았기 때문에 수출상품을 선적할 수 있다고 수출업자에게 통지해 준다.

15 After the exporter has shipped the merchandise, he draws a draft against the Bank of Paris in accordance with the terms of the Letter of Credit, attaches the required documents, and presents the draft to his own bank, the Bank of New York, for payment.

수출업자가 상품을 선적한 후에 그는 신용장의 조건에 일치하는 파리은행에게 어음을 발행하고, 신용장에 요구된 서류를 첨부하고 대금결제를 위해 뉴욕은행에 어음을 제출한다.

16 The Bank of New York then forwards the letter of credit and associated documents to the Bank of Paris.

(환어음과 선적서류를 수령한) 뉴욕은행은 신용장과 관련된 서류를 파리은행으로 발송한다.

17 If all of the terms and conditions contained in the letter of credit have been compiled with, the Bank of Paris will honor the draft and will send payment to the Bank of New York.

신용장에 포함된 조건과 상황이 모두 준수된다면, 파리은행은 어음을 인수하고 뉴욕은행에 대금을 결제한다.

18 When the Bank of New York receives the funds. it will pay the U.S. exporter.

뉴욕은행이 그 돈을 받으면 수출업자에게 지불한다.

19 As for the Bank of Paris, once it has transferred the funds to the Bank of New York, it will collect payment from the French importer.

무역결제대금을 뉴욕은행에 송금해 준 파리은행은 프랑스 수입업자로부터 환어음을 추심한다.

20 Alternatively, the Bank of Paris may allow the importer some time to resell the merchandise before requiring payment.

다른 결제형태로, 파리은행은 수입업자에게 대금을 요구하기 전에 상품을 판매할 기간을 허용할 수도 있다.

21 This is not unusual, particularly when the importer is a distributor and not the final consumer of the merchandise, since it helps the importer' s cash flow.

이것은 일반적인 것이며, 특별히 수입상이 도매상이거나 상품의 최종소비자가 아닐 때 수입업자의 현금 흐름을 도와주기 위해서 사용하는 방법이다.

22 The Bank of Paris will treat such an extension of the payment period as a loan to the importer and will charge an appropriate rate of interest.

파리은행은 이러한 지급 기간의 연장을 수입업자에게 대출한 것과 유사하게 취급하고, 적절한 수준의 이자를 부과할 것이다.

23 The great advantage of this system is that both the French importer and the U.S exporter are likely to trust reputable banks even if they do not trust each other.

이 같은 신용장제도의 장점은 프랑스 수입업자와 미국 수출업자 상호간에 상대방을 신뢰하지 않는다 하더라도 평판이 좋은 은행을 믿는다는 데 있다.

24 Once the U.S. exporter has seen a letter of credit, he knows that he is guaranteed payment and will ship the merchandise.

수출업자가 신용장을 보면 그는 대금결제가 보증된다는 것을 알고 상품을 선적할 것이다.

25 Also, an exporter may find that having a letter of credit will facilitate obtaining pre–export financing.

또한 수출업자는 신용장이 있으면 수출 전 자금을 지원받기 용이하다는 것을 알 수 있다.

26 For example, having seen the letter of credit, the Bank of New York might be willing to lend the exporter funds to process and prepare the merchandise for shipping to France.

예를 들면, 수출상이 신용장을 확보한 것을 확인한 뉴욕은행은 수출업자에게 프랑스로 상품 선적의 진행과 준비를 위해 사용되는 자금을 기꺼이 빌려준다.

27 This loan may not have to be repaid until the exporter has received his payment for the merchandise.

이 자금은 수출업자가 상품에 대한 대금결제를 받을 시기까지 상환하지 않아도 된다.

28 As for the French importer, she does not have to pay for the merchandise until the documents have arrived and unless all conditions stated in the Letter of Credit have been satisfied.

프랑스 수입업자는 서류가 도착하고, 신용장에 명시되어 있는 모든 조건들이 충족되지 않는다면 상품에 대한 대금결제를 하지 않아도 된다.

29 The drawback for the importer is the fee she must pay the Bank of Paris for the Letter of Credit.

수입업자에 대해 불리한 점은 수입업자가 신용장에 대한 수수료를 파리은행에 지불해야 한다는 것이다.

30 In addition, since the Letter of Credit is a financial liability against her, it may reduce her ability to borrow funds for other purposes.

더 나아가 신용장은 수입업자에 대한 금융 채무이기 때문에 수입상이 다른 목적으로 자금을 빌릴 때 수입업자의 차입능력을 감소시킬 수도 있다.

E.2 무역조회, 신용장, e-UCP

1) Trade Reference

Dear Sir,

This firm is a well-established exporter of various kinds of cotton items. It has also good connections with the leading manufactures in the region of the country.

We would like to extend our business to your state. We shall be grateful if you would recommend some reliable importers who are interested in the line of business.

For a further information concerning our financial status and reputation, please get in touch with the Olympic Branch of the Korea Exchange Bank which has kindly accepted to be our financial reference.

We look forward to hearing from you on this matter in due time.

Yours sincerely,
Pearl Trading Company
Hae-du Hwang
Export Promotion Manager

2) Request for an Extension of Validity Date of L/C

We regret to tell you that because the strike of seamen, the sailing of S/S "Atlas Maru" scheduled to clear for your port on the 23rd has been cancelled, and accordingly, no direct steamer from here is available during this month. Under these circumstances, we would like to request you to extend your credit to the following effect.

Shipping date: May 15, 2012
Expiry date: End of May, 2012

Your prompt attention would be appreciated.

신용장 유효기간의 연장신청
승조원 파업으로 인해 23일자 기선 "Atlas Maru"호의 항해 일정이 취소되었고, 추가적으로 동월 직항 증기선이 이용불가함을 통보하게 되어 유감입니다. 이러한 상황 아래, 저희는 귀사의 신용장 만료기간을 아래와 같이 연장해 주기를 요청합니다.
선적일자 : 2012년 5월 15일
만료일자 : 2012년 5월 말일
조속한 회신을 부탁드립니다.

Re We are sorry to inform you of the cancellation of the voyage of S/S "Atlas Maru" which was scheduled to embark here for your port on the 23rd of this month. Such a cancellation had been caused by the strike of seamen and no direct liner is available by the end of this month. Could you kindly extend both the shipping date and expiry date of Credit by the 15th of May and end of May respectively by taking into account such adverse circumstances.
We'll be grateful if you pay a due care on our request.

3) Reply to an Enquiry[18]

Dear Mr Ovambo,

Thank you very much for your enquiry about Antispy Products.

I regret that we are unable to supply our Screen Protector at this time. This is because of the import restrictions into Nigeria which are currently in force. However, our former distributors may still have stocks and I suggest you contact them. They are: Kano Security, Independence square, Kano.

Do please contact me if you have any further enquiries about our products.

Sincerely,

Antispy Products에 대한 당신의 문의에 감사드립니다.
이번에 우리의 Screen Protector를 공급하지 못하게 된 것은 유감입니다. 이 같은 지연은 현재 나이지리아에서 시행되고 있는 수입제한 때문입니다. 그러나 우리가 이전에 거래하던 유통업자는 아마 재고를 가지고 있을 것이며, 저는 당신이 그들에게 연락하기를 제안합니다. 그들은 Kano Security이며, Kano, Independence square에 있습니다.
만약 우리 상품에 대한 추가 문의가 있으시다면, 기꺼이 제게 연락해 주십시오.

18. 영국식 영어이고 미국에서는 inquiry라고 한다.

4) ARTICLE e10. Transport

If an electronic record evidencing transport does not indicate a date of shipment or dispatch, the date of issuance of the electronic record will be deemed to be the date of shipment or dispatch. However, if the electronic record bears a notation that evidences the date of shipment or dispatch, the date of the notation will be deemed to be the date of shipment or dispatch. A notation showing additional date content need not be separately signed or otherwise authenticated.

수송사실을 증빙하는 전자기록이 선적 기일 혹은 출발날짜를 명시하지 않았다면, 어음 발행일은 선적일 혹은 출항일로 간주됩니다. 그렇지만 전자기록이 선적 날짜 혹은 출항 날짜를 포함한다면 이 날짜를 선적일과 출항일로 간주하게 됩니다. 추가로 날짜를 명시하는 표시를 별도로 할 필요가 없더라도 이는 사실로 인증됩니다.

5) Despatch Note

Order Number: 002-6117055-4442628 Supplied by PBShop

Catalogue Number: 978069111401

Title and Artist: Advanced International Trade and Evidence [Hardcover]

Some items may be shipped separately.

Order Processed: 18/11/2011 00:05

Payment has been received from: Hae-du Hwang

Returns: Return the item with this despatch mote to the following address:

Please tick one reason for return:

1. Damaged [ ] 2. Faulty [ ] 3. Wrong Item [ ] 4. Other [ ]

Would you like: a refund [ ] or a replacement [ ]

E 서적주문에 대한 배달 메모이다. Format된 형식이 사용된다.

E.3 무역실무보완

무역의 특징으로는 해상의존성, 기업위험성, 국제관습성, 산업연관성을 들 수 있다. 기업위험성에는 상품 자체의 위험, 신용위험, 가격변동위험, 환율변동위험, 실무절차상 위험이 포함된다.

1) 통합공고

지식경제부 장관은 다른 부처의 해당 법령에 의해서 규정된 물품의 수출 또는 수입 요령을 통합하여 공고하도록 되어 있다.

> The minister of trade and industry is expected to make a public notice on the integrated list by lumping together those acts enacted to guide trade patterns.
>
> E 편의상 지식경제부를 상공부라고 하였다.

2) 전략물자수출입공고

지식경제부는 국제평화와 안전을 위하여 다자간 국제수출통제체제의 원칙에 따라 수출허가 등 제한이 필요한 물품 · 기술을 전략물자로 간주하고 세부품목은 지식경제부 '전략물자 · 기술수출입통합고시' 로 지정 · 고시하는데 이를 전략물자 수출입공고라고 한다.

> The minister of trade and industry is responsible to designate and notify the list of strategic items as an effective means of deterring the possible deployment such items for carrying out international terrors.

3) 대형 무역회사

일본의 미츠이(Mitsui), 마루베니-이다(Marubeni-Iida), 씨-이토(C-Itoh)는 대형 무역회사로 알려져 있다. 미국의 아메리칸 트레이딩(American Trading), 유태인 계통의 아이젠버그(Eisenberg)도 널리 알려져 있는 대형무역회사이다. 특히 아이젠버그는 국제적으로 군수물자와 같이 민감한 상품들을 취급하기도 한다.

World leading trading companies comprise Mitusi, Marubeni-Ida, and C-Itoh of Japan and American Trading and Eisenberg of the United States. Eisenberg has been well known for its expertise on dealing sensitive items such as military armament.

4) 보증신용장(Standby Credit)

보증신용장은 상품대금의 결제를 목적으로 하는 화환신용장이 아니고 금융이나 보증을 위해 발행되는 특수한 무담보신용장이다. 유럽에 위치한 해외지사가 한국으로부터 원자재를 수입하기 위하여 신용장을 개설한다든지 또는 다른 형태의 금융상의 편의를 받고자 해도 은행에 제공할 만한 담보가 부족한 경우 서울 본사에서 Deutsche Bank에 의뢰하여 유럽지점이 거래하는 현지은행 앞으로 그 은행을 수익자로 하는 Standby Credit를 개설하게 한다. 현지 은행은 보증신용장을 담보로 하여 현지지사의 요청이 있을 경우에 신용장을 개설해 준다든지 다른 형태의 금융혜택을 줄 수 있다. 보증신용장은 대규모 해외건설공사의 입찰보증(bid bond), 이행보증(performance bond)을 갈음하기 위하여 이용되기도 한다.

5) 대변표(Credit Note ; C/N)와 차변표(Debit Note ; D/N)

동일한 거래처와 지속적으로 거래할 경우에는 서로 주고받는 거래빈도(transaction frequencies)가 많아지기 때문에 매번 거래를 하기보다는 일정 기간의 거래를 모아서 상쇄하고 잔액을 지불하는 것이 편리하게 된다. 대변표, 즉 발행인 측으로 보면 지불계정과 차변표, 즉 수취계정의 금액을 기재하여 상대방에게 보냄으로써 서로의 계정을 정확하게 파악할 필요가 있다.

E 차변표(Debit Note = D/N)와 대변표(Credit Note = C/N)는 항상 발행자 입장에서 보는 것이 이해에 도움이 된다. 차변표(Debit Note)는 복식부기과정에서 발생자 입장에서는 자본의 감소 및 손실을 가져오는 부분(자신의 비용으로 지불하였기 때문이다)이며, 상대방 업체의 Credit side(대변란)에 이를 기입하게 된다. 즉, 발행자 입장에서는 받을 돈이 되는 것이고, 상대방 업체에서는 주어야 하는 돈이 된다. 표기는 복식부기계정의 좌측에 기입된다. 더 쉽게 표현하면, 항상 주체를 발행자라 고정하고, Debit은 받을 돈, Credit은 줄 돈으로 이해하면 된다.

대변표(Credit Note)는 상기와 정반대로 이해하면 된다. 즉, 발행자 입장에서의 Credit Note

라 함은 상대방의 Debit side가 된다. 그러나 발행자의 입장에서는 줄 돈이 되는 것이고, 상대방 입장에서는 받을 돈이 된다.

6) 협정관세(Conventional Tariff)

외국과의 통상조약에 의하여 부과하는 관세를 협정관세라고 한다. 일반적으로 상호주의원칙에 의하여 서로의 교역량을 증진시키기 위하여 기존의 국정관세율을 인하하거나, 아니면 더 인상하지 않을 것을 양허하는 협정이기 때문에 국정 관세율보다 일반적으로 낮게 책정된다. WTO 양허세율 또는 FTA 양허세율은 좋은 예가 될 수 있다.

7) 조정관세(Adjustment Duty)

관세법 제69조에서는 산업구조의 변동 등으로 물품 간의 세율이 현저히 불균형하여 이를 시정할 필요가 있거나, 국산 개발된 물품 중 일정 기간 보호가 필요한 경우, 그리고 농림축산물 등 국제경쟁력이 취약한 물품의 수입증가로 국내시장이 교란되거나 산업기반을 붕괴시킬 우려가 있어 이를 시정 또는 방지할 필요가 있는 경우에는 100/100에서 당해 물품의 기본세율을 차감한 율을 기본세율에 가산한 율의 범위 내에서 관세를 부과할 수 있도록 되어 있으며, 이러한 물품의 세율, 적용시한 등은 대통령령으로 정하도록 되어 있다.

8) 탄력관세제도

법률이 정하는 일정범위 내에서 관세율의 변경권한을 행정부에 위임하여 관세율을 탄력적으로 변경하는 제도를 탄력관세제도라고 한다. 이 제도는 법률의 경직성을 탈피하기 위하여 미리 법률이 정한 범위 내에서 행정부가 관세율을 변경 및 조정함으로써 경제여건 변화에 신축성 있게 대응하도록 함을 목적으로 한다.

9) 할당관세(Tariff Quota)

물자수급의 원활 또는 산업의 경쟁력 강화를 위하여 특정 물품을 수입할 필요가 있는 경우 일정한 수량까지 수입된 부분에 대하여 기본관세율에서 40/100에 상당하는 세율을 차감한 세율의 범위 내에서 관세를 부과할 수 있도록 한 제도이다. 그리고 특정한 물품의 수입을 억제할 필요가 있는 경우 일정한 수량을 초과하여 수입되는 부분에 대하여 기본관세율에서 40/100에 상당한 세율을 가산한 세율의 범위 내에서 관세를 부과할 수 있도록 한 제도로서, 관세와 수량규제(quota)가 혼합된 제도라고 할 수 있다.

10) 긴급관세(Emergency Tariff)

긴급관세란 국내산업의 보호를 위하여 긴급한 조치가 필요하거나, 긴급하게 특정물품의 수입을 억제하고자 할 때, 해당물품에 대한 관세율을 급증시켜서 부과하는 관세이다(관세법 제65조).

11) 국제협력관세

국제협력관세는 우리 정부가 대외무역을 증진시키기 위하여 특정 국가 혹은 국제기구와 관세협상을 할 경우 기존의 세율을 인하할 수 있도록 제정된 관세이다. 국제협력관세는 기본세율의 50/100의 범위를 초과하여 관세를 양허할 수는 없다(관세법 제73조).

12) 편익관세(Beneficial Duty)

정치적 · 경제적 유대관계를 강화시키기 위하여 지금까지 조약에 의한 관세혜택을 받지 않은 국가로부터 물품이 수입될 때 기존 타국에 대하여 조약에 의하여 부과하고 있는 관세상의 혜택범위 내에서 일방적으로 관세의 편익을 제공하는 관세이다. 관세법 제74조는 대통령령으로 적용대상구가, 물품 등을 지정하여 기존 조약국에게 부여한 편익한도 내에서 편익관세를 부여할 수 있다고 규정하고 있다.

13) 와르소-옥스포드 규칙(Warsaw-Oxford Rules, 1932)

이 규칙은 CIF에 대한 통일된 해석기준을 마련하기 위하여 1932년 국제법협회(International Law Association ; ILA)에 의하여 제정되었고, 1970년에 개정되었다.

14) OEM방식 수출(original equipment manufacturing export)

OEM방식 수출이란 주문자상표부착방식의 수출로서 수출업자가 수입업자로부터 제품생산을 의뢰받아 생산한 후 주문자의 상표를 부착해 수출하는 방식으로서 산업화 초기 단계에 기술수준이 낮거나, 해외 마케팅에 대한 전문지식이 부족한 경우에 사용되어 왔다. 이 방식으로는 브랜드 자산을 제고하기는 거의 불가능하다고 할 수 있다. 기술축적에 대해서는 없는 것이 적은 것보다 좋다고 보는 견해와 실질적 기술축적은 어렵다고 보는 견해로 나누어져 있다.

E Opinions are still divided among two groups. The former maintains that something is better than nothing whereas the latter contends that it may be highly improbable to achieve technology acquisition and accumulation.

15) 무역관련 3대 법규

대외무역법과 외국환거래법, 관세법을 무역관련 3대 법규라고 한다. 대외무역법은 수출입을 총괄하고, 외국환거래법은 무역대금결제를, 그리고 관세법은 물품이동을 총괄한다.

16) 무역계약의 법적 성격

무역계약은 계약당사자의 합의만으로 성립하는 낙성계약(consensual contract)이고 동시에 무역계약은 수출업자의 물품인도에 대한 수입업자의 대금지급이 요구되는 유상계약(remunerative contract)이다. 추가적으로 무역계약은 일정한 서식을 요구하는 요식행위를 필요로 하지 않는 불요식계약이다.

17) 조건부 청약

대학원 석사과정을 지원할 때 입학심사를 할 때 조건부로 입학허가서를 주는 것을 조건부 입학(conditional admission)이라고 한다. 예를 들어, 영어점수를 어느 수준까지 올려야 하고, 학기 시작하기 전에 집중적으로 일정 기간 공부시키는 crash course를 수강해야 한다는 내용이 포함된다. 동일한 맥락에서 청약자의 청약내용에 어떤 조건이 포함된 청약을 조건부 청약(conditional offer)라고 한다. 이 형식에는 offer subject to our final confirmation, offer subject to prior sale,[19] offer on approval, offer on sale or return이 있다.

18) 화인(cargo mark)

화인은 화물의 소유권을 알리는 표시로서 선화증권이나 포장명세서에 적힌 내용을 화물과 대조할 수 있도록 표시된다. 화인의 필수사항으로는 주화인(main mark), 항구표시, 포장번호를 들 수 있다. 화물의 측면에 main mark, counter mark,[20] port mark, quality or weight mark, origin mark가 있다. 취급상 특별한 주의를 알려주는 주의마크(care mark or caution mark)는 외장 측면에 표시하기 때문에 side mark라고도 한다. 주화인, 항구표시 및 포장번호는 반드시 표시해야 하는 필수사항이고, 그렇지 않을 경우에는 운송인이 면책될 수 있다.[21]

19) Incoterms 2010의 주요 개정내용

국내거래 및 국제거래 겸용 이외의 개정으로는 본선의 난간(Ship' s rail)이라는 문구를 완전히 삭제하고, 대신에 물품이 '본선에 적재' 된 때에 위험이 수입업자에게 이전된 것으로 해석한다. 그리고 전자서류와 같이 전자적 수단에 의한 통신에 대하여 종이에 의한 통신과 동일한 효력을 부여하고 있다. 마지막으로 국제물류에서 보안의 중요성이 증가함에 따라서 매도인과 매수인 간에 보관사슬 정보(chain-of-custody information)를 교환하는 것과 마찬가지로 보안관련 통관을 수행하거나, 이 같은 업무수행에 필요한 협조를 제공할 의무를 명시하고 있다.

20) 해상내수로에서만 가능한 조건

현행 Incoterms의 11가지 조건 중에서 FAS, FOB, CFR, CIF 4가지는 해상운송

19. 'offer subject to prior sale' 은 승낙이 있을 때 해당물품의 재고가 있어야만 계약이 성립된다는 것을 조건으로 하는 청약으로서 선착순 매도조건청약이라고 한다. 경영학에서 재고관리를 할 때 사용하는 후입선출법(last-in-firs-out ; LIFO)이 아닌 선입선출법(first-in-first-out ; FIFO)과 동일한 개념으로 사용된다.
20. 부화인(counter mark)은 보조 화인으로 식별을 용이하게 추가로 표시한다. '반대' 라는 뜻보다 이차적(secondary)으로 이해하면 된다.
21. Hague Rules(1924) 제4조

또는 내수로 운송에서만 가능한 조건(rules for sea and inland waterway transport)이다. 선측 인도조건(Free Alongside Ship ; FAS), 본선인도조건(Free on Board ; FOB), 운임포함 인도조건(Cost and Freight ; CFR), 운임 · 보험료 포함조건(Cost, Insurance, and Freight ; CIF)은 전통적으로 국제무역에서 많이 사용되어 왔던 조건인데, 복합운송(multimodal transport)이 발달함에 따라서 Incoterms 2010에서는 후순위로 규정되었다.

21) 랜드 브리지(Land Bridge)

시베리아 철도를 이용한 대륙횡단수송은 1926년에 개발되었다가, 제2차 세계대전으로 중단되었다가, 시베리아 랜드 브리지(Siberia Land Bridge)는 최근에 와서 급속하게 발전하고 있다. 아메리카 랜드 브리지(America Land Bridge)는 1860년대 미 대륙을 횡단하던 'Rail Bridge' 개념에서 시작되었고, 극동–유럽 간 수송과 구별하기 위하여 아메리카 랜드 브리지라고 한다. 미니 랜드 브리지(Mini Land Bridge)는 극동과 미국 대서양 연안 또는 걸프 연안을 잇는 수송로이다.

22) 기한부 환어음의 결제일자

기한부 환어음의 만기일은 일람 후(after sight), 일부 후(after date), 확정일(on a fixed date)로 나누어진다. 일람 후 정기출급의 경우는 환어음이 지급인에게 제시된 날로부터 일정한 기간이 지난 후 지급이 이루어진다. 일부 후 정기출급은 어음이 발행된 날로부터 일정 기간이 경과한 후에 결제가 이루어진다. 일부 후 정기출급은 일람 후 정기출급보다 우편일수만큼 빨리 결제되기 때문에 수출업자에게 유리하다. 확정일 출급은 지급일이 구체적으로 명시되어 있다.

23) 통상교섭본부, 무역위원회, 공정거래위원회

통상교섭본부는 대외통상교섭을 주관하는 기관으로서 WTO와 관련되는 문제, FTA 체결, 개별 국가 또는 지역무역협정(regional trade agreement ; RTA)과의 통상협상을 주관해 왔다. 무역위원회는 외국의 산업이 우리나라 산업에 대하여 부당한 피해를 줄 경우에 이 같은 피해에 대한 진상규명과 대응방안을 제시하는 기구이다. 미국의 이와 대응되는 기구는 International Trade Commission이다. 공정거래위원회는 기업 간의 담합에 의한 가격인상을 억제하고, 공정한 시장경제질서를 수립하고자 대기업의 시장지배력(market power)을 감시하고, 문제가 발생하면 대응정책을 수립하는 기구이다.

24) 정부개발원조(Overseas Development Assistance ; ODA)

정부개발원조는 개발도상국의 경제발전 · 사회발전 · 복지증진 등을 주목적으로 하는 원조로, 공적개발원조라고도 한다. 원조는 증여, 차관, 기술원조 등의 형태로 제공되며 높은 금리가 적용되는 민간원조보다 조건이 좋기 때문에 원조를 받는 쪽에서 유리하다. 경제협력개발기구(OECD)의 회원국에서는 국민총생산(GNP)의 0.31%에 육박하는 600억 달러 규모의 ODA를 공여하고 있으며, 국제연합(UN)에서는 점차적으로 0.70%까지 증대하기로 결의하였다.

우리나라에서는 개발도상국에 대한 양허성차관을 지원하기 위해 정부에서 출연하여 한국수출입은행에 대외경제협력기금(EDCF)을 설치하고 유상협력을 집행하고 있으며, 1991년에 외교통상부 산하기관으로 설립된 한국국제협력단(KOICA)을 통해 무상협력사업 또한 진행하고 있다.

ODA는 개발도상국의 경제발전과 복지향상을 위하여 국제개발협력에 활용되는 개발재원의 하나이고 대부분 무상의 형태를 갖고 있고, 중앙 및 지방정부 등 공적 기관에 의해서 제공되는 원조이다. ODA는 공여조건이 완화된 원조(증여율이 25% 이하)인 양허성 조건이어야 한다. 군사적 목적의 지원은 ODA에서 제외되나, 인도적 원조나 개발활동의 지원을 위해 공여국의 군사력을 사용함에 따라 발생하는 비용은 ODA로 간주하는 경향이 있다.

일본은 동남아 시장에 생산거점을 설치하고, 수출과 해외직접투자, 기술협력을 확대하기 위한 사전 정지작업 차원에서 ODA를 적극적으로 활용해 왔다. 예를 들어 베트남에 발전소를 건설하는 plant 수주를 염두에 두고, 원조를 제공해 왔다. 플랜트 수출을 위해서는 기술력 향상 이외에도 자금동원 및 보증, 글로벌 마케팅을 위한 기업전략과 공공정책이 동시에 진행될 필요가 있다. 2012년에 미국 국무장관에서 물러난 Clinton장관은 외교정책의 최우선순위를 미국 다국적기업의 글로벌 마케팅 확대에 두었고, 독일 수상 메르켈도 예외는 아니었다.

E.4 Marketing, Logistics, and Research Intensity

1) Getting too far ahead of your customers is just as dangerous as failing to anticipate their needs, because if you' re too far ahead, you' re unlikely to cross the chasm to widespread acceptance.

만일 여러분이 경영자로서 너무 앞서 가고 있다면 광범위한 동의를 얻는 데 존재하는 괴리를 감소시키거나, 소멸시키기가 어렵기 때문에 고객보다 멀리 앞서간다는 것은 그들의 수요를 예측하는 데 실패하는 만큼 매우 위험하다.

Re It may be highly improbable for you to thwart or overcome the possible emergence of chasm marketing unless you trace out the changing patterns of demand relentlessly. If you are too far ahead in anticipating the consumer demand and the product life cycle is rather short with heavy initial investment, you are liable to plunge yourself to the jeopardized range of chasm marketing which have a wide discrepancy between R&D expenditures and marketing. Put it another way, the R&D expenditure cannot be recouped becasue it has become sunk cost caused by the marginal realization of new product.

Voca range = zone = scope

2) How to Track Down the Possible Emergence of Chasm Market[22]

It indicates the bottleneck of discrete marketing activities whose revenne fall short of the R&D expenditures. Such an adverse situation may be accentuated for those items which require heavy R&D expendirues with realtively short product life cycle. The chasm may work as an entry barrier for a further development of early majority market. The high-end product with extremely short-life cycles are liable to fill the slots of chasm. Chasm marketing aims at reducing and closing

22. 이 글은 서대성 강사와 같이 "유럽연합의 중 · 동구확장에 대한 한국기업의 대응방안"을 몇 년 전에 쓰다가 중단할 글에서 인용하였다.

such a wedge between revenue realization from merchandizing and R&D expenditures by analyzing how to finance the R&D and marketing expenditures for capturing the early majority market. This approach alleviates the possible extra burden of Korean firms in expanding their market share in the enlarged pan−European market.

3) 연구집약도와 무역흐름(Research Intensity and Trade)

연구집약도는 기업의 연구개발비를 매출액으로 나눈 비율이다. 국가로 보면 연구개발지출을 국민총생산(GNP) 또는 국내총생산(GDP)으로 나눈 비율이다. 연구집약도가 생산활동을 위한 투입이라면, 특허권(patent)은 산출이 된다. 원천기술(generic technology)이 많을수록 특허권도 많게 되고, 따라서 고부가가치 제품을 많이 수출하게 된다.

예를 들어 영국이 수출하는 화학제품은 부피는 작고 고가품인 반면에 중국이 수출하는 화학제품은 부피는 크고 저가품이 된다. 만일 어떤 화학회사가 전세계적으로 생산기지, 수요량, 기술수준을 알고 있다면 왈라스의 중개인(Walrasian acutioneer) 같이 필요한 정보를 즉각적으로 비용이 소요됨이 없이 전달하기(disseminate)보다는 자신의 독점력을 활용하여 적당한 mark−up을 설정하여 중개인 역할을 하게 된다.

품질향상을 위한 생산관리도 중요하지만, 글로벌한 생산과 기술의 재배치(global logistics on production and technology)를 통한 수직적 생산 및 마케팅의 위력이 증가하면서 전사적 마케팅(total marketing), 전사적 기술혁신(total innovation)으로 기업전략의 방향이 이동하고 있다. 이 같은 움직임은 제약제품, 정밀기계, 항공산업, 금융컨설팅 분야에서 두드려지게 발견되고, 무역과 해외직접투자, 기술협력도 영향을 받게 된다.

> Research intensity refers to the ratio which is estimated by dividing the R&D expenditure with total revenue or total turnover at the firm or industry specific level. It can be estimated at the national level by dividing the total amount of private and public R&D expenditure with GNP or GDP. If the R&D is regarded as an input for production activities, the patent can be taken as an output. The outcome of patents may be increased in parallel with the developmental stage of generic technology. It follows that the higher the level of generic technology or

patents, the better performances in exporting high-end products.

E 시간과 지면 제약상 첫 번째 paragraph만 영작하였다. 이 연구집약적 기업이 많아서 부가가치가 큰 국가들의 예로는 북구유럽의 Sweden, Denmark, Finland를 들 수 있다.

4) SCM에 대한 전략적 의사결정과 무역

자동차 연료펌프는 크게 가솔린, 디젤, LPG, 메탄올로 나누어진다. 자동차산업과 자동차 부품산업과는 일정한 형태의 부품을 생산하는 방식(module production mode)이 도입된 1990년대 부터 상호간에 밀접한 협력관계에 있게 되었다. 완성차 기업의 입장에서는 제작(Make)과 구매(Buy) 중에서 선택을 하게 되고, 부품산업 중에서 핵심기술을 축적한 기업은 경쟁우위에 있기 때문에 대부분의 경우 시작은 완성차 기업의 하청기업으로 있다고 독립하여 GM, Toyota, Hyundai에 공급하게 된다. 2005년을 전후하여 글로벌 자동차시장에서 미국시장이 축소되고, 상대적으로 중국시장과 유럽시장이 확대되면서 우리나라에 위치한 엔진펌프 제조회사는 가급적이면 임금이 상대적으로 낮으면서도, 시장에 가까운 위치에서 부품을 공급하는 것이 유리하기 때문에 자회사를 중앙아시아 또는 유럽에 가까이 위치한 터키에 세울 것을 검토하게 된다.

이같이 SCM 차원에서 해외공장을 설립할 경우 최고경영자는 공장이 가동해서 생산될 때까지의 회임기간(gestation period)에 요구되는 공장설립비용과 원 · 부자재를 공급하기 위한 구매비용, 현지 인력에게 지급해야 하는 임금, 간접비와 운송비용, 무역장벽을 통과하는 비용 등을 고려해야 한다. 만일 이 같은 기업이 자금여력이 있으면 자체자금으로 자금을 조달하게 되는 것이고, 그렇지 못할 경우에는 사모펀드(private equities)로 그 소유권이 이전될 수도 있다. 따라서 무역을 실무 차원에서 신용장, 국제운송, 클레임의 지평선을 넘어서 기업전략과 필요에 따라서는 공공정책의 입장에서 무역흐름을 분석하고 이해할 필요가 증가하고 있다고 사료된다.

E.5 Effective Tariff Rate and Optimum Tariff Argument

01 To what extent is the effective tariff rate different from the nominal one?

실효관세율은 어떻게 명목관세율과 다른가?

Answer The effective tariff rate is imposed on the basis of value-added amount whereas the nominal one is levied on the basis of final output amount.

명목관세율은 최종재를 기준으로 관세를 부과하는 데 반하여, 실효관세율은 부가가치를 기준으로 관세를 부과한다.

02 Explain the optimum tariff argument by using the framework of cost-benefit analysis.

비용-편익분석의 틀을 사용하여 최적관세론을 설명하시오.

Answer According to the Meade' s triangle, free trade will bring forth an outward shift of social indifference curve (SIC) from the origin as shown. By the same analogy, it follows that the implementation of trade policy will shift the SIC toward the origin. The optimum tariff argument is the only exceptional case of trade policies which improves economic welfare instead of reducing it.

Meade의 삼각형에 의하면, 자유무역은 사회무차별곡선을 원점에서 먼 방향으로 이동시키게 된다. 동일한 논리로 무역정책의 실시는 사회무차별곡선을 원점 방향으로 이동시키게 된다. 최적관세론은 무역정책 중에서 경제후생을 감소시키지 않고 증가시키는 유일한 예외이다.

Just suppose the deadweight loss is the cost and the improved terms of trade effect is the benefit. If the latter is greater than the former, the welfare of the importing country will be better off to the extent of this difference. It may be noticeable that the optimum tariff argument can be applicable to only large nations that can thwart retaliations from their counterparts. Furthermore, the optimum tariff argument is still the second-best theory compared with the provision of subsidy.

자중손실은 비용, 개선된 교역효과는 편익이라고 하자. 만일 후자가 전자보다 더 크다면, 수입하는 국가의 복지는 그 차이만큼 개선된다. 최적관세를 실시하는 국가의 경제규모가 충분히 크지 않다면 다른 국가들의 보복으로 교역개선 효과가 감소하기 때문에 대규모 국가만 최적

관세를 실시할 수 있다는 점은 주목할 만하다. 더 나아가 최적관세론은 보조금정책과 비교했을 때 여전히 차선이론이다.

E.6 New Economic Geography

1) Alternative Paradigm

It argues that everybody can be the winner regardless of their initial stage of comparative advantage if it fully makes use of the industrial agglomeration which brings forth synergistic effects from the linkage effects on the spatial basis. The Northern part of Italy, the Silicon Valley of the United States and the border between Germany and Swiss well exemplify the fortifying competitive edges in the realms of fashion items, IT products and pharmaceutical industry.

새경제지리학은 공간에 기초한 연관효과로부터의 시너지 효과를 가져올 수 있는 산업집적을 충분하게 이용한다면 초기의 비교우위에 관계없이 모두가 승자가 될 수 있다고 주장한다. 이탈리아 북부지방, 미국의 실리콘밸리, 독일과 스위스 국경은 패션, IT 그리고 의약품 산업의 영역은 경쟁우위가 강화됨을 보여주는 좋은 사례가 될 수 있다.

Voca spatial : 공간의

2) Simple Explanations of New Economic Geography

01 Eaton & Kortum (1996)의 연구는 지식의 확산효과와 기술적 외부효과가 경제활동 및 연구 · 개발활동의 위치와 플러스의 관계가 있음을 보여주고 있다.

Eaton & Kortum (1996) shows that the effects of knowledge diffusion and technological external effect have positive relationship with economic activities and research & development ones.

02 이는 산업 및 연구 · 개발활동의 집중화와 성장 간에는 긍정적인 관계가 있음을 시사한다.

It suggests that there is a positive relationship between agglomeration and growth of industrial R&D activity and improvement.

03 Martin & Ottaviano (1999)는 경제활동의 위치가 연구·개발의 확산효과에 의해 결정됨을 설명한다.

> Martin & Ottaviano (1999) explain that the economic location has been determined by the spillover effect of R&D activities.

04 Baldwin & Martin (2004)의 연구 또한 지역화된 기술의 확산을 통하여 체계화된 산업의 집중이 경제성장에 어떻게 기여하는지를 보여주고 있다.

> Baldwin & Martin (2004) also demonstrate how the industrial agglomeration, which is embodied through the spillover effect of localized technology, influences economic growth.

05 Audretsch & Feldman (2004)은 혁신과 기술변화의 결정요인들을 설명하는 데 있어 특정지역에 국한되는 기술의 확산이 중요한 역할을 담당하고 있음을 강조하고 있다.

> Audertsch & Feldman (2004) emphasize the important role of technological spillover effect at the region specific level which works as major determinants in shaping the changing patterns of innovation and technological change.

06 Krugman (1989, 1991)의 모형은 기업 차원의 규모경제, 운송비용, 그리고 요소이동성이 어떻게 상호적으로 작용하여 공간적 경제 구조의 발생과 변화를 초래하는지를 보여주고 있다.

> Krugman's model offers a lucid exposition how the mutual interactions among economies of scale, shipping costs, and factor mobility at the firm specific levels are influencing on the evolving trajectories of spatial economic structure.

E.7 Search for Improvement Measures on Article 11 of e-UCP

e-UCP 11조의 경제적 함의와 개선방안의 모색[23]

신용장통일규칙을 전자무역에 적용하기 위하여 보충규정의 형태로 2002년 제정된 e-UCP는 제11조에 전자상거래 특유의 위험처리에 관한 규정을 과감히 도입하였다. 그러나 은행이 전자기록의 완전성, 변경불가능에 대해 책임이 없다는 이유 하나만으로 변형 · 손상 · 붕괴된 전자기록을 유효한 제시라고 간주하지 않아 일방적으로 이를 지급하기를 거절한다면, 이는 e-UCP 신용장거래에서의 중심점이자 연결점의 역할을 하는 은행의 중요성, 의존성 등의 차원에서 수익자, 개설의뢰인을 비롯한 신용장의 실질적 권리당사자들의 합리적 기대에 부응하지 못한 결과를 가져오기 쉽다.

본 논문은 이 같은 전자상거래 자료의 변형 · 손상 · 붕괴로부터 야기될 수 있는 부작용을 감소시키기 위한 방법으로써, 신용장 발행은행이 전자기록 검토기간과 합리적 주의라는 부존권역에 존재하는 선택적 대안의 집합에서 자신의 효용을 극대화할 수 있는 최적의 주의수준과 기간활용의 조합을 어떻게 선택하는가를 효용극대화 모형을 이용하여 분석하였다. 구체적으로 e-UCP신용장거래에서 비록 개설은행 자신에게 전자기록을 안정적 환경에서 유지하도록 하는 새로운 의미의 주의수준 부담이 가중된다 하더라도, 자신에게 부여된 전자기록의 재제시(representation) 권한을 효과적으로 활용한다면 그 효용의 정도는 결코 감소하지 않을 뿐만 아니라, 오히려 개설은행의 효용수준은 이전보다 더 증대됨을 슬러츠키 방정식이 첨부된 확장된 모형을 이용하여 보여주고 있다. 본 논문은 개설은행으로 하여금 전자기록 재제시권을 명시적으로 부여하여 보다 높은 수준의 효용을 향유케 하면, 여타의 당사자들에 비해 보다 적극적이고 능동적으로 당해 e-UCP 신용장 거래를 주도할 수 있도록 유도할 수 있다는 것을 보여줌으로써 국제표준은행 관행의 검토에 대비하여 바람직한 e-UCP 11조의 공정한 행위준칙을 제시하고 있다.

핵심용어 : e-UCP, 신용장통일규칙, 전자상거래, 슬러츠키 방정식

23. 황해두 · 김기선 (2006) 참조

Rational Interpretation and Search for Improvement Measures by Making Use of the Economic Implication of Article 11 of e-UCP

The article 11 of e-UCP, which was introduced and implemented as a supplementary regulation with an aim of making an adjustment of the UCP500 to electronic trade in 2002, has accommodated the inherent risks of electronics trade whole-heartedly. But if issuing bank refuses to make a full reimbursement for the erratic transformation, damage and corruption of the original version by pointing out its exemption from such a responsibility for keeping the original version of electronic documents intact, it may be highly improbable for the issuing bank to cater for the rational expectations of real interest groups such as beneficiaries and importers, in terms of the critically important roles of acting as a hub or intermediary role in the transaction of letter of credit.

Bearing in mind to sterilize the possible negative side-effects from the erratic transformation, damage and corruption, this paper has attempted to analyze how the issuing bank captures the optimal combination of rational care and rational allocation of time, given the constraints of initial feasible zone of endowment with respect to the review period and rational care. By augmenting the Slutsky equation to the utility maximization model, it has demonstrated that the available utility function of issuing bank can be increased instead of being curtailed under the new circumstances of exerting an additional due care on maintaining the electronic record in a more stable condition, provided that the issuing bank is on the right track of commanding the representation authority in an effective way. This paper highlights an ideal improvement of the current article 11 for the forthcoming revision on international standard banking practice by exemplifying the paradigm shift of the positive role of issuing bank in initiating the electronic trade based on the authority of asking representation of electronic documents.

Key Words : e-UCP, Uniform Customs and Practice for Documentary Credits, electronic trade, Slutsky equation

E.8 Reducing Discord between Advising and Negotiating Banks

신용장거래에서 통지은행과 매입은행의 불일치에 따른 문제점과 개선방안에 관한 고찰[24]

신용장을 사용하는 무역거래에서 통지은행이 매입은행이 되는 외국의 관행과는 다르게 우리나라에서는 수출금융제도 및 운영관행에 따라 통지은행이 아닌 무역거래자의 주거래은행이 매입은행 역할을 담당하기도 한다. 1998년에 주거래은행의 폐지와 자본자유화가 진행되기 이전까지는 무역거래당사자의 거래은행 편중으로 인하여 통지은행에서 선적서류의 매입이 일어나지 않고, 신용장 수혜업체의 거래은행이 매입은행으로 되어 선적서류 매입업무를 담당해 왔다. 이 연구는 매입제한신용장의 재매입을 할 경우에 해제제도를 활용하여 이 같은 문제점을 해결하는 방안을 제시한다. SWIFT 제도가 확산되면서 수출자의 통지은행 요청에 따른 업체의 수수료 부담감소요인도 통지은행과 매입은행 간의 불일치를 감소시키는 데 기여하고 있다. 통지은행과 매입은행의 불일치해소의 궁극적 해결방안은 수출금융의 폐지에 있다. 따라서 제도적 측면에서의 개선뿐만 아니라, 전반적 수출금융의 크기를 감축시키면서, 연불금융과 중소기업지원금융의 효율성 개선이 동시에 추진할 필요가 있다.

주제어 : 貿易金融, 主去來銀行, 통지은행, 解除制度, 매입제한신용장의 재매입

Problems Caused by the Discord between Advising and Negotiating Banks and Improvement Measures in the Letter of Credit

Main transaction banks of exporters in Korea have sometimes worked as negotiation banks due to the idiosyncratic trade conventions in dealing with the letter of credit. Such conventions may be rather unique compared with trade conventions of other countries in which an advisory bank also works as a negotiating one. Until the abolition of main transaction bank system and the liberalization of capital market in 1988, the purchase of bill of lading with relevant shipping documents had been carried out by the main transaction bank of the beneficiary, not by the advising bank. This paper has shown how to mitigate such problems by making use of the release system on the process of

24. 황해두 · 김효연 (2005) 참조

renegotiation. Such a practice is on its way of phasing-out in parallel with the squeeze of export credit and the rapid development of capital market since the launch of WTO in 1995.

The implementation of SWIFT system has also contributed to mitigate such discrepancies between the advising and negotiating bank by reducing commission costs. An ultimate solution for such a discord may rest on the abolition of export credit system. It may be rather imperative for policy-makers to reformulate a new criterion for a more efficient operation in extending export credit.

Key Words : Export Credit, Advising Bank, Negotiating Bank, Release System, Renegotiation

연습문제 Exercise

[1] Choose correct answers.

1 다음 용어의 뜻이 맞지 않는 것을 고르시오.

① Engagement Clause - 지급확약문언
② Arbitration Clause - 중재조항
③ Governing Law - 준거법
④ Infringement Clause - 분쟁해결조항

2 다음 연결 중 상호 관련이 없는 것은?

① Commercial Arbitration - Award
② Shipping Advice - Shipping Notice
③ Business Standing - Business Position
④ Advising Bank - Notify Party

3 표준물품에 의한 매매(sales by standard)의 유용성의 설명 중 가장 타당한 것은?

① 품질의 차이 → 미리 확정
② 품질의 차이 → 사후 정산

③ 품질의 차이 → 선적지 기준으로 확정
④ 품질의 차이 → 도착지 기준으로 확정

4 다음 국제무역규칙 가운데 무역계약법규가 아닌 것은?

① 신용장통일규칙 ② New York 협약 ③ Incoterms ④ Vienna 협약

5 다음 수출입절차 중 수입업자가 반드시 수행해야 할 업무는?

① 운송계약 체결 ② 신용장개설 ③ 관세환급 ④ 해상보험 부보

6 격지자 간 승낙의 의사표시에 대한 효력발생시기 중 잘못된 것은?

① 비엔나협약 – 도달주의 ② 미국법 – 발신주의
③ 한국법 – 도달주의 ④ 독일법 – 도달주의

7 무역매매조건에서 필수 구성사항이 아닌 것은?

① 품질조건 ② 클레임조항 ③ 선적조건 ④ 수량조건

8 일반적인 무역거래에서 품질조건으로 가장 많이 사용되는 방법은?

① 상표매매 ② 규격매매 ③ 표준품매매 ④ 견본매매

9 외국물품을 수입신고수리 미필상태로 장치하거나, 가공 · 전시 · 판매 등을 하기 위한 구역을 무엇이라고 하는가?

① 자유무역지역 ② 관세자유지역 ③ 보세구역 ④ 경제자유지역

10 제조업에 종사하는 중소기업을 지원하기 위하여 고시된 금액을 기준으로 관세를 환급하는 방식을 무엇이라고 하는가?

① 과오납금환급 ② 위약환급 ③ 간이정액환급 ④ 개별환급

11 선화증권에 대한 국제통일조약이 아닌 것은?

① 헤이그 규칙 ② 헤이그-비스비 규칙 ③ 함브르크 규칙 ④ 바르샤바 규칙

12 복합운송주선업자(forwarder)가 발행하는 B/L을 무엇이라고 하는가?

① master B/L ② order B/L ③ house B/L ④ stale B/L

13 최근 무역거래에서 가장 많이 사용되고 있는 대금결제방식은?

① 추심방식 ② 송금방식 ③ 신용장방식 ④ 국제팩터링

14 '35 days after B/L Date' 와 같이 신용장에 어음의 지급기일이 기재되어 있는 기한부 신용장의 명칭은?

① usance L/C ② at sight L/C ③ payment L/C ④ clean L/C

15 대외무역법에서 규정하고 있는 무역원칙이라고 할 수 없는 것은?

① 자유무역질서의 유지 ② 무역거래의 성실한 이행
③ 상호주의 무역의 확립 ④ 공정한 무역의 조장

16 무역업의 고유번호 부여권한을 부여하는 기관은?

① 한국무역협회 ② 한국무역보험공사
③ 한국무역진흥공사 ④ 한국무역대리점협회

17 특정 물품의 수입이 급증함에 따른 국내산업 피해의 조사신청기관은?

① 한국은행 ② 한국무역진흥공사
③ 관세청 ④ 무역위원회

18 관세법의 기본목적과 가장 거리가 먼 것은?

① 관세의 부과 및 징수 ② 국내산업의 보호
③ 국민경제의 발전 ④ 수출입통관

19 현행 탄력관세 중 불공정무역으로 인한 피해구제조치가 아닌 것은?

① 덤핑방지관세 ② 상계관세 ③ 보복관세 ④ 편익관세

20 보조금을 받은 수입 물품에 대한 탄력관세는?

① 덤핑방지관세 ② 상계관세 ③ 긴급수입제한조치 ④ 편익관세

21 관세법상 보세구역이 아닌 것은?

① 세관검사장 ② 지정장치장 ③ 종합보세구역 ④ 관세자유지역

22 원산지증명서의 제출시기로 옳은 것은?

① 수입신고 시점
② 수입신고수리 시점
③ 수입신고에서부터 수입신고수리 시점까지
④ 수입신고 전 제출 가능

23 외화획득용 원료를 수입한 기업 중 자율관리기업을 선정하는 목적은?

① 수입억제
② 무역관리의 효율성 도모
③ 자율적인 수출검사
④ 무역촉진

24 보험이 부보된 선화증권을 무엇이라고 하는가?

① Yellow B/L ② Blue B/L ③ Red B/L ④ White B/L

25 매입이 이루어질 때 신용장 뒷면에 매입 여부를 표시하는 이유는?

① 대금결제가 분할해서 이루어지기 때문에
② 이중 사용을 방지하기 위하여
③ 사본이 아닌 진품임을 보여주기 위하여
④ 양도 가능한 신용장임을 알려주기 위하여

26 These provisions and the following articles in (   ) apply to all collections as defined and are binding upon all parties thereto unless otherwise expressly agreed or unless contrary to the provisions of a national, state or local law and/or regulation which cannot be departed from.

① URR ② UCP ③ YAR ④ URC

27 If during the performance of this agreement the seller' s costs of delivering the goods to the buyer increase unexpetedly by more than three percent from the contract due to the fluctuaitons in currency exchange rates, increases in the cost of raw materials, oil or other energy sources, taxes or other governmental charges, or any other similar factors beyond the

reasonable control of the parties concerned, then the prices shall be proportionally increased, unless otherwise agreed.

① Force majeure clause ② Government law clause
③ Escalation clause ④ Arbitration clause

Answer

1 ④ 2 ④ 3 ② 4 ① 5 ② 6 ③ 7 ② 8 ④ 9 ③ 10 ③ 11 ④ 12 ③ 13 ②
14 ① 15 ③ 16 ① 17 ④ 18 ② 19 ④ 20 ② 21 ④ 22 ① 23 ② 24 ③ 25 ② 26 ④
27 ③

E 1 infringement clause : 권리침해조항

2 advising bank : 통지은행, notify party : 착화통지처

3 표준품매매(sales by standard)는 표준품을 정하여 거래를 하고 결제 인도된 물품과 표준품과의 차이가 있을 경우에는 계약조건이나 관습에 따라 사후에 정산을 한다.

6 격지가 간 승낙의 효력발생시기는 한국법은 영국법, 일본법과 마찬가지로 발신주의를 채택하고 있다. 예를 들어 청약이 전자문서에 의한 경우에는 수신자가 지정한 컴퓨터에 입력한 시기를 도달시기로 간주한다 (전자거래기본법 제9조 2항)

22 원산지증명서의 제출시기는 예외적으로 수입신고 전에 할 경우도 있다.

26 these provisions and the following articles : 이들 규정과 다음의 조항들, Uniform Rules for Collections (URC) : 추심에 관한 통일규칙, are binding upon all parties thereto : 이에 관련된 모든 당사자를 구속한다.

27 경제학에서는 예상치 못한 가격상승의 효과를 감소시키는 방법을 Indexation이라고 하고, 통화론자들이 주장하였다. 임금을 이 같이 적용할 경우에는 sliding scale system이라고도 한다. during the performance of this agreement : 이 계약을 수행하는 동안, increase unexpectedly by more than three percent from the contract : 예상치 않게 계약시보다 3% 이상 상승, due to fluctuations in currency exchange rates : 환율의 변동으로 인하여

[2] English Composition Exercise on 'Smart Trade'

1 IT의 발전으로 지능화된 기술과 서비스의 소비 증가 및 혁신적인 융합 기술 등이 등장함으로써 '스마트' 라는 개념은 새로운 경제 키워드로 급부상하고 있다.[25]

2 IT 환경 및 글로벌 무역환경의 전례없는 최근의 변화는 무역거래절차에서 수출마케팅과 수입구매의 변화, 무역거래에서 활용되는 서류의 전자화 및 시스템화에 대한 새로운 논의를 부각시켰다.

25. 방성철 · 유광현(2012) 글을 proofreading 하는 과정에서 작성된 글이다.

3 무역에서 '스마트' 라는 용어를 적용함에 있어 스마트 무역에 대한 정확한 용어의 정의가 우선되어야 한다. 따라서 본 연구는 스마트무역의 개념에 대한 고찰과 스마트무역을 적용시킬 수 있는 영역에 대한 분석을 통해 각 영역별 활용방안과 스마트무역의 활성화 방안을 제안하고자 한다.

Answer

1 The concept of 'Smart' is adopted as one of key economic jargons due to the wide application of IT technology which enable the rapid development of artificial intelligence, enhance quality of relevant services and the amalgamation with other core technologies.

2 Such an unprecedentedly rapid pace in the recent development in both the IT technology and the global business environment with respect to international trade has brought forth a renewed demand for pioneering the new frontiers of global marketing related with the export and import procedures. The two imminent areas in international trade practice may be the further progress in the electronic document and overhauling the conventional system to cope with the challenges caused by the 'Smart' technology.

3 It may be prerequisite for us to introduce and set up the precise concept of 'Smart' trade before adopting such an important jargon in the related realms of international trade. This research aims at formulating a wide application of such a new concept of 'Smart' as an effective means of facilitating international trade after having analyzed the feasible contours of implementing the conceptual basis of 'Smart' to the improvement in cost and quality in carrying out international trade.

[3] Fill up the blanks with suitable words of trade expressions.

1 (　　) shipment: 시험선적품

2 (　　) quality: 우수한 품질

3 quick (　　): 신속한 인도

4 business standing = business (　　) = (　　) standing

5 JWOB: jettison and (　　) overboard risk [투하 및 갑판유실 위험]

6 SRCC: strikes, riots, and ( ) commotions [동맹파업, 폭동 및 소요]

7 TPND: ( ), pilferage, and non-delivery [도난, 발하, 불착위험]

8 C/S: cargo ( ) [우범화물의 자동선별시스템]

9 TEU: twenty ( ) equivalent unit [20피트 입방 컨테이너]

10 ( ) period [유예기간]

11 매도인의 또 다른 명칭: exporter, ( ), shipper, consignor, ( ), payer

12 내륙운송 확장담보조건: inland ( ) extension

13 현상유지: status ( )

14 We have forwarded our samples by ( ), not surface mail.

15 We will pay our first order by a draft drawns at sight under an ( ) credit issued by the Korea Exchange Bank, London Branch.

Answer

1 trial 2 excellent 3 delivery 4 status, credit 5 washing 6 riots 7 theft 8 selectivity 9 foot 10 grace 11 beneficiary, drawer 12 transit 13 quo 14 air 15 irrevocable

[4] Fill up the blanks with suitable words.

1 ( )는 제품개발 비용과 판매수입의 변화를 통하여 기업의 현금흐름에 영향을 미치게 된다.

2 (   )이란 경쟁하는 제품들과 비교하여 제품이 인식되는 방법을 말한다.

3 틈새시장을 공략하는 경영자는 현격한 (   )를 활용하여 고부가가치 제품을 발달시켜야 하는 과제를 해결해야 한다.

4 시장(   )는 시장을 고객 각각의 상이한 취향을 나타낼 수 있는 여러 그룹으로 나누는 모형이다.

5 좋은 직장을 갖기를 희망하는 샐러리맨과 '몸값' 이 싸면서도 우수한 인력을 선호하는 기업을 연결해 주는 것이 (   )의 주된 업무이다.

6 기술중심적 제품으로는 항공기, 약품 등을 들 수 있다. 이 같은 제품의 마케팅목표를 달성하기 위해서는 경쟁기업의 마케팅과 (   )에 대한 고려가 필요하다.

Answer

1 제품수명주기 2 시장포지션(market position) 3 제품차별화 4 세분화 5 헤드헌터(head hundter) 6 기술발전계획(technology development map)

E 5 헤드 헌팅(head hunting) : 전문인력 중개업, 헤드 헌팅사는 최고경영자, 임원, 기술자 등 고급·전문인력을 이들을 필요로 하는 업체에 소개해 준다. 스카우트 계약이 성사되면 당사자 연봉의 일정 비율을 성공수수료 내지 알선중개료로 받는다.

6 Corporate Strategy에서 더 발달한 Competitive Intelligence에 대한 내용으로 경쟁기업 간에 연속적 게임(sequential game)을 할 경우에 상대기업의 기술개발 전략과 마케팅 전략이 중요하게 된다.

[5] Fill up the blanks with suitable words.

1 Viability of resource allocation via (   ) hand.

2 The net barter terms of trade of Korea has been (   ), thus, the GNI has become smaller than GNP.

3 If natural gas producers launch a (   ), they could drive world prices even higher.

4 Europeans are seeking an ( ) policy to spark the innovation they crave.

5 The marketing ( ) focuses attention on the various elements of marketing needed to carry out the marketing strategy.

6 When you have all the comforts in the world, where do you turn to buy your next accessory? The answer lies in ( ) that provide you with products that will make you unique.

7 There is growing recognition that the worth of a business cannot be determined without recognizing the ( ) of its technology.

8 Price ( ) systems are taking off in all sectors as the monitoring and anti-fraud possibilities of RFID chips and readers begin to emerge, but IT vendors and their customers have yet to grasp all the implications of managing the flood of data.

9 ( )-holders are all those individuals and groups which have a stake in a company. They, therefore, include the employees, suppliers, creditors, customers, shareholders, and local communities which are affected by the activities of the business.

Answer

1 invisible 2 deteriorated 3 cartel 4 industrial 5 mix 6 brand 7 value
8 Tagging 9 Stake

E 2 반대는 improved이다.
5 마케팅 믹스란 마케팅 전략을 수행하기 위하여 필요한 마케팅의 다양한 요인들에 관심을 집중한다.
7 마케팅 조사와 기술개발과 기술개발을 위한 금융지원이 상호 간에 역동적으로 작동되어야 핵심역량을 강화시킬 수 있다. RFID는 Radio Frequency Identification의 약자.
9 주주(shareholder)도 이해당사자에 포함되지만, 나머지 이해당사자와는 대립관계가 되기 쉽다. 예를 들어, 환경비용을 많이 지출하게 되면 주식배당이 적어지게 된다. 이와 반대로 환경비용을 지출하지 않게 되면 주주의 주식배당은 증가하지만, 다른 이해당사자는 환경오염이란 공해(public nuisance or pollution)가 증가된 생태계(ecology)에서 사는 불편을 감수해야 한다.

[6] Rewriting Exercise

1 Kexim to extend loans for ailing shipbuilders.

2 In compliance with your request of May 10, we are pleased to say that the firm in question started business in New York in April 1980 as General Importers and Exporters, and has been enjoying the highest reputation.

3 If you' re ready to integrate the cloud into your enterprise' s IT infrastructure strategy, Verizon can help make your cloud experience secure, scalable and interoperable. In fact, they' ll even manage part or all of it for you.

4 The Fed Takes a Crash Course in Finance
Economists are lifting techniques from Wall Street to predict risk. The Federal Reserve was not using the same tools that their opponents were using. Wall Street has an edge: "It' s like a powerhouse team in college playing one of those Division II programs. (*BB*, Sep. 3, 2012, p.13)

Answer

1 수출입은행은 약화된 선박회사들을 위하여 대출하고 있다.
Re The Korea Export-Import Bank extends loans to bail out shipbuilders entangled with financial difficulties.

2 5월 10일에 당신의 무역조회요청에 대해서 답하자면, 귀사가 무역조회를 하고자 하는 기업은 1980년 4월 뉴욕에서 일반수입과 일반수출로 무역업을 시작하였고, 그 후에 지속적으로 높은 명성을 유지하고 있습니다.
Re It is a pleasure for us to inform you that the firm, on which you requested a trade inquiry on May 10, has procured the highest repuation as General Importers and Exporters since its launch in New York since April 1980.

3 만약 귀사가 클라우드 체계를 귀사의 IT인프라 전략과 통합을 할 준비가 되었다면 Verizon은 안전하고 확장 가능하며 상호교환이 되면서 작동하는 클라우드 체계구축을 도울 수 있습니다. 더 나아가, 이같이 클라우드와 결합된 체계는 귀사를 위하여 총체적 해결을 위한 통합정보관리의 부분이든 전체이든 언제든지 효율적 관리를 가능하게 합니다.
E Total solution을 위한 innovative한 cloud 정보체계를 수립할 수 있다는 광고입니다. "저 구름 흘러가는 곳, 내 마음도 따라서 가고"하는 낭만적 구절이 있었다면 더 좋은 글이 될 수 있다

고 생각됩니다 (가정법 과거로 표현함).

Re Verizon is ready to amalgamate the cloud with your enterprises's IT infrastructure which allows you to command more secure, scalable without incurring any impediment factor and mutual interactions among different protocols or interfaces. Its another facet may be putty-putty clay attribute which works without making any distinction between the part and the integrity as a whole system.

4 연준위는 금융분야에서 매우 집약적 과정을 학습하고 있다.

경제학자들은 리스크를 예측하기 위해 월스트리트의 위험관리기법을 사용하고 있다. 연준위는 얼마 전까지는 적어도 경쟁자들이 사용하는 위험관리기법을 사용하지 않았다. 월스트리트는 연준위에 비하여 경쟁우위를 확보하고 있다; 월스트리트의 금융전문가들은 마치 대학 2부 리그에서 활동하는 역동적인 최강팀과 유사하다고 할 수 있다.

Re The Fed Installs a Crash Course in Finance

Economists of the Federal Reserves are emulating the innovative policy instruments from Wall Street as a more effective means of anticipating the financial risk. The Federal Reserve has shifted its stance in order to accommodate the forecasting model of Wall Street

E 연준위와 Wall Street가 밀착관계에서, 연준위가 Wall Street의 위험관리기법을 긴박하게(imminent) 배우는 상황을 묘사한 글이다. 이 글은 재정절벽과 국가부도위기와 관련된 글이다. 그리고 리스크관리를 유지하면서 유동성 확보기법 측면에서 우선주 보유비율을 제시하는 Basel III도 포함하는 내용이다. edge는 competitive edge를 뜻하고, competitive advantage와 같은 뜻이다. Delivery time과 capacity expansion capability가 경쟁우위에 영향을 미칠 수 있다. crash course는 intensive course보다 강도가 강한 과정이다. 이 글에서 'lift'는 'shop-lift' 또는 'lift embargo'에서 사용되는 '가게 도둑' 또는 '수출금지 해제'와 달리 '가져오다, 인용하다' 정도로 해석하는 것이 무난하다.

[7] Translate the following sentences on international business laws or transaction into Korean which is modified slightly for an easy version.

1 The MNE has aroused concern and prompted new regulatory attempts by governments, acting individually and in concert. Although history may not yet identify the MNE as having been a primary catalyst in pressing diverse and proud countries into a measure of sustained global order, the utility and proper role of MNE have engendered vigorous debate involving much unclear data. (Folsom, Gordon and Spanogle, Jr., *Op. cit.*, p. 28)

다국적기업은 관계를 환기시켜 왔고 정부에 의한 새로운 규제의 시도들을 촉진해 왔으며, 단일적으로 행동하거나 함께 행동한다. 비록 역사는 다국적기업을 다양하고 의기양양한 국가를 지속적인 글로벌 질서의 척도로 여길 때, 주요한 촉매제로 판단하지는 않았지만, 다국적기업의 유용함과 적절한 역할은 많고 불분명한 데이터를 포함한 강력한 논쟁을 가져왔다.

2 Sensitivity to negotiating an international context is a valuable skill. An international business negotiation involves style and timing, as well as procedure and substance. Procedure is the ingredient which is frequently under–planned but is most outcome determinative. (p. 40)

국제적 이해관계를 협상하는 데 대한 민감함은 가치가 있는 기법이다. 국제적인 사업협정은 방법과 시기의 적절성, 절차와 내용을 포함한다. 절차는 과소 계획되는 구성요소이지만 가장 결정력이 있는 결과이다.

3 Negotiating styles differ from culture to culture and person to person. But at least two general styles may be observed in international settings: the adversarial standoff style and the consensus building style. Each style can be effective in its own context. (p. 40)

협상방법은 각각의 문화와 개개인 간에 따라서 다르다. 그러나 적어도 두 가지의 일반적인 방법은 국제환경에서 관측될 수 있다. 하나는 교섭하는 쌍방이 상호간 갑론을박을 통한 해결방법이고, 다른 하나는 의견의 일치를 도출하는 방법이다. 각각의 방법은 주어진 상황에 따라서 효과적일 수 있다.

4 International Trading of Goods: the international documentary sale and documentary letter of credit

Unlike most domestic sales transactions, in a sale of goods across borders the exporter–seller and importer–buyer may not have previously dealt with one another; or each may know nothing about the other, or the other' s national legal system. the seller does not know: (1) whether buyer is creditworthy or trustworthy; (2) whether information received on these subjects from buyer' s associates is reliable; (3) whether exchange controls will hinder movement of the payment funds (especially if in “hard currency”); (4) how great is the exchange risk if payment in buyer' s currency is permitted, and (5) what delays may be involved in receiving unencumbered funds from buyer. Such an adverse situation can be also applicable to the buyer in a vice versa context. (p. 57)

물품의 국제무역 : 국제적 신용장거래와 화환신용장
대부분의 국내 매매계약과는 다르게, 국경을 넘어서 행해지는 물품매매에는 수출업자-판매자와 수입업자-구매자가 다른 거래자와 전에 거래를 해본 적이 없을 수도 있다. 또는 각 거래자는 다른 거래자 혹은 다른 나라의 국가법 체계를 알지 못할 수도 있다. 수출업자는 다음과 같은 사항을 알기 어렵다. (1) 수입업자가 지불능력이 있는지에 대하여 믿을 만한 신용정보를 가지고 있는가? (2) 수입업자의 관계자로부터 이 사항에 관해 받은 정보가 신뢰할 만한가? (3) 외국환관리는 지불대금의 이동(특히 경화에 있어서)에 장애요인이 될 것인가? (4) 수입업자의 통화로 대금지급이 이루어진다면, 얼마나 많은 환위험이 존재하는가? (5) 수입업자로부터 거래에 장애가 없는 자금을 받을 때, 어떤 지연이 어떤 형태로 발생할 수 있는가? 수출업자가 직면하는 어려움은 반대상황에 처해 있는 수입업자에게 반대방향으로 적용될 수 있다.

5 Where the parties are strangers, these risks are significant, possibly overwhelming. The documentary sale, involving the use of a letter of credit, illustrates how these potentially large risks can be distributed to third parties who have special knowledge, can properly evaluate each risk assumed, and thereby reduce the transaction risks to insignificance. (p. 58)

당사자들이 서로 알지 못하는 경우에 이러한 위험들은 상당할 뿐만 아니라, 어마어마한 영향력을 가져올 수도 있다. 신용장 사용을 포함하는 문서상의 판매는 이러한 잠재적으로 큰 위험들을 이 같은 위험이 지닌 개별적 위험을 적절하게 평가할 수 있는 특별한 지식을 가지고 있는 제3자 간에 나누어지면서 위험을 크게 축소할 수 있음을 보여준다.

6 The third party intermediaries enlisted are banks and at least one carrier. The parties involved are: (1) a buyer, who is also presumably a "customer" or (2) Buyer' s Bank, (3) a seller, (4) a bank with an office in seller' s nation, and (5) at least one carrier. Among them, these parties are able to take a large risk which is not subject to any firm evaluation, and divide it into several small, calculable risks, each of which is easily borne by one party. Thus, the documentary sale is an example that not all risk allocation is a "zero sum game," but may in fact create a "win-win" situation. (p. 58)

요청된 제3의 중개업자는 은행과 적어도 하나 이상의 운송업자이다. 당사자들은 다음과 같다. (1) 아마 "고객"이 되는 수입업자 (2) 수입업자의 은행 (3) 수출업자 (4) 수출업자의 나라에 지사를 두고 있는 은행 (5) 적어도 하나 이상의 운송업자이다. 이들 중에서 이 당사자들은 어떤 확고한 평가에 구애받지 않는 큰 위험을 부담할 수도 있는 상황에서 이같이 큰 위험을 각각 한 개의 당사자에 의해서 쉽게 담당 가능한 몇 개의 작고, 계산이 가능한 위험들로 나눈다. 그래서 서류상의 판매는 모든 위험분배(risk sharing)는 "제로섬 게임" 이 아니라 사실 많은 경우 "윈-윈" 상황으로 만들 수 있음을 보여주는 좋은 사례가 될 수 있다.

7 How does the international documentary sales transaction work? When buyer and seller are forming their contract for the sale of goods, seller will insist that the contract have both a "Price" term and a "Payment" term. For maximum protection, seller will seek payment to be by "Confirmed, Irrevocable Letter of Credit," and should specify what documents are required with great detail. The reason for putting this payment term in the sales contract is that, since buyer is expected to establish a letter of credit and "to pay against the documents," rather than after delivery and inspection of the good themselves, that payment term must be bargained for and expressed in the sales contract. (p. 61)

어떻게 국제적으로 서류상의 거래의 작동이 가능하게 될까? 구매자와 판매자가 그들의 물품을 판매하기 위해 계약서를 작성할 때, 판매자는 계약이 가격조건과 지불조건 두 가지로 체결되어야 한다고 주장한다. 가장 보호를 잘 받기 위해서 판매자는 "확인, 취소불능신용장"에 의한 지불조건을 추구할 것이다. 그리고 매우 세부적인 것을 요구하는 서류를 지정할 것이다. 이러한 지불조건을 판매 계약에 포함시키는 이유는 구매자가 운반된 후에 스스로 물건을 검색하고 나서 지불하기보다는 신용장을 개설하고 "서류에 따른 지불"을 기대하기 때문에 지불조항은 판매계약상에서 협상되어야 하고 명시되어야 한다.

8 Once the letter of credit is issued and confirmed, seller will pack the goods and prepare a commercial invoice, and procure an insurance certificate (another form of contract) covering the goods during transit. If an inspection certificate is required, the goods will be made available to the inspector designated in the sales contract, and the inspecting firm will issue a certificate (another contract) stating that the goods conform to the

description of sales contract. Seller will also prepare the necessary documents for the customs officials in its nation (e.g., export license) and in buyer' s nation (certificate origin). Seller then sends the goods to the carrier, which issues a negotiable bill of lading as a combination receipt and contract. The bill of lading will commonly require carrier to deliver the goods only "to seller or order" — i.e., only to seller or a person seller may designate by an appropriate endorsement. (p. 63)

신용장이 개설되고 확인되면, 판매자는 물건을 포장하고 상업송장을 준비하고 운반하는 동안에 물건을 보호하는 (또 다른 형태의 계약인) 보험인수증을 획득하고자 한다. 만약 정밀검사 증명서가 요구된다면 물건은 판매 계약서상에 지정된 검사관이 물건을 검사하도록 만들어주고, 조사기관은 판매 계약상의 설명에 따른 제품을 기술한 증명서(또 다른 계약)를 발급해야 한다. 판매자는 또한 그 나라에 있는 관세공무원을 위한 필요서류 (예를 들면 수출허가증) 또는 구매하는 국가에서 발행되는 서류(예를 들면 원산지증명)를 준비해야 한다. 그 후에 판매자는 영수증과 계약서가 혼합된 교섭 가능한 선화증권을 발행해 주는 운송인에게 물건을 보낸다. 선화증권은 대부분의 경우 운송인으로 하여금 해당 물건을 "판매자 또는 지정인", 즉 판매자 또는 적절한 배서를 통해 판매자가 지정한 사람에게만 물건을 전달해 줄 것을 요구한다.

9 The International Chamber of Commerce' s Uniform Customs and Practices for Documentary Credits (Pub. No. 400, 1983 Revision: the "UCP") contains definitions and other rules understood generally and used widely in connection with letters of credit. UCP Article 16(b) states:

국제상업회의소의 'Uniform Customs and Practices for Documentary Credit ; UCP'는 일반적으로 이해되는 정의와 그 외 규칙들을 포함하고, 신용장과 관련하여 광범위하게 사용된다.

If, upon receipt of the documents, the issuing bank considers that they appear on their face not to be in accordance with the terms and conditions of the credit, it must determine, on the basis of the documents alone, whether to take up such documents, or to refuse them and claim that they appear on their face not to be in accordance with the terms and conditions of the credit. (pp. 64–65)

만약 관련서류를 받았을 때 개설은행은 이 같은 서류가 신용장상의 조항과 조건들에 일치하는지 여부를 고려해야 하고, 서류를 인수할지 아닐지는 오직 서류상에 나타난 자료를 기초로 결정해야 한다. 개설은행은 관련서류가 신용장상의 조항과 조건들에 일치하지 않을 경우에는 관련서류를 거절할 수 있다.

10 The law relating to letters of credit developed before World War I principally in England, and thereafter by courts in the United States. In the United States, the governing law is usually the applicable state' s version of Article 5 of the Uniform Commercial Code, but it in turn usually defers to the agreed contract terms of the parties. Most letters of credit incorporates the UCP as an express statement of contract terms and trade usage, so the UCP provision generally govern the letter of credit. (p. 67)

신용장과 관련된 법률은 제1차 세계대전 이전에는 영국에서 발전되었고, 그 후 미국 법원에 의해서 발전되었다. 미국에서 지배적인 법은 보통 신용장 통일규칙의 Article 5조의 적용에 대한 해석이지만, 대부분의 경우 계약자 간의 합의된 계약조건에 위임된다. 대부분의 신용장은 계약조건의 명시된 전문과 무역관습으로써 UCP를 포함한다. 그래서 UCP 조항은 일반적으로 신용장과 관련된 문제점 또는 분규해결에서 지배적 역할을 하게 된다.

[8] Mark T if the following statement is true and make F if it is false. You may replace the wrong words with the correct ones if you can fix it.

1 The stock company is the most prevalent forms of company these days.

2 Those economic activities of storage or transportation do not belong to the category of production activities.

3 Productivity and cost have an inverse relationship.

4 The contingency approach has similar aspect with the New Keynesian economics which pursues the dynamic efficiency.

5 Milton Friedman appraises the consumer sovereignty.

6 The price change does not make any difference in the magnitude of revenue when the price elasticity of demand curve has a unitary elasticity.

7 Marijuana can be classified as a merit good.

8 POSCO used to be the leader in the sphere of customer relationship management before the collapse of the cold war.

9 The balance sheet is a flow concept.

10 The relative share of letter of credit for the settlement of international trade has been reduced.

11 All the points on the production possibility curve are economically efficient.

12 Dumping belongs to the category of the second-degree price discrimination.

13 마케팅이 판매와 다른 점은 생산자지향적(producer-oriented)이라는 점이다.

14 마케팅 개념이 재형성되면서 마케팅관리론이 정식으로 태동하게 되는 시기는 1950-60년이다.

15 잡다한 화물을 운반하는 벌크선(bulk carrier)은 가전제품에 비하여 제품수명주기가 상대적으로 짧은 편이다.

16 포드는 표준화된 부품을 사용하여 표준화된 승용차를 생산함으로써 생산비를 크게 감소시킬 수 있었다.

17 마케팅의 SWOT 분석에서 내부적 요인으로는 경제상황, 시장의 변화, 기술변화, 인구구성의 변화를 들 수 있다.

Answer

1 T 2 F. delete 'do not' 3 T 4 T 5 T 6 T 7 F. demerit 8 F. supply chain management 9 F. stock 10 T 11 F. technically 12 F. third 13 F. 소비자지향적 14 T 15 F. 긴 편이다 16 T 17 F. 외부적

E 1 prevalent = dominant

4 상황이론적 접근방법은 뉴케인즈학파의 동태적 효율성 추구와 유사한 점이 있다.

5 수요곡선의 가격탄력성이 1의 값을 갖는 경우에 가격을 변화시키더라고 수입의 크기는 변하지 않게 된다. 기업의 수입은 가격에다 수량을 곱해서 산출하게 되는데 직각쌍곡선은 가로와 세로를 곱한 값은 일정하다. 따라서 가격을 어떻게 변화시키더라도 기업의 수입은 일정한 값을 갖게 된다.

7 공원(park)이 merit good이라면, 마리화나는 demerit good이다. 이 같은 수요를 paternalistic goods라고 하고, "어른도 어린아이가 단순하게 자란 것과 마찬가지이다"라고 보기 때문이다. Adults are just grown-up children.

8 냉전이 붕괴되기 이전에 포항제철은 총공급망관리 분야에서 세계적 선도기업이었다.

9 일정기간 기업의 순이익 또는 순손실을 산출하는 손익계산서는 유량(flow) 개념인 반면에, 일정 시점 기업의 순자산을 보여주는 대차대조표는 저량(stock)개념이다.

10 국제무역대금결제에서 신용장이 차지하는 비중은 감소하고 있다.

11 생산가능곡선상의 모든 점들은 기술적으로 효율이 있는 점들이다. 경제적 효율이 있는 점은 두 재화의 상대가격이 생산가능곡선과 접하는 점이다.

12 덤핑은 3차가격차별에 속한다. 수요의 가격탄력성에 예민한 시장에는 낮은 가격을, 이 같은 탄력성에 둔감한 시장에는 높은 가격을 부과하게 되면 총수입을 극대화할 수 있다.

[9] Answer the following questions.

1 Schumpeter는 기업이윤을 기업가의 어떤 행동에 대한 대가라고 설명하는가?

2 한국의 섬유산업이 경쟁력을 회복하거나 부가가치를 증가시키기 위해서는 유연생산체제를 도입할 필요가 있다. 'Flexible Management System' 에 대하여 설명하시오.

3 출자전환이란 무엇이고, 이 경우에 기업지배구조에 어떤 변화가 오게 되는가?

4 중국은 어떤 이유에서 자동차기업의 KD 형태의 수입을 금지시키는가?

5 제품포트폴리오란 무엇인가?

6 지식기반경제의 발전단계가 다른 결과 발생하는 소득격차를 무엇이라고 하는가? 보통 Y-shirt는 5,000원인데 디자인 또는 색상이 뛰어난 Y-shirt는 90,000원인 경우의 예를 들 수 있다.

7 경제성장과 경제발전은 어떻게 다른가?

8 Schumpeter가 지적한 외연적 성장과 내연적 성장은 어떻게 다른가?

9 R&D가 성공적으로 산업에 적용되거나, 산업조정정책이 성공하게 되면 총공급곡선은 어느 방향으로 이동하게 되는가?

Answer

1 기술혁신(innovation)

2 소품종 대량생산체제가 아닌 다품종 소량생산체제로 생산하는 방식이다. 청계천 평화상가에서 하루 3교대로 동일한 의류를 생산하는 경우는 전자에 해당되고, 이탈리아가 염색기술과 디자인을 활용하여 30분마다 다른 형태의 의류를 생산하는 것은 후자에 해당된다. 일본 기업이 원단을 수입해서 다른 디지인으로 coating하는 경우도 FMS에 해당된다. FMS가 가능하기 위해서는 노동자가 다기능(multi-function)을 수행할 수 있어야 하고, 강한 동기(motivation)가 있어야 한다. 이 분야를 연구하는 것이 industrial psychology이다.

3 대우중공업이 감가상각을 할 수 없을 정도로 수입이 감소하여 파산 직전에 처한 경우에 한국산업은행이 투자하고 그 대가로 주식을 확보하여 기업지배구조에 영향을 미치게 되는 과정을 출자전환이라고 한다.

4 녹다운 방식 수출(knock-down export)이란 생산시설, 기계류를 수출하는 경우 부품을 수출해 수입국 현지에서 조립해 완제품을 만드는 경우를 뜻한다. 경제발전의 초기에는 "Something is better than nothing"이라는 관점에서 Knock Down 형태의 수입을 허용하였지만, 점차적으로 부가가치 증가 또는 기술획득 및 확산을 고려하면서 KD 형태의 수입을 금지시켜 가고 있다.

5 제품포트폴리오는 기업이 제품을 개발하여 시장에 내놓은 제품목록이다. 1977년 보스턴 컨설팅그룹에 의해 개발된 제품포트폴리오관리(product portfolio management ; PPM)는 상당적 시장점유율과 제품의 위치를 분석하여 제품별 자원배분의 적정성을 평가하고 미래의 사업전략을 합리적으로 수립하는 기법이다. 이 기법은 기업 내의 각각의 사업부, 제품그룹과 제품에 대한 어느 정도의 경영자원이 필요한가를 분석하는 관점에서 개별제품의 지위를 평가하는 기법으로서 자사의 개별제품 시장성장률과 시장점유율을 기초로 하여 경쟁기업과 비교함으로써 제품별로 전략적인 역할을 결정한다는 특징을 가지고 있다.

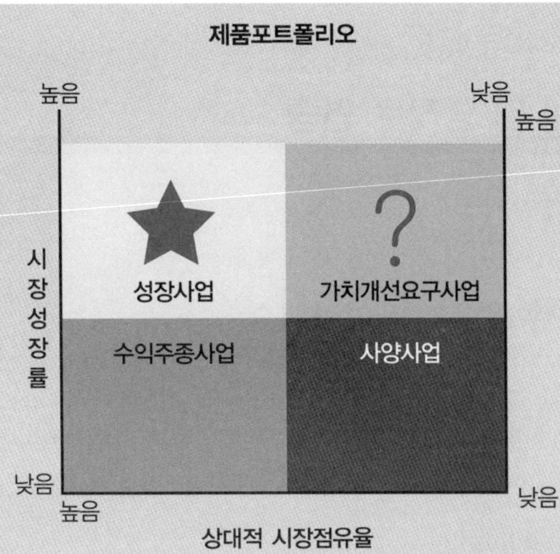

[그림]에서 가로축에 경쟁기업에 대한 각 제품의 상대적 시장점유율을, 세로축에 각 제품의 시장 성장률을 나타내고, 자사의 매출액을 그려서 면적으로 나타내면서 제품을 가치개선요구사업(question mark or problem child), 성장사업(star), 수익주종사업(cash cow), 사양사업(dog)으로 구분한다.

6 디지털 격차(digital divide)

7 성장은 양적인 개념인 반면에 발전은 질적인 변화를 포함한다. 따라서 경제성장은 경제발전의 필요조건은 되지만 충분조건이 되지 않을 수도 있다. Dudly Seers는 "What we are trying to measure?"라는 글에서 대량실업, 대량빈곤, 개인별 소득분배가 개선되지 않고서는 경제발전이 달성되기 어렵다고 지적한다.

8 외연적 성장은 자본과 노동과 같은 생산요소의 투입에 의한 성장인 반면에, 내연적 성장은 기술혁신과 조직개선을 활용하여 질적인 변화를 가져오는 성장을 뜻한다.

9 남동쪽으로 이동하게 된다. 이와 반대로 노조의 부당한 임금인상 또는 석유가격의 상승은 총공급곡선을 북서방향으로 이동시킨다. 임금을 노동생산성에 비례되게 인상하는 소득정책(incomes policy)을 사용하게 되면 총공급곡선은 남동 방향으로, 단기 필립스곡선(Phillips curve)은 원점으로 이동하게 된다. 미국에서는 소득정책을 price-wage guidepost라고 한다.

부록 F 영어독해 및 영작문 연습

F.1 아래 글을 우리말로 번역하시오.

01 One of Alice' s adventure in Wonderland takes the form of a race. When it is over, she asks who has won. "Everyone has won." the judge, a dodo, replies, "and all must have prizes."

이상한 나라에서 앨리스의 모험 중 하나는 경주의 형태를 취한다. 경주가 끝날 때 그녀는 누가 이겼는지를 묻는다. 이때 심판인 도도새는 도두 이겼으며 모두 상을 받아야 한다고 대답한다.

02 Though her life was uneventful, placid, and circumscribed, Jane Austin was highly sensitive to what went on around her. Her observations on the manners of her time and of her class were incorporated in her novels.

제인 어스틴의 인생은 평탄하고 평온하며 보호받는 상태이었음에도 불구하고, 그녀는 그녀 주위의 사건에 대해 대단히 민감하였다. 그녀가 속한 시대나 계층에 대한 태도에 대한 그녀의 관찰력은 그녀의 소설 속에 녹아들어가 있다.

Voca circumscribed = secluded 다른 사람이나 일의 영향을 받지 않는다는 뜻으로 사용됨 | incorporated = melted down = amalgamated

03 Chinese Literature and Its Characteristics

Cataclysmic changes past and present notwithstanding, China is still a land which treasures its great attraction. Chinese culture, marked by antiquity, continuity, and constant renewal, has remained essentially homogeneous for at least three thousand years.

중국 문학과 그 특징

대격변의 과거와 현재에도 불구하고 중국은 아직도 방대한 매력을 가진 땅이다. 고색적이며 지속적이고 끊임없는 재생으로 특징지어진 중국 문화는 적어도 3천년 동안 본질적인 동질성으로 남아 있다.

E 중국문화가 정통성을 그대로 지켜왔음을 강조하는 글이다.

04 Instead of being destroyed by the foreign invaders, the Chinese culture made a tremendous impact on these alien groups, who were eventually assimilated by the Han–Chinese, thus replenishing with fresh blood the indigenous stock.

외국의 침략에 의한 파괴에도 불구하고 중국 문화는 토착부족의 신선한 피가 더해지면서 마침내 한족에 동화된 이방인 집단에게 대단한 충격을 주었다.

05 The rightness of Dickens' s judgement lay in his seizing on the popular phrase and using it for a novel which is not about a time of special neediness but rather about a kind of bondage to routine and calculation so integral to the culture of industrial societies that much of it is still with us.
(Charles Dickens, *Hard Times*, The Penguin English Library, p. 12)

디킨스의 판단의 공정성은 여전히 우리 곁에 존재하는 산업사회의 문화에 필수불가결한 사회적 궁핍과 관련된 것이 아니라 일상적이고 계산에 대한 일종의 속박과 관련된 인기가 있는 구문에 점유와 소설을 위한 구문의 사용에 놓여 있다.

06 I have borne with your bad temper long enough, and now I am going to leave you.

나는 너의 나쁜 성격을 참을 만큼 참아왔고, 지금 너를 떠나야 하겠다.

F.2 Paradigm Shift on Composition and Vocabulary

01 To my best judgment, I fully reckon it may be sensible for you to attach the utmost importance on usage, listening comprehension, style as an effective approach to enhance your proficiency in English not only in improving the scores of tests but also in pioneering new frontiers in both academic work and office work. It seems to be all right for you to attach the secondary importance on the conventional approach which unduly emphasizes those aspects of vocabulary, grammar and reading comprehension.

나의 최선의 판단으로는, 여러분들이 영어시험의 점수를 향상시키려고 할 때뿐만 아니라, 학문적 업무와 회사에서의 작업에서 새로운 영역을 개척하는 데 영어의 구사력을 향상시키기 위해서는 usage, listening comprehension, style에 가장 중요성을 부과하는 것이 전적으로 타당하다고 생각한다. 여러분들은 vocabulary, grammar, reading comprehension을 과도하게 강조하는 기존의 방법들에 대하여 두 번째 중요성을 부과해도 좋을 것 같다.

02 Guessing unknown words

In any comprehension text you will find words that you don' t know. You can look them up in a dictionary, but it' s a good idea to get into the habit of doing without a dictionary as much as possible, particularly if you are preparing for an examination. In fact, if you read the text carefully and think, it' s usually possible to guess the meaning of most of the words that you don' t know. Look at the context of each word — the sentence that it' s in, and the sentences that come before and after. Look to see if the word is repeated later in the text; the more often it' s used, the easier it is to understand. (Michael Swan, *Understanding Ideas*)

모르는 단어 추측하기

어떤 문장독해에서, 당신은 당신이 알지 못하는 단어를 발견할 것이다. 당신은 그 단어들을 사전에서 찾을 수 있지만, 특히 시험준비 중에 있다면, 가능한 한 사전 없이 읽어가는 습관을 익히는 것이 좋다고 생각된다. 실제로 주의 깊게 문장을 읽고 생각한다면, 대부분의 단어들의 의미를 추측하는 것은 거의 가능하다. 문맥 안에서 각각의 단어와 문장, 그리고 문맥 전후로 오는 문장을 보라. 그 단어가 문장 뒤에 반복되는지 확인하라. 더 자주 단어가 사용될수록 더 쉽게 이해될 것이다.

F.3 Reflections on Music

01 For Plato the art of music was so firmly anchored in moral and political reality that any alteration to the musical system would necessarily require a corresponding political shift. Two and a half millennial latter, when classical music is generally seen as a high-class life style accessory, Plato' s conception seems outlandish, even absurd. To be sure, most people involved in classical music today consider their art to be of profound cultural importance, but there are very few who are able to articulate this convincingly.

플라톤은 음악의 예술성이 도덕과 정치적인 현실에 확고하게 관련되어 있기 때문에 음악적 체계에 대한 어떠한 변화는 이 같은 변화에 대응되는 정치적인 변화를 필연적으로 가져오게 된다고 지적한다. 플라톤이 이 같은 주장을 한 지 2500년 이후에, 고전음악은 일반적으로 상류계층의 생활양식의 부속물로서 여겨질 때, 플라톤의 음악과 정치와의 연관성이 있다는 개념은 이국적이고, 심지어 궤변으로 여겨질 수도 있다. 오늘날 고전음악에 종사하고 있는 대부분의 음악가들은 그들의 예술이 심오하고 문화적 중요성을 갖는다고 생각한다. 그러나 음악과 문화 더 나아가 음악과 문학, 정치와의 상호작용에 대하여 구체적으로 이해하는 음악가는 거의 없는 것 같다.

Re Plato reckons that the art of music has a substantial influence on moral and political reality. It may be rather inevitable to separate the changes of music and their repercussion effect on political shifts. It may be highly improbable for contemporary musicians to capture the nexus between music and politics as most people regard classical music may be interpreted as an extension of a high-class life style. Despite having endorsed without any reservation on the premise that their art reflects profound cultural heritages, the number of musicians, who fully accommodate the mutual interactions between music and society, are paucity due to the intractable attributes of music with pervasive influences beyond cognitive realms.

02 The basic thesis of "Everything is Connected" is simple and powerful. We live in a world in which different voices-different expressions of political will and behavioral norms-collide and compete. Some struggle to be heard;

others seem to be continuously present. In music we have the perfect model of contrasting voices working together harmoniously.

"모든 것은 연결되어 있다."라는 기본적인 논제는 간단하면서도 강력하다. 우리는 정치적 의지와 행동규범들의 다양한 주장과 표현들이, 경쟁하는 그러한 세계 속에서 살고 있다. 누군가는 자신들의 주장이 실현되기 위하여 노력하고, 다른 누군가는 자신의 존재를 지속적으로 유지하려고 노력한다. 음악 속에서 우리는 대조적인 목소리들이 함께 조화를 이루는 완전한 모형을 볼 수 있다.

Re The basic tenet of their books, which put forward the interconnection among everything, are straightforward and powerful. We are living in a world which consists in a wide range of voices and expressions with respects to political will and behavioral criteria. Most people and organizations are desperate to realize their political, social, cultural and religious stances which tend to aggravate or exacerbate their confrontations instead of alleviating such conflicts. But there is an overall consensus among different people, races and political ideologies that most people plunge themselves into the world of music as a means of appreciating the dynamics of harmony which intermingle or lump together with the contrast voices or notes. The more contrasts, the better performances of music.

F.4 Climate Change

01 The inability of the world' s leaders to reach a deal on climate change may prove to a blessing in disguise.

기후 변화에 대처하고자 교섭하는 세계 지도자들의 무능함은 가장된 축복임을 증명할는지도 모른다.

Re The failure of world leaders in reaching an overall consensus for formulating a master plan on climate change may be turned out a tentative blessing in disguise.

02 A big complex global treaty like a follow–up to Kyoto Protocol isn' t the only way to deal with a big, complex problem like climate change. Other approaches might work better. Action by a small number of countries on behalf of the common good, rather than their selfish interests, may baffle economists and international relations theorists.

교토 의정서의 후속편과 같이 크고 복합적인 세계 조약만이 기후 변화와 같이 크고 복합적인 문제를 다루기 위한 유일한 방법은 아니다. 다른 접근 방법이 더 효과적으로 작동할 수도 있다. 자국의 이익을 대신하기보다는 공유하는 재화를 대신하려는 적은 수의 국가들에 의한 조치가 경제학자들과 국제관계 이론자들을 당황케 할 수도 있다.

Re There are more than one thousand different ways to be free from such an unduly complicated approach. An alternative approach guided by avoiding the tragedies of global commons may work more effectively in that there arises less frictional cost of being greater pretender of pursuing common interest of mankind while pursuing their own interests on the basis at the national or regional dimension.

03 Smaller scale initiatives to fight climate change at least offer the promise of measurable progress. That' s better than waiting on the illusory prospect of an agreement that may never arrive. (*BB*, December 12, 2011, p. 17)

기후 변화문제를 해결하기 위한 좀 더 작은 규모의 자발적 움직임은 적어도 측정 가능한 진전의 약속을 제공한다. 이 같은 시도는 그것이 결코 달성되지 않을 환상에 불과한 협약에 집착하기보다 더 나은 방안이 될 수 있다.

Re It is gathered that smaller scale actions to cope with global warming effect may bring forth the real progress by taking into account the elusive behavior of world leaders whose action may be confined by their own interests.

E fight = cope with
여기서 'measurable'을 'real'로 해석해도 좋다.

연습문제 Exercise

[1] Composition Exercise for Daily English

1 그는 나에게 경제학을 가르쳤고, 나는 보답으로 인내를 가르쳤다.

2 그는 그의 어려운 가족들을 더 편한 은신처로 이동시키는 데 성공하였다.

3 관중이 많을수록 연주를 잘 한다.

4 여기 내 부인에게 증정하는 아름다운 노래가 있다.

5 백설공주는 성격이 이같이 부드러워서 주위 사람들의 마음을 얻을 수 있었다.

6 당신이 고오든의 영국 주소를 알려주면 고맙겠습니다.

7 아리스토텔레스는 훌륭한 입법자는 정의보다 우정에 더 신경을 쓴다고 말했다.

Answer

1 He taught me economics and I taught him patience in turn.
2 He succeeded in moving his destitute family to more comfortable digs.
Voca destitute : 결핍된 | dig : 파다, (속어) 셋방에 살다.
3 The bigger the crowd, the better the performance.
4 Here is a lovely song dedicated to my wife.
5 The snow white had such a tender character that she won the hearts of everyone.
Voca character = attribute
6 I would greatly appreciate it if you send me Gordon's address in England.
7 Aristotle says that good lawgivers have paid more attention to friendship than to justice.

[2] English Composition for Business Activities

1 해적은 지구상 상업의 최초 약탈자이다.

2 우리는 당신이 당신의 안내서와 가격표를 가능한 한 빨리 보내주면 고맙겠습니다.

3 나는 상당한 개선을 가져올 몇 가지 생각을 드릴 수 있다고 생각합니다.

4 당신의 금전적 채무가 얼마나 되는지를 물어도 괜찮은지요?

5 경제의 불황국면이 바닥은 지나갔지만 금년 안에 경기가 강한 국면으로 반전하리라는 기미가 보이지 않는다.

6 훌륭한 경제학은 부유한 사람들이 더 부유하게 될 때에 가난한 사람들이 더 가난하게 되는 것을 중지시켜야 한다.

Answer

1 Pirates were the first predators of global commerce.
2 We will be grateful if you kindly send us your brochure and price list as soon as possible.
3 I think I can offer you a few thoughts that might result in a considerable improvement.
4 Do you mind if I ask you about your level of financial liabilities?
Voca asset. 반 liability
5 While the economic downturn may have bottomed out, there are few indications of a strong turnaround in the reminder of the year.
Re Despite having undergone through the trough, it is highly improbable for us to come across some positive signs of recovery for the rest of the year.
6 Good economics ought to stop the poor getting poorer even as rich people get richer.

[3] Rewriting Exercise

1 I thought you finished that work ages ago.

2 Keep me up-to-date with development.

3 The operating system keeps a record of when each terminal is switched on.

4 I' d like to talk to you about how to put a plan into action without alienating the workers.

Answer

1 Re1 How come such a delay can happen these days.
Re2 It is beyond my imagination to hear such an unexpected delay with a wide

margin.

2 **Re1** Please do let me know (or have) any new development.

Re2 I'll be grateful if you kindly to keep a pace with the new frontiers of development.

3 **Re1** The operation system fully contains the overall trajectory of each terminal.

Re2 The system may detect those managerial class empowered by motivation and potential without any difficulty.

4 **Re** I am ready to have a talk with you to reach an overall consensus in implementing a plan of optimal layoffs without incurring the extra burden of intimidating the labour union.

참고문헌

강원진, 『무역영어』, 박영사, 1996.

강철구, 『무역영어 1급』, 서림문화사, 2006.

구종순 · 박광서 · 최낙일, 『무역개론』, 박영사 2012.

김용복, 『무역실무』, 박영사, 1994.

김진환 · 방성철, 『무역영어』, 방송통신대학 출판부, 2011.

권오, 『국제무역실무』, 청록출판사, 2012.

남풍우, 『무역영어』, 두남, 2001.

박대위 · 구종순, 『무역실무』, 법문사, 2012.

법무부, 『국제물품매매계약에 관한 유엔협약 사례 연구』, 2004.

염홍기 · 문희철, 『글로벌 무역영어』, 무역경영사, 2008.

허재창, 『POWER 무역영어』, 삼영사, 2008.

황해두 · 신현주 · 이성규, 「지식기반경제 강화를 통한 자동차산업의 수출확대방안 : 기업전략과 공공정책을 중심으로」, 『한일경상논집』, 48권, 2010, pp. 53-86.

황해두 · 김기선, 「e-UCP 11조의 경제적 함의와 해석적용방안의 모색」, 『국제통상연구』, 제11권 1호, 2006, pp. 159-179.

황해두 · 김효연, 「신용장거래에서 통지은행과 매입은행의 불일치에 따른 문제점과 개선방안에 관한 고찰」, 『국제상학』, 제20권 제4호, 2005, pp. 149-170.

Folsom, Ralph H, Michael Wallace Gordon and John A. Spanogle, Jr., *International Business Transactions*, West Publishing Co., 1995.

Jackson, John H., William J. Davey and Alan O. Syked, Jr., *Legal Problems of International Economic Relations*, Westing Publishing Co..

Jones, Leo and Richard Alexander, *New International Business English*, Cambridge University Press, 2000.

Hwang, Hae-du and Xiangshuo Yin, "Recent Development on RTAs in North

East Asia," *Asia Europe Journal*, Vol. 6, No. 3, 2008, pp. 455–456.

Hwang, Hae–du, "APEC and Emerging Regionalism in North East Asia," *Asia Europe Journal*, Vol. 4, No. 4, 2006, pp. 499–510.

Hill, Charles W., *International Business: Comepting in the Global Marketplace*, 8th edition, McGraw–Hill Internaitonal, 2011.

Jackson, John, *The World Trading System*, second edition, MIT Press, 1999.

Krueger, O Anne, "Free Trade Agreements as Protective Devices: Rules of Lrigin," *Working Paper*, No. 4352, National Bureau of Economic Research.

Low, Ona, *A New Certificate of Proficiency English Course*, 3rd ed., Edward Anold, 1975.

MacAndrew, Richard and Cathy Lawday, *Cambridge First Certificate — Writing*, Cambridge University Press, 1993.

Poole, Jill, *Contract Law*, Oxford University Press, 2008.

Harvard Business Review.

Bloomsberg Businessweek.

BusinessWeek.

Economist.

Financial Times.

Fortunes.

찾아보기(국문)

ㅇ

ㅎ

찾아보기(영문)

D

T

지은이에 대하여

황해두(黃海斗)

한국외국어대학교 상학사(국제무역)
일본 上智대학교 국제학부 경제학사
영국 Sussex 대학교 경제학박사
현, 건국대학교 국제무역학과 교수

경제경영연구소 소장, 서울유럽연구소 소장, 한국국제경제학회 이사,
한국유럽학회 학술이사, 한국경제발전학회 역임
영국 Sussex대학교 초청교수 , 교육부파견 교환교수,
아일랜드 Limerick대학교 Euro-Asia Center 초청교수 역임
현, 한국개발연구원 초빙연구위원

주요 저서 및 논문

『영작 중심의 기업영어』, 무역경영사, 2012

『경제통합과 세계화』(제3판), 무역경영사, 2011

『시사경제』, 건국대학교 출판부, 2004

Hwang, Hae-du and Bernadette Andresosso-O' Callaghan, "Energy Coopepration and Emerging Regionalism in North-East Asia : Relative Impact on APEC and ASEM in Terms of Inter-regionalism," *Journal of Korea Trade*, Vol. 13. No. 1, 2009, pp. 65-88.

Hwang, Hae-du and Daesung Seo, "Policy implication of lifeling learning program of EU for Korea," *Proceida—Social and Behavioral Sciences*, Vol. 46, 2012, pp. 4822-4829.

Hwang, Hae-du and Xiangshou Yin, "Recent Development of RTA in North East Asia," *Asia Europe Journal*, Vol. 6, No. 3, 2008, pp. 455-466.

Seo, Daesung and Hae-du Hwang, "The Impact of EU' s R&D focused policy on the Innovation Edge of Mobile Industry, *Proceida—Social and Behavioral Sciences*, Vol. 62, 2012, pp. 595-601.

최은영, 고성수, 황해두, 「국내부동산 가격변동이 은행권에 미치는 영향분석」, 『주택연구』, 19권 3호, 2011, pp. 101-121

황해두, 방성철, 이용희, 「RTA의 연방주의성격을 반영한 한 · 중 FTA」, 『국제상학』, 25권 4호, 2010, pp. 301-319.

황해두, 이성규, 신현주, 「지식기반경제 강화를 통한 자동차산업의 수출확대방안 : 기업전략과 공공정책」, 『한일경상논집』, 48권, 2010, pp. 53-86.

황해두, 표옥연, 「EU와 비교한 미소금융개선방안」, 『유럽연구』, 29권 1호, 2011, pp. 183-219.

영작 중심의 무역영어

초판 1쇄 인쇄 2013년 2월 25일
초판 1쇄 발행 2013년 3월 4일

지은이 황해두
펴낸이 박기남
펴낸곳 **율곡출판사**
121-872 서울시 마포구 염리동 36-249
전화 (代) 02) 718-9872/3
팩스 02) 718-9874
home-page www.yulgokbooks.co.kr
e-mail yulgokbook@naver.com
등록 1989.11.10. 제5-206호(윤)
ISBN 978-89-97428-23-6 93320

정가 35,000원